W0329462

ALAIN REY

À MOTS DÉCOUVERTS

ROBERT LAFFONT

© Éditions Robert Laffont, S.A., Paris, 2006
ISBN 2-221-10543-5

À Ivan Levaï,
Louis Bozon,
Stéphane Paoli

2000

18 septembre : Jeux Olympiques de 2000
22, 26 septembre : La cassette Méry et l'indignation du président
27 septembre : Le maire suspendu (Tiberi)
29 septembre, 11 octobre, (et voir *8 juillet 2002) :* Suspension des sanctions pénales pour les élus : débats sur l'amnistie
9, 10 octobre : Ehud Barak presse Arafat
31 octobre : Pollution marine
6 novembre : Tempête de novembre
7, 9, 22 novembre, 13, 14 décembre : Élection présidentielle aux États-Unis
10, 15 novembre : Les suites de la « vache folle »
21 novembre : Sommet de La Haye sur la pollution
28, 30 novembre : Révision de la loi sur la bioéthique
6, 7, 11 décembre : Sommet européen de Nice

Médaille

Malgré les difficultés de la vie sociale quotidienne, malgré les violences que l'on signale un peu partout sur la planète, ou peut-être à cause d'elles, il faut parler de ces jeux Olympiques qui tentent de passionner et de distraire le monde entier.

Chaque nation bombe le torse, pour faire place à un joli plastron de médailles. La multiplication des disciplines et donc des trophées a sans doute pour objet de valoriser sans cesse plus de sports et d'exercices, mais aussi de répartir plus largement l'or, l'argent et le bronze qui vont avec.

Médaille, mot italien passé en français à la Renaissance, vient de la désignation modeste, en latin, d'une monnaie, une demi-monnaie, en fait, puisque le mot *medialia* vient de *medius*, « demi ».

Le même terme latin avait donné en ancien français le nom de cette menue monnaie dont il est question dans *n'avoir ni sou ni maille*, et *avoir maille à « partir »* – à partager.

La médaille prit du galon en Italie, devenant un demi-denier, le denier étant une assez jolie somme. Comme cette monnaie était ornée de la frimousse d'un personnage illustre ou puissant, elle a pris le sens que nous connaissons : à la fois œuvre d'art et symbole honorifique.

À partir de là, il y eut le temps des médailles saintes, celui des médaillés militaires, celui des profils de médaille, car de grands sculpteurs y gravent de nobles têtes. Quand ils les gravent d'un seul côté, cela entraîne le non moins célèbre revers de la médaille.

Celles des jeux Olympiques sont par définition sans revers. Elles représentent une excellence manifestée par les meilleures performances dans une réunion mondiale des meilleur(e)s athlètes. Certes, le père des Jeux modernes, Pierre de Coubertin, avait raison de rappeler que l'important est de participer, mais la faiblesse humaine fait que médaille vaut mieux que participation. La France, paraît-il, est déjà joliment médaillée, cette année. Réjouissons-nous, car nos sportifs le méritent, et pour notre fierté nationale. Cependant, le mérite sans médaille, qui n'est pas moindre, ne devrait jamais être oublié.

18 septembre 2000

Essence

L'essence ne quitte pas la une des journaux, ni les préoccupations de ce qu'on pourrait appeler le *consomobile*, « consommateur de mobilité motorisé ». L'essence, c'est essentiel : on dirait un mauvais slogan publicitaire, mais ce n'est qu'une tautologie. En effet, *essentia* vient tout droit du verbe latin *esse*, qui, par un dérivé populaire, *essere*, nous a donné *estre*, *être*. Désignant la nature de toute chose, le mot *essence* s'est appliqué à l'alchimie, activité à la fois pratique et symbolique, presque philosophique.

Recherchant la pureté absolue des substances qu'ils cuisinaient, les alchimistes appelèrent *essentia*, *essence*, le produit d'une distillation. Cinq opérations de purification : c'était la quinte-essence. Au XVIe siècle, ces essences matérielles étaient donc affaire d'alchimistes : on parle toujours d'essences dans le domaine des parfums et certaines essences végétales s'appellent encore des huiles *essentielles*.

Comme *pétrole* veut dire « huile de pierre », l'huile essentielle la plus essentielle devint au XIXe siècle l'essence de pétrole.

Du coup, les savantes dissertations des philosophes sur l'essence, l'existence et le néant, sujets aussi profonds que les cuves des grandes raffineries, prennent un sens inattendu. « L'existence, disait Sartre dans un raccourci saisissant, *précède* l'essence. » On ferait bien de prendre cela au sens pétrolier du mot, car souvent, ces temps-ci, l'essence semble tout précéder, y compris l'existence même.

Joli symbole de la domination de la technique et de l'économie sur les valeurs humaines, cette essence nous obsède, car il en faut pour se déplacer et il faut se déplacer pour exister, dans cette société qui a fait exploser les proximités d'autrefois. Résultat du tout-automobile, comme on dit, l'essence devient l'emblème du besoin vital. Piétons, cyclistes et patineurs n'y changent pas grand-chose, ni même la voiture électrique : l'essence est reine et grâce au jeu de l'économie aujourd'hui d'essence libérale, des poches petites et nombreuses se vident, pendant que de très grosses poches se remplissent : n'est-ce pas, M. Shell, qu'on aime nettement moins ?

19 septembre 2000

Abracadabrantesque

Une vidéo accusatrice, mais posthume et sans valeur juridique, cela paraît mineur : un non-événement. Mais non, c'est un énorme pavé dans l'aquarium politique élyséen. La réaction morale, qui suscite les mots de l'indignation, n'a pas suffi. On a donc entendu dans la bouche du président un mot inattendu, que la plupart ont cru inventé pour l'occasion : *abracadabrantesque*. Frappant, sonore imprévu, certes, mais nouveau, sûrement pas, puisque l'un des plus grands poètes français l'emploie.

Dans « le Cœur volé », que vous trouverez dans toutes les éditions de Rimbaud, on peut lire :

> Ô flots abracadabrantesques,
> Prenez mon cœur, qu'il soit lavé !

Le cœur politique aurait besoin d'une sérieuse purification, en effet. Rimbaud, toujours voyant, n'avait pas inventé ce monstre. La longueur expressive de cet *abracadabrantesque* exprime un étonnement stupéfait. Jacques Chirac aime le pouvoir (des mots) ; il ne violente pas la langue française.

Au-delà de la dénégation, de la surprise, de la colère – réactions affectives et morales –, les allégations de M. Méry suscitent des questions logiques. Sont-elles vraies ou fausses ? Sont-elles vraisemblables ou pas ? Sont-elles absurdes, folles, extravagantes – on dit sottement « surréalistes » – autrement dit *abracadabrantesques* ? Ce mot, les romantiques l'avaient forgé sur une formule magique.

Inepte, vide, simple cliquetis sonore, cet *abracadabra* ? Pas du tout. Mais magique et antique, car les Grecs le connaissaient : il venait de l'hébreu kabbalistique. Pas absurde, mais inquiétant, *l'abracadabra* signifierait : « le Quatre (*'arba*) casse (*dak*) le quatre ». *'Arba* lu à l'envers donne *abra* : du verlan, déjà ! Obscur ? Pas forcément. Le quatre pourrait bien être le nom de Dieu, le tétragramme, quatre lettres. Et ce qu'il anéantit, ce serait les quatre éléments, c'est-à-dire le monde sensible, les choses existantes. C'est pourquoi *abracadabra*, « ce beau mot », disait Ambroise Paré, pouvait guérir.

Ce qui est *abracadabrant*, et même *-brantesque*, est incompréhensible, absurde en apparence, mais aussi efficace, magique, destructeur. L'indignation suffira-t-elle à neutraliser cette magie noire ?

22 septembre 2000

Cassette

La dernière réplique de *L'Avare*, la célébrissime pièce de Molière, est dite par Harpagon :

On entend : « Allons faire part de notre joie à notre mère. Et moi, voir ma chère cassette. »

Outre que la joie de ce happy end n'est pas de mise, Harpagon ne connaissait pas la vidéo. Contempler son argent chéri suffisait à son bonheur. En effet, la mutation du mot *cassette* fut brusque : c'était une petite *caisse*, appelée *caissa* en ancien occitan.

Mais la *cassette* ne s'est pas contentée du sort modeste de cageot ou de caissette. La *cassette du roi*, comme on disait sous Louis XIV, était une sérieuse cagnotte, un vrai trésor. Malgré l'apparition, il y a une quarantaine d'années, des petites boîtes contenant une bande vidéo, il se pourrait que le mot *cassette* continue d'évoquer l'argent, et parfois les *caisses* noires, plutôt que celles de l'État. S'agissant d'un ancien ministre des Finances, c'est un peu gênant. Ce n'est pas que la petite caisse à images, la *vidéocassette*, ait une grande valeur, mais il n'en va pas de même de son contenu.

Passons sur les cassettes illégales, pour obscénité pornographique ou racisme – c'est d'ailleurs la même chose. D'autres cassettes, dont il est question aujourd'hui, valent par un secret révélé, jusqu'au secret d'État, et par le témoignage, jusqu'à la preuve.

Ces cassettes-là, si elles ne demeurent pas dans le secret, brûlent les doigts. Les détenir et les retenir – fût-ce « à l'insu de son plein gré[1] » – est un délit comme est un délit la détention d'une bombe. Les choses vont vite dès que l'existence de ce genre d'explosif politique est révélé : on pourrait dire que ça va *à fond la cassette*, ce qui correspond presque à cette expression menaçante : *à tombeau ouvert*.

Contrairement à ce que souhaite le Premier ministre et à ce qu'indique le président de la République, il est difficile de dire, de quelque bord qu'on soit : « Cette cassette ne nous concerne pas. » Tout au contraire, l'opinion citoyenne se sent concernée, et il ne faudra pas s'étonner si le polar-cassette au vitriol la passionne plus que le roman – à l'eau de rose ou de vaisselle – du quinquennat. Et cette passion se tourne en indignation, si la morale publique ne tourne pas à la cassette de western[2].

26 septembre 2000

---

1. Délicieuse formule, créée par les Guignols de l'info, et attribuée à un coureur cycliste méchamment accusé de dopage conscient et qui plaidait l'ignorance.
2. En 2006, la cassette vidéo cède sans bruit la place au DVD. *Sic transit...*

Suspension

Suspension conservatoire : belle formule dont on cherche plutôt ce qu'elle cache que ce qu'elle dit.

L'adjectif *conservatoire* qualifie ce qui immobilise une situation et la maintient comme arrêtée, en attendant une décision réelle et claire. La suspension du RPR, qui donne à Jean Tibéri le statut de marionnette à fils, est donc de nature à maintenir, à préserver. Tout comme le conservatoire des Arts et Métiers garde et entretient les collections qu'il abrite. Et voilà le maire de Paris promu à la situation de pièce de musée, et suspendu au plafond comme une machine volante de collection.

Suspendre, c'est *sub pendere*, « pendre », non pas la corde au cou, mais simplement attacher en haut. C'est à la fois immobiliser et maintenir en l'air. Le résultat de cette immobilisation aérienne, c'est l'arrêt de toute activité : de la suspension d'audience aux points de suspension, la chose ou la personne suspendue demeure fixée. La suspension est une descente arrêtée, une immobilité accrochée.

Un pied sur la terre (et plus qu'un pied à terre), celui du maire, l'autre pied accroché au plafond, celui d'homme de parti, Jean Tibéri est, sinon exclu et sanctionné, du moins épinglé et condamné au grand écart. Situation fort peu conservatoire, et plutôt inconfortable.

Décidément, la clarté et la franchise ne sont pas les objectifs majeurs des partis politiques. « De qui se moque-t-on ? »

Pour commencer, on se moque des mots, qui, on le croyait, avaient un sens. Il faudrait le retrouver, ce sens. Ainsi, la suspension entraîne une situation *en suspens*, et c'est l'indécision, l'incertitude, l'inachèvement. En fait, *suspension* résume la condition humaine : nous sommes tous des particules en suspension, mais c'est à la philosophie ou à la religion, non aux partis politiques, de le dire. Malgré les déclarations apaisantes, c'est toute la vie politique de la France qui est suspendue, et tout ce qui est suspendu peut tomber.

27 septembre 2000

Repentance

Amnistie était donc un mot malheureux qui révulse aujourd'hui les parlementaires du RPR et dont, selon Jean-Louis Debré, les trois syllabes n'ont jamais été prononcées [1]. Nous avions sans doute rêvé. Incapables de nous réveiller, nous avons hier cru entendre, ou plutôt lire, sous la plume de Philippe Séguin, la pieuse musique de la repentance. On nous l'avait jouée, cette musique, à meilleur escient, à propos des erreurs du passé chrétien, et on ne voit pas quelle présence historique – nationale, religieuse, idéologique, politique – pourrait ne pas susciter le souvenir pénible et la reconnaissance assez peu spontanée, il faut le dire, des erreurs et des fautes passées.

Se *repentir.* Ce verbe contient le latin *pena*, « peine », et devrait aboutir à la pénitence. *Amnistie*, c'est un oubli programmé. Restent quelques possibilités pour exprimer l'impossible regret du passé et l'aveu collectif que beaucoup n'acceptent pas, car ils ne se sentent pas concernés. Ce serait par exemple la *résipiscence*, autre mot religieux qui exprime aujourd'hui le repentir, mais qui voulait dire en latin « retour à l'intelligence, au bon jugement » après un moment d'aliénation mentale.

Ce qui est curieux, dans ces retours de mémoire accompagnés de culpabilité, c'est qu'ils supposent des actes critiquables, aujourd'hui reconnus, mais qui ont occasionné une longue amnésie. Les hésitations entre retour de mémoire, retour de conscience et retour de raison sont normales. Il s'agit en somme de reconnaître ce qu'on aurait préféré oublier.

Le vrai problème est la répartition des responsabilités. Certains sont en cause et sont gênés aux entournures ; d'autres, solidairement engagés par la politique, sont ou se voient blancs comme neige. Or, nul ne veut blanchir de l'argent propre. On comprend que des mots comme *amnistie* ou *repentance* sonnent désagréablement à de chastes oreilles. Avouer des fautes commises par d'autres ne

1. Les médias avaient fait état d'une proposition qui visait, pour les élus, la suspension des sanctions pénales et l'immunité pour délits politiques. Certains avaient parlé d'« amnistie ». Voir la chronique du 11 octobre : *Immunité*

plaît à personne ; chacun a assez des siennes. Ce qu'on reproche à la formule Séguin, c'est plus le caractère général de la repentance que sa nature. Il faut se méfier des amalgames : tous repentants, tous amnistiés, tous pourris ? On a tout faux !

29 septembre 2000

Pot de terre, pot de fer

Le mot d'aujourd'hui sera une expression que tout le monde connaît et emploie. Comme l'a bien noté un auditeur de Tarbes, qui s'en irrite, l'expression « le pot de terre et le pot de fer », si commode pour rappeler l'inégalité des chances, est citée par « des personnalités plus ou moins célèbres » dans un contexte inexact.

C'est vrai que l'on entend couramment évoquer un combat où le malheureux pot de terre est attaqué et brisé par l'impitoyable pot de fer. Et c'est une évocation qui trahit l'auteur qui est à l'origine de cette expression, La Fontaine. Ce dernier était plus subtil que l'usage qu'on fait de sa trouvaille, car il est banal de noter, dans les rapports humains, que le plus fort écrase le plus faible. Quand le fabuliste expose cette situation, c'est pour rappeler que la force brutale aime à s'orner de justifications et de raisons. Celle du plus fort, constate La Fontaine, est toujours la meilleure, ce qui épingle d'un seul coup toutes les langues de bois et les rhétoriques des tyrans, des dictateurs et de quelques autres détenteurs du pouvoir.

Les pots de terre n'ont qu'à se méfier, car les pots de fer de la fable ne se présentent pas comme des menaces. Pot de terre et pot de fer, gentiment associés, voyagent de conserve, l'un prétendant protéger l'autre. Mais au moindre choc, devinez qui détruit : évidemment, le protecteur dans son armure. Et la moralité s'ensuit : « Ne nous associons – lisez : *si-ons* – qu'avecque nos égaux. »

On peut appliquer cette mise en garde à la psychologie des ménages et des pacs, aux ententes politiques comme aux associations d'affaires. Il y a toujours un peu plus de fer dans un associé que dans l'autre. Autrement dit : gardez-moi de mes amis, etc.

Avant de parler de pot de terre ou de maître corbeau, rouvrons donc les géniales *Fables* : cela nous ramènera de l'illusion à l'allusion.

3 octobre 2000

Start-up

Plusieurs auditrices et quelques auditeurs se préoccupent du vocabulaire d'Internet, qui devient de plus en plus incontournable, comme on dit, mais qui nous asperge d'un franglais indiscret.

L'une des questions qui revient le plus souvent, à côté des *e-mails* qu'on aime traduire en *courriels*, à la québécoise, est celle du remplacement possible de *start-up*. Ces jeunes sociétés avides de profit et qui se développent avec une rapidité impressionnante ont paresseusement conservé dans notre langue si accueillante leur désignation américaine. Nous connaissions déjà quelques mots issus du verbe anglais *to start*, qui signifie « partir, démarrer », par exemple le *starter* des automobiles et celui des stades, ou encore la *starting gate* des champs de courses. *Start-up*, que vous pouvez toujours prononcer « startupe » pour montrer que vous savez l'écrire, ne veut pas dire grand-chose de précis. Le vocabulaire des affaires et de la finance américaines utilisait le mot bien avant les « nouvelles technologies » et la « nouvelle économie » (qui ne peut être qu'une *new economy*...) à propos de sociétés pétrolières à développement rapide. Aucune idée de jeunesse ni de croissance, comme dans le gracieux « jeune pousse » que l'Administration française favorise, mais simplement un démarrage rapide.

Il semble que la Bourse suggère aux Français des idées botaniques et jardinières, puisque l'une de mes correspondantes me suggère par une carte postale exotique et charmante le mot *turion*. Ce latinisme de botaniste existe en effet depuis le XVIe siècle et signifie justement « jeune pousse » ; il est bref, sonore, mais un peu rare et précieux. Il évoque, parmi les végétaux, les bourgeons de ce qui va devenir succulent, l'asperge. Si le ou la start-up – grand inconvénient de l'anglicisme, le genre flottant – est, à son démarrage, un turion, il ou elle pourra devenir une grande asperge, ce qui n'est pas forcément la gloire. Décidément, ce turion latin serait plus goûteux et plus ironique que la banale *start-up* franglaise.

4 octobre 2000

Ultimatum

Le mot *ultimatum* résonne assez sinistrement aux oreilles européennes. C'est avec un ultimatum adressé par l'Autriche à la Serbie que commença la guerre de 1914. Avec le recul, le contenu de cet ultimatum nous paraît léger : la requête autrichienne de participer, à Belgrade, à l'enquête sur l'attentat de Sarajevo, où l'archiduc François-Ferdinand d'Autriche venait d'être assassiné. Sur le refus de la Serbie, l'Autriche lui déclara la guerre et la machine infernale se mit en marche.

L'histoire nous apprend donc qu'un ultimatum peut être un prétexte ou une affaire symbolique. Ehud Barak somme Yasser Arafat d'accomplir une mission impossible : arrêter dans l'heure la violence créée par des années de conflit ouvert ou larvé. Sinon, représailles.

Pourtant, rien ne dit « menace », dans le mot *ultimatum.* Au Moyen Âge, on disait en latin *ultimatum consultum*, « décision définitive ». Le mot est dérivé de *ultimus*, « le dernier », *ultime*, mot apparenté à *ultra* qui, nous ne le savons que trop, signifie « extrême », ou plutôt « extrémiste ».

Mais l'ultimatum, dernière décision, devint rapidement « décision irrévocable », ce qui, dans un contexte de conflit, a vite tourné à la menace. Moins agressif en apparence, *ultimatum* signifie cependant : « Si, après tel bref délai, tu ne me cèdes pas, je cogne. » Voilà ce qu'est devenu, en français, ce mot latin, au tournant du XIXe siècle. Un certain Napoléon, puis quelques souverains coalisés contre lui y sont pour quelque chose. Enfin, ce qui est ultime peut devenir atroce : il faut se souvenir du sens qu'avait pris dans l'Allemagne nazie l'expression que nous traduisons par *solution finale*

L'ultimatum va du plus fort vers le plus faible, sinon il est dérisoire. C'est ce qui le rend, dans tous les cas, si déplaisant. On ne parlera pas d'ultimatum à propos de la demande pressante des familles des morts du Concorde écrasé pour obtenir une proposition d'Air France : là, au moins, pas de menace militaire. Parfois, l'usage dominant du mot rejoint le calembour ; un jour, l'ultime atome pourrait devenir l'arme définitive.

9 octobre 2000

Répit

Le prolongement de l'ultimatum israélien adressé à Yasser Arafat représente non seulement un sursis, mais un répit, un soulagement

Des répits, on en a bien besoin, puisqu'ils représentent un apaisement par rapport à un danger, à une menace. *Répit*, qui évoque aujourd'hui un apaisement provisoire, un moment de repos et de détente, rime pourtant avec *dépit*, non par hasard. Le dépit, dans son origine, est un mépris, alors que le répit, qui fut son contraire, est exactement un respect. Deux « regards » (en latin *spectum*, de *spicere*, d'où vient *spectacle*).

Tandis que le mot latin *respectus*, qui exprime un regard admiratif et confiant, a été pris tel quel par le français *respect*, la langue parlée populaire le transformait en *respit'*, puis *répit*. Si l'on considère quelqu'un avec confiance, cela peut apaiser l'inquiétude et supprimer les risques d'agression ; d'où la signification, au départ inattendue, de délai.

Aujourd'hui, il n'y a plus de rapport clair entre *respect* et *répit* ; c'est dommage. En effet, les menaces, les chantages correspondent à une absence totale de considération envers l'autre. Les répits ne sont que des détentes dans une situation « tendue » : rien que du temps sans danger, sans agressivité, sans haine. C'est très bien, on en profite, mais passivement.

En fait, le mot *répit* est fait pour les pessimistes, puisqu'il ne s'agit que d'un intermède au milieu des dangers. En revanche, son frère perdu de vue, le mot *respect*, apporte un véritable espoir. La vie quotidienne nous harcèle, les affrontements politiques à peu près *sans répit* harcèlent le monde.

La négociation suppose le respect réciproque et restitue la dignité ; la force et la menace installent haine et mépris. Un peu de respect, ce sera déjà un répit.

10 octobre 2000

Immunité

Controverses, pas toujours juridiques, autour de l'immunité présidentielle[1]. Cette immunité-là, à la fois exemption et protection contre les actions pénales de droit commun, n'est pas la seule. L'immunité parlementaire, l'immunité diplomatique, elles aussi, peuvent poser quelques problèmes. *Immunité*, qu'est-ce à dire ? Quand le mot apparaît, il y a plus de sept siècles, c'est pour désigner une exemption. Il n'y a plus, en principe, d'immunité fiscale. *Inmunitas*, c'est la négation (*in-*) des charges habituelles. Charge partagée, c'est *cum-munis*, « commun ». L'immunité est contraire à la communauté.

Immunité, donc, est devenu un terme précis de droit constitutionnel avec la IIIe République. Précis, mais sujet à interprétation. À peu près à la même époque, le mot devient médical et on lui fabrique tout un vocabulaire d'accompagnement : *immun* par exemple, reprise d'un mot ancien, qui correspondait à « exempt d'impôt », puis à « indemne ».

On ne dit pas que le président de la République française est *immun*. Il serait pourtant commode de parler d'*immunosuppression* pour une révision des règles constitutionnelles en ce domaine ou bien de réactions *immunitaires* à propos de la défense de l'immunité par ceux qui en bénéficient.

Mais autant la maladie, qui attaque les immunités biologiques

1. Voir la chronique du 29 septembre : *Repentance*.

qui nous permettent de vivre, est injuste et odieuse, autant les immunités devant la justice sont ambiguës ; en effet, elles soulignent des situations symboliques qui devraient échapper à toute mise en cause personnelle. Mais ces situations sont fortement compromises par les enjeux politiques, car elles s'appliquent non à des entités abstraites, mais à des personnes, hommes ou femmes politiques. Et il n'y a pas d'immunité face à l'opinion. La notion même d'immunité est-elle compatible avec celle de justice ? Question à nombreuses facettes, dont la principale pourrait bien être morale.

11 octobre 2000

Discrimination

Au milieu des sujets qui fâchent, il y a au moins une nouvelle encourageante, c'est la volonté de tuer les discriminations à l'embauche. Lutter contre les discriminations, c'est évidemment s'attaquer à des préjugés et à de mauvaises habitudes. Au départ, le verbe *discriminer* est plutôt savant. Pris au latin, il est formé sur une forme du verbe *discernere*, « discerner ».

Discrimination fut d'abord un terme de grammaire et de science, une variante plus chic de la distinction entre deux choses, de la séparation entre deux objets de pensée. Opération nécessaire et parfaitement morale : personne ne songe à critiquer les mathématiciens qui se servent de discriminants pour résoudre une équation.

Malheureusement, quand ce mot rare et savant est devenu courant, il s'est appliqué brutalement aux groupes humains. Il n'y a pas discrimination, au sens banal du mot, quand on distingue deux personnes. Si cette possibilité disparaissait, on serait dans un monde sinistre de clones.

Mais lorsqu'on prétend, sur des différences collectives, comme l'origine ethnique, les mœurs sexuelles ou tout simplement le fait d'être femme ou homme, créer des hiérarchies fondées sur les préjugés, la discrimination devient racisme, sexisme, homophobie, c'est-à-dire intolérance et injustice. Car l'appartenance à un groupe humain n'est un handicap que dans la tête de ceux qui veulent un monde fait de cases étanches.

Il est dommage que le mot *discrimination*, qui était en principe une forme de discernement, soit devenu tout le contraire. Au lieu de distinguer et de choisir des qualités personnelles, les discriminateurs pratiquent la confusion mentale, le simplisme et, pour être franc, la connerie. Car comment qualifier un jugement par étiquette précollée qui vient remplacer une appréciation rationnelle – et humaine[1] ?

12 octobre 2000

Affrontement

Certains euphémismes sont commodes. L'euphémisme évite de nommer directement le réel, ce qui demande des termes forts, et plus nombreux.

Le mot *affrontement*, qu'on emploie à propos de toutes sortes de conflits et de combats, depuis la rixe jusqu'à la guerre, ne devrait s'appliquer qu'à un face-à-face : c'est un « front à front ». Bizarrement, quand on forme le verbe *affronter*, au Moyen Âge, c'est au contraire un mot violent : affronter un ennemi, c'était l'abattre en le frappant au front. Mais très rapidement, on est passé à des emplois plus doux, comme « offenser quelqu'un », d'où vient *affront*.

C'est surtout l'idée de rencontre frontale qui l'a emporté, avec celle de franchise. Et il est vrai que l'affrontement d'adversaires politiques n'est pas synonyme de violence brutale, mais de rencontre franche. Elle exclut les hypocrisies, les détours, les allusions perfides auxquelles la politique nous a habitués.

Par ailleurs, rien de plus tonique que l'attitude qui consiste à *affronter* les difficultés et à regarder les choses en face, au lieu

1. En ce mois d'octobre de l'an 2000, la discrimination positive n'était pas encore à la mode.

de pratiquer la politique de l'autruche. Ces emplois d'*affronter* et d'*affrontement* utilisent l'image du front pour exprimer le franc courage. Lorsqu'il s'agit de violences réciproques, cette image n'est pas toujours méritée. Alors, sans s'occuper des effets d'un courage belliqueux, qui consiste à se jeter sur l'adversaire pour lui écraser la tête, on parle de manière un peu légère d'affrontements comme s'il s'agissait de violences sporadiques et sans grande importance. Vexé d'être employé à la légère, le mot se venge lorsqu'un combattant ou un passant, dans ces rencontres armées, reçoit une balle en plein front. Alors, l'affrontement redevient horrible et perd toute qualité humaine. Comme si se manifestait, dans l'usage de mots « politiquement corrects », une sorte de retour du refoulé.

17 octobre 2000

Styrène

Le cargo en difficulté au large des côtes françaises est appelé indifféremment *tanker*, mot anglais qui nous rappelle que *tank* signifie « réservoir », et *chimiquier*, dérivé français de *chimique*. Ne transportant pas de pétrole, il ne peut être dit *pétrolier*.

Ce navire contient divers produits dont on craint la réaction au contact de l'eau, s'il venait à couler. En particulier du styrène, nom d'un hydrocarbure benzénique surtout connu par sa forme polymérisée, appelée de ce fait *polystyrène* et constituant de nombreuses matières plastiques.

Le mot *styrène* a eu de la chance, car son origine, au lieu d'être exprimée en termes savants et ennuyeux, a donné l'occasion d'un charmant poème :

> Le styrène est produit en grande quantité
> À partir de l'éthyl-benzène surchauffé [...]
> Le styrène autrefois s'extrayait du benjoin
> Provenant du styrax, arbuste indonésien.

Il n'y avait que Raymond Queneau, immortel papa de Zazie et auteur d'admirables chansons (« Si tu t'imagines... »), pour célébrer ainsi le styrène.

Styrax, d'où vient *styrène*, est un mot grec, mais Hérodote, qui en connaissait un rayon, comme on dira plus tard, affirme que la substance venait de Phénicie. Qu'ils soient d'origine sémitique ou plus orientale encore, puisque le végétal producteur de benjoin est né en Indonésie, le styrax et sa progéniture moderne témoignent de la longue route des mots.

Les vers de Raymond Queneau commentent le film d'Alain Resnais célébrant les matières plastiques. Ils témoignent, eux, de l'émerveillement qui suit les découvertes techniques : ici, les plastiques. Et puis, les choses se gâtent. Ces plastiques en polystyrène, invention merveilleuse, envahissent notre univers. Ils sont omniprésents et éternels, et on se prend à regretter les bons vieux papiers gras biodégradables. Quant au styrène, matière première astucieusement créée par l'industrie chimique, on en parle ce matin pour dénoncer ses dangers : elle est en effet toxique, corrosive, inflammable... Le principe de précaution nous alerte contre les innovations qui nous enchantaient. Un passage de l'admiration à la méfiance : c'est le sort réservé aux nouveautés : souvenons-nous de l'amiante... Ô, Internet !, ô, téléphone portable ! gare à vos belles réputations.

31 octobre 2000

Tempête

Aux habituelles rafales d'informations que nous réserve l'actualité, aux petites et grandes tempêtes sous les crânes ou dans l'opinion, les hasards de la météo ajoutent une vraie tempête de vent et de pluie. Nous avons souvent l'impression que ces tempêtes, de plus en plus fréquentes, sont l'indice du dérangement de l'atmosphère par les excès de l'activité humaine. Le lien profond et naturel entre *temps* et *tempête* se manifeste dans ces deux mots. *Tempestus*, dérivé normal de *tempus*, « le temps », a voulu dire « morceau de temps, moment », et aussi « température ». Ces sens étaient neutres, le *tempestus* pouvant être agréable aussi bien que désastreux.

Mais on a besoin de désigner simplement les choses bonnes ou mauvaises. Quant aux effets du temps qu'il fait, il est vrai qu'on en parle encore plus quand il pleut, qu'il vente et qu'on a froid que lorsqu'on est à l'aise dans un air agréable.

Peut-être parce qu'il faisait nettement moins beau en France ou en Angleterre que dans les entours de Rome, l'anglais *tempest* et le français *tempeste* se sont spécialisés pour un très mauvais temps, perdant le sens général du latin. Même les expressions *sale temps*, *mauvais temps* ne rendent pas compte de cette *tempête* qui évoque un vent furieux, en rafales et bourrasques. Le même phénomène se produit dans l'actualité politique, souvent tempétueuse et mal tempérée.

Si on ne peut que prévoir les tempêtes concrètes et réparer leurs dégâts, en politique, une attitude bien tempérée pourrait seule calmer les violences et les agitations. L'opinion américaine, sans parler des candidats, est prise dans une tempête médiatique, d'ailleurs pas bien méchante et dont on est sûr qu'elle va se calmer dès qu'on connaîtra la couleur du temps à venir. D'autres avis de tempête dans le monde sont plus angoissants. L'ennui, c'est que la météo ne distribue ni imperméables ni parapluies de même que l'information sans précautions ne protège de rien.

6 novembre 2000

Coude à coude

Ils sont au coude à coude, les deux marathoniens des élections étatsuniennes. Autrement dit, plus ils courent vite, moins il y a d'écart entre eux. Côte à côte, flanc à flanc, jambe à jambe, mais pas tête à tête, ni pied à pied, voyez comme le français est une langue difficile, ce qui explique peut-être que les Américains du Nord, à l'exception des vaillants Québécois, préfèrent l'anglais.

Pour *coude à coude*, l'étymologie ne marche pas non plus :

Al Gore et George Doublevé ne sont pas cubitus à cubitus : ce serait par trop chirurgical.

Au fond, le coude n'est pas mal choisi : d'abord cette partie du corps qui limite l'avant-bras fut une mesure de longueur, la coudée. Et puis le mot *coude* suggère d'autres expressions, parfois un peu agressives : employer *l'huile de coude* est le fait de gens énergiques, *jouer des coudes* est pour ceux qui ne se laissent pas faire. Le coude est partout. Ces deux politiciens qui courent après la Maison-Blanche ne se mouchent pas du coude, et l'un d'eux, a-t-on dit, avait autrefois levé le coude, mais ça, c'était un croc-en-jambe pour George II, pas un croc-en-coude.

Quand on est au coude à coude, c'est qu'il y aura photo à l'arrivée. Après quoi, l'un des candidats se verra élu par la totalité des grands électeurs de chacun des États et il aura la majorité. Tout au vainqueur. Les minorités, même de 49,9 pour cent, sont tenues *sous le coude*.

Pour le moment, le coude à coude crée le suspense : républicains et démocrates peuvent rêver, les uns d'États-Unis sans impôts où les classes moyennes s'enrichiront, les autres d'une protection sociale où l'on se tiendra un peu mieux les coudes. Et tous aimeraient se faire, sauf votre respect, des coudes en or, grâce à une supercagnotte virtuelle, pour le moment incontrôlée. Mais ce fut une bien honnête campagne, correcte, presque pieuse. Pour les deux soldats de la démocratie, c'était, en termes militaires : au coude à coude, au centre, alignement !

De toute façon, le président élu n'aura pas forcément les *coudées franches* : d'autres coudes à coudes sont prévus.

7 novembre 2000

Dépouillement

Les Étatsuniens d'abord et le reste du monde qui observe restent le bec dans l'eau, en ce qui concerne l'élection présidentielle. On attend, on ne sait pas, on s'étonne d'un système électoral bizarre et, pour s'en sortir, on dépouille.

L'emploi du mot *dépouillement*, à propos de l'analyse des

résultats d'une élection, était imprévisible. En effet, *dépouiller*, qui vient du latin *spoliare*, repris par *spolier*, concernait plutôt les brigands dépouillant leurs victimes, leur prenant leurs vêtements et leurs biens. Aujourd'hui, on taxe. On aurait compris que *dépouillement* s'applique à la perception des impôts, mais non, c'est l'idée d'examen minutieux qui l'a emporté. Il est vrai que lorsque des pillards avaient bien dépouillé une ville, il fallait compter la prise pour la répartir. L'examen des bulletins de vote, même honnête et sincère, comme on dit, continue à s'appeler *dépouillement*, à côté de *décompte*, plus neutre

En Floride donc, on dépouille avec ardeur, pour arriver à une majorité. On aurait cru l'opération simple, avec deux candidats. Mais précisément, c'est cette arrivée du républicain et du démocrate dans un tout petit *mouchoir*, mot qui vient de *moucher* comme *trottoir* vient de *trotter*, qui rend le dépouillement litigieux. Pensez : un président élu avec une voix floridienne d'avance, qui lui donnerait un paquet de grands électeurs, alors qu'il est minoritaire – de fort peu – en suffrages des « petits électeurs », alias le peuple ! Les braves citoyens des États-Unis sont sans doute fascinés, comme disait Bill Clinton, mais aussi éberlués et un peu inquiets. Alors, on cherche des responsables : haro sur les médias, sur le vieux système des grands électeurs, sur les vétustes machines à voter. Ironie du sort : les médias, en se trompant, contribuent au suspense et à la fascination : ils en tirent profit. Et la Floride dépouillante devient l'occasion d'un scénario d'incertitude très attrayant. En attendant, le citoyen se sent dépouillé des effets de sa volonté : la démocratie s'exprime : elle bégaye.

9 novembre 2000

Fou

Bien fol est qui s'y fie. Au centre du problème médical qui fait craindre une maladie affreuse, il y a des éléments rationnels insuffisants et des éléments irrationnels envahissants.

La langue anglaise, qui s'est trouvée confrontée la première à cette épizootie bovine, a inventé une expression simple : *mad cow disease*, « maladie de la vache folle ».

Reprise en français avec succès, *vache folle* remplace le nom savant de la maladie. J'entendais, ce matin même, sur cette belle antenne, un enfant qui disait : « Moi, j'en mange plus, de la vache folle », donnant à l'expression le sens de « steak », voire même de « viande ». Folle, forcément folle la viande rouge, notre steak frites tutélaire ? Dès lors, une question se pose : est-ce la vache, le bœuf, tous les bovins, est-ce la viande qui sont frappés de folie, ou bien l'opinion, les médias, nous tous ? En somme, c'est folie vachère contre psychose humaine. Derrière les connaissances scientifiques, d'une insuffisance dramatique, comme dans toute étape de la recherche, il y a les peurs humaines, les simplifications, le désir précipité de comprendre, de réagir, d'échapper à des dangers mal évalués. Un peu de sagesse, qui conduit à la précaution ; beaucoup de folie.

L'adjectif *fou* ne s'emploie plus en psychiatrie. Pourtant, le mot se porte à merveille et se dit mille fois par jour, parfois de manière sympathique : *plus on est de fous, plus on rit* ; *on s'amuse comme des petits fous*. Cela vient de loin, puisque *fou* vient du latin *follis*, « le soufflet pour le feu, le ballon gonflé ». Non pas « déraisonner », mais « souffler, gonfler ». Le fou a le cerveau comme un ballon, la tête légère, le raisonnement creux. *Fou* n'est pas un mot objectif, médical, mais la marque de l'excès déraisonnable : on dit *un monde fou*. Côté États-Unis, l'élection présidentielle est devenue complètement folle. Côté vache, c'est la peur excessive d'une maladie en effet atroce, mais heureusement rare et dont la cause est mal connue. Le prion est un mystère.

La raison s'y perd. La maladie la plus proche de l'ESB, la tremblante du mouton, ne faisait peur à personne. Un mal voisin, frappant les bovins, terrorise. En parlant de *folie*, à propos de la vache, animal doux et maternel, les mots ont déclenché d'obscurs fantasmes. Quelle vacherie !

10 novembre 2000

Farine

À défaut d'enterrer la « vache de guerre », pour reprendre un à-peu-près du *Canard enchaîné*, on enterre les farines. Mais uniquement les farines animales, autrement appelées farines *carnées*, mot savant qui procède du mot latin qui nous a légué *chair*. Si « la chair est triste », selon le poète Mallarmé, que dire de la carne ?

Quant au terme *farine*, le voilà quelque peu compromis. Il ne devrait s'appliquer qu'aux céréales traitées par la meunerie, car le terme latin *fas, faris* désignait simplement le blé. Il était apparenté à *faba*, « la fève », et à des mots germaniques et slaves désignant des céréales, l'orge, le seigle, et leurs farines. Donc forcément végétale, la farine. Il y a trente ou quarante ans, la farine était de la graine de céréale écrasée. *Rouler quelqu'un dans la farine*, expression qui renforce le sens familier de *rouler*, fait allusion à une opération culinaire, avec de la *vraie* farine.

Mais aujourd'hui, l'Europe entière est roulée dans une fausse farine, oublieuse des origines. Déjà, au XIXe siècle, la face *enfarinée* du clown blanc s'ornait plutôt de plâtre que d'authentique farine de blé.

Surtout, on a voulu confondre avec les farines des poudres de déchets de poissons, puis de carcasses de bovins. L'équarrissage assimilé à la meunerie et à la boulangerie, voilà un bel exemple de confusion mentale, que les mots reflètent. En fait, les mots détestent être enfermés dans une seule signification ; quand c'est pour s'améliorer, comme *poudre*, qui est passé de la poussière aux cosmétiques, on peut les comprendre. Mais cette farine consacrée à Cérès – d'où *céréales* – et qui aboutit à des carcasses pulvérisées forçant les malheureux bovins, pourtant présumés herbivores, à absorber les restes de leurs congénères (quasi-cannibalisme), quelle déchéance !

Les honnêtes farines, sans adjectif, doivent être de blé, ou d'orge, de seigle, de sarrasin. Que *farine* prenne exemple sur son cousin breton, le *far*, qui a su rester proche des origines. Le mot *farine* avait pourtant annoncé ses dérives possibles : on parlait sous Louis XIV de *folle farine* pour la farine de blé la plus fine, la meilleure, celle que le vent emporte, nous dit Antoine Furetière.

15 novembre 2000

Demeure

À propos des problèmes de pollution et d'échauffement de la planète, solennellement et péniblement débattus en ce moment à La Haye, le président Jacques Chirac a déclaré, non moins solennellement, qu'il y avait *péril en la demeure*. Cette expression, qui n'est pas toujours bien comprise, s'applique pourtant à d'innombrables situations. *Péril* est clair pour tout le monde. Mais *demeure* ? Pour nous, c'est un lieu de séjour, une belle maison, un bâtiment où l'on réside. Un peu prétentieux, d'ailleurs, *demeure* et *résidence*, par rapport à *maison*, ou *appart'*.

On sent bien que dans *mettre quelqu'un en demeure* de faire quelque chose ou dans *il y a péril en la demeure*, ce n'est pas de local d'habitation qu'il s'agit. Mais alors, de quoi ?

Tout simplement, du fait de *demeurer*, de rester, de ne pas bouger.

Le composé latin *demorari* signifiait « tarder, s'arrêter » et venait de *mora*, « le retard », mot que la langue française a récupéré dans les *moratoires*. *Demeure* vient de *demeurer* comme *bouffe* de *bouffer* ou *gratte* de *gratter*. Le mot *demeure* ne s'est pas plu dans ce sens, trop abstrait, et il est passé au concret, pour domicile, logis. Il est vrai que la demeure, comme le retard, ce n'est pas très stimulant. À preuve le sens déplaisant pris par l'adjectif *demeuré*, qui ressemble à retardé, arriéré, et qui signifie « idiot ».

Péril en la demeure, donc, c'est « danger à en rester là, à ne rien faire ». L'expression pourrait être universelle en politique. Mais si le contraire de la *demeure* peut être l'action, c'est parfois aussi l'agitation, voire la réaction. Et *demeurer*, rester, continuer, ce n'est déjà pas si mal, s'il s'agit de se maintenir en vie, par exemple. Entre *péril en la demeure* et ses contraires, il s'agit de trouver un moyen terme. Cela peut s'appeler réforme ou révolution, de velours, bien sûr. Et c'est parce qu'il y a maintenant péril en la demeure, ce dont Stéphane Paoli, l'œil vissé à la pendule, est persuadé, que je m'arrête de tchatcher.

21 novembre 2000

Manuel

On l'a appris ce matin aux petites heures, et la nouvelle venait de la capitale de la Floride. Si on ignore encore le nom du prochain président des États-Unis, on sait qu'il sera fignolé à la main, qu'il sera « manuel ». Le recomptage manuel des bulletins de vote va donc se poursuivre jusqu'à ce que président s'ensuive. *Manuel*, c'est « fait ou obtenu à la main ». Cela peut s'opposer à *automatique*, mais aussi, s'agissant des êtres humains, à *intellectuel*. Les travailleurs dits *manuels* ne sont pas les seuls à se servir de leurs bras et s'ils travaillent avec leurs mains, ça ne les empêche pas de penser. Les plus manuels des manuels, ce sont les peintres et les sculpteurs.

Donc, le dépouillement électoral dans les comtés litigieux de cette Floride ensoleillée est redevenu manuel. Ce qui ne veut pas dire qu'il était intellectuel auparavant. Quand *manuel* s'oppose à *automatique*, c'est plutôt un bon adjectif. La dentelle « à la main », c'est ce qu'il y a de mieux. Les politiques étatsuniens ne font pas forcément dans la dentelle, et utilisent tous les moyens de l'automatisme et de l'informatique, mais voilà, cela ne suffit pas toujours.

Pour savoir comment chacun a voté en Floride, ce qui paraît assez élémentaire, la technique n'a pas trop bien marché. On en est donc revenu à la main et à l'œil humains. D'accord, c'est long et fastidieux ; mais apparemment, c'est plus exact. Pourtant, manuels ou pas, les dépouillements n'évitent pas les automatismes politiques, qui remplacent un peu trop souvent la liberté de jugement.

Un président en partie manuel sera-t-il plus démocratique qu'un président automatique, technologique, un peu Nasdaq ?

Quant à savoir s'il sera républicain ou démocrate, le manuel du petit citoyen des États-Unis ne le dit pas ; les comptes manuels en viendront seuls à bout.

22 novembre 2000

Principe de précaution

Invention récente au moins dans les mots, le *principe de précaution* semble relever du simple bon sens. Cependant, alors qu'on a toujours cherché à éviter les risques, il n'avait pas semblé indispensable d'en faire un principe. Au fait, que signifie *précaution* ? Ce mot est un peu dévalué par des emplois familiers comme : « Prends tes précautions avant d'entrer en classe ! » Plus nobles, mais pas bien dramatiques non plus, les *précautions oratoires*, qui consistent à s'exprimer de manière à ne choquer personne : on dit maintenant « politiquement correct », par allégeance franglaise. *Précaution* mérite mieux : c'est l'un des mots qui cherchent à maîtriser l'avenir, comme *prévention* ou *prévoyance*, tous tirés du latin *prae*, « en avant ». Quant à *caution*, rassurons-nous, ce n'est pas de l'anglais, mais du pur français tiré du latin *cavere*, « faire attention », que nous connaissons encore par l'annonce romaine du chien méchant, *cave canem*. La précaution cherche à s'assurer la sécurité, au futur.

Le principe de précaution est d'autant plus nécessaire qu'il est constamment oublié. La crainte de terribles maladies ou d'accidents a réveillé une règle que l'on néglige chaque fois que l'on prend des risques. Ces risques, qui sont des probabilités de dangers, encore faut-il les connaître. Aujourd'hui, se droguer, boire trop d'alcool, rouler trop vite, ne pas rester couvert, comme on dit, lorsqu'on fait l'amour – ou la guerre –, c'est refuser la précaution.

À l'autre extrême, avoir peur de l'entrecôte bien « tracée », ne plus sortir de chez soi par peur de traverser la rue, c'est se prendre les pieds dans ce fameux principe, qui devient principe d'inhibition, voire de psychose. L'adjectif *précautionneux* disait déjà cela, et cet adjectif est apparu dans une époque remplie d'espoirs et de dangers, exactement à la veille de la Révolution française.

C'est cela, la précaution, un mélange de peur et d'espoir, de réactions à la fois lucides et exagérées par l'angoisse. Une précaution, la plus sage, peut-être, c'est de se méfier des excès de la précaution.

23 novembre 2000

Bioéthique

Une révision de la loi sur la bioéthique est en discussion. Le Comité national d'éthique a été consulté sur l'interruption volontaire de grossesse ou IVG, mais ce pourrait être aussi à propos du clonage ou de l'euthanasie. La vie, la maladie, la naissance, la mort et le mourir, qui fait partie de la vie, autant de phénomènes *biologiques*, du mot grec *bios*, qui désigne la vie – cette notion obscure – et plus précisément le mode de vie humain, manière de vivre et non pas simple fait de vivre. On est tout près de l'« humanistique » d'Albert Jaccard, parente un peu pesante du bon vieil *humanisme* – je parle des mots.

Le composé *bio-éthique*, apparu au début des années 1980, marie cette idée de « façon de vivre » à celle d'*éthique*, variété savante de la morale. *Éthique* vient du grec *êthikos*, adjectif de *êthos*, mot qui désigne la manière d'être habituelle. On le voit, à la base de l'éthique, il n'y a pas, essentiellement, le bien et le mal, mais plutôt la façon individuelle et collective de se comporter, la conscience, le caractère et les mœurs – à prononcer *meur'*, car on ne dit pas *les fleurss*. Les mœurs, c'est donc le latin *mores*, qui correspond au grec *êthos*, et qui a pour adjectif *moralis*, d'où *moral*. Nous y voilà : comme adjectif, *éthique* correspond à *moral*. Mais comme nom, *la morale* a trop souvent été confisquée par les croyances, les habitudes de pensée de chaque civilisation, en particulier par les religions, qui définissent une bonne fois pour toutes ce qui est bien et ce qui est mal. De là une ambiguïté, dont a été protégé le mot *éthique*. La plus célèbre réflexion sur la manière humaine de se comporter, *L'Éthique* de Spinoza, est certainement une morale, mais pas un catéchisme.

Nos problèmes de société ont tous un aspect éthique. Il en va ainsi du travail nocturne des femmes, de l'allongement du délai de l'IVG... Tout ce qui concerne la vie et la mort humaines a un aspect moral. Avec les progrès des techniques biologiques, il fallait bien contrôler la soif scientifique de connaissance et d'action sur la nature, soif excessive assez souvent, par les valeurs morales. Le mariage de la science de la vie et de la morale, c'est précisément la bioéthique, mot qui dit et répète avec François Rabelais : « science sans conscience n'est que ruine de l'âme ».

28 novembre 2000

IVG

Dans le domaine de la planification des naissances, maladroitement appelé « planning familial », les mots reflètent l'évolution des attitudes.

En quelques décennies, on est passé de termes dépréciatifs, comme *avortement*, à un sigle descriptif et neutre, celui de l'« interruption volontaire de grossesse » : *IVG*, qu'on pourrait écrire *ivégé*. Même *fausse couche*, qui vient de l'expression très ancienne « être *en couches* », à propos d'une femme alitée pour cause de fin de grossesse, avait et a toujours un aspect déplaisant.

IVG, c'est donc interruption, rupture d'un processus, celui-ci étant désigné par un mot d'origine populaire, *grossesse*. L'adjectif *gros*, au féminin, avait pris dès le Moyen Âge le rôle d'un euphémisme pour *enceinte*. L'état d'être « grosse », dans ce sens, fut nommé *grossesse*, *grosseur* ayant d'autres emplois. *Grossesse* est donc un peu machiste et ironique au départ – mais c'est oublié.

« Interruption de grossesse » désignant plus correctement l'avortement, il était essentiel que la loi, en l'autorisant, la considère comme devant être volontaire. Avant tout, respecter la volonté, la liberté de celles qui doivent décider, souvent difficilement et douloureusement, d'enfanter ou non. Dans IVG, c'est le V qui est humaniste et éthique. Rien à voir avec ces politiques autoritaires et discriminatoires des naissances qui ont pris dans le passé le nom d'*eugénisme*, sous le prétexte d'améliorer l'espèce humaine. Cette intention, louable en soi, mais facilement dévoyée, est aujourd'hui incarnée dans les manipulations génétiques et le clonage. Et même un clonage humain volontaire (CHV ?) ne rassurerait pas. Question : comment respecter la volonté et la liberté de toutes et de tous au milieu des volontés de puissance, de succès et de gain qui entraînent la science et la technique et avec elles, la société ? L'IVG montre la voie.

30 novembre 2000

Préservatif

Le point commun entre *précaution*, *prévention* et *préservation*, mots essentiels en plusieurs domaines, c'est *pré-*. Comme en latin, *pré-* indique en français l'avenir, ce qui ouvre une infinité de perspectives. La prévision est d'ailleurs l'un des critères de la science, si je ne me trompe.

Le principe de précaution[1], souvent évoqué quand il est trop tard pour l'appliquer, concerne une attention prudente, ce que dit le latin *cautio*, du verbe *cavere*. La prudence reste passive, et on pourrait préférer un principe de *prévention*, mot qui signifie « venir avant, prendre les devants ». Prévenir, dit le proverbe, vaut mieux que guérir, et cela conduit à la préservation, qui concerne la mise à l'abri et la sauvegarde d'un mal. *Servare* ne voulait pas dire « servir », mais « faire attention de manière à conserver ou à sauver ». La précaution, en termes familiers, c'est simplement faire gaffe : la préservation garde en bon état, elle ajoute l'action à la prudence.

Préservation conduit à *préservatif*. Cela a commencé par des mesures médicales et on a pu parler de *préservatif* pour tout ce qui protège de la maladie et même du mal moral.

Au milieu du XIXe siècle, avec la conscience des problèmes créés par la sexualité, le mot sert à traduire en français les termes importés d'Angleterre, comme *condom*. On parle encore de *capote anglaise*, ce qui rappelle l'origine du malthusianisme, première idée d'un contrôle des naissances. Mais, déjà chez Flaubert, le « préservatif » sert à protéger des maladies vénériennes – et ce diable de Gustave en avait bien besoin. Ce fut d'abord la protection contre la syphilis et c'est aujourd'hui la préservation du sida.

L'instinct de mort ayant suscité des attitudes suicidaires et criminelles, par lesquelles certains séropositifs refusent toute précaution – c'est un relâchement, en anglais *relaps* –, le sida cesse de reculer en Europe et en Amérique du Nord. Pour des raisons culturelles et sinistrement économiques, le sida envahit l'Afrique. Raisons culturelles encore et de tradition, le refus obstiné du Vatican d'accepter les préservatifs. Rien ne sert de se précautionner si on ne cherche

1. Voir la chronique du 23 novembre.

pas à préserver les humains menacés. Si prévention et préservation ne s'ajoutent pas à la précaution, elles resteront des intentions pieuses sinon, comme cela vient d'être dit, un cache-sexe. Parodiant la formule de Rabelais, on a envie de dire : « conscience sans science, c'est la ruine du corps ».

1er décembre 2000

Les affaires

Comment un mot à usage multiple peut quand même s'appliquer à un domaine unique ? C'est une question de sémantique sociale qu'illustre bien ce pluriel : *les affaires*.

La France politique, en compagnie d'autres démocraties, est en proie aux affaires. Quand on dit *affaires* au pluriel, ces temps-ci, cela veut dire activités illégales, scandale financier et, plus largement, manifestation de l'immoralité dans l'activité politique.

Pour entretenir l'ambiguïté, on s'est mis à employer l'expression « être aux affaires » pour « avoir un poste gouvernemental ».

Le mot *affaire* est, à l'origine, simple et innocent : une affaire est une chose *à faire*, qu'on doit faire, une activité future et souhaitée. Au Moyen Âge et pendant quatre siècles, on disait *un affaire*, puis le mot est passé au féminin, sans armes ni bagages. Pour le sens, *affaire* concernait à la fois la vie sentimentale et galante : quand un homme politique « avait une affaire », c'était avec une jolie dame, et non pas avec une compagnie pétrolière ou un parti politique.

Depuis le XVIe siècle, le pluriel *les affaires* s'applique aux grandes questions d'intérêt public, sans idée péjorative : les affaires sont celles de l'État, et on parle sans ironie des « affaires étrangères ». C'est un peu avant la Révolution que le mot passe aux activités financières : c'est alors le début de la banque moderne. Déjà, la bonne réputation des affaires commence à vaciller, lorsqu'il s'agit d'argent. On emprunte à l'anglais la formule du cynisme : *les affaires sont les affaires* traduit *business is business* et signifie en clair « ne venez pas nous casser les pieds avec votre morale, votre justice, votre humanité, quand l'argent est en jeu ».

Pendant ce temps, on emploie aussi *affaires* en droit, pour « procès tant soit peu compliqué ». Et voilà que les anciennes affaires de l'État et les modernes affaires d'argent ont suscité des situations aussi immorales qu'illégales et qui méritent sanction. Sur quel terrain ? Celui de la politique. Par les affaires, la politique a affaire avec l'opinion publique (« à faire » le verbe ou « affaire » le nom ? Question pour une dictée). En démocratie, les affaires, c'est ennuyeux, et cela compromet cette démocratie, régime le plus mauvais, comme on sait, à l'exception de tous les autres. Mauvaise affaire – mais c'est devenu un pléonasme, au moins au pluriel. Les blasés soupirent : « Les affaires, c'est pas une affaire ! »

4 décembre 2000

La rue

À Nice, à côté du sommet européen, un contre-sommet ; à côté du pouvoir politique représenté par quinze chefs d'État, les manifestations d'un contre-pouvoir. M. le maire de Nice n'est pas favorable à ces « contre » ; il leur laisse un espace, la rue, mais rien d'autre. D'ailleurs, a-t-il déclaré, « les contre-pouvoirs, ça n'existe pas ». Cette opinion a coûté la vie à bien des régimes autoritaires.

La rue, dans la tradition française, c'est le désordre, la manifestation bruyante : *descendre dans la rue* correspond à « s'opposer au pouvoir, faire la révolution ». La rue, en 1830, en 1848, c'était en France le contre-pouvoir opposé à l'ordre conservateur et bourgeois.

Le mot *rue* est « vieux comme les rues », comme on disait jadis. Il s'associe à la ville. C'est une image assez amusante, puisque *ruga*, le mot latin d'où vient *rue*, signifiait « ride, pli ». Les Romains du peuple disaient : « je vais prendre la ride » pour « je vais marcher entre les maisons ». Les rues permettent le passage ; elles sont comme des plis sur la peau rugueuse de la ville, mais aussi un espace de mouvement, parfois de liberté, au milieu des édifices, qui représentent alors l'ordre établi, les « foyers clos » que détestait le jeune André Gide.

Quand on n'a pas de logis, on vit dans la rue. Quand on manifeste et qu'on proteste, on y défile. Ceux qui sont douillettement à l'abri n'aiment pas ça : les enfants qui jouaient bruyamment dans les rues étaient appelés *gamins des rues*, sinon *voyous*, qui sont les gamins des voies. Les *filles des rues*, c'est tout de même étonnant, ne peuvent être en français que des prostituées.

Aujourd'hui, la rue n'est plus un espace de jeu, de liberté ou de refuge : elle est envahie par les voitures. Quand des manifestations, même pacifiques et réjouies, ce qui est souvent le cas, envahissent la rue, elles gênent la circulation et les automobilistes les maudissent. Pourtant, quand elle exprime la contestation, la rue cesse de polluer, mais il est vrai qu'elle peut se mettre à casser. Est-ce qu'on préférerait l'oxyde de carbone aux opinions critiques ?

À Nice, après Seattle et Millau, la rue va s'exprimer : aux puissants, les palaces et les salles de réunion ; aux pékins qui rouspètent, la rue. À Nice, la rue n'a pas l'habitude. Elle appartient plutôt aux promeneurs, touristes ou retraités. Une exigence d'Europe sociale sur la promenade des Anglais ? Le travailliste libéral Tony Blair doit en frémir. *Shocking*, n'est-il pas... ?

6 décembre 2000

Sommet

Le sommet européen de Nice sera-t-il un succès ou un échec ? Une étape obligée ou une dernière chance ? Se poser la question, c'est admettre qu'un accord sera difficile, ce qui ne surprendra que les naïfs. Pourquoi faut-il un sommet ? Si la base européenne, les opinions publiques, étaient en phase, l'accord serait aisé. Mais ce n'est pas vraiment le cas. On remonte donc vers les sommets, où trônent les chefs d'État et de gouvernement avec leurs ministres et ministricules. Un *sommet*, sens qu'a pris le mot dans les années 1960, c'est l'ellipse de *conférence*, *réunion* ou *rencontre au sommet*, c'est-à-dire entre dirigeants disposant du pouvoir de décision. L'idée et l'expression viennent de l'anglais *summit conference*, où les deux mots sont d'ailleurs pris au français. *Sommet*, c'est le diminutif de l'ancien français *sum*, produit un peu trop bref du latin *summum*, « le point le plus élevé ». Le sommet, petit summum, est à l'origine la petite cime, ou crête, le petit pic, le petit haut de la grande montagne.

Apparenté à *somme*, résultat d'une addition, le sommet domine ce qui l'entoure, jusqu'à ce que la géométrie s'en empare, car les sommets d'un triangle peuvent être tournés vers le bas. Voilà qui serait nouveau, pour un sommet politique. Par ailleurs, le sommet, au figuré, c'est normalement le degré le plus haut, le comble, le summum, car on a repris le mot latin. Mais ce comble peut s'appliquer à une chose négative : il ne faudrait pas que le sommet de Nice soit le comble de la confusion, le sommet de l'incompréhension, l'ineptie suprême (en français spontané, la superconnerie).

Les difficultés de l'Europe sont normales ; les pays, les opinions attachées à leurs amours nationales, les intérêts contradictoires rendent l'unité fragile. Pourtant, l'antisommet ou le contre-sommet qui défilait hier dans les rues de Nice n'avait rien d'un carnaval, car on manifestait au nom d'une politique sociale décente et commune. Reste à savoir si, en remontant vers les cimes, la chaleur humaine ne va pas céder la place au froid et à ce qu'un intello juif de Londres du nom de Karl Marx appelait « les eaux glacées du calcul égoïste ». On se plaint, sans doute à juste titre, du réchauffement de la planète, mais celui des relations entre pays d'Europe, ce ne serait pas si mal. Les sommets n'y suffiront pas, sans les bases.

7 décembre 2000

À l'arraché

La réorganisation des institutions européennes, en vue de l'élargissement de l'Europe, a été difficilement obtenue à Nice. Après les nuits de discussions, d'affrontements et de compromis, un accord a été atteint, dit-on, à l'arraché. Cette métaphore exprime l'effort, comme pour tirer du sol ce qui y était enraciné. *Arracher*, verbe créé par la langue populaire, déforme le latin *ex-radicare*, repris par *éradication.* Mais *éradiquer* concerne les mauvaises herbes et les maladies, et signifie « supprimer », alors qu'*arracher* exprime l'effort préalable. *À l'arraché* est une métaphore sportive qui vient des haltérophiles. Il est vrai que le poids des habitudes existantes et les résistances de chaque pays, soucieux de conserver ses avantages, représentaient pour les leveurs d'haltères du sommet un défi redoutable. À certains moments, le concours sportif cédait d'ailleurs la place au défrichement difficile qu'exprime une autre expression courante, *d'arrache-pied.*

Ce qui a été arraché, c'est un *accord*, mot qui parle du cœur. Faut-il évoquer l'admirable *Arrache-Cœur* de Boris Vian ? Ce serait beaucoup trop pathétique. Partant du désaccord, il s'agissait d'accorder les violons. La musique ainsi produite sera moins cacophonique, mais il n'est pas sûr qu'elle annonce des lendemains qui chantent juste. Le président de la République a qualifié cet accord de « convenable », avant de rectifier par l'adjectif *bon.* Mais on sait bien que *bon...* n'est pas toujours très positif. « Bon, ça y est », c'est presque « ouf... ». En revanche, *convenable* n'est pas mal, quand cela signifie « qui peut convenir » – et il ne s'agit que de cela. En ménageant les avantages des pays grands et petits, l'accord est sans doute « convenable » pour l'Allemagne, pour la Grande-Bretagne, un peu moins pour la France, la Belgique ou le Portugal. Mais est-il bon et convenable pour l'Europe présente et à venir, dans son ensemble ? L'arraché ne concernant qu'un compromis d'égoïsmes nationaux, ce n'est certes pas le décollage. Et puis, on sait ce que valent les promesses des arracheurs, même quand ils ne s'attaquent pas aux dents. Les solutions à l'arraché sont très tendance, ces jours-ci. Bush ou Gore, les États-Unis auront un président à l'arraché. L'avenir, bon ou pas, s'arrache. L'Histoire marche à l'effort.

11 décembre 2000

Sage

Les juges de la Cour suprême des États-Unis, qui viennent de rendre la décision que l'on sait[1], sont souvent appelés en français les « sages ». Les commentaires soulignent le caractère politique de la décision, cinq sages républicains contre quatre sages démocrates égalant un président républicain. Voilà la sagesse assimilée à une majorité politico-arithmétique. Et surtout une sagesse en morceaux : avec cinq pro-Gore et quatre pro-Bush, modèle W., on aurait eu le résultat inverse.

Le mot *sagesse* est apparu en français, au Moyen Âge, à propos de la deuxième personne de la Trinité. Mais en théologie, le Père, le Fils et le Saint-Esprit ne sont pas divisés politiquement ; tout se décide à l'unanimité. La Cour suprême des États-Unis, qui n'est pas divine, ne forme pas non plus un seul sage en neuf personnes. Le mot *sage* vient d'un assez mauvais latin, *sapius* ou *sabius*, qui voulait dire à la fois « savant » et « vertueux ». Le mot classique était *sapidus*, dérivé de *sapere*.

Le latin montre la source de la sagesse, dans notre culture. C'est la *saveur*, mot de même origine. En effet, le goût permet de déceler et de savoir à quoi l'on a affaire. Goût et saveur apportent savoir et respect des choses, qui sont le début de la sagesse. Au moins dans l'histoire des mots.

Car dans les faits, la sagesse peut s'appliquer à un savoir suprême, mais aussi à des connaissances techniques comme dans le cas des *sages-femmes*. À propos de ces juges qualifiés *a priori* de sages, à Washington, on peut se demander si leur « sagesse » ne serait pas améliorée avec, parmi eux, quelques femmes sages. *Une sage*, comme « une juge ».

La Cour suprême, dit-elle, défend la Constitution, en interdisant un décompte de voix (dira-t-on un recompte ?) parce que le délai constitutionnel, grâce à elle, d'ailleurs, va expirer. Par ce calendrier, on voit bien que les jeux étaient faits.

La phrase des casinos s'impose ; dès lors, « rien ne va plus ». Ce

1. La désignation finale de George Walker Bush comme président des États-Unis.

qui suggère que la sagesse de ces sages a des points communs avec la roulette politique. Rien ne va plus, vraiment, et pas seulement à Washington.

13 décembre 2000

Réconciliation

Admirables discours de MM. Gore et Bush. Il n'est plus question que de réconciliation, réconciliation nationale et patriotique... et Dieu bénisse ces États-Unis plus que jamais unis. Il est vrai que, dans *réconcilier*, il y a *concile*. Les Étatsuniens soupirent ; les militants des deux bords s'étaient énervés pour rien. Les comptes répétés de voix, le mauvais fonctionnement d'un système électoral où, on le sait maintenant, des milliers de voix sont oubliées ou transférées, tout cela était un mauvais rêve. Autant en emporte l'Histoire, dans ses vastes poubelles.

Est-ce un modèle à suivre, pour effacer les choses qui fâchent, ou bien un cas de schizophrénie politique, d'amnésie programmée et de devoir d'oubli, le devoir de mémoire étant décidément compromettant ?

La réconciliation générale des politiciens, chacun au service de tous, c'est vraiment le conte de Noël pour électeur distrait – ou idiot.

Dans *réconcilier*, il y a bien *concilier*, verbe dont le modèle latin *conciliare* signifie d'abord « assembler, réunir » et dérive de *concilium*, « convocation » et « assemblée convoquée ». *Concile* s'est spécialisé en religion, mais *concilium*, c'est une assemblée, une chambre des représentants, un congrès, c'est-à-dire des personnes rassemblées pour travailler et décider ensemble. Du fait que la nature humaine ne va pas spontanément vers l'accord et l'unisson, *concilier* ne suffit pas et il faut en re-mettre : d'où *réconcilier*, *re-concilier*[1].

En France, il serait temps que la classe politique, qui affectionne l'affrontement et la dispute, se réconcilie. C'était l'objectif de la cohabitation, que les États-Unis ignorent. Le président nouveau est

1. On revient sur *réconcilier* le 8 février 2005.

arrivé, et il se dit président de tous les Étatsuniens, sinon des Américains (si j'étais canadien ou brésilien, ça ne me plairait guère). Pourtant, il est élu par moins de la moitié des électeurs, et moins que le candidat battu. C'est la loi ; vive l'État de droit. L'État de justice, ce sera pour plus tard.

Aux États-Unis comme ici, une réconciliation plus nécessaire encore que celle des opinions et des partis serait celle qui réunirait et réconcilierait l'opinion publique, vous, moi, la plupart des citoyens, entre eux et avec la classe politique.

Comme le disait Al Gore, entre les partis politiques aux États-Unis, le match est fini ; entre les partis, la politique et les citoyens, c'est une autre affaire.

14 décembre 2000

Assumer

Niant l'existence d'une crise morale, dont il a pourtant entendu parler, disait-il, « ici ou là », Jacques Chirac a admis l'existence de *dérives*, précisé qu'il fallait *réagir* et qu'il était nécessaire d'*assumer.* Tels sont les termes du discours présidentiel, parmi un vocabulaire destiné à sauvegarder la présomption d'innocence et à instaurer le principe de précaution[1].

Le verbe *assumer,* dans un raisonnement défensif habile, peut pourtant ouvrir une brèche. On comprend qu'il s'agit d'accepter la responsabilité et les conséquences de ses actions. *Ad* et *sumere*, en latin, c'était notamment « adopter, prendre la charge de quelque chose ». Le contraire de *ad sumere*, c'est *eximere*, d'où vient *exempt.* Ainsi, s'exempter d'une responsabilité, c'est refuser d'assumer. Le penchant à assumer suppose d'abord la lucidité, la connaissance et la reconnaissance, la mémoire, puis, devant des accusations, l'honnêteté et le courage. André Gide écrivait de Dostoïevski qu'il avait « une propension naturelle à assumer toujours

1. Voir la chronique du 23 novembre.

et ne se dérober devant rien ». C'était vrai dans sa vie comme dans son œuvre, qui bouscule toutes les conventions et recherche la vérité, au prix de la tranquillité et de la vie même. Car il y a danger à assumer.

En politique, assumer complètement le passé est particulièrement périlleux. On accepte facilement d'assumer une charge ou un rôle, mais beaucoup moins les responsabilités qui en découlent et plus du tout, en général, les anomalies et irrégularités révélées. Assumer les avantages et les honneurs et se dérober devant les révélations pénibles n'est certes pas un comportement exceptionnel. L'ignorance du chef, « victime » de sa situation dominante, c'est un thème peu favorable à l'assomption. Car l'assomption est l'action d'assumer ; Roland Barthes rappelait que l'« assomption d'un peu de réel » était bien nécessaire.

Mais l'Assomption, c'est aussi l'enlèvement miraculeux de la Sainte Vierge vers le ciel qui montre que Dieu, dans la personne du Fils, assume sa nature humaine. C'est encore mieux que la position de victime innocente ou du joueur qui botte en touche, franchement plus triviale. *Assumer* est un mot fort moral, mais un peu piégé.

15 décembre 2000

Trafic

Des mises en examen récentes donnent à un mot en général déplaisant, *trafic*, une occasion de s'étaler à la une des journaux. On se moquait jadis des dictionnaires paresseux, qui définissaient *trafic* par *négoce*, *négoce* par *commerce*, et *commerce* par *négoce* et *trafic*. Ce petit jeu n'a heureusement plus cours, et on sait mieux distinguer ces trois mots.

L'histoire de *trafic* est obscure ; cependant ses premiers emplois sont liés non au commerce, mais à la tromperie, avec des allusions à des manipulations malhonnêtes.

À partir de là, le mot, en français, est alternativement correct – le trafic étant alors un échange et un déplacement, d'où le sens de *traffic* en anglais, qui correspond à la « circulation » des véhicules – et critiquable, autour de l'argent malhonnête. Depuis le XVIe siècle, en effet, le trafic est un commerce illicite. Quant à *trafiquer*, que notre langue a pris aussi à l'italien, ce verbe exploite la valeur ancienne de « dénaturer, modifier sans en avoir le droit ». On parle d'ailleurs de denrées trafiquées et cela peut s'appliquer à certains produits interdits ou dangereux. Si l'on peut dire « trafiquer de la drogue », c'est avec l'idée du commerce illicite, alors que « trafiquer un alcool », c'est le modifier dangereusement, le falsifier ou le frelater. Les denrées trafiquées, c'est la malbouffe, les médicaments trafiqués, c'est encore pire. Ils ne guérissent pas, et peuvent tuer. Les organismes génétiquement trafiqués – pardon, manipulés –, on n'aime pas trop ça. Ces traficotages n'ont qu'un mobile, l'argent. Ce qui redonne à *trafic* son sens économique de « commerce ». Une autre denrée que la malhonnêteté peut « trafiquer », c'est, nous dit le droit pénal, l'influence. On a d'autres mots, un peu savants : concussion, malversation, prévarication. Il existe trop de trafiquants d'influence, de pouvoir et d'intérêt, comme il en est d'armes, de drogues, de produits dangereux. Le seul « trafic d'influence » qu'on aime, c'est celui de l'émission de Philippe Bertrand[1], qui est un beau commerce d'idées.

22 décembre 2000

Animal

S'il fallait un prétexte pour parler d'animaux le lendemain de Noël, le bœuf, l'âne et même les bergers de la crèche – puisqu'il n'est pas de berger sans moutons et sans chien – pourraient suffire. Mais l'idée m'en est venue par la lettre d'un auditeur, attristé par le sort que notre société réserve à bien des animaux et par une indifférence scandaleuse à cet égard.

L'animal, c'est l'être doué de ce souffle vital nommé en latin

1. Sur France Inter, qui se veut inter-médiaire, inter-actif...

animus, et le mot s'applique surtout à ceux qui sont proches de l'espèce humaine, au moins physiquement. Dans la satire politique de George Orwell, *La Ferme des animaux*, tous se voulaient égaux, mais très vite, certains, plus malins, se faisaient « plus égaux » que les autres – ce qui montre à quel point l'homme est un animal. De même, les animaux autour de nous sont loin d'être égaux : certains sont chouchoutés, mais beaucoup sont maltraités, oubliés, abandonnés, égorgés, tandis que des tonnes de bons sentiments sont déversées sur les chiens, les chats, les oiseaux et autres bêtes dites « de compagnie ».

Hélas, le règne animal est aussi l'objet de l'horreur économique, qui n'a jamais si bien mérité son nom que quand elle a suscité l'élevage en batterie, le gavage des canards et des oies en cage – sujet de Noël s'il en est –, la pêche industrielle, les vastes massacres organisés des « abattoirs », mot terrible. Au moins, le mazoutage des oiseaux, catastrophe mieux perçue, est involontaire. N'évoquons pas même les espèces disparues, et les races d'animaux oubliées, pour cause de faible rentabilité immédiate. Justes réflexions pour un matin d'après la fête ? Sans doute, mais le répit dans l'agitation quotidienne, l'esprit de Noël et d'enfance pourraient être l'occasion d'un retour aux sources de la vie, que l'espèce humaine doit entièrement à cette évolution qui a peuplé la terre d'animaux. Que l'on croie à la création et à l'arche de Noé ou à la nature vue par Lamarck et Darwin, l'animal, ce vivant proche de nous, mérite le respect. Frères humains, et sœurs humaines, cessons de rendre les vaches folles avant de les tuer et de rendre la vie impossible aux bêtes élevées avant de la leur prendre.

26 décembre 2000

Auditeur

Puisque je suis parti, cette semaine, pour m'adresser aux auditrices et auditeurs qui m'écrivent, et les premières sont plus nombreuses que les seconds, je voudrais souligner un paradoxe. Le mot *auditeur*, par la vertu du verbe latin *audire*, dépasse l'idée d'« entendre » et même celle d'« écouter », pour évoquer toutes les impressions, les sentiments, les connaissances qui entrent en nous par le sens de l'ouïe. Or, la radio comme la peinture et le dessin transmettent des messages purs : l'une parle, dit, exprime, les autres montrent. La plupart des médias et des spectacles font les deux à la fois. Quant au spectacle de la vie, il mobilise les cinq sens, inégalement.

Cette épuration des sens qui ramasse tous messages en un produit une relation privilégiée. Les auditeurs et auditrices, donc, peuvent et doivent prendre la parole, répondre, questionner, dialoguer. Et ils le font, radiophoniquement, mais aussi par l'écriture : poste ou courriel – que je préfère à cet *imèle* écrit comme un *émail*. Faute de temps, je ne parviens pas à répondre à tous les courriers, et pourtant...

Les auditeurs y manifestent une attention, une finesse d'écoute, une sensibilité, une ironie, une sympathie et parfois de petites antipathies qui m'impressionnent. Et je me dis : celle-là, ou celui-ci, pourrait bien me remplacer avantageusement, ce qui me permettrait de reprendre une place d'auditeur et de m'indigner contre les coups bas portés au bon français.

Car ce courrier d'auditeurs manifeste un amour du langage clair et sain et une exigence sans faiblesse. Qu'il m'échappe *un espèce de* pour *une espèce*, un *pallier à* pour *pallier quelque chose*, une fausse liaison et je sais que des réprobations méritées pleuvent. Avant de répondre sur des points plus précis, je vous adjure, chers zauditeurs, auditeurs très chers, de demeurer impitoyables. Sans masochisme et sans purisme – je m'applique à dire *issme* –, cela aide à se corriger.

« Auditeurs sachant auditer », dit Philippe Meyer, qui, lui, parle admirablement, vous méritez des parleurs sachant parler ; mais s'ils fautent, sachez leur pardonner[1].

27 décembre 2000

1. À la relire, cette chronique me paraît un peu démagogique et peut-être masochiste. Mais ce qui fut dit est dit : *verba manent...*

Euphémisme

Parmi les « dérives », comme on dit, de notre langue, il y a un sujet qui fâche ou qui fait sourire plusieurs auditeurs, selon leur caractère. J'ai cru remarquer que les femmes et les jeunes s'en amusent plus souvent que les hommes un peu moins jeunes. Ce qui est sûr, c'est que les euphémismes, ces mots qui tournent autour des choses et refusent d'appeler un chat un chat, quand ils apparaissent, déclenchent des réactions critiques. Remplacer *balayeur* par *technicien de surface*, il est vrai, revient à préférer une expression prétentieuse, pompeuse et obscure à un mot très clair. Trop souvent, les inventeurs d'euphémismes nous concoctent un enfer pavé de bonnes intentions. Et certains débouchent sur de franches et cocasses absurdités : j'ai lu quelque part qu'un hôpital de Montréal, au Canada, recommandait, pour ne pas être désagréable aux patients, de ne plus les appeler des « malades », mais des « non-handicapés ». Reste à nommer les handicapés des non-malades, et « tout le monde il est heureux ». Mais ça ne guérirait personne. Et le mot *handicapé* lui-même me semble être un euphémisme utile, pour éviter *infirme*, plus brutal.

Euphémisme vient du grec et signifie à peu près « bien dit, bien parlé », de même que *euphonie* désigne un son agréable. Le contraire de l'euphonie est la cacophonie, mais certains euphémismes, qui prétendent mieux dire, peuvent aboutir à des résultats dissonants.

Mon correspondant, qui a de l'humour, répudie *malentendant* et *malvoyant*, trouvant que *sourd* et *aveugle* remplissaient bien leur office, et se demande si on finira par dire : *il est malentendant comme un pot*, ce qui serait plaisant. Mais il ne faut pas oublier que les mots nouveaux sont justement utiles lorsqu'ils ne remplacent pas les braves mots anciens. Entre *sourd* et *malentendant*, le déficit auditif diminue : les malentendants entendent mal, c'est clairement dit, alors que les sourds n'entendent pas. C'est une différence énorme, pour les intéressés. L'euphémisme n'est pas condamnable parce qu'il cherche à dire mieux les choses pénibles ; il l'est quand il n'y parvient pas.

28 décembre 2000

Tout à fait

Un auditeur bordelais me fait part de son irritation quand il entend, au lieu de *oui*, *d'accord*, ou d'autres expressions de la réponse positive, un *tout à fait* qui lui semble ridicule. « Est-ce que tu t'appelles André ? Tout à fait, Gaston. » « Crois-tu qu'il va faire beau ? Tout à fait », et ainsi de suite.

Cette expression, que nous n'analysons plus, n'est pas condamnable en soi. Elle renforce une ancienne manière de dire, disparue il y a plusieurs siècles mais qui fut courante au Moyen Âge : *à fait*, qui voulait dire « à mesure, progressivement ». Par rapport à cet *à fait*, *tout à fait* correspondait logiquement à « complètement » et exprimait la même idée que *au bout du compte*. *À fait* a disparu, alors que *à mesure* et même *au fur et à mesure* (où *fur* signifie « prix ») sont restés dans la langue. Il en fut de même pour *tout à fait*, qui fait partie de ces orphelins du langage témoignant de l'ancienne langue cachée dans la nôtre. *Tout à fait* signifie donc « complètement, entièrement » et parfois « parfaitement ». Dans ces adverbes, il y a une idée de gradation et *tout à fait* ressemble à un superlatif. C'est pourquoi répondre à une question sans nuance de plus ou de moins par *tout à fait* est absurde.

Si on vous demande si un plat est réussi, dire *tout à fait* est mieux qu'un *oui* tout sec, mais *parfaitement* ferait sûrement plus de plaisir au cuisinier. Cependant, à la question : « Est-ce que tu veux encore un peu de chapon ou de bûche ? » – c'est l'époque qui veut ça –, répondre *tout à fait* n'a aucun sens. C'est oui ou c'est non, auxquels la politesse commande d'ajouter des remerciements bien sentis.

À propos, cette chronique est tout à fait finie, ce qui ne veut pas dire « parfaitement ».

29 décembre 2000

2001

5 janvier : Jubilé du pape Jean-Paul II
15 janvier : Séisme au Salvador
13 février : Les difficultés du PSG
16 février : Peur de la tremblante du mouton
2 mars : Condamnation par contumace du criminel nazi Aloys Brunner
16 mars : Épizootie de fièvre aphteuse
18 mars : Procès de Guy Georges
30 mars : « Restructuration » chez Marks et Spencer
11 mai : Grève des transports urbains
14 mai : Élections en Italie
15 juin : Manifestations en Kabylie
25 juin : Réunion à l'ONU sur le sida
26 juin : Relèvement du SMIC
11 septembre : Candidature des Verts à la présidence
21, 24 septembre : Réactions aux attentats du 11 septembre
9, 23, 24, 29 octobre, 12 décembre : Opérations américaines en Afghanistan
12 octobre : Prix Nobel de la paix
25 octobre : Accident au tunnel du Saint-Gothard
9 novembre : Réunion de l'OMC au Qatar
13 novembre : Écrasement d'un Airbus à New York
18 novembre : Le procès des « paillotes » corses
27 novembre : Conférence de Bonn sur l'Afghanistan
21 décembre : Mort de L. S. Senghor

Jubilé

La fin de l'année jubilaire donne l'occasion d'entendre et de prononcer un mot d'apparence heureuse. Jean-Paul II, malgré sa santé défaillante, est parvenu à terminer le jubilé de l'an 2000, destiné à faire entrer l'Église romaine dans son troisième millénaire d'activité.

Le mot *jubilé* est resté lié au verbe *jubiler* et à *jubilation*, ce qui peut surprendre dans le contexte dramatique de ce début de siècle. Mais l'idée jubilatoire, l'allégresse et les chants du jubilé, au moins dans les mots, recèlent une double désillusion. D'une part, le latin *iubilare* a d'abord signifié « pousser des cris » d'appel, de plaisir ou de rage, la joie n'ayant rejoint ce mot qu'en latin chrétien. De l'autre, *jubilé*, certes influencé par le latin *iubilare*, vient en fait de l'hébreu *yobel*. Ce terme désignait un animal, le bélier, puis sa corne, servant à fabriquer un instrument de musique. Celui-ci servit à annoncer une grande solennité, célébrée tous les cinquante ans et à l'occasion de laquelle les peines légales et les dettes étaient remises. L'idée de ce moratoire, dirait-on aujourd'hui, annoncé à sons de trompe, fut remplacée beaucoup plus tard par celle de célébration et d'action de grâces. On aurait dit *iobilaeus*, le *jobilé*, sans l'influence du verbe latin *iubilare*, d'autant que l'annonce d'une solennité peut bien se faire « à cor – ou à trompette – et à cri », ou par des chants accompagnés de sonneries d'instruments. En 1300, le jubilé célèbre le début du siècle, en 1349 le pape Clément VI le fixe tous les cinquante ans ; plus tard encore, ce fut vingt-cinq ans.

Les coutumes sont têtues : la période cinquantenaire est restée liée au jubilé, qui célèbre aussi la durée dans une fonction. Cette durée n'est pas toujours empreinte de joie, mais, dans la tradition chrétienne, elle permet de pratiquer un retour sur soi-même : repentance et réconciliation plutôt que réjouissance et trompette, c'est sans doute le message de Jean-Paul II. On aimerait que ce message soit entendu, un peu partout dans le monde, et que la réconciliation descende du ciel sur la Terre.

5 janvier 2001

Cavale

L'économie française s'agite encore, frémit, elle ne cavale pas. Plusieurs faits divers – souvent un fait sanglant et criminel – amènent leur cortège de mots. On parle de *cavale* à propos de l'homme qui est sorti de la raison et du bon sens – ce que signifie *forcené* – et qui, comme cela arrive de plus en plus souvent, n'a trouvé que le meurtre pour exprimer sa haine et sa colère, avant de s'enfuir.

Cavale est le dérivé argotique du verbe *cavaler*, apparu à l'époque de Vidocq dans le milieu des malfaiteurs. *Cavaler*, de son côté, vient du latin populaire *caballa*, nom féminin d'où vient *cavale*, mot poétique pour *jument*. Il devait être un peu oublié, ce mot, puisque son dérivé *cavaler*, d'abord noble – il signifiait « galoper, poursuivre à cheval » – est devenu un synonyme de courir, filer à toute allure, avec deux spécialisations.

À la Belle Époque, qui n'était pas si belle que ça, *cavaler* prend un sens coquin et machiste, « courir après les femmes » ; alors, on n'a pas parlé de *cavale*, mais de *cavaleur*.

Le cheval et la chevauchée étant oubliés, la cavale, fuite précipitée, a été réservée aux délinquants qui jouent au voleur et au gendarme. À la fuite et à l'évasion, le mot *cavale* ajoute l'idée de cache-cache et la volonté de se mettre hors la loi, tandis que *cavalcade*, pris à l'italien, s'orientait vers la manifestation bruyante. Il y a bien des façons de *cavaler* : celle de la *cavale* est tout sauf caracolante : discrète au contraire, sauf quand les médias s'en mêlent. Les forcenés, les tueurs fous en cavale manifestent le refus absolu de la loi et la volonté extrême de nuire. Du temps du roman d'Albertine Sarrazin, *La Cavale*, c'était seulement l'évasion ; aujourd'hui, semble-t-il, c'est la fuite éperdue et dangereuse. La France, avec d'autres sociétés, semble cavaler dans un western. La cavale n'a plus rien d'hippique, et pas grand-chose d'épique ; c'est maintenant une affaire de voitures volées et de fusil-mitrailleur. Pour parler moderne, ce n'est plus du tout cool, la cavale ; ce serait plutôt *nuit grave*[1], comme toute violence.

9 janvier 2001

Séisme

Version savante de *tremblement de terre*, le mot *séisme*, apparu il y a quelque cent vingt ans, est pris au grec *sismos* ou *seismos*, le dérivé d'un verbe qui signifie « secouer », « faire trembler ». Les érudits qui connaissent l'origine de ce terme trouvent que *secousse sismique* est un pur et simple pléonasme. Mais comme il y a d'autres secousses que celle de la Terre, le besoin de préciser requiert un adjectif : certainement, *secousse tellurique* est mieux dit que *secousse sismique*. *Séisme*, prononciation épelée des lettres grecques, a été concurrencé par *sisme* et l'on dit toujours *sismique*, *sismographie*, etc., à côté de *séismique* et *séismographie*. *Sisme* était d'ailleurs la forme normale en français, comme *sistre*, du mot grec écrit *sé-is-tron* et prononcé *sistron'*. C'est pourquoi Haroun Tazieff, grand *volcanologue*, terme qu'il préférait à *vulcanologue*, voulait qu'on dise *sismique* et me l'avait fait savoir.

De toute façon, parler de « secousse » et même de « tremblement » à propos de cette réaction violente de l'écorce terrestre, minime à l'échelle de la planète, mais catastrophique pour les humains qui vivent à l'endroit où la terre tremble – on parle

1. On sait que cette expression, qui n'a pas vécu longtemps, a désigné la cigarette, qui « nuit gravement à la santé ».

d'*épicentre* –, c'est aussi un euphémisme. Car les séismes, mesurés par la fameuse échelle de Richter, ont des effets terribles pour ce qui importe le plus, la vie humaine. Là encore, on emploie bien des euphémismes : à côté des morts, on parle de disparus, il y a aussi des blessés, des sans-abri et, à côté des victimes directes, le désespoir des proches et la terreur de toute une population, qui n'a pas de nom.

Ces grandes catastrophes ont souvent lieu dans des pays sans grands moyens matériels : à une vie quotidienne difficile s'ajoute alors la brutalité du drame collectif. Acharnement contre les défavorisés de la planète. Bon Dieu ! que fait le Dieu bon ? Quand le séisme n'est pas un *microséisme*, il appelle une aide immédiate. Incapable de maîtriser les mouvements des plaques telluriques, la communauté internationale se doit de réagir avec un minimum de solidarité. *Salvador*[1] signifie « le sauveur » en espagnol ; pourtant, malgré ce patronage, il manque cruellement de *sauveteurs*. Il y a des moments de vérité où les symboles ne suffisent pas.

15 janvier 2001

Retraite

L'histoire des mots est un témoin fidèle de la vie sociale et, en l'espèce, des acquis sociaux. Prenons le mot *retraite*, dérivé de l'ancien verbe *retraire*. Ce dernier a été remplacé par *retirer*, de même que *traire*, spécialisé en agroalimentaire, comme on ne disait pas encore, a cédé la place à *tirer*.

En effet, la retraite fut d'abord l'action de se retirer : on dit encore *battre en retraite*, et personne ne souhaite que les retraites modernes soient elles-mêmes réduites à la défaite.

La retraite était donc avant le XIXe siècle une affaire militaire, ou

1. Un tremblement de terre, avec ses suites, torrents de boue, glissements de terrain, venait de ravager et d'endeuiller cet État d'Amérique centrale.

bien religieuse. Aujourd'hui, on ne se retire plus pour prier ; et à peine s'il y a encore quelques *retraites aux flambeaux*.

Cependant, dès le XVIIe siècle, le mot *retraite* peut désigner le départ des affaires et la fin de l'activité professionnelle. Simple départ, alors, sans avantage particulier. Mais dans l'armée de Louis XV, on a commencé à dire *retraite* pour la pension d'un officier qui s'en allait, puis pour celle d'un fonctionnaire. Mais c'est au XIXe siècle, peu avant la révolution de 1848, que les retraites deviennent un système, un régime pour des travailleurs après une vie de travail. À preuve, l'expression *caisse de retraite*, qui représente cette évolution sociale. L'Allemagne de Bismarck, que nous imaginions moins sociale, s'était la première préoccupée du sort des vieux travailleurs.

Mais il faudra attendre, en France, les lois sociales du Front populaire ; en Angleterre, puis ailleurs dans le monde, la *Social Security*, sécurité sociale. Les régimes de retraite ont abouti à ce que nous connaissons : régime général, retraites complémentaires, âge de départ à soixante ans. Faut-il réformer le système ? Sans doute. C'est la manière de faire et la répartition des financements qui opposent syndicats et patrons – pardon, entrepreneurs. Chacun veut forcer l'autre à se retirer, sinon à prendre sa retraite. Dans l'affaire, personne ne veut battre en retraite. Le Medef, au contraire, attaque : on dit qu'il met la pression. Dans la marine de Louis XIV, les navires tiraient un « coup de canon de retraite » avant de prendre leur service de nuit. Mais c'était un coup à blanc. Espérons que la guerre des retraites ne se fera pas à balles réelles.

16 janvier 2001

Torture

Pour désigner des réalités insupportables et qui mettent en œuvre la volonté du mal, il arrive que le langage emploie des mots neutres ou innocents. C'est le cas de *torture*, pris au XIIe siècle au latin *tortura*, du verbe *torquere*, qui signifiait simplement « tourner », avant de s'appliquer au corps humain. Mais alors que *tordre* et *torsion* se sont restreints à l'action physique sur les choses, *torture* s'est appliqué vers la fin du Moyen Âge aux souffrances infligées comme peine juridique et, surtout, pour « extorquer » des aveux. Et le mot *tortionnaire* a suivi. On disait en ancien français *géhenne*, mot qui venait de l'hébreu *Ghê-Hinnom*, la vallée de Hinnom, car en ce lieu, près de Jérusalem, la Bible nous dit que des idolâtres avaient sacrifié des enfants par le feu. Par un adoucissement extraordinaire, la géhenne, mot de l'enfer, est devenu une simple *gêne*. Rien à voir avec la gégène, qui vient du groupe électro*gène*.

Il nous reste de ces mots usés une vérité indiscutable : la torture, dans le monde moderne, gêne les consciences délicates qui aimeraient que ce ne soit qu'une des horreurs du passé, de la très vieille histoire.

On sait bien que la justice, et même la justice religieuse, utilisait la torture. Ce procédé inhumain était considéré comme normal, avant qu'un grand esprit du XVIIIe siècle, le juriste italien Beccaria, ne montre que cette infamie ne servait à rien.

Mais la torture, dans la discrétion des systèmes répressifs, a continué à tordre les corps et les âmes. On en parle aujourd'hui, par devoir de mémoire, à propos de la guerre d'Algérie ; on doit surtout en parler à propos des violences physiques qui se commettent encore un peu partout. Amnesty International vient de publier un rapport terrifiant sur la torture des enfants...

La torture était jadis, paradoxe scandaleux, un procédé de « justice » ; naguère, elle devint et malheureusement demeure encore un procédé de police et de guerre ; parfois même de gouvernement. Les pseudo-justifications et les dénégations, du style « on ne pouvait pas faire autrement » ou « j'ai obéi aux ordres », reviennent à nier toute liberté. Le cynisme et le sadisme sont venus gangrener des situations historiques, telles les guerres coloniales et les régimes dictatoriaux. En employant la torture, tout régime se disqualifie. On s'aperçoit aujourd'hui que l'innocence et l'aveu franc, qui n'excuse rien, sont l'exception ; le silence coupable, la règle.

29 janvier 2001

Délinquance

Le mot *délinquance*, aujourd'hui aussi indispensable que désagréable, est un pur produit du XXe siècle. Ce qui se disait avant, c'était *délinquant*, adjectif et nom qui s'appliquent surtout aux auteurs d'infractions relativement légères, les fautes les plus graves contre la loi caractérisant plutôt ce qu'on nomme les *criminels*. Le rapport entre *délinquance* et *délit* est toujours perçu, les deux mots, en latin, dépendant d'un verbe qui nous serait bien utile, *délinquer*. Mais nous devons dire lourdement *commettre un délit*. Pourtant, *délinquer* a existé, on le trouve même sous la plume de Chateaubriand, ce qui ne suffit pas à le faire revivre. Dommage.

Plus dommage encore, la pratique du délit et de la violence pour s'exprimer. On a trop tendance à les confondre, alors que les actes délictueux peuvent être calmes, et ne violer que la loi. Le mot *délinquance* ne fait pas le détail : il comprend aussi bien les crimes – on dit la *grande délinquance* – que les délits correctionnels. Mais les distinctions juridiques entre infractions frappées de peines correctionnelles, et les crimes, qui relèvent d'une autre justice, sont affaire de spécialiste.

Ce qui préoccupe dans la délinquance, c'est autant le style des infractions que leur nature, ce qui ramène aux délinquants. Or, la délinquance nouvelle et accrue, du moins ce qu'on en perçoit, ce sont des pratiques violentes, des vols avec menace, des destructions de matériel. Ce qui n'efface pas la gravité de la délinquance plus classique et sans violence, dont les frontières sont moins nettes. Il y a plus que des nuances entre les jeunes qui cognent, qui tirent le portable de la p'tite dame, qui cassent ou qui brûlent les caisses des bourges[1] ou de leurs voisins, et les grands délinquants financiers.

La grimpette de la délinquance n'a donc pas un sens très clair, puisqu'elle additionne des choux et des raves, en l'espèce les choux sociaux de l'insécurité et les raves juridiques de l'infraction. Elle inquiète parce que les statistiques sont confuses. La délinquance est une abstraction pour sociologue ; ce sont les délinquants et leurs

1. Les voitures des bourgeois, en vieux français.

victimes qui importent, et les mots qui fâchent sont alors *violence*, *insécurité*, *inconscience*, *perte du sens moral*, qui ne se laissent pas facilement réduire en chiffres.

2 février 2001

Désarroi

Que ce soit devant l'incivilité – comme on dit pudiquement – et la violence adolescente ou devant les insuffisances de la prévention médicale, on fait état d'un certain désarroi. Le mot du trouble moral reflète à la fois l'incompréhension et la détresse qu'on éprouve quand on ne sait plus comment réagir. Mais cet aspect psychologique est second ; le désarroi premier est un désordre, une désorganisation et un mauvais fonctionnement. Dans ses *Mémoires*, Saint-Simon a cette remarque désabusée : « Je trouvais les chemins et les postes en grand désarroi. » Cette valeur objective et concrète s'appliquerait bien aux manques de moyens qui désorganisent certains services publics, tels l'école ou l'hôpital.

Désarroi fait partie des mots orphelins, puisqu'on ne parle plus d'*arroi*, et encore moins d'*arroyer*, verbe qui signifiait « disposer, arranger » et dont nous aurions cependant bien besoin.

C'est probablement un mot germanique, importé par les mercenaires de l'Empire romain en terre gauloise. D'où vient qu'on qualifiait une organisation par rapport à son arroi. Les princes se déplaçaient *en grand arroi*, équivalent de « en grand équipage », et lorsque les choses marchaient mal, faute de moyens, on les disait *en mauvais arroi*.

Aujourd'hui, on ne se plaint plus du mauvais arroi de certaines institutions et des systèmes chargés d'organiser la vie publique, mais souvent on le pourrait. De cette série de mots, il ne reste plus que le désarroi des citoyens qui subissent les inconvénients de trop médiocres arrois. Insuffisance des moyens, inertie des autorités, incapacité ou lenteur à réagir sont encore et toujours sources de désarroi.

Si on se demande pourquoi *désarroi* est resté vivant, alors que *arroi* a disparu, on est tenté de répondre que, justement, on ne dit rien quand ça marche et quand les trains arrivent à l'heure, alors qu'il faut bien exprimer l'angoisse et le découragement quand ça ne marche pas[1].

9 février 2001

Révélation

Une vérité nouvelle ou cachée présentée à l'opinion, une réalité ignorée jusque-là, soudain partagée par tous, c'est l'idéal de l'information, le merveilleux scoop. Il ne faudrait pas penser que les révélations sont toutes spectaculaires et surprenantes. Cependant, ce qui est prévisible et probable ne donne pas lieu à révélation. L'arrivée de la course en solitaire vendéenne et globale, le fameux « Vendée Globe », conforme à la fois aux prévisions et à l'horaire du journal télévisé, est-ce une révélation ? Et la carte du génome humain, même si le nombre de trente mille gènes est jugé étrangement modeste, n'est pas une révélation totale[2]. Avant d'être révélées, les choses paraissent mystérieuses, et on s'attend à des surprises : la révélation se porte mieux dans l'avenir qu'au présent ou au passé.

Révéler, en latin, c'est retirer le voile : *re-velare*, contraire de *velare*, « couvrir, voiler ». Enlever le couvercle, par ailleurs, a abouti à *découvrir*, mais la *découverte* est plus exigeante, car elle apporte une connaissance dont on avait besoin pour comprendre. Les découvertes s'intègrent à notre vision du monde, alors que les révélations étonnent, surprennent, sans forcément modifier l'éclairage. Une exception cependant, au Moyen Âge, où l'on emploie *révéler* et *révélation* à propos de la volonté divine faisant connaître à l'humanité sa vérité : on parle de religions *révélées*, quand leurs croyances sont contenues dans des livres considérés comme sacrés et inspirés : Bible, Évangile, Coran...

1. La présence durable de ce désordre angoissé m'a incité à reprendre ce mot, le 10 janvier 2003.
2. Il était donc question de ces deux informations, en ce matin blême du 12 février.

Mais les petites révélations humaines ne font que dévoiler ce qui était secret, y compris un certain nombre de secrets de Polichinelle et parfois même que soulever le couvercle des poubelles. L'ignorance et la curiosité conjuguées confèrent aux révélations attendues une importance souvent exagérée, suivie de déceptions. Les protagonistes du procès de l'affaire Elf, les juges, les avocats semblent pétrifiés par l'attente des révélations d'Alfred Sirven, alors que l'opinion est plutôt sceptique, tant les rumeurs, surtout quand elles engendrent l'indignation, sont excitantes, par rapport aux vérités acceptées, qui deviennent vite ennuyeuses.

12 février 2001

Régression

Progression et régression alternent et sont complémentaires, mais l'attention se porte plus volontiers sur les *régressions*, comme si l'opinion entretenait à l'égard de ceux qui les subissent un léger sadisme, à moins que ce ne soit de la compassion – mais est-ce si différent ?

Dans le rapport sur la langue française dans le monde, on annonce une régression de notre idiome en Europe orientale et en Asie ; dans les sondages portant sur les prochaines élections municipales, on note dans l'ensemble une régression de l'opposition ; en sport, sérieuse régression d'un club pourtant financièrement bien doté, le Paris-Saint-Germain ou PSG. Ces régressions ont pour corollaire la progression de concurrents, ce qui les rend plus pénibles encore pour ceux qui descendent.

La régression fut d'abord un recul concret, une marche arrière, complémentaire de la progression ; puis ces mots furent absorbés par la métaphore qui guette tous les mots concrets. *Régression* et *progression* remontent au verbe latin *gradi*, « avancer, marcher ». Or, les idées de *graduation* et de *dégradation* introduisent la notion de *degré*, qui correspond à peu près à « marche d'escalier » ou à « échelon ». Et *régression* est passé de la marche arrière – opération souvent indispensable, car comment se servir d'une voiture sans marche arrière ? – à la descente, et à reculons, encore. *Descente*, mot valorisé quand il s'agit de ski, évoque plus souvent une situation qui se dégrade. *Régression* est plus progressif, mais dit la même chose. Dans le cas de la langue française, la régression peut cacher des avancées, et déclencher des réactions qui la freinent. Puisqu'il s'agit de recul, il faut se rappeler que certains reculs sont des prises d'élan, pour mieux sauter. Se dire : je l'ai bien descendu, ne suffit certes pas. Pourtant, les escaliers sont aussi faits pour être remontés : les degrés et les marches sont innocents. De *régression* à *progression*, il ne faut que changer de préfixe : le français en a vu d'autres, en un millénaire d'existence. Reconnaître une vérité déplaisante, ce n'est pas s'y soumettre.

13 février 2001

Mouton

Le mouton, le doux et tendre mouton, que le Petit Prince souhaitait qu'on lui dessine, est dans notre civilisation, et tout autour de la Méditerranée, à la fois un symbole de douceur et un élément précieux de l'alimentation humaine. Le mouton se disait *ovis* en latin, d'où *ovin* et *ovidé*, alors que l'animal jeune s'appelait *agnus* : le petit *agnellus* est devenu *agneau*. Aujourd'hui, les Français consomment en fait de l'agneau, rarement du mouton adulte.

Le mot *mouton* vient du terroir gaulois, ce qui est rare pour les noms d'animaux comestibles. Au milieu d'une nuée de mots latins, le *multo* gaulois a résisté et le *multon*, devenu *mouton*, qui désignait d'abord les béliers et les mâles châtrés, s'appliqua à l'ensemble de l'espèce.

C'est un mot utile, comme *bœuf* ou *porc*, mais aussi un mot culturel. Les célèbres moutons de Panurge décrits par Rabelais, qui se jettent à l'eau uniquement parce que Panurge en avait flanqué un à la baille, se sont fait une réputation de suivisme imbécile.

Comme d'habitude, on prête aux animaux des comportements humains.

Gardons-nous d'être moutonniers et de prendre une mise en garde pour une incitation à la panique. Après la folie collective qui nous a poussés à renâcler devant de parfaites entrecôtes, par peur d'une maladie rarissime dans l'espèce humaine, cela entre deux cigarettes et avant de filer sur des routes meurtrières avec quelques grammes d'alcool en trop dans le sang, allons-nous trembler devant la tremblante du mouton ? Le principe de précaution porte sur des probabilités. Comme nous ne sommes pas familiers avec cette ésotérique science qu'est le calcul de ces probabilités, nous le remplaçons par une petite psychose. Donc, plus de cervelle d'agneau et demain peut-être, moins de gigot, de carré, de baron... du même agneau sacrifié, avec les éleveurs, sur l'autel de la déesse Précaution. Les scientifiques ou présumés tels, qui se débattent entre ignorance et probabilité, se protègent ; les décideurs se protègent ; chacun se protège avec d'autant plus d'ardeur que le danger est improbable. Mais on dirait que les mots ont leur mot à dire. Peut-être que la vache folle aurait moins terrifié en français, si le mot *vache* ne nommait pas un comportement méchant, la vache ! Mais le mouton, le petit mouton, le blanc mouton, quelle injustice... Nous traitons l'estimable filière ovine comme un troupeau de moutons enragés.

16 février 2001

Génétique et transgenèse

Les progrès foudroyants de la biologie au XXe siècle furent surtout sensibles dans le domaine génétique. Ce terme avait été créé en allemand au début du XIXe siècle pour qualifier ce qui concerne la génération et l'hérédité, ce qui évoque la naissance et la transmission de la vie.

Quant au nom, la *génétique*, c'est une création anglaise due au biologiste Bateson, diffuseur des idées du génial découvreur des mutations des végétaux, Mendel. Créée en 1905, la génétique devint vite une science à part entière, et le *génie génétique* se mit, quelques décennies plus tard, à manœuvrer, à manipuler, à modifier les *gènes*, parties des chromosomes responsables de l'hérédité.

Ayant à peine compris la nature, la science voulut agir sur elle : telle est la tentation humaine, agir avant de savoir, et cela a donné le progrès, avec ses effets imprévisibles et parfois négatifs. Il arrive que la morale conduise à regretter le progrès, alors que la curiosité, la volonté de puissance et l'appât du gain poussent vers l'expérience.

Transgresser les données de la nature, qui n'est pas toujours aimable, puisque la maladie et la mort sont parfaitement naturelles, voilà qui était inscrit dans les gènes humains. On ne s'est pas gêné avec le génome, car où y a d'la gêne, n'est-ce pas...

De là une volonté de trans-genèse (*transgenesis*, en anglais, apparaît en 1973). Celle-ci n'est autre qu'une manipulation par introduction d'un ou de plusieurs gènes d'une autre espèce. Organisme génétiquement modifié ou manipulé, OGM, organisme transgénique, c'est la même chose. Ces changements coûtent cher et peuvent rapporter gros. Ils sont faits pour améliorer, mais on ne maîtrise pas toujours leurs effets ; on les accepte ou on les craint. L'optimisme américain est-il naïveté ou esprit d'entreprise sans conscience ? La méfiance européenne est-elle justifiée, ou simple peur irrationnelle ?

Le maïs transgénique, qui n'en peut mais, déclenche les passions ; les biologistes n'avaient pas prévu cela. La science est devenue politique et économique et, dans ces secteurs, on tient compte de l'opinion. Encore faut-il l'éclairer.

23 février 2001

Prostitution

Cette activité est souvent appelée « le plus vieux métier du monde », ce qui est provocateur, car il semble que l'agriculture et l'artisanat étaient un peu plus nécessaires à la survie de l'espèce. La prostitution, dont il est question périodiquement, évolue comme toute chose, mais évolue en mal. Son caractère scandaleux était lié aux tabous sexuels et, surtout au XIXe siècle, à l'hypocrisie de la société bourgeoise. Mais son aspect commercial en a fait l'une des pires formes d'exploitation de l'être humain. On parle à juste titre de nouvel esclavage, oubliant l'utilisation sexuelle des jeunes femmes dans toutes formes d'esclavage, même antique.

S'étendant aujourd'hui aux jeunes hommes et aux enfants – on n'arrête pas le progrès ! –, la prostitution, sous ses diverses formes, est devenue un trafic international où le corps humain, comme la drogue ou n'importe quel produit interdit et convoité, est un pur objet, une marchandise. La poésie douteuse et pittoresque de la prostituée d'antan, méprisée par le bourgeois, généreuse souvent, survivant en vendant librement son corps, s'est changée en un mythe complètement dépassé.

Le mot *prostitution* a pris le sens que nous lui connaissons au XVIIe siècle. On en parlait depuis le Moyen Âge, mais c'était un équivalent de « débauche », sans idée de commerce. C'est en fait un terme de religion, qui dit, en latin *pro statuere*, « placer devant, exposer aux regards », et qui s'est appliqué aux marchandises à vendre. En pro-stituant des êtres humains, on les livre en effet à un commerce d'argent. De même, en se prostituant, le mot dit seulement qu'on s'expose : ce fut le sens de ce verbe au XVIe siècle. Ceux qui s'exposent, d'une certaine manière, se prostituent ; ils se compromettent. Sans agressivité, on pourrait dire que toute parole publique est prostituante. Mais cela peut être une honnête prostitution. En revanche, devenue commerce, la vraie prostitution change de nature. La réprobation qui accablait les prostituées, qualifiées de « sales » (avec l'ancien adjectif *put*, féminin *pute*, qui a cristallisé des tonnes de misogynie hypocrite), retombe enfin sur les responsables et les profiteurs de la prostitution traditionnelle, les *proxénètes*, mot grec qui signifie « courtier », les macs, les jules.

Le « pain des jules », condamnable mais artisanal, s'est transformé en industrie secrète, commerce d'esclaves organisé par des mafias dont l'argent se blanchit dans d'honorables banques. On parlait, de manière légèrement raciste, de « traite des Blanches ». Il faut dire aujourd'hui, plus généralement, « traite d'esclaves », *traite*, comme on le disait simplement à l'époque du commerce des esclaves noirs.

26 février 2001

Contumace

On va juger un criminel de guerre déjà condamné et dont on connaît parfaitement les crimes, qui sont imprescriptibles. C'est Aloys Brunner. Pas de présomption d'innocence, une certitude de culpabilité, de sadisme et d'atrocité. Mais on va le juger *par contumace*, ignorant même s'il est encore en vie.

On comprend *contumace* comme l'absence de l'accusé, qui n'empêche pas un jugement, car la justice doit passer. Pourtant, ce n'est pas le sens premier du mot, qui signifiait en ancien français « désobéissance ». L'adjectif latin *contumax* ne veut pas dire « absent », mais « obstiné ». Il s'employait à propos d'animaux entêtés. Très ambigu, ce *contumax*, car il pouvait impliquer la résistance d'un réfractaire aussi bien que l'obstination la plus durable. Les Latins pensaient que le mot *contumax* continuait le verbe *contemnere*, « mépriser », et aussi exprimait l'idée de « gonfler », *tumere* : le *contumace* est gonflé d'orgueil et de mépris. Appliqué en droit au prévenu qui refuse obstinément de se présenter devant le tribunal pour être jugé, l'adjectif exprime le refus de se conformer et la négation d'un devoir : se soumettre à l'examen de la justice. La contumace serait donc une sorte de négationnisme individuel, et une procédure s'est précisément organisée, au XVIe siècle, pour rendre inopérant ce refus. Dans le cas de Brunner, fournisseur d'enfants martyrs pour Auschwitz, il s'agit bien de négation des évidences, de refus de payer et d'abord de reconnaître, et pas seulement d'une fuite devant le châtiment. L'ancien Code d'instruction criminelle disait que le contumace « sera déclaré rebelle à la loi ».

L'obstination dans le crime s'assortit alors du mépris de la justice. Ce qu'il y a derrière l'absence, dans la contumace, c'est surtout le mépris : mépris des victimes, du droit, de la vérité. Comme les négationnismes historiques, le refus des coupables contumaces est lui-même une agression contre la mémoire et contre la justice.

2 mars 2001

Incivilité

Est-ce une épidémie, la violence ? Le problème de plus en plus grave de la violence à l'école, qu'on étudie dans les colloques, faute de pouvoir le maîtriser, suscite le nouvel emploi d'un mot assez savant, *incivilité*. Déjà, *incivil* avait un côté vieillot, par rapport à *impoli* ; alors *incivilité*, vous pensez ! Mais il y a un demi-millénaire, et bien avant cela, en latin, *in-civilitas* s'appliquait à la violence et à la brutalité.

Ainsi, quand on nous parle aujourd'hui d'*incivilités*, s'agissant d'injures, de dégradations, de coups et de bosses de la part d'adolescents excités, nous avons l'impression d'un euphémisme prétentieux, et d'un exemple supplémentaire de « politiquement correct ». Mais il faut y regarder de plus près, car le mot ne fait aujourd'hui que retrouver ses origines. La civilité, c'est bien le minimum de contraintes réciproques qui rend possible la vie en société, dans cette *civitas*, qui ne veut pas dire « cité, ville », mais « condition de citoyen ».

Parmi les valeurs civiles et civiques, la civilité s'est orientée vers les actes et les gestes quotidiens, vers les règles qui rendent meilleurs les rapports humains. Nous sourions aujourd'hui devant les anciens manuels de savoir-vivre à l'intention de la jeunesse, qui se nommaient joliment *Traités de civilité puérile et honnête*, *puéril* signifiant « pour les enfants » et *honnête* « bien élevé ».

Aujourd'hui que de nombreux enfants et adolescents qui ne sont pas très « élevés », mais tirés vers le bas ou laissés à eux-mêmes, et où les adultes, qu'ils observent, ont tendance à se conduire en voyous, s'insultant en voiture, ou bien en mufles, indifférents à ce qui n'est pas eux, la civilité fait figure d'anachronisme. La politesse, le respect de l'autre, pour ne rien dire du savoir-vivre et du savoir-dire, c'est pas cool, mec.

L'incivilité va plus loin que l'impolitesse, même si, en cherchant bien, on y trouve *polis*, la communauté politique. En outre, il faut bien un degré intermédiaire entre le comportement correct et la violence. *Incivilité* est un bon mot, à condition de le réserver aux attaques mineures, en paroles, en gestes et en symboles – les tags, par exemple – et de ne pas l'appliquer aux violences et aux dégradations. Mais l'incivilité, qui n'est certes pas l'apanage des jeunes, conduit aux violences, et la violence du langage à celle des actes. Le retour du mot *incivilité* pourrait avoir un autre et sérieux avantage : celui de remettre en valeur la bonne vieille *civilité*. Ce qui me permet de vous adresser pour finir, de manière fort ringarde, toutes mes civilités.

5 mars 2001

Les jeunes

Une auditrice de Saint-Julien-en-Genevois, professeur de lycée, me fait part de sa perplexité devant l'usage étrangement orienté du mot *jeune*, employé comme nom[1]. Parfois synonyme d'*adolescent*, parfois de *mineur*, le mot, en effet, emporte des associations d'idées bien différentes de celles de *jeune homme*, *jeune fille* ou *jeunes gens*, et ne les remplace pas.

Tout se passe comme si le statut de *jeune*, entre l'enfant et l'adulte, était réservé au répertoire des problèmes sociaux, et

1. Note, en 2006 : on ne parlait pas encore – ou pas couramment – de « djeuns' », à l'époque.

notamment à celui de la violence. Alors que *jeune*, adjectif traditionnel, marque la première partie de la vie et ses caractéristiques, le plus souvent positives, le nom qui en est tiré est plus restrictif, et parfois hostile, ce que révèle le composé *anti-jeunes*. On parle même et maladroitement de *jeunisme*, qui signifie normalement « manie des valeurs jeunes », pour « racisme antijeunes ». Il est paradoxal et révélateur que les *adolescents* ou *ados*, et les *jeunes gens* d'antan aient été appelés des *jeunes* au moment où les adultes s'en plaignaient : *les jeunes des cités*, *les bandes de jeunes* ont presque succédé aux *gamins des rues* que les bourgeois chargeaient de tous les maux. Dans le discours convenu des médias, les jeunes sont trop souvent délinquants ; même s'ils en sont les victimes, ils participent de la violence. Un enfant sage reste un enfant ; un enfant violent et malfaisant devient un jeune. Les « jeunes » font des coups pendables et brûlent les voitures ; les « ados » vont en colonies de vacances. En même temps, dans l'opinion, les jeunes, ou plutôt la jeunesse, règnent sur ceux qui ne le sont plus : il est vrai qu'ils consommeront plus longtemps... Pourtant, sans bruit, sans accusation explicite, l'usage banal de la langue enferme les jeunes dans un ghetto, et on finit par oublier que les jeunes sont les adultes de demain, c'est-à-dire l'avenir.

À trop insister sur un phénomène très réel et qu'il faut enrayer, la violence, on finit par identifier un groupe aux excès de certains de ses membres. Tour à tour, les jeunes, les vieux, les immigrés, les politiques en prennent pour leur grade. Et les mots eux-mêmes tournent mal. Cela commence à ressembler au racisme : quand on dira « sale jeune ! », ça n'ira plus du tout ; il me semble qu'on n'en est pas loin.

8 mars 2001

La gent

Je suis chaque jour impressionné par la qualité d'écoute des auditrices et auditeurs de France Inter. Je commence par les auditrices, non par simple et archaïque galanterie, mais parce que les femmes, j'en suis certain, sont à la fois plus attentives et plus tolérantes en matière d'usage.

Ainsi, ce sont des auditeurs qui vouent aux gémonies les radioteurs que nous sommes parce qu'ils ont contrevenu aux règles, mais seulement à celles qu'ils connaissent. Oui, nous faisons tous des « fautes » et nous aimons qu'on nous les signale, à condition de ne pas en faire une roue de gruyère – car « en faire un fromage » paraît insuffisant.

Aussi est-ce sans indignation que j'entends dire les *mœurss* pour les *mœurs*, *jouin* pour *juin*. De même, l'habitude se prend de confondre l'ancien adjectif *gent*, *gente*, qui signifiait « charmant, aimable », et qui a donné *gentil*, avec un autre mot vieilli, *la gent*, nom féminin, signifiant « la lignée, l'espèce ». On se rappelle la charmante expression de La Fontaine, *la gent trotte-menu*, que le fabuliste applique aux souris. Comme par surcroît *la gent* peut être formée de *gens*, la confusion nous guette. Féminisation aidant, on va parler de la *gente féminine*, à propos des femmes. Les pièges de notre langue aimée sont innombrables : aussi *l'agent de police* est un élément de la *gent policière*, et l'on peut aussi rencontrer une *gente policière* parmi les *agentes* de police.

Gent policière, *gent militaire* sont encore des groupes plutôt masculins, faute de parité. Mais cela n'empêche pas *gent* d'être féminin, alors que l'expression *les gens* est du masculin, même quand il s'agit de femmes. Enfin, on ne dit pas *un gens*, et les gens riches et en vue sont devenus d'insupportables *pipeules*, grâce à nos *pipeulettes* médiatiques.

On a donc des excuses de parler de la « gente » féminine ; néanmoins, on a tort. Mais c'est un dur travail que respecter les mots.

9 mars 2001

Fusion

L'itinéraire du mot *fusion*, parti de l'idée de « répandre » et de « disperser », celle du latin *fundere*, pour aboutir à l'union intime, n'aurait pas eu lieu si le verbe et son dérivé ne s'étaient pas spécialisés en métallurgie. Dans ce domaine, la liquéfaction peut servir à produire un alliage ou un affinage : le passage du fer à la fonte et à l'acier exige la fusion du métal.

Ce changement radical de sens demandait qu'on clarifie le vocabulaire : *fondre* pour la liquéfaction, *fusionner* pour l'union. *Fusion* a fini par oublier l'état liquide et les inondations, courants, cascades qu'il implique, cet état fluide qu'évoquent *infusion*, *diffusion*, *perfusion*... *Fusion* a donc rejoint les alliances et alliages, jusqu'à l'absorption, l'intégration, l'union. George Sand, fine politicienne, parle de la fusion entre libéraux et bonapartistes.

Électoralement comme économiquement, la *fusion* conserve un aspect dynamique que n'a pas l'*union*, qui est un état résultant. Mais *fusion* a aussi un aspect moins durable, peut-être moins net : la recherche de la fusion requiert un minimum de dialogue et d'accord : sinon, on vient de le dire, *fusion* rime avec *confusion*, mais le verbe latin a tant de composés que l'allusion est trop facile. Les fusions entre éléments très différents risquent de produire une entente artificielle et sans lendemain. C'est à quoi on veut faire allusion quand on reprend l'expression : *Embrassons-nous, Folleville*, titre d'un vaudeville réjouissant de Labiche et Lefranc, créé en 1850 au Palais-Royal. Voilà qui est bien ironique, pour un sujet sérieux.

Se retirer est passif ; *fusionner* demande un dialogue, comme on dit, constructif. Allons, une petite fusion, ça ne se refuse pas... Les Verts disent « d'accord » aux Roses, une menthe-framboise, en quelque sorte ; mais Philippe Séguin s'installe dans le refus de fusion et d'infusion. Et ce n'est pas une brève de comptoir.

13 mars 2001

Équarrissage

Dans l'atmosphère sinistre créée en Europe par la fièvre aphteuse, un mot non moins sinistre prend une importance inaccoutumée : c'est *équarrissage.*

Pourtant, le terme lui-même n'a rien d'affreux, le verbe latin *exquadrare* voulant dire « mettre au carré » ou, si l'on préfère, « d'équerre », *exquadra.* Ainsi, on équarrissait des pierres, précieuses ou non, en les taillant. Mais, tout comme *écarteler,* qui signifie simplement « couper en quatre » avant de désigner un affreux supplice, *équarrir* et ses dérivés se sont appliqués surtout au dépeçage des animaux qui viennent d'être abattus : *dépecer,* lui aussi, n'est autre que « dé-piécer ».

Aussi, plusieurs mots de la mise en pièces ont servi d'euphémismes pour masquer des réalités macabres. *Abattage,* de son côté, c'est-à-dire « mise à bas », a pris lui aussi une couleur noire.

Lorsqu'une épidémie frappe les humains, on soigne : au pire, on met en quarantaine. Lorsque les animaux étaient frappés, naguère, on vaccinait et on isolait. Aujourd'hui, une seule réponse : l'abattage et l'équarrissage.

Il serait hypocrite de pleurer devant le massacre de bêtes élevées pour leur viande – à moins d'être végétarien –, mais il est assez indigne de laisser équarrir, et brûler, des dizaines, des centaines de milliers d'êtres vivants, certains parfaitement sains, sans s'émouvoir. Or, on s'émeut, un peu distraitement, de la détresse des éleveurs, à quoi il faut ajouter les commerçants, ceux qui ont la malchance de porter un nom injustement discrédité, les maquignons, ainsi que les bouchers : toute la filière, comme on dit. Mais on n'écoute guère ceux qui disent leur tristesse devant la mort brutale de leurs animaux, qui ne sont pas d'inertes marchandises, mais des êtres sensibles. Il est vrai que la souffrance des bêtes ne vaut rien.

Au nom d'une précaution sans limites, ce qui ne la rend pas plus efficace, nos sociétés dites évoluées manifestent une indifférence extrême pour les valeurs fondamentales qui entrent en conflit avec la seule valeur reconnue : la valeur marchande. Nous sommes entrés dans un monde où, quand le Petit Prince demande « dessine-moi un mouton », il faudra lui montrer un atelier d'équarrisseur et un immense bûcher à la fumée nauséabonde, ce bûcher où disparaît aussi un sentiment moribond : la compassion. Boris Vian a nommé une de ses pièces *L'Équarrissage pour tous* : c'était, croyait-on, agressif et burlesque ; en fait, tristement prémonitoire.

16 mars 2001

Avouer

« N'avouez jamais ! », proféra l'ancien boucher Avinain, avant d'être guillotiné en novembre 1867, après des aveux qu'il regrettait amèrement. Le mot est resté célèbre, mais cet éloge du silence coupable ne semble plus de mise lorsqu'on envisage ses effets psychologiques désastreux sur l'entourage des victimes. Guy Georges, poussé par ses avocats, a donc avoué ses crimes.

Avocat, *avouer*, mais aussi *invoquer* et, soit dit sans malice, *convoquer*, tous ces mots font eux-mêmes un secret « aveu » : celui du rôle essentiel de la voix humaine, en latin *vox*, dont un dérivé est *vocare*, « appeler, dire, parler ». Si *avouer* n'était pas si ancien, et usé par le temps, il se dirait *ad-voquer*, pour *advocare*, qui signifiait notamment « convoquer ».

Dans le monde féodal, le vassal « avouait » son seigneur ; puis, on avoua ses croyances. Encore aujourd'hui, *avouer* une chose, c'est la reconnaître ; son contraire est *désavouer*. Or, dans la vie sociale et morale, ce qui doit être reconnu, c'est la vérité, et *avouer* s'est appliqué aux actes les plus difficiles à reconnaître, ces actes coupables que l'État de droit doit sanctionner.

Tous les mots tirés du latin *vocare* continuent d'exprimer la parole. *Avouer*, dire en reconnaissant sa culpabilité ; *convoquer*, en appelant ; *invoquer*, en s'adressant à une instance supérieure.

Faut-il en conclure qu'on ne peut qu'invoquer le chef de l'État français, qui siège à l'Élysée – séjour des dieux –, et non pas le convoquer ? Le juge Halphen n'a pas hésité à le faire, pour obtenir un simple témoignage, que l'Élysée lui refuse avec hauteur.

Demande et refus ont pour objet la parole. Il en va de même

pour les invocations sans conviction, les *omertà*, les silences, les convocations qui tombent à l'eau et tous les désaveux. Mais la parole ne suffit pas : les faux aveux, les aveux extorqués, les appels piégés trahissent la vérité, ce qui est pire que la taire.

Reste que le silence rend les soupçons plus pénibles, et ne les apaise jamais. Si *avouer* signifie « reconnaître », le refus d'aveu est une trahison. Quand Guy Georges, après avoir demandé pardon à ses victimes et à leurs familles, s'est demandé pardon à lui-même, ce qui a pu étonner, il reconnaissait en fait qu'il ne fallait pas trahir sa vérité. Naguère, on appelait cela « soulager sa conscience ».

18 mars 2001

Utopie

Encore dans le choix du « français comme on l'aime[1] », on trouve un mot sympathique et dangereux, politique et poétique, *utopie*.

Mot des temps modernes, puisqu'il fut inventé au XVIe siècle en latin par un grand penseur anglais, Thomas Morus, dans un texte où il décrivait « l'île nouvelle Utopia », île où règne le meilleur régime possible, désigné par un mot latin qui, malgré son antiquité, avait de l'avenir, *republica*. De manière à prévenir les lecteurs qu'il ne sera pas facile de visiter cette île de la meilleure république, Thomas More l'appela en grec « Sans lieu », du négatif *ou* et de *topos*, « lieu, endroit ».

Le rêve social généralisé n'est plus d'actualité, mais l'idée et le mot *utopie* ne se sont pas vidés de sens et de pouvoir. Ils sont passés dans de nombreuses langues, en français à partir de Rabelais, et quasiment dans toute l'Europe. Le poète libanais Salah Stétié nous rappelle que la langue arabe dit *utobia* ou *at-tuba* et qu'on a appliqué le terme à la fiction philosophique d'Aboubaker, qui évoquait au XIIe siècle l'éveil de la conscience humaine dans une île

1. Choix de mots proposés pour une semaine célébrant la francophonie.

déserte : traduit en latin, ce récit a été lu par Thomas Morus, lui donnant l'idée de ce « nulle part » idéal.

Car l'utopie est nécessaire, c'est un développement du rêve et de l'espoir : espoir de liberté, d'égalité, de fraternité pour les humains – cela rappelle quelque chose aux Français. Mais son nom avertit que cet idéal existe « nulle part ». Malgré l'ironie du socialiste Engels, qui se voulait « scientifique », les utopistes Proudhon, Fourier et d'autres nous ont fourni de belles idées, pas moins réalisables que d'autres.

L'utopie habite toutes les grandes démarches politiques. Dans les élections, les programmes et les promesses témoignent d'intentions, d'idées, qui sont raisonnables, parfois généreuses, mais qui se cassent le nez devant les pressions de la réalité, c'est-à-dire des lieux et du temps. Faire entrer dans le « ici et maintenant » les rêves et les désirs de l'utopie, c'est ce que tentent de faire les meilleurs politiques : mais s'ils restent dans le non-lieu, c'est l'échec. Aussi bien, la proximité, le terrain, c'est-à-dire le « quelque part », ne font pas oublier les « autres parts ». Si la politique s'en tient au réalisme local et au pragmatisme, elle risque de perdre son âme. Aussi, les élections se font en un lieu précis ; mais les idées, même appliquées localement, ont vertu générale : hors du temps et du lieu. *U-topia*, c'est aussi humanisme.

20 mars 2001

Quelqu'un

La place de l'individu, de la personne dans le collectif, cela peut se dire aussi *quelqu'un* et *tous*.

« Ah, *c'est quelqu'un* ! », dit-on avec admiration d'une personne que l'on connaît ou que l'on croit connaître. La langue populaire dit même *c'est quelqu'un* pour « ça, c'est extraordinaire ». Et pourquoi pas, puisque *un*, c'est l'unité, une personne ou une chose.

Quelque, de son côté, c'est un, ou une, parmi tous les autres. *Quelque* insiste sur l'indifférence, *un* sur le caractère individuel et particulier. Le résultat, *quelqu'un*, c'est vous, c'est moi, c'est nous tous, les humains. Sexisme évident de la langue : « *Y a-t-il quelqu'un* à l'écoute de France Inter ? » Et comment ! Alors, *quelqu'un* signifie tout autant *quelqu'une* que *quelqu'un.* Encore un client pour la féminisation. *Quelqu'un* ne distingue pas les enfants des adultes. Et son pluriel, serait-ce *quelques-uns, quelques-unes*, c'est-à-dire « un petit nombre », ou bien *tous* ?

C'est dire que cette expression indispensable a quelques défauts. Elle a remplacé, en ancien français, l'emploi du simple *un* : « un est venu, j'ai rencontré un, ou une ». *Quelqu'un*, c'est donc l'être humain en général, une conscience et un corps parmi des milliards, exactement comme le pronom *on*, qui vient de *homme* au sens d'être humain. Et quand il n'y a pas *quelqu'un*, on dit *personne*, par négation. Vous avez dit bizarre ?

Les anglophones disent de même *someone*, mais aussi *somebody*, « quelque corps » ; c'est faire bon marché de l'esprit. L'ensemble des « *quelqu'un* », c'est « tout le monde » : de fait, les créoles français disent *on moun*, « un monde », et *ti moun*, « le petit monde », pour l'enfant.

Le même mot pour « un » (ou « une ») et pour « tous », c'est aussi ce que fait l'anglais avec *people*, qui n'est pas seulement « le peuple », mais « les gens » et même « les gens chics, célèbres et riches », comme dans les magazines *pipole* ou *pipeule*, ce qui se dit drôlement en franglais.

Quelqu'un, en revanche, est du pur français, mais on n'est pas forcé d'adorer le sexisme masculin de cette langue. Au fait, *quelqu'un* conduit à l'égalité. Sartre, c'était quelqu'un, mais Simone de Beauvoir aussi, et Golda Meir et Indira Gandhi.

C'est très bien, d'être quelqu'un, mais au fait, personne n'y coupe : il suffit d'y regarder de près. Auditrices, auditeurs, vous n'êtes pas quelques-uns, mais beaucoup, des quantités. Cependant, vous êtes vraiment quelqu'un !

23 mars 2001

Restructuration

Le langage unique, le tout correct, l'euphémisme lénifiant ont encore frappé. C'est le digne et lourd composé *restructuration*, qui cache ou plutôt ne cache plus la froide logique des intérêts financiers et la désinvolture envers ce que ce même jargon appelle les « ressources humaines », expression qui a au moins l'honnêteté du cynisme.

Restructuration est une manière rengorgée de dire *réorganisation*. Les structures étaient naguère furieusement à la mode en sciences humaines ; la mode a un peu passé, mais, dans l'économie d'entreprise, on adore encore les structures. On évite de dire *déstructuré*, sauf dans l'habillement et le mobilier. Partout, ces entreprises ne cessent de se restructurer, pour mieux entreprendre.

Cela ne mangerait pas de pain, comme on dit familièrement, si la restructuration, sournoisement, n'avait pas tourné vinaigre, expression à la bonne franquette.

Restructurer et *restructuration*, qui apparaissent dans les années 60 du XXe siècle, ont rapidement mal tourné. Devant le discrédit de l'affreux *dégraissage*, il fallait trouver une manière de dire plus honnête. Or, lorsqu'on restructure pour regonfler les bénéfices, ou pour améliorer une situation difficile, on cherche à réduire frais et dépenses, parmi lesquelles figurent les salaires qu'il faut bien verser aux travailleurs et qui révèlent une bizarrerie de notre vocabulaire : *libéralité* s'accorde mal avec *libéralisme*.

Les autres aspects de la restructuration sont la lutte contre le gaspillage, une meilleure efficacité. Côté « ajustement », comme disent les entrepreneurs, tout est logique et normal : c'est le marché qui décide, paraît-il. Donc, en résumé, le chômage, les plans sociaux, c'est notre faute, à nous, consommateurs irresponsables. Et les biscuits « danonisés », le chic anglo-ringard de Marks et Spencer se restructurent, les premiers de manière planifiée et très structurelle, le second brutalement. Un peu cavaliers, MM. Marks et Spencer, à l'égard de leurs employés, qui sont déstructurés à la hussarde pour mieux structurer le cours des actions.

Il serait peut-être temps de restructurer les restructurations.

30 mars 2001

Vétérinaire

La responsabilité des *vétérinaires* est toujours importante, mais en cette période d'épizootie, elle augmente encore, les spécialistes de la santé animale ayant à prendre des décisions essentielles.

Vétérinaire, le mot a été tiré du latin au XVIe siècle, ce qui ne veut pas dire qu'on ne soignait pas les bêtes avant cette époque. En disant *médecine vétérinaire*, on soulignait l'unité des techniques médicales. Bien entendu, ce sont les animaux utiles à l'homme que ce dernier a pris la peine de soigner, et d'abord les animaux d'élevage. L'adjectif latin *veterinus* s'appliquait aux bêtes utilisées pour porter des fardeaux, des charges : *veterina* vaut pour « bêtes de somme ». L'origine du mot n'est pas claire : sans doute en rapport avec *vetus*, dont un diminutif a donné *vieux*. Dans ce cas, les vétérinaires seraient les gérontologues de l'animal, ce qui est visiblement insuffisant.

L'élargissement du sens de ce mot témoigne de l'évolution des mœurs : apparemment, on soignait dans l'Antiquité les vaches de réforme, les vieux chevaux, les mulets et les ânes ; dans les sociétés modernes, le vétérinaire, devenu récemment *véto*, comme le métallurgiste était appelé *métallo*, veille à la santé de tous les animaux qui entrent dans la sphère d'intérêt de l'animal humain, leur propriétaire : bêtes d'élevage, mais aussi animaux de compagnie, bêtes dressées, montrées et même, conquête récente, animaux en liberté menacés par la pollution, la chasse outrancière ou par d'autres dangers.

Cette sollicitude intéressée concerne surtout les mammifères et les oiseaux. Mais si on ne soigne pas les insectes, on les étudie, on les classe. Ainsi, l'homme a réparti les animaux en utiles et nuisibles, avant de s'apercevoir qu'il existe un équilibre naturel, et qu'à trop détruire les « nuisibles », on se nuit à soi-même.

Aujourd'hui, quand tout le monde tremble, de l'éleveur au consommateur, le savoir et la pratique des vétérinaires en font les témoins et le correctif de l'exploitation de la bête par l'homme, et des erreurs du tout économique. Le comité vétérinaire de l'Union européenne est un arbitre, qui essaie de limiter les dégâts. L'Europe agricole est une belle bête sérieusement malade : elle a besoin d'une thérapeutique vétérinaire, autrement dit, d'un remède de cheval.

2 avril 2001

Boycott

Les conflits sociaux, qui se multiplient en France, sont comme tous les conflits : ils entraînent un ensemble d'opérations destinées à affaiblir ou à faire plier l'adversaire. Parmi les répliques aux décisions de licencier ou aux politiques salariales par trop mesquines, il y a la grève et la manif, activités suffisamment pratiquées en France, au point d'être qualifiées par certains de « sport national ». Mais voici qu'on entend parler à nouveau du *boycott* (ou *boycottage*), mesure qui fonctionne assez bien dans les pays anglo-saxons, mais ne semble pas correspondre au caractère latin.

Boycotter, c'est non seulement refuser d'acheter un produit, mais surtout gêner ou empêcher une activité par une mise en quarantaine collective. Le mot a été créé en Irlande, quand fermiers et métayers irlandais tentaient d'amadouer les riches propriétaires terriens du XIXe siècle, souvent des Anglais. Ainsi, le capitaine Charles Boycott, qui refusait obstinément de baisser les contributions exigées de ses fermiers, fut en butte à la population locale, qui refusa d'avoir le moindre rapport commercial avec lui : on ne lui achetait plus rien, on ne lui vendait pas.

Le propriétaire est mis en quarantaine à l'automne 1880, et « traiter quelqu'un comme Boycott » devint proverbial, en anglais d'abord – *to boycott* – puis par la presse, dans toute l'Europe et en Amérique du Nord. On dit en français *boycotter* dès 1880, mais le *boycottage* ou *boycott* n'est pas devenu l'arme sociale absolue. Peut-être parce que cette action demande une discipline collective qui contrarie les habitudes et la liberté individuelle de décision. En outre, pour boycotter, par exemple, et au hasard, Danone, il faudrait identifier tous ses produits, ce qui n'est pas simple. Alors que des boycotts anglo-saxons ont pu être efficaces, on ne cite en France qu'un exemple de boycottage réussi. Mais justement, il concernait un type de produit, le veau aux hormones, et non pas un producteur identifié. Le capitaine Boycott, exploiteur autant qu'exploitant, était une cible reconnaissable, alors que nos multinationales globalisées sont des nébuleuses difficiles à viser. Nous vivons dans un monde où quelques gros messieurs Boycott règlent ce jeu ; mais le jeu est devenu si complexe que ses maîtres sont inaccessibles. Vieux Boycott, on te regrette.

3 avril 2001

Galère

Dans les moments difficiles, on entend de plus en plus souvent ce mot expressif, et on dit *c'est la galère, quelle galère !* L'image, malgré son côté marine ancienne, fonctionne bien, et le verbe *ramer* exprime, de son côté, un travail pénible, ingrat, répétitif. Or, si les galères étaient des bâtiments de guerre à voiles, on ne se souvient que de leurs rames, énormes, lourdes et que des rangées d'hommes enchaînés devaient manœuvrer sous le fouet des gardes-chiourme. Travail si pénible que *les galères*, au XVIe siècle, deviennent le nom d'une peine criminelle. Ce nom continue à s'employer après 1791, alors que cette peine était abolie. La galère suggérait déjà une situation, un séjour pénible, comme ceux du forçat ou de l'esclave forcés à ramer.

« Que diable allait-il faire dans cette galère ? » : cette réplique célèbre des *Fourberies de Scapin*, d'ailleurs subtilisée à une pièce de l'inventif Cyrano de Bergerac (le vrai), dit qu'il ne faut pas s'embarquer à la légère dans les difficultés. Mais aujourd'hui, la galère, on n'y va pas par distraction ou par naïveté : c'est elle qui nous rattrape. Impossible d'y échapper.

Ce n'est plus une condamnation, ni un sort imposé par un méchant pirate, c'est une peine collective partagée, qui résulte du mauvais fonctionnement de nos sociétés. Si *galérer* est récent, l'image de la galère s'emploie depuis plus d'un siècle. George Sand disait que « le mariage sans amour, c'était les galères à perpétuité ». Reste dans toute galère l'idée d'une condamnation imméritée.

Difficile de désigner un responsable de cette « galérisation » du quotidien, sinon les systèmes et leur fonctionnement problématique. Les galères occasionnées par les grèves sont poussées par les galères de la vie professionnelle : chaque galérien est enchaîné à tous les autres et toute galère en cache une autre, en pousse d'autres : celle des usagers ne peut pas faire oublier l'escadre des galères sociales ; celle des licenciés, des chômeurs, des éleveurs, des sages-femmes ou des pompiers, la liste serait longue.

L'histoire du mot *galère*, derrière la dureté d'un sort injuste, révèle une autre idée. Le mot grec *galeos* signifiait « requin » ; la rapidité du poisson carnassier aurait inspiré les Byzantins pour le nom d'un navire. D'où *galea*, aussi en latin, puis *galera* en catalan.

Si nous devons tant ramer, c'est peut-être pour échapper à un danger, pour répondre à une crainte majeure : pour faire très simple, celle de se faire bouffer. Les dents de la mer, en somme. Sans craindre une référence passée de mode, on peut dire que les galères voguent sur « les eaux glacées du calcul égoïste » (Karl Marx) et que ces eaux sont infestées.

6 avril 2001

Munition

En ce lundi de Pâques, fête où les chrétiens commémorent la résurrection du Christ, et où tous les Français sont censés prendre du repos, tout n'est pas rose. Les giboulées et les averses s'éternisent, les souhaits pascaux et pacifiques d'un pape exténué sont immédiatement démentis dans le conflit israélo-arabe. Enfin, comme si les inondations ne suffisaient pas, les pacifiques habitants de Vimy sont chassés de chez eux par un danger très ancien. Les munitions mortelles du conflit de 1914-1918, témoins d'une époque où la guerre chimique était tranquillement assumée, ont mieux résisté au temps que les hommes politiques et que les plus grands vins. Résultat : des mesures de précaution exceptionnelles, un grand dérangement pour la population, des étonnements, voire des soupçons, devant une situation aberrante. Quoi qu'il en soit, on constate que nous sommes rattrapés par notre passé, militaire en l'occurrence. Il est vrai que le mot *munition*, qui ne fait aujourd'hui penser qu'aux stocks d'armes et aux divers moyens de tuer, désignait d'abord un solide mur de fortifications.

Munere, le verbe latin qui a donné *munir*, signifiait en effet « construire pour fortifier », et la *munition* était un travail de terrassement. Les munitions étaient faites pour durer et résister, avant que le mot ne désigne l'approvisionnement des places fortes, aussi bien la nourriture – d'où le *pain de munition* – que les armes, sens qui devient ensuite dominant.

Si on avait stocké depuis plus de quatre-vingts ans des provisions ou munitions de bouche, elles ne seraient que bougrement périmées et moisies, de vieux fusils, ce ne serait pas grave, mais des obus chimiques ? On aurait pu songer à les neutraliser, depuis le temps. Justement, malgré la célébration obsédante de la vitesse et de l'instantané, le temps prend aujourd'hui sa revanche. Quelques exemples : on évoque des années pour l'extradition d'un suspect de crimes sexuels ; une lettre met sept ans pour franchir vingt-cinq kilomètres : la poste réussit là une opération digne du livre des records. Quant aux trains en période de conflits sociaux, n'en parlons pas.

Nous avons besoin, et de plus en plus, de munitions de patience. Il faut donner du temps au temps, disait un président défunt : il semble qu'il n'en ait pas besoin, le temps. Par définition, il prend son temps et il en a des munitions inépuisables.

16 avril 2001

Indemnité

Les salariés veulent conserver leur travail, au moins quand leur entreprise fait des bénéfices. De leur côté, les entrepreneurs réclament la liberté de gérer leurs affaires. Devant cette contradiction, on peut soit laisser courir, soit intervenir. *On*, c'est le gouvernement, car on voit mal qui d'autre aurait le pouvoir de le faire. Les licenciements massifs sont baptisés gentiment « plans sociaux », ce qui ferait rire si ce n'était pas scandaleux, tant qu'il n'y a pas de plans sociaux d'embauche. On peut tenter de les rendre plus difficiles, ces licenciements, et plus coûteux. Le mot *indemnité*, qui désigne une compensation financière, alors qu'on ne compensera jamais avec un peu d'argent le bouleversement de la vie, n'est pourtant pas dérisoire, car il dit autre chose, et plus.

Le latin *indemnitas*, c'est d'abord le fait d'être préservé de tout dommage, car *indemne*, *in-demnis*, c'est « non endommagé », et le *dommage*, c'est un dérivé de *dam*, que nous connaissons encore dans l'expression *au grand dam*, qui signifie « au préjudice ». Le contraire d'*indemne*, à l'origine, c'est tout simplement *damné*, ce qui, une vingtaine de siècles après le latin, évoque des paroles célèbres de revendication sociale. Mais il y a loin entre « debout, les damnés de la terre » de *L'Internationale*, appel à la révolution sociale, et la modeste et pacifique *indemnité de licenciement*, qui, heureusement, existe déjà. Pourtant, toucher à la logique financière des entreprises trop licencieuses est interprété comme une véritable charge de cavalerie du gouvernement contre la forteresse entreprise.

Chaque époque a son combat social. Celui d'aujourd'hui a un objectif raisonnable : limiter les dégâts et les dommages humains qu'entraînent les gestions à finalité boursière. Si les mots pouvaient remonter le temps, *indemnité* ne serait pas seulement une compensation, mais l'état de ceux qui sont indemnes : la fameuse *sécurité*, en somme, que tout le monde réclame. Les mots sont-ils démagogues, ou simplement révélateurs ?

24 avril 2001

Assez

En avoir assez : c'est la réaction normale à une situation qu'on ne supporte pas. Les inondés, les menacés, les mal logés, les mal payés, les maltraités et tous ceux qui estiment l'être « en ont assez » et le font savoir. Et puis il y a ceux qui souffrent, en ont assez, et se taisent. Cette réaction est si normale et si fréquente qu'elle s'exprime par de nombreuses expressions : *assez !* a pour équivalents : « ça suffit, ça va comme ça, y en a marre, plein le dos, ras le bol, et zut, et merde... ».

Assez paraît correct, normal, banal et plat, alors que des expressions familières de même sens sont imagées et plus énergiques, même quand elles sont obscures, comme *en avoir marre*, dont on ne voit pas le rapport avec *se marrer*, même quand on est austère comme un Premier ministre, Lionel Jospin se définissant comme « un austère qui se marre ».

Mais en fait, *assez* est le résultat d'une expression latine pas du tout classique : *adsatis*, *satis* signifiant « suffisant ».

Quand ce qui suffit, c'est de la nourriture ou de la boisson, et qu'on est rempli, on est soûl. Et justement, *soûl* est l'un des mots qui viennent du latin *satis*, de même que *satiété* et *saturer.* Quand « ce qui suffit » est bien mesuré, on est *satis-fait.* En revanche, quand cela dépasse la mesure, apparaissent les sentiments d'injustice et de frustration ; alors, la coupe est pleine, ce que dit aujourd'hui « ras le bol », même si cette expression est à l'origine indécente.

Une autre expression, démodée mais assez savoureuse, exprimait l'idée d'en avoir marre et plus qu'assez ; on l'entendait dans l'argot parisien il y a un demi-siècle : *ça fait la rue Michel.* Pourquoi ? Parce que la rue Michel le Comte, personnage historique, municipal et oublié, était bien connue. *Ça fait le compte*, qui correspond à *la coupe est pleine*, *ça suffit comme ça*, était devenue *ça fait la rue Michel.* L'argot cache son jeu. Les populations et les citoyens excédés conservent un moyen simple et bref de s'exprimer : c'est le petit mot *assez !*, qui ne dissimule pas une réaction de colère devant le mauvais sort et l'injustice, et qui dit : « on en a jusque-là ». Les gouttes d'eau font déborder les vases ; alors que dire des millions de mètres cubes en excès ou des licenciements, surtout, paradoxe, lorsqu'ils sont secs ?

27 avril 2001

Pompes

Pour refouler l'eau envahissante, qui pourrit la vie des populations inondées, il faut de la technique. Les mots reflétant l'évolution des choses, on ne s'étonnera pas d'apprendre que celui-ci provient du néerlandais, car les Pays-Bas ont appris depuis des siècles à se défendre contre la menace des eaux. Le sens de *pompe* souligne le progrès technique : au XVe siècle, c'est une simple conduite d'eau ; cent ans plus tard, une machine à aspirer et refouler les liquides.

Le sort de ce mot qui évoque l'aspiration – c'est une onomatopée qui évoque la succion, tout comme *poupon* – fut varié : les pompes à incendie ont donné naissance aux *pompiers*[1], lesquels, par assonance, font *pin-pon* ; les *pompes à essence* se répandent dans les années 1920 du siècle dernier, et il ne faudrait pas oublier la célèbre *pompe à phynance* maniée avec brio par le terrible père Ubu d'Alfred Jarry pour aspirer l'argent d'autrui, et qui est devenue la technique majeure tant des États que du capitalisme privé.

On commence enfin à pomper l'eau envahissante du canal de la Somme, et malgré l'énormité des engins, les effets de la technique pompante paraissent faibles par rapport à la mauvaise volonté de la nature. On a parlé curieusement de coup d'épée dans l'eau, et on ne peut s'empêcher d'évoquer le perpétuel et inutile pompage des Shadoks[2].

En fait de pompes, les intempéries du climat et celles de la vie finissent par nous *pomper l'air*, expression qui n'est pas vulgaire, puisqu'on la trouve sous la plume d'oie du talentueux duc de Saint-Simon, observateur de la cour de Louis XIV.

En effet, si pomper l'eau, c'est tenter d'assécher, pomper l'air, c'est asphyxier. Un peu partout dans le monde, et ici même, on pompe l'air des citoyens et on les empêche de respirer.

L'Église romaine conseille au fidèle de renoncer à Satan, à ses pompes et à ses œuvres. C'est un mot différent, mais les idées se rejoignent !

30 avril 2001

Succès serré

Les résultats encore incomplets des élections italiennes semblent accorder à Silvio Berlusconi un succès personnel clair, mais un succès politique *serré*. Ce qui veut dire que la majorité de l'homme

1. Voir la chronique du 4 octobre : *Pompier.*
2. Admirable film d'animation au graphisme anguleux et à l'esprit satirique affûté, célèbre à la fin du XXe siècle.

d'affaires politicien, nette à la Chambre des députés, pourrait être très faible au Sénat. N'empêche que *Forza Italia*, la « force Italie », slogan d'équipe de foot devenu nom de parti, devance ses adversaires. Le recul des extrémistes de droite de la ligue du Nord satisfait les observateurs ; le scrutin serré entre centre droit et centre gauche est diversement commenté. Pour messire Berlusconi, *il Cavaliere*, « le chevalier », ce qui, au XXIe siècle, concerne plutôt les chevaliers d'industrie que les redresseurs de torts, un succès serré doit avoir un aspect déplaisant. Il est pourtant habitué à *jouer serré*, mais c'est le plus souvent pour gagner large.

Serrer, c'est à l'origine « fermer », et exactement « barrer », puisque *sera*, en latin, c'était la barre de bois qui bloquait la porte. Un scrutin, et même un succès serré, ferme donc la porte à une action politique aisée. *Serrer* a rarement un aspect positif : serrer la vis, à la différence de resserrer les boulons, n'est pas exaltant, pour ne rien dire de serrer les fesses... ; se serrer la ceinture ne vaut guère mieux.

Ce serrage, ou serrement, des résultats politiques correspond en Italie à un équilibre quantitatif entre centre droit et centre gauche, alors que les voix semblent se porter sur des images plus que sur des idées, situation généralisée dans les démocraties-spectacles. L'Italie est politiquement en avance, en mal comme en bien, faisait observer récemment Alexandre Adler : mais cette avance est serrée. L'intrusion de la télévision et des affaires en politique, aujourd'hui, est symbolisée par celui que les Italiens ont finement surnommé *Su Emittenza*, à la fois Éminence et Grand Émetteur. Les émissions qui fascinent et qu'on regarde sans les approuver, nous connaissons aussi cela, en France. Constater que la télégénie et ce qu'on pourrait nommer la *télarchie*, qui peut tourner à la monarchie, produisent des résultats électoraux serrés, après des fantasmes de plébiscite, cela serait presque rassurant, même si ce succès laisse à beaucoup le cœur un peu serré.

14 mai 2001

Représailles

C'est un mot terrible, quand on y songe, malgré son apparence équilibrée, parce qu'il établit durablement la violence. Caché derrière un mot latin du Moyen Âge, c'est un terme venu d'Italie, dérivé du verbe *riprendere*, nommé *ripresaglia*. On a reconnu dans *riprendere* l'équivalent de *reprendre*, mais dans un contexte de guerre. L'Italie du XIVe siècle, époque où apparaissent le mot et l'idée de « représailles », fut en effet un domaine de divisions et de luttes fratricides.

La définition du mot devrait faire hésiter ceux qui emploient de tels procédés. Non seulement les représailles sont des mesures de violence, mais d'une violence toujours illicite, en réponse à d'autres violences, non moins illicites. Une célébration de la guerre permanente. D'ailleurs, le latin *reprehendere*, avant de signifier « reprendre, critiquer », correspondait à « empêcher d'avancer ».

Certes, le monde connaissait les représailles avant le XIVe siècle et on est bien forcé d'évoquer la loi du talion. C'est dire que le précepte « œil pour œil, dent pour dent » fut en honneur un peu partout sur la planète, dans une intention assez folle : faire entrer la vengeance primitive dans un système légal et juridique. « Tu m'as crevé un œil, je t'en crève un, car je n'ai pas le droit de faire plus. » « Tu as tué, la loi te tue », tel fut pendant des siècles le discours social, pratiqué sans vergogne – ce qui signifie « sans honte » – par la loi texane comme par tant de pays en conflit. La représaille, comme le talion, réclame l'égalité, la symétrie, disait Leïla Chahid, mais celle-ci, dans la violence, ne peut se maintenir. Inégalité entre terrorisme aveugle et action militaire massive ; entre volonté de tuer et stratégie pour faire plier la première volonté. La seule égalité des représailles, c'est l'immoralité, la tuerie d'innocents. On peut comprendre l'esprit de vengeance, on ne peut que le condamner et en déplorer les effets, jusqu'à ce que les représailles conduisent à la destruction programmée du destructeur, par exemple, l'attentat suicide. Il existe aussi des guerres suicide, des politiques suicide. Aucunes représailles ne valent contre l'instinct de mort, car rien ne « reprend » la vie supprimée.

21 mai 2001

Pluriel

Certains commentateurs, on vient de l'entendre, enterrent gaillardement la *gauche plurielle*. En inventant les expressions *gauche plurielle* et *majorité plurielle*, l'une des deux grandes tendances politiques qui divisent la France prenait une certaine avance dans la communication. La France est une République plurielle, bien qu'elle soit une et indivisible.

Car dans *pluriel*, *plurel* au Moyen Âge, ensuite *plurier*, il y a *plus*, et derrière le latin *plus*, le mot *plenus*, qui qualifie la plénitude. En politique, le pluralisme des partis est sans doute préférable au système du parti unique. Quant au mot *pluralité*, qui désigne aujourd'hui le caractère pluriel, il a voulu dire au XVIe et au XVIIe siècle « le plus grand nombre », autrement dit « la majorité », ce qui fait que *majorité plurielle* aurait alors été un pléonasme.

Mais revenons au début du XXIe siècle : ce qui se dit *pluriel* reconnaît son caractère propre : être formé de plusieurs éléments identifiables. En fait, toute communauté est plurielle, mais les besoins de l'organisation et de l'action peuvent masquer cette pluralité ou tenter de la réduire, au nom de l'efficacité. Cette tension entre pluralité et unité fait partie des données de la vie sociale.

Dès que la pluralité est reconnue, elle entraîne la critique des opposants ; elle devient rupture, cassure, schizophrénie et reçoit les doux noms de la division. Lorsqu'elle est niée ou masquée, cette pluralité, on parle d'*union*, et ce n'est pas contradictoire : ainsi, l'Union européenne est remarquablement plurielle, chacun s'en aperçoit. La majorité actuelle, en France, commence à subir les inconvénients de la pluralité, qu'il faut articuler avec ce qui doit rester commun dans le projet. Mais ceux qui parlent de gauche-querelle ne font que noter la tendance de toute pluralité. Et tout ce qui refuse d'être pluriel risque de présenter une façade monolithique qui cache des querelles, des violences et des déchirements. On ne saurait regretter que le Parti communiste soit devenu pluriel, ce qui le rend moins singulier. Cela présente des risques, ce qui est pluriel étant moins bien perçu que ce qui prétend à la singularité. Mais après tout, après un dîner pluriel, Robert Hue ou Lionel

Jospin peuvent eux-mêmes se pluraliser. D'ailleurs, Jacques Chirac, écologiste plus que les Verts, social plus que les socialistes, adepte de la politique de proximité, présente en ses discours une attrayante pluralité d'attitudes.

Parler pluriel, c'est possible ; agir pluriel, c'est plus difficile.

25 mai 2001

Travailleur

Le vocabulaire, en politique comme ailleurs, remplit deux rôles bien différents : les mots désignent et signifient, bien sûr, mais ce n'est pas tout : ils ont chacun leur personnalité, font penser à des usages, à des habitudes, ils ont une couleur et un parfum, et c'est souvent pour cela qu'on les choisit.

On a remarqué, et c'était remarquable, qu'un mot désignant une catégorie sociale, *salarié*, avait cédé la place, s'agissant des mêmes, exactement des mêmes, à un terme plus général, *travailleur*. Le salarié ne reçoit plus de l'argent pour acheter son sel, ce qui était le cas pour les soldats romains, mais tout simplement pour vivre. Le *travailleur*, si l'on s'en tient au mot, travaille. Derrière le mot *travail* se cachent le tourment, le supplice, car c'est un instrument de torture, le *trepalium*, qui lui a donné son nom. Le travail, à l'origine, est l'activité qui fatigue, éprouve. Même oubliée, cette origine continue à travailler le mot *travail*. Pourtant, le travail a ses bons côtés, et d'ailleurs les travailleurs, outre qu'ils en ont besoin pour vivre, y sont attachés. Dans les luttes sociales, le droit au travail est une des requêtes les plus fortes. En Angleterre, le Parti du progrès social s'est intitulé *Labour party*, parti du travail et des travailleurs. En France, à côté de son emploi général, qui inclut les travailleurs intellectuels et les chefs d'entreprise, dont on dit que ce sont de grands travailleurs, *travailleur* et *travailleuse* se sont identifiés aux salariés, qui ont absolument besoin d'exercer leur activité professionnelle pour vivre décemment. Beaucoup d'entre eux sont, en termes marxistes, des *prolétaires*, définis par l'opposition du travail au capital. Mais *prolétaire*, porteur d'une idée-force accusatrice et dangereuse, celle de lutte des classes, a été marqué d'infamie, et le mot *prolétaire* ne fait plus recette. On ne parle plus beaucoup d'*ouvriers* et d'*ouvrières*, d'ailleurs – mais Arlette Laguiller, avec d'autres, ose évoquer la classe ouvrière, on vient de l'entendre. Finalement, puisqu'il faut bien parler de celles et de ceux qui luttent pour survivre en supportant l'organisation sociale et économique actuelle – et ses contraintes –, on a préféré des termes un peu techniques, bien propres sur eux, comme *salarié* ou *employé*. *Travailleur*, que l'on disait ringard – le mot –, reprend du poil de la bête. Il est vrai qu'il ramène avec lui l'opposition, qui fait frémir nos beaux libéraux, entre capital (pas seulement patrons, mais actionnaires) et travail. Et paradoxalement, les travailleurs au chômage et les travailleurs licenciés n'en sont pas moins travailleurs, car en refusant au travailleur son travail, on le travaille au sens premier du mot, comme un boxeur travaille au corps son adversaire. Travailleurs, travailleuses, ne vous laissez pas travailler !

30 mai 2001

Tabac

Le tabac est un fléau, c'est entendu. Pour nous, sa consommation est associée à la fumée et surtout à la cigarette, même si le cigare et la pipe ont leurs inconditionnels, presque tous des hommes, au moins dans nos climats, alors que la cigarette a aussi séduit les filles.

L'exécrable réputation médicale du tabac est récente : « je me souviens », comme dit Georges Perec, je me souviens des films en noir et blanc, où les volutes de fumée faisaient partie de l'image, et du président Pompidou, éternelle clope au coin du bec.

L'histoire est ironique : les amoureux de Molière se souviendront que le *Dom Juan* de notre grand dramaturge commence par un vibrant éloge du tabac, considéré à l'époque comme un merveilleux remède. La plante était arrivée en Europe avec le mot espagnol *tabaco*, déformation d'un terme entendu en Haïti dans la bouche des Arawaks fumeurs de pipe.

Le tabac, plante exotique, fait partie du jardin botanique venu d'Amérique au XVIe siècle, et qui comprend tomate, maïs, pomme de terre, haricot... sans oublier le *cacaotl* et le *tchocolatl* des Aztèques. Mais le tabac, on l'ignorait, était un vilain petit canard. Je me demande, aujourd'hui, si on ne mettrait pas en examen André Thevet et l'ambassadeur Jean Nicot, qui ont importé et répandu la plante en France, le second donnant son nom à l'alcaloïde aujourd'hui en accusation, la « nicotine », et publiant, ce qui n'a aucun rapport apparent, le premier grand dictionnaire de la langue française.

Le tabac dûment transplanté, cueilli, haché, séché, on le mâcha, on le chiqua, on s'en bourra le nez grâce à la tabatière – ça s'appelait *priser* –, on le roula en cigares, on le brûla dans la pipe : d'ailleurs, le *tsibatl* des Indiens arawaks, transformé en *tabaco* par les Espagnols, désignait le tuyau par lequel ils aspiraient la fumée. Plus guère de calumet, maintenant, mais des cigarettes, invention diabolique du XIXe siècle.

Il est rare qu'une substance déclenche l'enthousiasme unanime – nos ancêtres du temps de Louis XIV plaçaient le tabac aussi haut que le chocolat –, puis la réprobation non moins unanime. Le tabac, c'était un rêve, et il faut bien admettre que c'est un rêve parti[1]. La jeunesse, dirait-on, qui se veut moderne, retient surtout des habitudes anciennes les erreurs. Le plaisir ringard de fumer est pimenté d'interdiction. Faudra-t-il rendre la cigarette obligatoire pour détacher les chères têtes blondes, mais légères, d'une coutume dangereuse ?

31 mai 2001

1. En franglais, une rave party.

Grande vitesse

La relation entre le temps et l'espace, ou, plus précisément, la maîtrise de l'espace dans le moins de temps possible, s'appelle *vitesse*. C'est devenu au XXe siècle, et ça continue au XXIe, une obsession, qui peut aller jusqu'à la frénésie. Rien ne va assez vite : les voitures, les avions, les trains bien sûr, le courrier, le travail, les nouvelles, les journées, les nuits... Tout cela alors que la vie, notre réserve de temps, s'allonge.

Vitesse, rapidité, célérité, hâte ? Comme dit la sagesse commune, il ne faut pas confondre vitesse et précipitation. L'être humain d'aujourd'hui tend à les confondre, pourtant, comme le faisait *L'Homme pressé* de Paul Morand. Vite fait, vite dit, vite vu, vite oublié, et pas toujours « vite fait bien fait ».

Le train à grande vitesse, c'est trop long à dire : c'est devenu en français TGV. La langue aussi veut filer à grande allure, et les abréviations, sigles, apocopes (la *télé*) et aphérèses (un *bus* pour *autobus*) vont bon train, si l'on peut dire. On ne dit plus « à tout à l'heure », « à plus tard », mais « à plus ». On ne dit plus « comme d'habitude » mais « comme d'hab ». Mais que fait-on du temps ainsi gagné ?

La vitesse se paye, en argent, et aussi en accidents, en stress. Pour monter en trois heures de Marseille à Paris, il a fallu pas mal de pèze, de fric, de thune, de patates, beaucoup de travail, et... du temps.

Du travail, la grande vitesse en donne : les horairistes, dont je viens d'apprendre l'existence, doivent être sur les dents. En outre, la vitesse fait du bruit, crée des nuisances : les riverains du TGV et des aérodromes l'éprouvent désagréablement, eux qui voient et écoutent passer trains et avions sans bouger et sans l'avoir demandé.

Avant de prendre son sens moderne – mais c'était il y a huit siècles, car les mots, eux, ne se pressent pas –, *vitesse* a voulu dire « habileté » et parfois « ruse ». Et il est vrai que les plus malins vont plus vite : de là peut-être la bonne réputation de la vitesse, mais aussi la société à deux vitesses. Tout est relatif : la course de vitesse produit l'excès de vitesse et par conséquent des limitations de vitesse.

Mais ne boudons pas notre plaisir : nos trains « gévé », outre leur bruit impressionnant, produisent un cocorico technique du plus bel effet. Pourtant, on a le droit de remarquer qu'un aller-retour entre Phocée et Lutèce produit six heures de très grande vitesse pour se retrouver au même endroit. On va encore plus vite en ne bougeant pas !

Cela dit, j'adore les trains, même ceux à petite vitesse, avec la nostalgie des TPV de ma jeunesse...

7 juin 2001

Jouvence

Qu'il s'agisse de médicaments ou de chirurgie plastique, de gelée royale ou de cosmétique, l'espèce humaine s'affaire à « réparer des ans l'irréparable outrage ». Le vers de Racine, dans *Athalie*, est pourtant une mise en garde : l'irréparable ne se répare pas, et le rajeunissement est, comme on dit aujourd'hui, plus cosmétique que réel. La bonne vieille *jouvence de l'abbé Soury*, cependant, a soutenu bien des détresses. Mais la science fait des progrès ; malgré Viagra et DHEA, la *fontaine de jouvence* n'est pas pour demain. C'est un joli mot, *jouvence*, pour une belle légende : celle de la remontée du temps pour l'être vivant, par définition en route vers la mort. Alors que *jeunesse*, dérivé de *jeune*, a pris toute la place, l'ancien français, plus proche du latin, disait la *jovente*, comme les Romains *juventa* – l'italien a gardé *gioventù*. *Jouvence* est un dérivé de *juventus* qui a donné *jouvenceau* et *jouvencelle*, jolie manière de dire « jeune homme » et « jeune fille ». Et c'est à cause du poétique *jouvenceau* et, pour la fin du mot, de « adol*escence* », que la *jovente* est devenue *jouvence*, pour désigner, non pas une potion magique, mais une hydrothérapie mythique, fontaine, bassin, bain ou cure de la légende orientale, transmise en Occident par les romans antiques du Moyen Âge. Cette fontaine de jouvence évoque l'onde primordiale et, sans doute, l'amnios qui nourrit l'embryon.

Ainsi, le mythe n'oublie pas le réel, ce réel de la biologie qui, depuis qu'existent une embryologie, une génétique, une science des hormones, s'est donné des moyens pour connaître et mieux contrôler le mystère du vieillissement.

Cependant, les mots issus du latin *juventus* – trois syllabes, entre parenthèses, qu'un célèbre club sportif italien amène jusqu'à nous –, tels *jeunesse* et *juvénile*, conservent l'idée de début de vie et d'énergie native, naturelle ou miraculeuse. La fontaine de jouvence demeure un rêve, alors que l'obsession du rajeunissement est prise en charge par le progrès scientifique. Il n'est pas mauvais de conserver ces deux plans distincts, l'imaginaire, qui a des ailes, et l'action réelle, qui progresse lentement, mais améliore la vie. Et la jouvence, malgré sa nature rêvée, a pu donner à la recherche médicale son inspiration.

8 juin 2001

Explication

C'est un peu le leitmotiv, ces jours-ci : le défaut d'explications, et la demande d'explications. La justice demande des explications de toutes parts. Un seul exemple : elle reproche à un prélat ses silences protecteurs, quant aux pédophilies cléricales. Moins graves, mais irritantes, les explications insuffisantes et hésitantes de la SNCF aux passagers des TGV défaillants. Et les accrocs à la cohabitation ont pris dans la bouche du Premier ministre la forme du verbe *s'expliquer*, orné de deux compléments circonstanciels qui aggravent l'affrontement. S'expliquer *devant* les journalistes pour l'ancien trotskiste ; *devant* les juges pour son vis-à-vis élyséen.

L'explication, c'est le remède au secret, y compris le secret d'État, et ce devrait être un droit pour l'opinion. Il n'y a pas que les journalistes et les juges qui recherchent les explications : la démocratie s'en nourrit.

Expliquer, *ex-plicare*, c'est déplier et, au figuré, rendre clair – autrement dit, *élucider* – ce qui est caché, replié, embrouillé, entortillé, pas clair du tout. L'explication, c'est le pourquoi d'un fait incompréhensible et la raison, peut-être la justification, d'un comportement.

Là où les choses se compliquent, c'est quand la requête d'une explication est réciproque : on passe alors d'expliquer à s'expliquer. L'explication devient une variante de l'affrontement. La langue populaire l'exprime par des menaces du genre : « Viens dehors, si t'es un homme, on va s'expliquer. » L'explication entre le président et le Premier ministre est à peine plus douce. Si la culture du secret fait place à celle du pugilat, on n'aura pas avancé sur la voie de l'explicite, ne serait-ce que parce que l'émotion, la colère, l'indignation et tous les sentiments vifs dont raffolent les politiques, qui s'en servent, recouvrent la calme raison, et que la polémique interdit toute véritable explication.

On a envie de dire : cessez de vous expliquer réciproquement mais expliquez-vous l'un et l'autre, et surtout expliquez-nous.

14 juin 2001

Émeute

Plusieurs termes expriment l'action populaire, pacifique ou violente, dirigée contre un pouvoir qui n'est plus supporté. Ces mots, dans une gradation, vont de *manifestation* à *émeute*, puis à *soulèvement* et *insurrection*, jusqu'à *révolte*, avec pour terme *révolution*, qui met le régime politique contesté sens dessus dessous (*révolution*, c'est retournement) et, finalement, le remplace.

La manifestation, même avec un peu de casse, est d'abord faite pour manifester, pour exprimer une opinion, une revendication, une protestation, le plus souvent sans brutalité. En revanche, l'émeute et, plus encore, l'insurrection supposent que la protestation devient action et qu'une violence spontanée s'oppose à la violence du pouvoir et de ses serviteurs, qu'on appelle sans rire les « forces de l'ordre », l'ordre au sens militaire.

Dans cette perspective, l'émeute serait l'apparition des forces du désordre, avec affrontements, saccages et destructions, réels ou symboliques. On dit alors que la manifestation tourne à l'émeute.

À la différence de *manifestation* et d'*insurrection*, où l'on reconnaît l'idée de *soulèvement* et le verbe *surgir* –, *émeute* est un mot dont la raison d'être est oubliée. Ce n'était pas le cas, en France, avant le XVIIe siècle, où le rapport de ce mot avec *esmeu*, l'ancien participe passé du verbe *esmovoir*, *émouvoir*, était parfaitement perçu. L'émeute, qui a pris au Moyen Âge le sens de mouvement insurrectionnel, exprime une violente émotion. À l'époque de Louis XIV encore, on parlait d'*émotion* à propos d'un début d'insurrection.

Mais *émeute* est alors passé des idées de mouvement et d'émotion à celle de violence collective, violence que l'on n'interprétait pas encore en termes de contenu politique. On peut noter que le mot arabe que nous traduisons par « révolution », *thawra*, signifie concrètement et au figuré « soulèvement » : cela va du sable que soulève le vent du désert au taureau furieux et à la montée de la colère.

L'idée de soulèvement populaire conduit tout naturellement à celle de révolte, qui est un retournement (mot né en Italie, *rivolto*, de *rivolgere*, « retourner ») et finalement, à *révolution*. Et le moteur, c'est le mouvement, l'émotion et la fureur de l'opinion, quand le peuple est poussé à bout. C'est ce que disait ce mot, *émeute*, et ce que continuent à affirmer *révolte*, *insurrection*, et des mots berbères que j'ignore, mais qu'il faudra maintenant évoquer[1].

15 juin 2001

Neutralité

Les mots *neutre* et *neutralité*, que je souhaitais aborder pour répondre à Noël Mamère, puisque je n'ai pu le faire hier, manifestent une remarquable ambiguïté.

1. Des populations de Kabylie venaient de manifester violemment contre le gouvernement algérien.

Appliquée à la peine de mort, la neutralité n'est certainement pas de mise. Ne pas être contre, c'est être pour. Il en va de même pour toute situation où il s'agit de prendre parti sur un système général inacceptable, surtout antihumaniste. En outre, la neutralité est ambiguë, ce que soulignait Albert Camus dans *L'Homme révolté* :

« En régime capitaliste, l'homme qui se dit neutre est réputé favorable, objectivement, au régime ;

en régime d'Empire [autoritaire, totalitaire], l'homme qui est neutre est réputé hostile, objectivement, au régime. »

En revanche, la neutralité entre deux ou plusieurs opinions, ou entre des personnes, qui consiste à ne favoriser ni l'une ni l'autre, est une attitude de raison. Cette neutralité est alors impartialité et le mot *neutre* retrouve sa valeur originelle. *Neuter*, c'est en latin *ne uter*, « aucun des deux », *uter*, « l'un des deux », exprimant le choix.

C'est le sens positif du mot, qui exprime d'abord en français le pacifisme, le refus de prendre parti dans un conflit.

Mais lorsque *neutralité* devient synonyme d'indifférence, ou simplement d'ignorance, la notion devient perverse. On peut, on doit rester neutre devant l'affrontement d'adversaires, et cela doit signifier « sans pré-jugé », « sans favoritisme ». Mais on ne peut rester neutre devant une situation imposée qu'on juge mauvaise, voire insupportable.

Le rôle du *bel indifférent* ne va pas du tout à la véritable neutralité. Quand on prend une attitude neutre devant une situation brutale, telle la peine de mort en Chine ou aux États-Unis – Amnesty International en répertorie bien d'autres –, cela ressemble trop à une dérobade. La neutralité doit conserver sa valeur première : ne pas favoriser sans réflexion l'une des deux situations ou opinions, *a priori*. De même, la neutralité entre démocratie et totalitarisme est de nature à ruiner la vraie neutralité, celle qui choisit entre des options comparables, et acceptables.

22 juin 2001

Épidémie

La première réunion de l'ONU sur un sujet médical – on se demande pourquoi c'est la première – va être consacrée au sida. Ce mal est un syndrome, une association de symptômes. Depuis son apparition, en 1962, le sida est devenu l'épidémie du siècle, d'abord frappant des personnes dites « à risques » dans les pays riches, ensuite se développant massivement jusqu'à devenir l'une des plaies qui accablent l'Afrique.

Ces épidémies, fléaux des populations, portaient en latin un nom que nous connaissons bien, *pestis* : la peste d'Athènes au Ve siècle avant l'ère chrétienne, la peste de Rome, en 165, furent probablement des épidémies de typhus ou de choléra. Ce n'est qu'au XIXe siècle que *peste* prend son sens actuel, avec la découverte du bacille de Yersin, alors que le terme *épidémie* conserve une valeur générale.

Épidémie, sous diverses formes approximatives, apparaît au Moyen Âge, par emprunt au grec, où le mot est formé de *épi-*, « au-dessus » ou « dans », et *demos*, « le pays » et « le peuple », le *démo-* de *démocratie*.

Le mot s'applique à l'apparition dans un pays, dans une population, d'un grand nombre de cas pathologiques.

La raison d'être des épidémies, que l'on a subies passivement jusqu'au XIXe siècle, mais dont on connaît pourtant la nature à partir du XVIe siècle, c'est la contagion, mot apparenté à *contact*, avec l'élément qui signifie « toucher », *tangere*. La contamination par un virus, celui de l'immunodéficience humaine, ou VIH (en anglais HIV), est la cause reconnue du sida.

Le sida s'est mondialisé, et quand une épidémie se mondialise, elle devient *pandémie*. Or, la lutte contre le sida, qui a fait des progrès médicaux notables, échoue pour des raisons politico-économiques. Les traitements capables de juguler l'épidémie ne sont à la portée que des pays riches. La réunion de l'ONU, qui n'est pas une instance médicale, manifeste le vrai caractère des grandes épidémies : un mal collectif, plus catastrophique dans les populations et les États dépourvus de moyens financiers. Pour le biologiste, l'ennemi est un virus ; pour tout le monde, un autre ennemi s'est dévoilé : l'inégalité économique, représentée (entre autres) par les intérêts financiers des multinationales pharmaceutiques. Sans diaboliser les grands laboratoires, on doit admettre que l'épidémie des égoïsmes, celle des valeurs de marché financier, celle des indifférences sont aussi mortelles que celle des virus. Des agents infectieux, en vérité.

25 juin 2001

Coup de pouce

Le relèvement du SMIC un peu au-delà du chiffre de l'inflation est généralement qualifié de *coup de pouce*. Cette expression correspond aujourd'hui à « soutien, aide », mais, sans vraiment le dire, elle évoque une action plutôt discrète, car le mot *pouce*, s'il désigne un doigt assez charnu, évoque aussi la petite taille. À preuve, le célèbre *Petit Poucet* de Charles Perrault. Le coup de pouce ne vaut pas le coup de main.

Le mot latin d'où vient *pouce*, *pollex*, a désigné le gros orteil ; pour autant, coup de pouce n'est pas coup de pied. En français, le mot suscite un nombre étonnant d'expressions, comme *y mettre les quatre doigts et le pouce*. On peut aussi *manger sur le pouce*, ce qui est tout de même assez acrobatique. Quant à *mettre les pouces*, c'est « s'avouer vaincu ». Là, l'image est moins claire, sauf si l'on se souvient qu'avant les menottes on coinçait les pouces des prévenus dans des « poucettes ». En politique, comme dans la vie quotidienne, *mettre les pouces*, « abandonner », permet parfois de se *tourner les pouces*, geste symbolique de la paresse, ou plutôt de l'inaction ; cependant, en français québécois, *voyager sur le pouce*, expression traduite de l'anglais, c'est faire de l'autostop.

Quant à notre *coup de pouce*, il ne fut pas toujours innocent. Dans les chapitres argotiques des *Misérables* de Victor Hugo, *donner le coup de pouce* signifie « occire », peut-être à cause du rôle du pouce dans le coup de couteau – ou de l'étranglement. À la même époque, *donner un coup de pouce dans la balance* correspond à une malhonnêteté de commerçant, qui triche sur le poids de sa marchandise. De là l'expression *donner le coup de pouce* qui correspondait à « faire pencher la balance en sa faveur ». Ce genre de coup de pouce est parfaitement égoïste. Enfin, on peut dire des déclarations et explications politiques qu'elles travaillent, tel le sculpteur traditionnel, par coups de pouce successifs.

Le coup de pouce au SMIC, dénoncé comme trop fort par le Medef, comme infime et symbolique par les syndicats, est-ce un acte entièrement altruiste, dénué des intentions politiciennes du coup de pouce interventionniste ? Quoi qu'il en soit, et malgré l'absence de rapport entre *pouce* et le verbe *pousser*, trop ou pas assez de coups de pouce produit la réaction critique : « Faut pas pousser ! » Le pouce est un instrument délicat, à manier avec précaution.

26 juin 2001

Histoire d'eau

Voilà un mot usé, sinon pollué, puisqu'on n'y reconnaît guère son origine directe, le latin *aqua*, tout à fait clair en italien, bien reconnaissable bien qu'adouci dans l'espagnol *agua*, qui se disait aussi en ancien français. Dans la vie de saint Alexis, écrite au Xe siècle, il est question d'*egua*. Puis le *gw* (on prononçait *egwa*) se réduit à *w* et, dans *La Chanson de Roland*, le liquide vital s'appelle l'*ewe*. Il n'y a plus qu'à oublier de prononcer les trois lettres *e*, *a*, *u* dans *éaw*, pour nous un peu barbare, pour arriver à la prononciation moderne, où il ne reste plus qu'une seule voyelle, *o*. Seule l'écriture, avec ses quelque mille ans de retard sur la parole, conserve le souvenir discret de l'*aqua* latine. Comme on peut l'imaginer, ce mot de l'eau est très général en Europe : la langue gotique disait *ahwa*, les Celtes avaient un terme voisin. Quant à l'anglais *water*, il fait partie du même ensemble, ainsi que le russe *voda*, relié au grec *hudor*, que nous connaissons sous la forme *hydro-*.

Si l'eau naturelle est un besoin vital, si nous sommes tributaires des molécules d'H_2O (hydrogène, oxygène, dans le vocabulaire créé par Lavoisier et adopté dans le monde entier), si l'eau est un élément essentiel du paysage terrestre, le mot *eau* n'en est pas resté là.

De manière moins écologique, nos civilisations ne se sont pas contentées de l'*eau de roche*, et des *eaux minérales*, supposées pures et cristallines, ni même de l'*eau bénite*, et elles ont inventé l'*eau-de-vie*, qui détourne étrangement la valeur du mot. Et ne pas croire que les Français sont seuls coupables : qu'est-ce qu'un *whisky* ? En gaélique *visge beatha*, de *beatha*, « la vie ». Qu'est-ce que *vodka* ? Un diminutif de *voda*, autrement dit une « petite eau ». Si on vous dit en excellent russe : « Tu veux une petite eau ? », ce ne sera pas un verre d'eau minérale.

Le latin *aqua* ne suffisait pas à désigner l'eau ; l'eau naturelle qui coule dans les *cours d'eau*, c'était *unda*, « l'onde », mot à la tête d'une grande famille : *abonder* et *abondance*, mais aussi *inonder* et *ondoyer*, *ondée*. Ici, sur les ondes, on ne peut faire autrement que célébrer l'eau pure, la transparence et la limpidité. Mais comme tous les mots essentiels, ceux de l'*eau* sont ambigus. L'onde pure, la belle eau claire, c'est un idéal ; mais la flotte, la baille, c'est terriblement polluable. Il paraît que l'argent liquide permet de le blanchir, l'argent. Pourtant, il ne suffit pas d'être liquide pour être propre.

27 juin 2001

Témoin

Le mot *témoin*, aujourd'hui employé dans l'expression juridique *témoin assisté*, a une riche et longue histoire.

Le témoin, c'est originellement le ou la « troisième », puisque le mot latin *testis*, d'où vient *testimonium* (qui s'est transformé en *témoin*), vient de la racine indo-européenne *tri-*, « trois ». Dans toute affaire où s'affrontent deux parties, un « troisième homme – ou femme » est requis(e) pour exprimer une vérité supposée neutre et objective. Le mot latin *testis* correspondait à une idée si nécessaire que ses composés ont suscité en français plusieurs verbes courants, comme *attester*, « rendre témoignage ». D'autres sont plus inattendus. Par exemple, *contester*, où s'exprime l'affrontement de témoins qui affirment des choses incompatibles, ou encore *détester*, d'abord « repousser un témoignage ». Il y a aussi *protester* au sens d'« affirmer avec énergie ». Sans même parler, avec les Romains, de « petits témoins », pour évoquer une partie du corps masculin qui témoigne de la virilité : tel est le sens de *testiculus*, que je vous laisse le soin aisé de traduire.

Le témoin, dans la langue quotidienne, est ce qui apporte une preuve, qu'il s'agisse d'un événement ou d'une personne. Quand on « prend à témoin » quelqu'un, on s'appuie sur son dire, le témoignage, et on s'en sert comme preuve.

L'idée du *témoin* est devenue essentielle en droit ; elle y garde la force initiale du mot. Le *témoin* n'est pas seulement la personne qui assiste à un événement, un accident, par exemple, et qui peut dire ce qu'elle a vu ou entendu, mais celle qui apporte des preuves et contribue à la décision de justice. En tant qu'acteur, et pas seulement spectateur, le témoin est censé dire le vrai. C'est faire bon marché de la nature humaine, des faiblesses de la mémoire, des confusions involontaires et des présentations orientées. Surtout quand le témoignage concerne les activités du témoin lui-même. L'adage qui dit « on ne saurait être à la fois juge et partie » pourrait être assorti de « on ne saurait être à la fois témoin et mis en cause ». La notion assez perverse de « témoin assisté » est venue bousculer les significations. Assisté par un avocat, le témoin n'est plus vraiment témoin, car peut-on vraiment être le témoin de soi-même, sous la menace d'une « mise en examen » ? Dans la série des euphémismes, le témoin assisté, tout le monde l'a compris, fait partie des précautions (de langage) inutiles.

4 juillet 2001

Orage

La saison des orages, nous y sommes, autant dans les coups de colère de l'atmosphère que dans les situations politiques explosives. Le mot *orage* sonne en général comme une menace : le ciel se charge, le vent se lève, l'électricité atmosphérique se décharge en éclairs accompagnés d'un bruit éclatant ou sourd, la pluie s'abat violemment. Voilà l'orage, qui correspond à une tempête locale et brève, et qui peut causer de graves dégâts.

Cependant, le mot n'a pas toujours apporté la menace. De même que l'ensemble des feuilles se nomme *feuillage*, l'ensemble des vents appelés *aures* en ancien français, *ora* en provençal, c'est l'*aurage*. *Aure*, c'était le latin *aura*, « le vent, le souffle, la brise favorable ». Mais les choses se sont dégradées et le vent favorable s'est mué en tourmente.

Pourtant, après l'humidité lourde et les nuages noirs, l'orage qui éclate est comme un message de vérité : enfin, les choses changent, la nature parle, un désir de révolution se manifeste. C'est du moins l'interprétation romantique de l'orage. « Levez-vous vite, orages désirés », clamait le jeune René de Chateaubriand, l'un des grands écrivains qui sut le mieux décrire les orages naturels tout en appliquant le mot aux soubresauts de l'Histoire.

« Des orages nouveaux se formeront – lit-on dans les *Mémoires d'outre-tombe* –, on croit pressentir des calamités qui l'emporteront sur les afflictions dont nous avons été comblés... » C'est inquiétant, mais ça a de la gueule.

L'orage fait peur, mais il brise le silence sournois des afflictions quotidiennes ; l'orage menace, mais il rompt le silence et peut libérer les oppressions, à commencer par celles des habitudes et des lourdes banalités, par les tristes pesanteurs partagées, par le poids de la niaiserie, des platitudes manipulées et surveillées que déversent certaines lucarnes. L'orage, ce pourrait être le coup de torchon qui balaye les fausses valeurs. Le mot retrouverait alors ses origines : l'aura, le bon vent qui fait tomber la pollution.

6 juillet 2001

Nation

En reprenant ce « mot de la fin », qui est aujourd'hui pour moi un mot de retrouvailles[1], j'ai eu envie d'un terme qui nous importe et dont l'emploi est délicat. C'est Jean-Pierre Chevènement, proclamé « troisième homme » de la campagne présidentielle après un sondage flatteur, qui me l'a gracieusement fourni, en se réclamant avec insistance de l'idée de « nation ». Certes, Chevènement n'est pas seul à parler « nation » : le mot vient d'être employé dans ce studio par François Hollande.

Alors que le mot *patrie*, *patria*, évoque le pays du « père », *nation*, du latin *natio*, *nationis*, c'est d'abord la naissance, puis l'appartenance par naissance.

En vieux français comme en latin, une nation est soit une naissance, soit un peuple. Dans l'Évangile, « enseignez toutes les nations », c'était, pour les apôtres, convertir les peuples païens. Il fallut attendre le XVIIIe siècle pour que *nation* s'applique au peuple français, d'abord au tiers état.

Puis un arrêté de juillet 1789 définit la nation comme « la personne juridique constituée par l'ensemble des individus composant l'État ».

Mais l'État est un ensemble d'institutions, alors que la nation est une communauté humaine de fait et de droit. Elle suppose l'appartenance à une culture et la volonté de vivre ensemble. La Révolution française tenta d'organiser la nation en « chose commune », *res publica*, rejetant le « pouvoir d'un seul », la « mon-archie ».

L'idée de nation a dû évoluer, car le droit de naissance, la lignée, ne peut suffire à la définir dans le monde de l'immigration et du métissage. *Nation* a plus ou moins remplacé la cité, *polis* en grec, *civitas* en latin. C'est pourquoi l'homme, la femme de la nation est *citoyen* ou *citoyenne*. Sa majorité, c'est le peuple, en grec *demos*, et c'est pourquoi les nations modernes se réclament de la *démocratie*. Celle-ci inclut aujourd'hui bien des monarchies, comme le montrent le nord de l'Europe ou bien l'Espagne.

État, *nation*, *patrie*, *pays*, *république*, *démocratie* et aussi

---

1. Après l'interruption estivale.

pouvoir, *souveraineté* ; quand un homme ou une femme politique s'appuie sur un de ces termes, le choix n'est jamais neutre.

C'est un mot magnifique, *nation*, mais attention à ses dérivés · le nationalisme connaît bien des dérives...

10 septembre 2001

Écologie

Les difficultés du candidat vert à la présidence (et non : du candidat à la présidence verte), Alain Lipietz, concernent une intention de stratégie politique, et ne passionnent pas forcément l'opinion Les Verts ne verdoient plus guère, ces temps-ci. Mais les problèmes internes de mouvements et de tendances quelque peu hétérogènes ne doivent pas faire oublier l'essentiel. Cet essentiel, c'est une attitude générale concernant l'environnement humain, appelée *écologie*. Voilà un mot bien compromis par la politique : si *écolo* ou *Vert* – dans ce sens : en allemand *Grün* – sont entrés dans le vocabulaire des partis et dans les enjeux électoraux, c'est tout de même parce que ces mots contiennent une innovation majeure dans notre vision du monde. Ils correspondent à la prise de conscience d'une évolution dramatique pour la planète. *Écologie*, donc. Le mot est apparu peu après 1870 en France ; il avait été employé vingt ans avant par le moraliste et poète américain Thoreau (*ecology*) et surtout par le grand biologiste allemand Ernst Haeckel pour désigner les rapports des organismes vivants avec leur milieu, qu'on appellera plus tard *environnement*. Cette double paternité est symbolique : l'écologie est l'enfant de la morale et de la science. Science et conscience, si l'on veut. Son nom est tiré du grec *oikos*, « la maison, l'habitat, le milieu de vie ». Théoriquement, l'*économie* est la mise en ordre (*nomos*, « la loi ») de la maison – on en est loin dans la pratique – alors que l'*écologie* est l'étude objective, scientifique des environnements, pour toutes les espèces vivantes. Voilà le point de vue du savant. Mais celui du moraliste, coauteur de ce mot, insiste sur l'aménagement raisonnable du milieu humain et veut donc lutter contre les atteintes qui blessent la nature. Du coup, la logique éco-logique peut contredire celle de l'éco-nomie, qui fait triompher la loi du marché.

Pas étonnant, contre la toute-puissance de l'économie, que l'écologie ait donné naissance à un courant politique. Mais la science et son désir d'objectivité s'entendent mal avec l'action collective, la sensibilité « écologique » renâcle devant la discipline idéologique et hiérarchique qui caractérise les partis politiques. Il est facile de se moquer des remous qui agitent les Verts ; mais que l'on réexamine la nature de l'*écologie* et on s'aperçoit qu'un mouvement qui s'en réclame, malgré les ratés, contribue à ranimer un débat fondamental et à sortir du ronron idéologique masquant les forces discrètes qui nous gouvernent.

11 septembre 2001[1]

Justice

Justice : c'est le mot-clé du discours de George Bush fils, qui coïncide avec le nom déconcertant des opérations de représailles prévues par les États-Unis : *infinite justice*. Comme bien des mots abstraits, en anglais comme en français, *justice* se colore différemment selon ses emplois. *Faire justice* signifie « punir, châtier », mais en conformité au droit, c'est-à-dire selon des limites morales précises. « Justice sans limite » est contradictoire.

Le mot anglais *justice* est un emprunt à l'ancien français, qui l'avait pris il y a dix siècles au latin. De même que *juge*, *juger*, *jurer*, *juridique*, *justice*, *justicia* remonte à *jus*, « le droit ». En latin, le droit est lié à la parole qui l'exprime : dire le droit, *jus dicere*, c'est le sens même de *judicare*, d'où vient *juger*. Pour que la justice

1. Chronique prononcée à l'heure habituelle, 8 h 56 ou 57 ; c'est en début d'après-midi qu'on apprendra les terribles nouvelles de New York, puis de Washington. Voir la suite de ces chroniques.

s'instaure, il faut d'abord la dire, ce qui est l'affaire des « juristes », puis l'appliquer, ce que doit faire le « juge ». Cela suppose que le droit, la norme soient reconnus par la société ; on parle aujourd'hui d'État de droit.

Ce droit qu'invoque la justice est une idée complexe, qui va du droit naturel, fondé sur la notion morale du bien et du mal, à l'institution et au pouvoir judiciaire, dont la séparation d'avec le pouvoir législatif et de l'exécutif définit depuis Montesquieu le pouvoir démocratique.

Faire justice se réfère plus à la morale et au droit naturel qu'à l'institution judiciaire, car celle-ci exclut le recours à la violence collective, à la guerre. L'idée d'une guerre qui rend la justice a servi pendant des siècles à donner aux conflits armés, à la vengeance, à la violence, le visage honnête et rassurant du bon droit, de la défense légitime. Comme chacun définit sa morale, son bon droit, sa conception du monde, faute d'un juge suprême, toute violence se justifie, veut se rendre juste. Il est alors bien commode d'évoquer une justice divine, universelle, et de s'y installer, dans une logique qui peut conduire au pire. C'est la démarche des intégristes, qui ne sont pas tous musulmans.

Si « faire justice » fait référence à une justice humaine reconnue et acceptée, si elle se conforme à une règle préexistante, le droit peut être respecté ; sinon, l'arbitraire règne. Les mots nous mettent en garde : *faire droit* à une démarche, c'est l'accepter et y répondre ; *faire justice*, c'est sanctionner, pas seulement châtier ; *rendre justice*, c'est reconnaître le mérite. On se félicitera, en tout cas, d'une référence à la justice, au tribunal, aux juges, plutôt qu'aux armées et aux missiles. Guerre juste ? Justice et guerre, c'est l'eau et le feu : inconciliables. Il faudra choisir.

21 septembre 2001

Malveillance

Il arrive qu'un mot exact, théoriquement adapté, soit néanmoins choquant. À propos de la terrible explosion qui a tué, blessé et terrorisé à Toulouse, on émet deux hypothèses : l'accident, que les chimistes disent inexplicable, ou bien l'action nuisible volontaire. Dans le contexte actuel, tout le monde pense au terrorisme, à l'attentat ; mais un mot souvent entendu est différent : c'est *malveillance*.

Le verbe *vouloir* avait en ancien français le participe *veuillant*. La malveillance est simplement un mauvais vouloir, et surtout une disposition d'esprit qui porte à mal juger. L'hostilité, l'animosité, voire la méchanceté ne suffisent pas pour qu'on nuise activement. Certes, il existe des incendies dus à la malveillance ; mais ce qui fait mal dépasse le mauvais vouloir ; il faut qu'il y ait passage à l'acte. Confondre le mauvais esprit avec la *malfaisance*, c'est tout simplement dissimuler la vérité, pratiquer l'euphémisme du prétendu « politiquement correct ». On pourrait aussi parler des « incivilités ».

Un accident terrible provoqué pour nuire, nous connaissons ; c'est la violence qui vise à faire mal et à terroriser les survivants, violence appelée pour cela *terrorisme*.

En français traditionnel, la malveillance était tout autre chose : selon l'un de nos plus grands écrivains, « la malveillance et le dénigrement sont les deux caractères de l'esprit français ». On peut juger que Chateaubriand – c'était lui – faisait alors preuve d'une certaine malveillance.

Pourtant, le spirituel comte de Rivarol avait caractérisé les malveillants, ces gens « qui disent étourdiment le mal dont ils ne sont pas sûrs ». De fait, tant qu'on n'est pas sûr du mal, mieux vaut ne pas le supposer. Mais devant une telle catastrophe, attribuer tout le mal au hasard – c'est ce que dit *accident*, l'événement qui nous tombe dessus – suppose qu'on en comprenne les causes naturelles. À New York, on a pu croire pendant quelques minutes à l'accident ; mais la répétition de l'invraisemblable et de l'atroce a vite contraint à évoquer la mal-*faisance* humaine. Aucune mal-veillance n'eût suffi. À Toulouse, ce n'est peut-être pas la malveillance, mais l'incurie et la loi du profit qui ont fabriqué le risque. Décidément, devant l'horreur et la mort, devant la terreur, les modulations du vouloir et de l'agir ne suffisent plus ; le seul mot possible, c'est le plus court, le plus terrible : le mot *mal*.

24 septembre 2001

Risque

Les accidents, même quand on les dit être tels « à quatre-vingt-dix-neuf pour cent » – ce qui laisse un pour cent au scepticisme –, ne sont pas imprévisibles. La possibilité, voire la probabilité d'un accident, d'une catastrophe, le danger prévisible, cela s'appelle le *risque*.

Ce mot nous est arrivé d'Italie au XVIe siècle. Est-ce à dire que nos bonnes gens du Moyen Âge étaient insouciants au point d'ignorer le risque ? Certes non, mais on parlait de *péril* et de *danger*, et ces mots sont toujours en activité. On parle aujourd'hui de situations « à risques ». Le risque est souvent masqué, ou caché, et le mot lui-même est obscur au départ : peut-être l'idée d'un rocher pointu (*resectus* en latin) qui met en danger navires et cargaisons, ou bien un vocable de la bagarre, apparenté à *rixe*. On ne risque rien à rêver.

Cependant, les risques sont là. Apparemment, le risque nous est familier et on ne cherche pas toujours à le fuir : ne dit-on pas *courir le risque* d'un inconvénient ? Ce qui correspond à lui courir après, comme d'autres courent les filles ou les garçons.

À force de *courir* les risques, on les rejoint. À force de *prendre* des risques, on les attrape et on les garde. Nos sociétés trop avides de facilités, de confort, d'argent, sont peu sensibles au risque ou bien s'en accommodent : il y a bien des primes de risque. Quand le drame éclate, on ne comprend pas : puis on cherche des responsables. Or, par définition, le risque est un mal prévisible : nous sommes collectivement responsables de certains risques ; mais pour d'autres, on a décidé à notre place. Le catalogue des risques, on le voit s'enrichir dans les mots : on parle de risques de guerre au XIXe siècle, de risque professionnel, de risque social au XXe siècle, puis de risque aérien, nucléaire, terroriste, chimique, routier, sans parler des risques pénaux. Il paraît – c'est un grand physicien, Louis de Broglie, qui le dit – que « le risque est la condition de tout succès » ; mais quand le risque se réalise, aucun succès ne vaut plus un clou. En tout cas, les inventeurs de l'expression « risque zéro » méritent un zéro. Pointé.

27 septembre 2001

Urbain

Si le mot *ville* appartient à l'usage le plus courant, l'adjectif *urbain*, plus savant, a mis du temps pour être accepté. Pourtant, il vient du mot latin désignant une vraie et grande ville, en particulier la ville par excellence pour les citoyens romains, Roma, verlan graphique de *Amor*. Le mot *ville* procède de *villa*, qui était une grosse ferme, puis une agglomération très modeste, dans la campagne. Les fameuses « villes à la campagne » d'Alphonse Allais sont une tautologie étymologique ; il en aurait bien ri.

Les mots latins de la ville étaient *urbs* et *civitas*, qui a donné *cité*. Pour qualifier ce qui concerne la ville ou la cité, la langue française n'avait pas d'adjectif, avant d'adopter *urbain*, mot qui était plutôt employé au figuré, pour « élégant, poli, de bon ton », avec son dérivé *urbanité*. Aujourd'hui, on est souvent plus urbain à la campagne qu'à la ville, il me semble.

Ce n'est qu'à l'époque où les villes françaises se développent, au XVIIIe siècle, que *urbain* s'oppose à *rural*, et seulement au XXe siècle qu'on connaît l'*urbanisme*, l'*urbanisation* et les *conurbations*. Les problèmes de la ville sont si nombreux que l'adjectif *urbain* nous est devenu indispensable. L'*espace urbain*, le *milieu urbain* s'opposent à la campagne, les *transports* en commun sont plus souvent *urbains* que ruraux, et devant la dégradation de l'*habitat urbain*, on doit parler – on le fait aujourd'hui – de *renouvellement urbain*.

Et, malheureusement, l'expression *terrorisme urbain* est devenue normale, après la *violence urbaine*, qui oblige à la vigilance.

C'est dire qu'à propos de la ville, incluant d'ailleurs les banlieues, ce qui est qualifié d'*urbain* est assez négatif, à part des réalités techniques comme le chauffage urbain. Cela, malgré l'existence évidente d'une beauté urbaine ou d'un art urbain, qu'expriment plutôt des mots comme *urbanisme* et *urbanistique*, qu'employait déjà Le Corbusier il y a plus d'un demi-siècle.

La mauvaise réputation de la ville n'est pas nouvelle. L'amoureux de la nature qu'était Jean-Jacques Rousseau, fatigué de Paris, écrit dans *les Confessions* qu'il va « se tirer un peu de l'urbaine cohue » ; ce qu'il parvient à faire en allant « à la campagne », c'est-à-dire à Passy. Il est moins facile aujourd'hui d'échapper au milieu urbain ; aussi bien est-il urgent de l'améliorer au lieu de le laisser envahir sauvagement les zones voisines, et dégrader l'environnement naturel.

1er octobre 2001

Déblayer

Lorsqu'une catastrophe détruit des bâtiments, ce qui accompagne guerres, bombardements, attentats, explosions, elle produit, entre autres choses désastreuses, des décombres. Ce mot vient d'un verbe disparu, *décombrer*, qui est le contraire d'*encombrer*. Les mots sont capricieux : on ne décombre plus, mais on déblaie. J'ai entendu plusieurs fois ce verbe, ce matin même, à propos du chantier gigantesque sur le site des deux tours effondrées du « centre commercial mondial » de New York. Les victimes de l'explosion de Toulouse ont dû eux aussi déblayer leur logement ravagé. Le déblaiement ou déblayage – les deux se disent – est aujourd'hui une activité en expansion et les déblais envahissent d'autres lieux que les chantiers de démolition.

Ce verbe évoque, pour nous, la terre, les gravats, des matériaux mis à mal, le résultat d'une destruction. Or, le verbe *déblayer* ne dit pas du tout cela : figurez-vous, Stéphane[1], mais peut-être le savez-vous, que c'est un dérivé de *blé*, tout comme *remblayer*, d'ailleurs. Si les mots étaient plus raisonnables, on ne déblaierait que la récolte de grains, après la moisson, et on remblaierait les populations affamées, les Afghans par exemple, en leur envoyant du blé, ce qu'on tente de faire. De fait, *déblayer* a eu au XIIIe siècle le sens de « récolter le blé », mais ça n'a pas duré. Rapidement, l'idée de se débarrasser de quelque chose a pris le dessus. Peut-être aussi que le verbe *balayer* a interféré avec *déblayer*.

Déblayer le terrain, c'est donc le débarrasser de ce qui l'encombre, et notamment des décombres. Comme *dégager*, *déblayer* est nécessaire pour effacer les traces de la destruction. Nécessaire aussi dans les têtes pour éliminer tout ce qui rappelle les catastrophes : d'une certaine manière, le déblaiement fait ce fameux « travail du deuil », qui dégage les décombres de l'âme.

Comment le langage a-t-il pu passer du blé, ce produit symbolique de la vie, à la terre et aux décombres ? Les mots sont vraiment étranges, mais le plus étrange, c'est que nous les acceptons avec leur folie, sans doute parce qu'elle n'est qu'un reflet de la nôtre.

2 octobre 2001

Pompier

Au milieu des catastrophes et de la crainte qu'inspirent les nouvelles formes de terrorisme, rares sont les thèmes qui rassurent et les mots qui réconfortent. Ainsi, il est bon que les pompiers français soient à l'honneur, puisque les *firemen* américains, les « hommes du feu », viennent de l'être en payant très cher leur réputation méritée de courage.

Le nom des pompiers français est évidemment dérivé de *pompe*[2].

---

1. Stéphane Paoli, animateur passionné de la « tranche » dont cette chronique était « le dernier mot ».
2. Voir la chronique du 30 avril : *Pompes*.

Il paraît un peu décalé, ce nom, par rapport à des missions nombreuses de sécurité et de sauvetage, qui dépassent de loin le pompage, et la lutte contre le feu. Mais ce nom a une histoire : la prévention des incendies, quand l'eau était rare et pas encore courante, était confiée à des *gardes-pompes*, qui prirent banalement le nom de *pompiers* vers 1750. Organisés militairement sur le modèle des sapeurs, ces soldats chargés de creuser des sapes et des mines, les pompiers, pompant et sapant, prirent le nom administratif de *sapeurs-pompiers*. Cependant, malgré le prestige de la *barbe de sapeur*, et peut-être à cause de l'expression *fumer comme un sapeur*, les enfants n'ont pas rêvé d'une panoplie de sapeur, comme ils ont longtemps réclamé un uniforme de pompier.

Le fait qu'on admire et qu'on estime nos pompiers suppose une solide réputation, car leur nom a dû résister à des ressemblances compromettantes. La grande pompe des cérémonies pompeuses – c'est un autre mot –, les pompes à côté desquelles on marche parfois, qui sont au départ des chaussures percées, comparées à des pompes aspirantes, n'ont pas sapé le moral de nos sapeurs-pompiers.

Du côté artistique aussi, *pompier* n'est pas forcément valorisant. Un vaudeville de 1877 éclaire le nom de l'« art pompier » : contemplant un tableau d'histoire grecque, le personnage s'exclame : « ils se battent tout nus. Ah, non, ils ont des casques... c'est peut-être des pompiers qui se couchent ».

Mais les beaux casques brillants ont changé et, malgré un nom capricieux, les pompiers modernes s'identifient à la lutte contre les incendies, notamment de forêt, ainsi qu'à la sécurité civile. Au service de la communauté tout entière, les pompiers ont l'élégance de faire mentir le dicton qui prétend qu'au *bal des pompiers*, ce sont toujours les mêmes qui dansent.

4 octobre 2001

Croisière

À propos des frappes américaines en Afghanistan, on entend beaucoup parler de missiles *de croisière*. Ces mots sont d'apparence innocente, puisque *missile*, comme *émissaire*, n'est qu'un objet « envoyé » et *croisière* l'action de *croiser*. Ce verbe, spécialisé en marine, signifie « aller et venir dans certains parages », en croisant, donc, d'autres navires, par exemple pour les surveiller. Avions et missiles croisent aussi, mais dans le ciel, et les missiles de croisière, qui s'opposent aux missiles balistiques, sont propulsés avec un guidage plus précis. Les oiseaux afghans peuvent dire : « Tiens, j'ai encore croisé un missile ! »

Croiser, *croisière*, *croiseur* lance-missiles, voilà bien des dérivés de *croix* engagés dans ce conflit. Forcément, cela fait penser à *croisade*, mot fabriqué après les expéditions historiques où les combattants chrétiens se signalaient par une croix sur la poitrine : cela s'appelait *se croiser* et, pour cette opération, on a parlé au XIIIe siècle de *croisière*. On se souvient que George Walker Bush avait eu l'idée douteuse de parler de *crusade* à propos de la riposte étatsunienne aux extraordinaires attentats qu'on sait. Sans doute ignorait-il que les expéditions chrétiennes du Moyen Âge contre l'islam avaient suscité le développement de la doctrine d'*al jihad*, « l'effort extrême » pour défendre la religion musulmane, notamment par la « guerre sainte ». Cet effet en retour fait penser à l'organisation des combattants musulmans antisoviétiques suscitée par les États-Unis, avec, pour effet imprévu, les talibans. À propos d'effet en retour, heureusement que les missiles sont nommés *tomahawk*, nom algonquin d'une hache de guerre, et pas *boomerang*, mot aborigène d'Australie.

Et puisque les mots ont mauvais esprit, à propos de ceux de la croix, on évoquera l'expression *la croix et la bannière*, qui utilise deux symboles de la procession, pour dire : « la situation est compliquée à plaisir par les formalités et les symboles ». En ce moment, la bannière évoque un drapeau étoilé. Quant à la croix, pour terminer sur une note moins grave, j'ai trouvé dans les *Pieds nickelés* (les vrais, cuvée Louis Forton, 1909), ce passage où *bannière* a le sens de « pan de chemise ». Croquignol, qui s'est fait voler ses vêtements après une baignade, se lamente ainsi : « On n'a même plus une liquette à faire flotter sur nos abattis ! C'est la croix sans la bannière ! » Cette croix-là n'est pas très catholique. Sous le comique, on dirait presque une mise en garde.

9 octobre 2001

Psychose

Un mois après les terribles événements de New York et de Washington, le monde est inquiet. Deux types de nouvelles entretiennent cette inquiétude, et chacun cherche ses mots. Quant à l'action militaire américaine contre le régime des talibans, on parle de *riposte*, de *représailles*, de *justice* – ce qui relève d'une rhétorique officielle – mais aussi de *frappe* et de *guerre*. Quant aux menaces de nouveaux actes terroristes, elles déclenchent ce qu'on peut nommer *appréhension*, *inquiétude*, *crainte*, *peur*, *angoisse* et, collectivement, *panique*, ou – il me semble que c'est le mot qui monte – *psychose*.

Mot révélateur, puisque ce type de peur obsessionnelle prend le nom de la maladie mentale par excellence, maladie de l'âme, puisque le latin *anima* traduisait le grec *psukhê*, qui nous a légué tout un vocabulaire en *psycho-*. Le suffixe *-ose*, d'origine grecque lui aussi, désigne une maladie, un désordre. Après *névrose*, c'est un Allemand qui inventa ce nom, *psychose*, pour désigner les troubles mentaux sans base physiologique connue. Peu à peu, ce terme commode envahit la psychiatrie et remplaça le terme peu scientifique qu'est *folie*. Dans la psychose, à la différence de la névrose, le malade n'a pas conscience de son état pathologique. Dans des circonstances réellement dangereuses, *psychose* dit que l'appréhension est excessive, exagérée, qu'elle tourne à l'idée fixe. Ce mot est rassurant dans les faits, s'il est inquiétant pour l'état mental d'une communauté.

Dans la situation actuelle, *psychose* est lié à une crainte précise, celle de ce qui vient d'être nommé *bioterrorisme*, en utilisant les expressions *arme* ou *guerre biologique*, où l'arme est un bacille ou un virus, c'est-à-dire un être vivant, *bio-*. Dans la rage de « mots-valises » à l'anglaise, on parlera peut-être de *biopsychose*, voire de *biotrouille*. Du coup, le bioterrorisme devient un *psycho-terrorisme*, ce que le terrorisme a toujours été. *Psychose*, pour « peur collective », suggère la part d'irrationnel et de déraison dans l'appréhension. Au fait, *psychose*, plutôt qu'une angoisse bien compréhensible, caractériserait mieux la folie des terroristes, assassins des autres et d'eux-mêmes et enragés par un virus nommé *fanatisme*.

11 octobre 2001

Paix

Coïncidence frappante : l'Académie de Suède décerne le prix Nobel de la paix au moment où la violence des armes est déchaînée sur l'Afghanistan.

Est-ce bien une coïncidence ? Plutôt un rappel de l'Histoire, et un avertissement. L'avertissement, c'est que la plupart de ceux qu'on a célébrés par ce prix, Gorbatchev, Arafat, Yitzhak Rabin, ont échoué. Ce qui montre qu'il est plus facile de faire la guerre que de parvenir à la paix. Les processus de paix, comme on dit, sont plus ardus que ceux de guerre, où triomphent la technique et la politique.

Le mot *paix* a trop souffert de ses valeurs passives, même bénéfiques. L'état de paix, l'*otium* des Romains d'où vient *oisif*, a fini par masquer la force et la vertu du mot *pax*, à l'origine de *paix*. *Pax*, c'était la recherche d'un accord entre belligérants, une négociation, et donc une action : tout sauf la tranquillité béate.

Si l'idée de paix souffre d'anémie, comme en témoignent les dérivés *paisible*, *apaiser*, elle ressent un autre danger, qui est la contamination par son contraire, la guerre. Témoin l'expression *paix armée*, qui ressemble terriblement à *guerre froide*, ou bien le célèbre adage latin : « si tu veux la paix, prépare la guerre », qui n'a de sens que lorsqu'on donne à *paix* le sens de « pacte ». Sinon, préparer la guerre a toujours le même effet, à savoir la guerre.

Préparer la paix est tellement plus difficile ! Dans le monde actuel, c'est, par exemple, atténuer la misère et la frustration d'une partie du monde. La violence, terreur ou guerre – c'est la même chose – prétend toujours combattre le mal, au nom d'une illusion qu'on pourrait appeler homéopathique : traiter le mal par le mal.

La paix consiste à s'opposer à toute violence, à celle de l'ennemi, mais aussi à la sienne propre. La guerre est une pente naturelle. La paix un effort surhumain. Si le Nobel de la paix allait à Kofi Annan, cela pourrait signifier : il est temps que l'ONU se réveille et tente de déclarer la paix.

12 octobre 2001

Taliban

Aux antipodes du monde de l'économie moderne, c'est un mot d'origine arabe, un pluriel, inconnu en français il y a quelques années, et qui illustre le cheminement qui fait entrer dans notre langue une forme empruntée.

Vous l'avez deviné, c'est *taliban*, facile à prononcer pour nous, à condition d'oublier la phonétique originale d'un mot arabe passé dans une autre langue, le pachtoun. Rien n'indique que c'est un pluriel, ni qu'il signifie « les étudiants ». Heureusement, car cette signification est trompeuse. En fait d'étudiants, même si ces études se bornent à des sourates coraniques sélectionnées et interprétées, les talibans sont, nul ne l'ignore, les responsables d'un régime politico-religieux qui, au nom d'une loi stricte supposée conforme à l'islam, a prétendu ramener l'Afghanistan au Moyen Âge, un Moyen Âge d'ailleurs inventé, consistant à éliminer la pensée, le plaisir, la liberté, à contraindre, intimider, terroriser et à soumettre les femmes.

Difficulté pour la langue française : ce pluriel, le singulier étant *talib*, est devenu un nom singulier : un talib*an*, des talib*ans*. Donc, pas de *taliban* invariable, sauf à dire un *talib*, des *taliban*. Nous avons eu le même problème avec *touareg*, dont le singulier en berbère est *targi*, pluriel *tawarig*, adapté en *touareg*. Bien des pluriels sont devenus en français aussi des formes singulières – si j'ose dire – : un spaghetti, par exemple, avec un pluriel en *s* pour s'intégrer au système français.

Pour *taliban*, l'affaire est entendue, d'autant que c'est devenu depuis peu un adjectif : la *politique talibane*. À moins d'exiger l'apprentissage du singulier et du pluriel dans toutes les langues du monde, on doit considérer ce genre d'emprunts comme des mots français, mieux intégrés d'ailleurs que bien des emprunts à l'anglais. Pour traiter le problème taliban, c'est-à-dire pour éliminer un régime abominable, autant en parler simplement, à notre manière. Quand on dit : « des moujahiddin antitalibans », *moujahiddin* est le pluriel arabe de *moujahid*, on fait de la salade linguistique. Ce qui n'empêche pas de reconnaître dans ce mot le radical de *jihâd*.

23 octobre 2001

Enlisement

La politique militaire des États-Unis en Afghanistan manifeste la volonté de ne pas *s'enliser*, comme fit naguère la Russie. Les commentateurs emploient couramment, à propos des risques de ce conflit, les mots *enliser*, *enlisement*. Aujourd'hui connus de tous les francophones au sens de « s'enfoncer dans une situation qui réduit à l'impuissance », et, au sens propre, bien que ce soit une sale affaire, « s'enfoncer dans des sables mouvants », ces mots sont purement régionaux, à savoir, normands. Ils viennent d'un mot ancien, *lise*, écrit avec un *s* ou un *z*, qui désignait depuis le XIe siècle des sables appelés *mouvants*, dans lesquels on risque de s'enfoncer.

Enlisement était inconnu dans le reste de la France quand Victor Hugo, en exil à Guernesey où l'on parlait encore le français de Normandie ou le dialecte normand – le patois, disent les voisins –, fit connaissance avec ce mot qu'il trouva expressif.

Et c'est certainement Hugo, par un chapitre des *Misérables*, qui fit connaître *enlizement*, qu'il écrit avec un *z* dans une description saisissante de « cet épouvantable enterrement, long, infaillible, implacable, impossible à retarder ou à hâter [...] l'enlizement, c'est le sépulcre qui se fait marée et monte du fond de la mer vers un vivant [...] ».

On comprend qu'une armée, qu'un pouvoir ait grand-peur devant de tels risques. Car on s'enlise dans n'importe quel genre de situation ; du moins on le dit, après un remarquable écrivain, normand, bien sûr, Villiers de L'Isle-Adam. *S'enliser*, façon imagée de dire s'enfoncer, s'empêtrer – le fond, la pierre –, tous mots de l'immobilisation et de l'impuissance, illustre l'enrichissement de la langue de tous par les usages régionaux. Nous en prononçons tous les jours sans le savoir, de ces mots de l'Ouest, du Nord, du Midi et de l'Est qui célèbrent la diversité du français. Ainsi, « les rescapés de l'enlisement » sont à la fois picards et normands ; pas sûr qu'après traduction ils soient étatsuniens[1]...

24 octobre 2001

Tunnel

Comme s'il fallait une mauvaise nouvelle pour attirer l'attention sur un mot, l'accident du Saint-Gothard – encore un drame de l'imprévoyance technique – met en valeur le mot *tunnel*.

Mot très symbolique, car il raconte une histoire de progrès et de communication, mais aussi de passage dans l'obscurité, comme en témoigne l'expression *sortir du tunnel*, qu'on aimerait pouvoir réemployer, quand l'obscurantisme et la violence, le danger et l'absence de maîtrise envahissent la planète. Le monde semble avancer dans le tunnel : c'est-à-dire dans un souterrain, dénommé d'après le mot anglais *tunnel*, quand l'ingénieur français Brunel construisait en 1825, à Londres, un passage sous la Tamise. Le mot anglais était

1. Voir la chronique du 29 octobre : *Bourbier*.

pris au vieux français *tonel*, devenu *tonneau*, et dont le féminin est toujours vivant : la *tonnelle.*

Ce sont donc les travaux d'édification des voies ferrées qui ont imposé le mot anglais en français. On aurait pu dire *galerie*, *souterrain* ou *tonnelle* – on l'a dit, un temps – mais c'est *tunnel*, prononcé à la française, qui l'a emporté, sans doute pour souligner la nouveauté du dispositif.

Communications, technique, économie moderne, chemins de fer, aujourd'hui autoroutes et camionnage, voilà ce que représentaient et représentent des mots, généraux comme *transports*, spéciaux comme *camionnage*, *ferroutage* et, pour les infrastructures, *pont* et, donc, *tunnel.* Mais les progrès ont leur prix, pas seulement en argent. Vers 1850, on prédisait la mort par asphyxie des passagers de chemin de fer emmenés dans les tunnels. On se trompait, mais la crainte devant l'évolution technique était finalement justifiée. Pour le tunnel, c'était aussi, tout simplement, la peur du noir.

Qu'un dispositif ingénieux, destiné à effacer les obstacles naturels, montagnes ou mer – le tunnel sous la Manche – recèle de terribles dangers, c'est un symbole. Notamment celui de l'humanité en proie au progrès technique : on avance trop vite et dans le noir. Un tunnel, au sens figuré, c'est une période obscure et pénible. Un romancier bien oublié, Edmond Jaloux, écrit qu'on peut « plonger dans un tunnel d'inconscience ». Bien vu, bien dit, pour qualifier la pluie de catastrophes, prévisibles et toujours imprévues, qui s'abat sur le monde actuel. Ah, s'il pouvait sortir de ce tunnel, le monde, pour nous permettre de nous abriter sous les tonnelles qui l'ont engendré !

25 octobre 2001

Bourbier

L'administration militaire des États-Unis, confrontée à une situation inextricable en Afghanistan, se défend d'être prise dans un *bourbier.*

C'est du moins le mot employé en traduction française, avec une image semi-liquide et gluante qui s'apparente à celle de la bavure. Images relativement innocentes, par rapport à une réalité meurtrière : chaque « bavure » cache des morts, des décombres, le désespoir des victimes. Chaque bourbier – celui d'Irak, celui d'Afghanistan, celui des territoires palestiniens, et tant d'autres – marque l'inutilité de la violence. Derrière l'échec des agressions et des réactions militaires, échec constamment inscrit dans l'Histoire, le bourbier engloutit le bonheur des peuples et le seul bien véritable des sociétés humaines, qui n'est ni la puissance ni la richesse, mais la paix et la sécurité.

Bourbier conduit à *s'embourber*. Ces mots ont résisté à huit siècles d'usage, alors que la *bourbe*, dont ils dérivent, a cédé la place à la *boue*. Ainsi, on ne parle plus guère d'un *étang bourbeux*, alors que l'adjectif *boueux* est usuel. *Boue* et *bourbe* remontent à la nuit des temps : le premier est d'origine gauloise, clairement ; le second probablement. Le mot gaulois reconstitué en *borvo* est à l'origine du nom de plusieurs lieux où des sources thermales devaient produire des boues médicinales, *Bourbon-Lancy*, par exemple, ou *Bourbonne-les-Bains*. À ce propos, la station thermale de *Bourbon-l'Archambault*, non loin de Moulins, fut la capitale d'une seigneurie devenue duché qui donna leur nom à la famille des *Bourbons*, qui compta, on le sait, plusieurs rois de France.

Malgré ces excellents bourbiers gaulois, le mot, par sa forme et par l'évocation d'un gué boueux dont le voyageur et la charrette ne parviennent pas à se tirer, a rapidement produit le pénible *bourbier*. Le mot est devenu plus sale qu'*enlisement*, que l'on rattache au sable et qu'on emploie dans le même contexte[1]. Il est devenu symbole de situation sans issue, de difficultés réitérées, d'échec, d'inefficacité, tout cela avec un côté à la fois sale et inextricable. L'embourbé, pour employer deux mots apparentés, *barbote* et se retrouve *barbouillé*.

Il serait trop facile de dénoncer ou de moquer les difficultés des États-Unis, car les situations-bourbiers sont de partout. En France, de la Corse aux partis politiques, du transport routier à l'équipement

1. Voir la chronique du 24 de ce même mois : *Enlisement*.

de la défense et aux endettements abyssaux, on n'est pas dépourvu de bourbiers, au point que l'art de désembourber semble être devenu la qualité politique suprême.

29 octobre 2001

Toussaint et Halloween

En ce matin du 1er novembre, la tradition catholique célèbre une fête qu'on a du mal à interpréter.

Cette fête porte pourtant un nom très clair : la Toussaint, écrit bizarrement sans *s*, alors que *saint* y est forcément au pluriel.

Si on dit *la* Toussaint, c'est parce que l'expression ancienne était *la feste tous sainz*, avec la construction ancienne qu'on connaît encore dans *Hôtel-Dieu*, qui veut dire « maison de Dieu ».

Premier novembre, donc, fête de tous les autres saints, histoire de n'oublier personne dans la longue liste des personnages qui font l'objet d'un culte. Fête collective de rattrapage, en quelque sorte. Ces personnages ne sont déclarés saints – canonisés – qu'après leur mort, mais cette fête dédiée à des intercesseurs actifs est sans autre rapport avec la fête des morts, célébrée le 2 novembre, demain.

Quant à *Halloween*, l'expression anglaise déforme *all holy eve*, « la veille de Toussaint », donc le 31 octobre. On veut donner à *Halloween*, pur américanisme d'abord employé en français au Canada, une origine celtique, mais la forme mercantile de cette fête a balayé toute tradition folklorique. *Halloween* est un carnaval macabre et une entreprise commerciale ; la *Toussaint* une fête catholique, alors que la fête des morts, plus grave et plus humaine, célèbre la mémoire des disparus. Ce n'est pas seulement un rituel funéraire, mais la recherche d'un souvenir apaisé, une fête de la mémoire et de la tendresse, une célébration du deuil, ce travail éprouvant. On la dédiera à toutes les victimes, celles de la folie meurtrière, celles de la maladie ou de l'accident, celles des catastrophes naturelles, qu'il s'agisse de saints ou de pécheurs, de jeunes ou de vieillards, d'Américains ou d'Afghans, d'Africains ou d'Européens.

Une pensée pour le regret, la tristesse, l'affection plutôt qu'un culte et que des rites, plutôt qu'une guignolade morbide. Trois jours symboliques : drôle de fête.

1er novembre 2001

Clinique

En France, les cliniques privées protestent et font grève. Paradoxe d'une société où l'État et le libéralisme économique avancent à cloche-pied, chacun faisant des crocs-en-jambe à l'autre. Les directeurs et médecins de cliniques privées veulent des sous publics pour mieux payer infirmiers et infirmières. Cette sollicitude, cette confiance dans la générosité du contribuable sont émouvantes.

Les cliniques sont indispensables, quand les hôpitaux sont insuffisants. Ces deux mots, *clinique*, *hôpital*, sont, malgré les fonctions analogues qu'ils désignent, très différents. Alors que l'un célèbre l'hospitalité et a longtemps fait office de refuge et d'asile, avant de se médicaliser, l'autre, *clinique*, qui remonte au grec, est consacré à une médecine qui s'exerce au chevet du malade. Le chevet, c'est la tête du lit, et en effet la *klinikos tekhné* des Grecs de l'époque d'Hippocrate, c'est mot à mot la technique du lit, *klinê*, ce qui pourrait suggérer autre chose à nos libidineux compatriotes.

Mais l'hôpital ne vous reçoit pas comme un *hôtel*, mot de même origine, et la clinique ne se borne pas à vous fournir un lit, dont on espère qu'il sera douillet. Non : l'un et l'autre vous soignent, prennent soin de vous. Or, cela coûte cher, et comme l'État-providence a inventé la Sécurité sociale, le voilà sollicité pour soutenir, non seulement le secteur qu'il assume en médecine, mais aussi le secteur clinique, qui revendique son libéralisme.

Compliquée, l'affaire des cliniques, mais rien d'étrange à cela, ar le mot a peut-être trop changé de sens. On ne parle d'*une clinique* que depuis un siècle environ, alors que *la clinique*, c'est-à-dire l'enseignement des professeurs de médecine donné auprès des malades alités, se pratique depuis longtemps et, évidemment, dans les hôpitaux et autres CDH.

Clinique, qui nous parle aujourd'hui d'une gestion et d'un financement, est à l'origine un mot technique de médecine : depuis le XVIIe siècle, la clinique était une des formes de cet art. On peut penser qu'il aurait dû le rester ; après tout, le chef de clinique est un praticien éminent, pas un gestionnaire.

6 novembre 2001

Agenda

La réunion qui s'ouvre à Doha, capitale du Qatar, l'émirat dont on parle, va aborder – encore une fois ! – les problèmes du commerce mondial, selon un agenda. Après l'échec des sommets troublés de Seattle et de Gênes, c'est une discussion de rattrapage. Un des mots qui évoquent par avance les problèmes successifs, c'est *agenda*, qui désigne un calendrier-programme. Mot familier, car, sous forme d'un petit carnet qu'on met dans sa poche, l'agenda joue le rôle quotidien de mémoire des choses à faire, de pense-bête, du mouchoir auquel on recommandait naguère de faire des nœuds.

Les choses à ne pas oublier, il y en a tant, dans la vie internationale, qu'il faut bien en faire et en refaire la liste. Le mot, mine de rien, montre l'efficacité de la langue latine qui, à partir du verbe *agere*, qui a donné *agir*, fournit *agendum*, pluriel *agenda*, forme régulière de la conjugaison qui signifie « les choses que l'on doit faire ». En latin chrétien, au Moyen Âge, *agenda dei* était le programme du jour en matière d'office divin. Aujourd'hui, ce n'est plus de Dieu qu'il s'agit, mais du Veau d'or. Difficile d'oublier que l'agenda implique d'énormes affaires d'argent : le premier emploi laïque du mot, en France, concernait un registre de comptes municipal, il y a presque cinq cents ans. Depuis, le livre des choses à faire, et à financer, s'est peu à peu élargi à la planète entière.

Priorités, réformes, engagements, hiérarchie des problèmes,

réduction des injustices hurlantes que créent ou que révèlent la mondialisation et la libéralisation, les deux mamelles du commerce international, voilà quelques aspects de l'agenda apparent de l'OMC. Quant à l'agenda réel, certains disent qu'il aménage l'écrasement des peuples par les intérêts capitalistes intangibles, commerce oblige. De critiques en échecs, les agendas successifs du commerce international ont oublié la nature de l'agenda : non pas liste de possibilités, mais d'actions nécessaires : on demande moins de déclarations de principes ; plus de réel. *Agenda* est apparenté à *agir*, *action*, *agent*, mais aussi à *protagoniste* et *antagoniste*. Car toute action est une lutte. Pour le moment, l'agenda de la mondialisation libérale relève pour le moins de ce que Steinbeck appelait « un combat douteux[1] ».

9 novembre 2001

Crash

À propos de l'Airbus qui s'est écrasé sur le faubourg de Queens, à New York, on entend constamment un mot qui me gêne : *crash*. Heureusement, le verbe *se crasher*, encore plus déplaisant à cause de l'homonymie, est généralement évité : on se souvient alors qu'il existe un verbe français pour ce genre de catastrophe : *s'écraser*. Profitons-en pour rappeler qu'il existe aussi un nom pour dire le choc destructeur d'un avion qui tombe, et c'est *écrasement*.

Certes, *crash*, c'est plus bref qu'*écrasement* : mais deux syllabes contre trois, quatre si l'on est du sud de la France, ce n'est tout de même pas un tel effort, que diable !

Crash, qui a l'air d'une onomatopée et qui est bien un anglicisme, est tout de même un peu léger à propos d'un drame qui fait des centaines de morts et qui peut terrifier l'opinion mondiale. Le crash, pardon, l'écrasement, c'est l'événement matériel, brut. Dans le cas d'un gros avion qui s'écrase au sol, il peut s'agir d'un

1. *In dubious battle*, mot à mot « dans une bataille douteuse ».

accident ou d'un attentat (on dit en anglais une *attaque* terroriste, *terrorist attack*) et c'est dans tous les cas une catastrophe, ces mots concernant tous les aspects de l'événement, *attentat* précisant sa cause.

Quant à la facilité de l'anglicisme, d'ailleurs devenu international, elle rappelle l'emploi de *krach*, dont l'orthographe révèle l'origine germanique (néerlandaise et allemande, précisément) à propos d'une déconfiture bancaire.

Il ne s'agit pas de se gendarmer contre l'anglicisme, d'autant plus que *crash*, qui s'emploie en français depuis 1958, a la même origine qu'*écraser* : un mot d'ancien scandinave qui a donné aussi l'anglais *craze* et le dérivé *crazy*, mot à mot « pété, éclaté », autrement dit « cinglé ».

Les langues se croisent, on le sait, et c'est normal. Mais *crash* et surtout *se crasher*, en français, ressemblent vraiment à des onomatopées de bédé, évoquent le crachat et sont presque une insulte aux victimes et à leurs proches.

13 novembre 2001

Rocambolesque

Après l'affaire des paillotes, le procès des paillotes. Ces événements politico-gendarmesques et corsico-insulaires suscitent par leur bizarrerie un vocabulaire de l'étonnement : surprenante, bizarre, extravagante, abracadabrante, sans *-esque*, et finalement, rocambolesque, cette affaire corse où la paille fait véritablement long feu, jusqu'à provoquer un « incendie d'État ».

Rocambolesque est un joli mot, car sa sonorité cascadante évoque les rebondissements d'une histoire animée et peu vraisemblable. C'est bien le sens originel de cet adjectif, qui rend hommage au personnage principal d'un célèbre feuilleton du XIXe siècle, riche de plus de quarante volumes d'aventures aussi inattendues qu'invraisemblables. L'auteur ? Paul Alexis, vicomte Ponson du Terrail, qui compensait un style plus que négligé par le côté piquant du récit.

Piquant et agréable, c'était l'effet produit par la variété d'échalote appelée *rocambole*, et c'est sans doute la raison du nom du terrible héros de ce roman-feuilleton. L'origine du mot *rocambole* est bien entendu obscure, et on pourra imaginer pour ce mot des aventures rocambolesques. L'échalote d'Espagne, nommée en français *rocambeau*, puis *rocambole*, était pourtant de qualité médiocre et de bas prix, d'où le sens de « chose sans valeur », un peu comme les nèfles. Flaubert craignait que l'art ne devienne « je ne sais quelle rocambole, au-dessous de la politique comme intérêt », ce qui, chez l'auteur de *L'Éducation sentimentale*, n'était pas un compliment.

En effet, si l'affaire des paillotes n'est pas de la politique, ce pourrait être une sorte d'art inférieur, un happening administratif raté, un film comique, « les gendarmes d'Ajaccio » sans de Funès. Décidément, *rocambolesque* traduit bien l'étonnement de l'opinion devant les bizarreries et les obscurités des affaires – comme on dit –, mais un étonnement amusé, incrédule, un peu méprisant. Et il est vrai que le feu de paillote corse, vu de New York ou de Kaboul, ça ne fait pas trop sérieux.

On disait au Palais de justice, il y a deux siècles, que la requête civile était « la rocambole des procès ». On reste donc dans une tradition française.

18 novembre 2001

Climat

Le climat nous inquiète, et sur plusieurs plans. Le climat politique, social, moral des nations modernes pose déjà bien des problèmes, et voici que le climat physique de notre planète manifeste des sautes d'humeur inquiétantes. Pour une fois, on n'accuse pas le destin ou la malchance : le réchauffement climatique est clairement l'effet d'un développement industriel hâtif, incontrôlé, irresponsable, mais nécessaire. La pollution est humaine, mais sûrement pas humaniste, ni humanitaire.

Le mot *climat*, très ancien en français, a une origine bizarre. Il remonte, par le latin, au verbe grec *klinein*, qui signifie « pencher » et que l'on retrouve dans *incliner.* Ce verbe avait en grec un dérivé, *klinê*, « le lit où l'on se couche », ce qui est une manière extrême de se pencher, mot d'où vient *clinique*.

Pourtant, le fait que nos climats sont bien malades et qu'il faut se pencher à leur chevet n'a rien à voir avec cette étymologie. C'est en astronomie que l'inclinaison de la sphère céleste, la partie du ciel qui domine chacun des points cardinaux, a conduit à l'idée de région du monde. On dit encore, de manière un peu affectée, *climat* pour « région » ou « pays ». La théorie des climats, chère à Montesquieu, n'est pas seulement météorologique, mais géographique. C'est seulement à la fin du XVIIIe siècle que les climats deviennent ce que nous connaissons : des conditions de l'atmosphère. Comme celles-ci dépendent de la place occupée par un lieu sur la planète, le sens du mot a pu évoluer tranquillement. Mais les climats peuvent changer en un même lieu. La preuve : les rejets excessifs de gaz produits par l'industrie ont fini par modifier l'ensemble des climats. Le fameux réchauffement et ses effets en sont témoins.

Climat malade donc, ou plutôt climat agressé, attaqué, un peu assassiné. Tant que notre monde à demi conscient et peu organisé acceptera qu'on achète et qu'on vende un droit de polluer, ça ne pourra pas aller beaucoup mieux. En attendant, climat tendu autour du climat malade car ce sont les auteurs de la maltraitance qui sont chargés de soigner le maltraité. L'affaire est mal partie.

20 novembre 2001

Libéralisme

Au début du XIXe siècle, exactement après la chute de l'Empire, le mot *libéralisme* n'existait pas et il a fallu l'inventer. Les *libéraux*, eux, bénéficiaient déjà d'un adjectif ancien et agréable, puisqu'il renvoyait à l'idée de liberté et, grâce au latin *liberalis*, de générosité et de noblesse. Ainsi, les arts libéraux, *artes liberales*, s'opposaient aux « arts – c'est-à-dire aux techniques – mécaniques » : on les trouvait seuls dignes d'un homme libre. Pas gentil pour les artisans. C'est à ce sens du mot que l'on doit l'expression *profession libérale*.

Le mot *libéral* entre en politique au milieu du XVIIIe siècle, mais c'est avec la Révolution française qu'il s'impose : Bonaparte se voulait (nous disent les historiens) « le témoin des idées libérales », mais on ne peut pas dire que l'empereur Napoléon Ier ait conservé intact ce programme. D'abord opposé à la monarchie autoritaire, le jeune libéralisme fut brandi contre l'Église. Mais les libéraux finirent par se tourner contre le socialisme, lorsque celui-ci se répand vers 1848. Ce qui soulignait qu'on pouvait avoir des idées assez contradictoires de la liberté.

Quant au libéralisme économique, il résulte – à la même époque – du désir de rassembler tous les emplois du mot *liberté* : liberté de conscience, contre l'Église, liberté de la presse, contre l'exécutif, liberté de concurrence, contre l'économie d'État, déjà illustrée sous l'Ancien Régime par Colbert. Ce libéralisme-là se référait aux grands économistes anglais : David Ricardo, Adam Smith. Avec un slogan connu des historiens, « laissez faire, laissez passer » : liberté d'entreprise, liberté des échanges.

Bien entendu, le sens réel du libéralisme, aujourd'hui, ne dépend ni de son nom ni de son histoire au XIXe siècle, mais du contexte contemporain, devenu supranational ou multinational, sinon mondial. Dans la réalité des États-nations, le libéralisme pur paraît à beaucoup une abstraction. Dans les années 1930, déjà, l'écrivain chrétien Daniel-Rops affirmait : « Nous sommes dans la période du libéralisme bâtard, qui n'ose plus dire son nom et fait sournoisement appel à l'État, son vieil adversaire. » Qu'en dirait le président des États-Unis, présumé très libéral, lorsqu'il soutient ses transports aériens défaillants avec des moyens d'État ? Nécessité fait loi...

La morale de l'histoire : il est bien difficile de faire entrer une idée, exprimée par un seul mot, *libéralisme*, *étatisme* ou *socialisme*, dans les réalités, qui sont rebelles, têtues, contradictoires. Dans l'usage français courant, *libéralisme* a mal tourné : on lui fait porter un chapeau, je veux dire un préfixe, et on oppose *ultralibéral* à *social*. Est-ce bien raisonnable ?

21 novembre 2001

Égide

La conférence interafghane qui s'ouvre aujourd'hui à Bonn réunit, on le sait, des délégations qui doivent s'accorder sur l'avenir politique de leur pays, malgré les différences ethniques et les conflits de pouvoir.

Cette conférence se tient donc en Europe, « sous l'égide » des Nations unies. Après des opérations militaires menées par les États-Unis et l'Alliance du Nord, la préparation d'un avenir pacifique serait l'affaire des Afghans eux-mêmes, sous l'autorité et la protection de toutes les nations.

Cette égide sous laquelle se tient la conférence afghane, on doit la comprendre comme une sauvegarde, un appui, un soutien, une garantie : on aide ; mais aussi une tutelle, un patronage symbolique : on vous soutient si vous êtes bien sages. On ne parle plus d'égide, sauf dans l'expression *sous l'égide*, comme *sous les auspices*, qui a un sens voisin.

Les deux mots font allusion à l'Antiquité : présage heureux pour *auspices*, qui signifie « examen du vol des oiseaux », *avis spicere* ; protection militaire et précisément « bouclier », pour *égide*.

Chaque expression dont les éléments ne sont plus compris risque de ne plus rien dire de précis. *Sous l'égide* est ainsi devenu vague et abstrait. Mais si l'on disait que la conférence afghane se tient à l'abri du bouclier des Nations unies, on irait peut-être un peu loin.

Pourtant, l'égide, en grec *aigis*, *aigidos*, était bel et bien un bouclier ; bouclier mythique, confié par son possesseur Zeus à sa fille Athéna (Minerve chez les Romains). Celle-ci couvrait de son égide ceux qu'elle voulait protéger de la colère de quelque autre divinité. Peut-on aujourd'hui assimiler l'ONU à la déesse de la Sagesse ? C'est peut-être l'objectif caché de cette expression.

Le nom de l'égide renvoie à une civilisation de pasteurs, car il signifie d'abord « peau de chèvre ». On imagine les ethnies afghanes et les chefs de guerre de l'« Alliance du Nord », les délégués de l'ancien roi et les Afghans de l'extérieur symboliquement réunis sous la peau de chèvre garnie de la terrifiante tête de Méduse, qui formait le bouclier divin. Vue d'ici, et maintenant, c'est une mythologie antique et hellénique qu'évoque ce mot. Pas tellement absurde, si on y réfléchit.

Anatole France avait bien raison de dire que nos mots forment une « mythologie blanche ». Pourquoi ne pas lui redonner des couleurs ?

27 novembre 2001

Aiguilleurs

L'actualité sociale, par le chapelet traditionnel des manifestations, revendications, protestations, et bien sûr, des grèves, égrène les noms d'un grand nombre de professions : aujourd'hui, nous avons le choix entre les internes des hôpitaux et les aiguilleurs de la SNCF.

Aiguilleur est un joli mot, visiblement dérivé de *aiguille* qui, en latin, signifie logiquement « chose pointue », car *aiguille* correspond à *aigu*.

Pourtant, les aiguilleurs ne furent jamais affectés aux travaux d'aiguille et les tricoteuses ne furent pas des aiguilleuses. En fait, c'est le mot *aiguille* qui s'est mis à désigner quantité d'objets techniques, des tiges, des pointes et, au début du XIXe siècle, un rail mobile, terminé en biseau et dont le mouvement latéral permet de passer d'une voie à une autre formant angle avec la première. Ce dispositif astucieux a suscité une fonction humaine, celle d'*aiguilleur*, mot qui apparaît en 1845 avec le développement des premiers chemins de fer en France. Cette fonction a d'ailleurs énormément évolué : entre le cheminot arc-bouté pour tirer le lourd levier qui commandait les rails mobiles et le régulateur installé devant un tableau commandé par ordinateur, le progrès technique a frappé. Apparemment, le progrès social n'a pas toujours suivi.

Les aiguilleurs aiguillent, et ce verbe s'est mis à signifier « orienter » ou « diriger », ce que font, sans aiguilles et sans rails, ceux qu'on appelle les « aiguilleurs du ciel ».

Sans manquer de respect à ces professions, on observera que leur nom a mobilisé un seul sens du mot *aiguille*. Cela sans même évoquer d'anciennes petites aiguilles, ces aiguillettes, cordons à bout de métal qui servaient à attacher la jupe ou le haut-de-chausses. D'où les expressions *courir l'aiguillette*, pour « courir les filles », et *nouer l'aiguillette*, pour « rendre un homme impuissant, par quelque maléfice ». On n'ira pas jusqu'à dire que les aiguilleurs en grève nouent l'aiguillette au trafic ferroviaire, mais on peut y penser.

Les aiguilleurs ont simplement l'intention de revaloriser leur « filière », mais, de fil en aiguille, c'est la filière « voyageurs » qui trinque.

29 novembre 2001

Victime

Devant une situation extrême, insupportable, les mots paraissent soit insuffisants, soit mal orientés. Dans le spectacle tragique du terrorisme – le vocable exprime la terreur, mais n'en dit pas l'origine –, de la guerre – qui peut ressembler à un terrorisme d'État –, des attentats, on peut retenir la violence, c'est trop peu dire, le sang, le carnage, la mort, ou bien insister sur le sort de ceux et celles qui ont subi le pire, les *victimes*.

C'est un mot qui exprime le sacrifice. La victime, être vivant tué pour satisfaire les dieux, était en principe un animal. Est-ce le soupçon de sacrifices humains ou une simple comparaison qui a fait passer le mot des animaux aux humains ? Toujours est-il qu'on a nommé *victimes* celles et ceux qui souffrent et meurent par la violence d'autrui et, en particulier, ceux qui furent injustement condamnés et exécutés par le régime de la Terreur révolutionnaire.

Les victimes de violences individuelles, dans les périodes troublées, s'effacent devant le grand nombre des victimes de la guerre, du terrorisme ou des catastrophes « naturelles ». On ajoute souvent que les victimes sont innocentes et que le terrorisme est aveugle. La guerre aussi est aveugle, et ses instruments, bombes, missiles. Si les pires attentats suscitent des ripostes, au nom de la justice, mais aussi pour venger les victimes, cela amorce une spirale de violence et produit de nouvelles victimes, sans ressusciter les morts ni consoler leurs proches.

Victime, qui évoquait déjà une volonté divine cruelle, vient d'acquérir une nouvelle ambiguïté : avec les attentats suicide ou, comme on dit, les bombes vivantes : les victimes, tuées, déchiquetées, incluent désormais les bourreaux, promus sacrificateurs dans une parodie du sacré. Parler de *martyr* n'explique rien, car ce terme exprime un « témoignage » de foi par sacrifice de sa propre vie.

Ces martyrs-bourreaux que sont les kamikazes se croient les vengeurs d'autres victimes, dont la plupart étaient elles aussi innocentes. Si les notions de guerre et de terrorisme sont en train de se confondre, celle de victime semble stable : les victimes souffrent, saignent, meurent, quel que soit l'instrument du carnage : couteau ou bombe, explosifs militaires ou aériens, bombes humaines. Et le mot va plus loin, dénonçant des armes plus sournoises : l'appauvrissement massif d'une partie du monde, par exemple. On détruit des vies humaines, parfois, et c'est le pire, au nom de Dieu : il est étrange que le mot *victime*, qui suscite aujourd'hui des sentiments humains, la compassion, l'amour de sympathie – ce mot qui signifie « souffrir avec » porte en lui un message de fureur sacrée.

3 décembre 2001

Gendarme

Avec les manifestations et les revendications collectives, la gendarmerie française vient d'accomplir un geste historique : faire entrer l'armée, à laquelle elle appartient, dans le secteur des questions sociales, entre affrontement et dialogue. Et pour un coup d'essai, comme dans *Le Cid* de Corneille, ce fut un coup de maître : les gendarmes ont obtenu de leur ministre de réelles satisfactions, ce qui met un autre ministre, celui de l'Intérieur, maître de la police, dans une situation étrange.

Les gendarmes, ce sont d'abord des gens armés, des soldats, des cavaliers. Et déjà, au XIVe siècle, une faute de français : on dit *un écuyer gendarme*, puis *un gendarme*, alors que *gens*, avec ou sans armes, est à l'évidence un pluriel. On ne dit pas *un jeune gens* ni *un gens du voyage*. Quant à *gendarmerie*, c'est un mot collectif. Mais, s'agissant d'un ensemble de personnes, on a besoin d'un singulier et d'un pluriel. C'est d'ailleurs ce qui arrive ces temps-ci au mot *personnel*, collectif s'il en fut jamais, qui devient individuel : on entend de plus en plus souvent : *un personnel, des personnels*. Faute de français aujourd'hui, sans doute ; probablement règle demain, comme avec *un gendarme* au lieu d'*un homme d'armes*.

Installé dans le bon usage du français, le gendarme a changé de nature pendant la Révolution : il demeure un militaire, un soldat – justement, la question de solde, de rémunération, se pose toujours –, mais il est chargé de missions d'ordre public, de « police » au sens général du terme.

Un décret du mois d'août 1792 a créé la *gendarmerie* moderne, et le gendarme va devenir au XIXe siècle le symbole, à la fois respecté et moqué, de l'ordre public. On l'oppose au voleur, et cela devient un jeu ; on s'en moque gentiment, en le traitant de Pandore, d'après une chanson célèbre de Gustave Nadaud (vous savez : « Brigadier, répondit Pandore, brigadier vous avez raison ! », avec l'accent). Plus énergiquement, on l'emmerde avec la maréchaussée tout entière, à moins qu'on en fasse l'objet de films d'intention comique. Mais la tactique du gendarme de Bourvil l'emporte sur celle de Saint-Tropez, devenue totalement ringarde. Ayant remplacé le bicorne, qu'on appelait *chapeau de gendarme*, par le képi ou le casque, le gendarme modernisé ne fait plus l'objet de moqueries. La *peur du gendarme*, toutefois, ne suffit pas à rendre les automobilistes français raisonnables[1].

Aujourd'hui, le gendarme veille sur une sécurité menacée, et il est menacé par la violence ; mais aussi, il revendique et fait plier le gouvernement : indispensable tout comme le policier, il a assoupli cette raideur proverbiale, celle du militaire, qui a fait appeler *gendarmes* des harengs saurs et des saucisses sèches. Et même si les mots peuvent toujours mentir, ils disent aussi des vérités : il était normal que les gendarmes finissent par se gendarmer.

10 décembre 2001

1. En 2005, c'est la peur du radar qui agira.

Acharnement

Dans les affrontements armés comme en tout affrontement, ou bien l'un cède, ou bien les adversaires s'acharnent. Faute de trêve, d'armistice ou de reddition, le combat se poursuit. Alors, les ennemis, parfois même les simples concurrents, font preuve d'acharnement, attitude irrationnelle et dangereuse. Le plus fort s'acharne, alors que le plus faible, qui refuse de céder, s'obstine. La zone montagneuse de Tora Bora, en Afghanistan, subit la violence technique américaine, au nom de la justice : le mot *traque*, qu'on emploie à ce sujet, paraît bien faible ; en outre, on ne saura s'il est adapté que lorsqu'on saura où sont vraiment les dirigeants d'Al-Qaïda. En tout cas, *acharnement* s'impose. Le verbe *s'acharner* signifie depuis neuf siècles « poursuivre une proie humaine vivante », sens courant du mot *chair* au Moyen Âge. D'où l'idée de « combattre avec violence ». Le mot *chair* est étonnant par son ambiguïté, car le latin *caro*, *carnis*, d'où il vient, s'il a produit *carnation*, « couleur de la peau », a aussi engendré *carnage*, *carnassier* et *carnivore*. Pourquoi tant de violence ? Sans doute parce que la chair des animaux a reçu son nom d'un verbe indo-européen qui signifiait « couper, partager ». C'est probablement le dépeçage des bêtes chassées et des victimes des sacrifices qui a produit le sens à la fois sacré et alimentaire du mot *chair* avant toute suggestion sexuelle. Du coup, *acharner* et *acharnement* deviennent logiques, et se détachent du mot *chair* qui, de son côté, est devenu moins sanglant et parfois franchement érotique, comme en témoigne l'adjectif *charnel*. Encore que le côté cannibale de l'amour est souligné par nos pénétrants psychologues.

Rechercher l'amour de la chair dans l'acharnement militaire serait pour le moins paradoxal. Oubliée l'étymologie, l'acharnement est devenu une forme de violence obstinée, à l'image de celle de l'animal qui poursuit sa proie. Il est vrai que dans l'affaire afghane, la proie pourchassée que représente Al-Qaïda, avec ses alliés talibans, a manifesté qu'elle était un redoutable prédateur. À propos d'Oussama Ben Laden, autre paradoxe, on discute de son aptitude à devenir aux États-Unis l'homme de l'année. À quand le prix Nobel de l'acharnement dans l'horreur et du massacre ?

L'origine archaïque et oubliée de l'acharnement, la destruction de l'être vivant, qu'il soit tué et dépecé pour se nourrir ou pour honorer les dieux, habite encore ce vocable. Il arrive que les mots donnent un certain vertige.

12 décembre 2001

Interne

Lorsqu'on nous annonce que les internes sont en effervescence, nous comprenons parfaitement qu'il est question de médecine hospitalière. L'interne est assimilé à un jeune médecin, même s'il ou elle n'est pas encore docteur en médecine. Les internes sont des praticiens en formation. *Interne* est un adjectif très général, qui s'oppose à *externe*, comme le dedans au dehors. Le latin *internus*, que le mot français reproduit, se rattache à *inter-*, qui signifie « dans l'espace intérieur à deux choses » et d'où vient *entre-*. *France Inter* sonne mieux que « France entre ».

À l'intérieur de quoi se trouvent les internes ? Mille significations étaient possibles : deux se sont imposées au début du XIXe siècle. Certains étudiants en médecine, les meilleurs, étant attachés à un hôpital, devaient y coucher : les premiers internes des hôpitaux sont ainsi nommés sous le Ier Empire et Napoléon adorait les dortoirs, les casernes, les internats. À cette époque, c'était un nom exclusivement masculin. Quinze ans plus tard, d'autres internes leur succèdent : ce sont les élèves logés et nourris dans leur établissement d'enseignement. Le dérivé *internat* a été créé pour l'école ; puis il s'est appliqué aux internes des hôpitaux.

Les internes sont essentiels pour la bonne marche de tout hôpital : ils et elles en font partie, de l'intérieur, comme l'indique leur nom. Il ne faudrait pas qu'ils s'y sentent enfermés, et comme internés. On notera au passage qu'*infirmier*, *infirmière* sont sans rapport avec *enfermer*, mais viennent du mot *in-firme*, *in-firmus*, « pas solide ».

Ne pas confondre les *internes*, futurs médecins sélectionnés par le terrible concours de l'internat des hôpitaux, avec les *internistes*, mot qui n'a qu'une trentaine d'années et qui correspond à l'idée de *médecine interne.* Celle-ci reprend les premiers emplois de l'adjectif, lorsque Ambroise Paré, vers 1560, parlait des *maladies internes.* La médecine interne, ainsi dénommée en anglais, concerne ce qui se passe à l'intérieur du corps, en général ; l'interniste s'oppose au chirurgien, et aux spécialistes, car il soigne l'ensemble de nos intérieurs. Entre l'intérieur de l'hôpital et celui du corps, personne ne fait la confusion. N'empêche que concurrencer la médecine générale par une médecine « interne » n'était pas très fin. Pour revenir à nos jeunes et brillants internes, leur condition, l'internat, est parfois mal vécue ; c'est peut-être par besoin d'air extérieur que les internes sont descendus dans la rue, ce qui ne signifie pas qu'ils veuillent devenir externes.

18 décembre 2001

Exception culturelle

Qu'on la célèbre sous le nom de *diversité* ou qu'on l'enterre verbalement, comme le fait Jean-Marie Messier, l'exception culturelle, se posant comme exception, s'oppose à une règle.

Le mot *exception* apparaît dans notre langue dans le vocabulaire du droit, où, comme on sait, règne soit la loi, soit la coutume, en tout cas une règle générale. Dans les applications concrètes à des faits particuliers, l'automatisme est impraticable. Il faut retirer certains cas particuliers de la norme générale, qui demeure toujours quelque peu abstraite. Retirer, c'est ce que dit *exceptio* en latin, car le mot vient de *exceptare*, qui remonte à *ex-* et *capere*, « prendre », verbe qui – entre parenthèses – a produit notre *chasser.* L'exception prélève, prend, « chasse » un certain nombre d'événements et de situations et les place hors de la généralité. C'est une variante de la différence, c'est la reconnaissance des cas exceptionnels, qui méritent d'être pris à part et dont l'ensemble crée la diversité. Les fortes personnalités, par exemple, sont toujours des exceptions, parce qu'elles débordent et parfois refusent la norme générale.

Faire exception, c'est le rêve de chacun, surtout lorsqu'on subit désagréablement la règle générale.

À propos d'exception, une phrase proverbiale vient à l'esprit, c'est « l'exception confirme la règle ». On la répète, cette phrase, et son paradoxe ne dérange plus. Au départ, c'était pourtant une sorte de lapalissade, car l'adage juridique énonçait : « l'exception confirme la règle à l'égard des cas qui ne sont pas exceptés ». Autrement dit, la règle générale demeure applicable à la plupart des cas particuliers et ceux qui peuvent lui échapper doivent impérativement être désignés, spécifiés et extraits de l'ensemble. Donc, une fois les exceptions sorties, la loi globale est par là même renforcée et confirmée.

Refuser l'exception, ce serait, en somme, condamner la règle. *Excepter*, c'est réserver, mettre ou prendre à part, ce que dit aussi le latin *exemere*, d'où vient *exemple*, car l'exemple est au départ une exception qui peut servir de modèle. L'exception culturelle française, pour les amateurs d'un cinéma exceptionnel et en français, c'était un exemple. Si l'exemple devenait règle, il est vrai qu'il disparaîtrait en tant qu'exception.

La machine de l'Histoire et celle des cultures, qui sont par définition plurielles, avec ce tourniquet règle-exception, possède un moteur efficace, et personne n'a intérêt à le bloquer. Mais il est vrai qu'une exception peut en cacher une autre.

19 décembre 2001

Métissage (Hommage à Senghor)

La mort de Léopold Sédar Senghor, figure exceptionnelle du dialogue des cultures, incite à évoquer l'un de ses termes favoris, *métissage*. Mot auquel ce poète africain, exprimant avec force et subtilité sa culture par et dans la langue française, célébrait des valeurs universelles. Le terme *métis*, issu d'un dérivé tardif du latin *mixtus*, « mixte », n'exprimait au départ que le mélange. Ce sont les langues espagnole et surtout portugaise, après les grandes découvertes du XVIe siècle, qui ont donné au mot, notamment au Brésil, sa valeur moderne. *Mestiço*, c'était le nom qui s'appliquait aux personnes nées d'une Amérindienne et d'un Européen, ou le contraire. Quant au métissage, la notion s'est appliquée aux humains, mais aussi à tous les êtres vivants. L'idée de croisement, mais aussi d'enrichissement et de propagation de la vie, s'est finalement appliquée aux idées, aux sentiments, aux émotions provenant de cultures différentes, et cela en grande partie grâce à Léopold Sédar Senghor et à Aimé Césaire. Senghor mariait dans la création la tradition des griots africains, qui sont des poètes-conteurs, et celle de la langue française, qu'il maîtrisait mieux que quiconque. Car Senghor, dont la langue maternelle était le sérère, ce qui ne l'empêcha pas de promouvoir le wolof, langue majoritaire du Sénégal, devint un ténor des études classiques françaises. Il aimait conter comment, prisonnier en Allemagne en tant qu'officier français, il fut abordé par un officier allemand dédaigneux qui, le voyant lire des caractères qui n'étaient ni latins ni gothiques, lui dit avec condescendance : « C'est sans doute de l'arabe que vous lisez là, mon brave... » Senghor ajoutait avec un grand rire : « J'étais en train de relire Sophocle. » On avait peine, en le voyant, à se souvenir qu'il s'agissait d'un homme d'État, député français en 1945, secrétaire d'État en 1955, et surtout président de la République du Sénégal en 1960 et pendant vingt ans, avant de se retirer de la vie politique. Car c'est l'érudit passionné, le poète épique et lyrique, l'homme généreux et gai, le chantre de la *négritude*, mot d'un autre grand poète, Aimé Césaire, que l'on rencontrait. Son *Anthologie de la nouvelle poésie nègre et malgache de langue française* inspira à Sartre le texte lumineux de l'*Orphée noir*. Montrant que, par ses aptitudes à la fois logiques et rythmiques, le français pouvait assumer aussi les valeurs culturelles de l'Afrique, il enrichissait cette langue fille du latin par l'inspiration de son peuple. Son idée du métissage, c'était le croisement profond de deux ou plusieurs identités pour atteindre l'universel. Senghor le métisseur va nous manquer.

21 décembre 2001

2002

2, 3, 8 janvier : Autour de l'adoption de l'euro
11 janvier : Les effets du 11 septembre
25 janvier : Mort de Pierre Bourdieu
31 janvier : Le forum de New York et celui de Porto Alegre
12 février : Déclaration de Jacques Chirac, candidat à son propre poste
13 juin : Sommet de la FAO à Rome
27 juin, 3 juillet : Crise de la Bourse

Le franc

Il va bien falloir dire adieu au franc, bonne vieille monnaie nationale depuis le 18 germinal an III (1795), et déjà monnaie française parmi bien d'autres, née sous le règne du roi Jean II, dit le Bon, au XIVe siècle. Histoire de mots, donc histoire tout court. Jean, qui avait été fait prisonnier par les Anglais à la bataille de Poitiers, et son fils, régent et dauphin, le futur Charles V, acceptèrent de payer une rançon énorme, en écus. Certains pensent que Charles voulut évoquer plus tard la liberté chèrement acquise de son père en choisissant le mot *franc*, qui signifiait « libre », par une sorte de jeu de mots avec la « livre ». D'autres, moins romantiques, constatent que la nouvelle monnaie célébrait le *Rex Francorum*, le roi des Français, confondus en latin avec les Francs. Ce mot, et avec lui le nom de la France, venait dans la langue appelée *francique* du mot germanique *frank*, « homme libre ».

La monnaie royale, en butte à des unités concurrentes, ne fut plus frappée à partir du règne de Louis XIII, mais on a continué à compter en francs. Il y avait même des *francs à pied* et des *francs à cheval*, selon l'image du roi qui était figurée côté pile. Ceux qui, aujourd'hui, demeurent très à cheval sur le franc et vitupèrent l'euro, qui n'est ni à vélo ni en voiture, ne vont pas jusqu'à déplorer la disparition de ces symboles monarchiques. Donc, avant la Convention révolutionnaire, le franc n'était qu'une simple monnaie de compte, un substitut à *livre*. Mais le mot *franc* avait pris dans le public, avec des règles d'emploi assez biscornues. Il fallait dire, au XVIIe siècle, non pas un et deux francs, mais vingt et quarante sous, non pas trois francs, mais un écu, non pas cinq francs, mais cent sous. Pire encore, si on disait quatre, six, etc., francs, quand le compte était tout rond, c'est *livre* qu'il fallait employer dès qu'il y avait de la monnaie derrière. Richelet, en 1680, énonce : « Vous direz, j'ai acheté cela quatre livres cinq sous, et non pas quatre francs cinq sous. » Et comme il n'y avait plus aucune pièce en francs, mais en sous, en écus, en livres, en louis..., jugez de la simplicité du système...

Malgré les vicissitudes du franc légal, après 1803, et son changement de valeur en 1959, la suite fut moins alambiquée. Mais rien n'est si simple que l'euro. En France et en Belgique, les amoureux du *franc* pourront se consoler grâce au franc CFA et à la monnaie helvétique encore solides au poste.

Quant au langage, de la *franchise* à la langue *française* et à la *francophonie*, la famille issue du mot germanique *frank* se porte assez bien. Mais comment va-t-on dire « t'as pas dix balles » ? Attendons aussi pour savoir si le nouveau venu engendrera des manières de parler aussi positives que le mot *franc* : franc comme l'or, par exemple, ou franc du collier. Euro du collier, ça, je ne le sens pas...

2 janvier 2002

Basculer

Bousculer les idées reçues, ou les faire *basculer*, telle pourrait être la question. Parmi les mots entendus très souvent à l'occasion du passage à l'euro, nous avons pu remarquer *basculer* et son dérivé *basculement*. Les systèmes automatiques et informatiques ont été aimablement priés de basculer à l'euro, ce qu'ils ont d'ailleurs fait de bonne grâce. Ce fut, le mot l'affirme, renversant, car *basculer* est composé de l'adverbe *bas* et, sauf le respect dû aux oreilles sensibles, d'un nom fondamental et très français, après avoir été latin, et qui s'écrit *c*, *u*, *l*. Comme *reculer* et *bousculer*, *basculer*, qui a voulu dire « taper le cul par terre » et « bâtonner par-derrière », est devenu un mot honorable, exprimant le renversement, de même que *bascule* s'appliquait au système qui abaissait et relevait un pont-levis, puis à une balançoire et finalement à une balance.

Basculer évoquait surtout le passage d'un point d'équilibre à un autre, une dégringolade sans remontée. Et admirons la subtilité de notre langue : c'est bien ce qu'exprimerait *basculer dans l'euro*, expression péjorative qui comblera les farouches partisans du franc national et souverain, car elle suggère que les Européens viennent de choir d'une situation sublime, où ils pouvaient s'identifier à une monnaie patriotique et, qui plus est, d'en choir sur le derrière, ce qui est humiliant.

Je ne viens pas de citer Philippe de Villiers, car on n'a pas dit basculer *dans* l'euro, mais basculer *à* l'euro, ce qui, pour le coup, exprime un mouvement volontaire, un déplacement rapide, efficace et irréversible. Les distributeurs de monnaie, par dizaines de milliers, ont donc basculé *à* l'euro ; ce fut magique. Puis, ce fut le tour des caissières et des caissiers, qui utilisent aussi des automatismes, mais doivent les manipuler, ce qui implique la main. Par quoi *basculer* se rapproche de *balancer* et de *jeter.* Quant aux systèmes européens de financement des produits culturels, dont il vient d'être question, en réaction à Jean-Marie Messier[1], ils vont aussi basculer, tout en refusant d'en rester sur le cul.

Alors que la langue anglaise, en cela plus « correcte » et plus simple, emploie *to switch*, le français *basculer* semble jouer sur les significations et nous disposer à l'ironie. Ce qui pourrait être politiquement incorrect, et quelque peu bousse-culant.

3 janvier 2002

1. Ce dernier s'opposait à l'« exception culturelle » française, proposant notamment de laisser le cinéma national en proie au marché mondial, orchestré par les États-Unis d'Amérique.

Europe

Ce nom cache un paradoxe : l'histoire ou plutôt le mythe d'Europe commence en Phénicie, région d'Asie occidentale qui correspondait aux actuels Liban, Syrie, Israël et Palestine. Europe était la fille du roi de Phénicie ; elle avait de grands yeux, disait ce nom, du grec *eurus*, « large », et *ops*, « œil », d'où vient *optique*. Ces grands yeux étaient sans doute beaux, car l'élément *eu-* signifie « bon », comme dans *euphorique*. Euphorique donc, le maître des dieux, Zeus (Jupiter, en latin) tomba amoureux de la jeune pucelle Europe. Expéditif, il prit la forme d'un taureau blanc, et enleva Europe qu'il emmena en Crète. Cette île n'était pas tellement éloignée de sa patrie asiatique (au fait, *Asie* était alors une ville de l'actuelle Turquie), mais, pour les Grecs, Européens originels, de leur côté.

Les mythes, fruits d'une imagination symbolique collective, cachent des vérités. Plutôt, ils les interprètent. L'Europe, par le désir du roi des dieux, est donc le résultat d'un transport, à la fois amoureux et géographique. En plein XXᵉ siècle, Paul Valéry disait d'ailleurs que cette partie du monde où nous vivons n'est jamais qu'un petit cap de l'Asie.

Mais l'Europe, à partir du IIᵉ millénaire avant l'ère chrétienne, en Crète, puis du Iᵉʳ millénaire, en Grèce continentale, à Mycènes, c'est bien, à côté de l'Asie anatolienne et de l'Afrique égyptienne, le berceau méditerranéen de nos civilisations.

L'épopée de l'Europe est jalonnée de conquêtes matérielles et culturelles, mais aussi de luttes terribles. Mais voilà qu'après le pire conflit, couronnant sinistrement des siècles de violences, les larges yeux séduisants de la nymphe Europe réapparaissent, avec l'idée d'union pour une grande partie de ce continent. Dernier acte de cette mythologie moderne, la nouvelle monnaie commune, l'*euro*, coupe brutale d'un composé qui est en fait formé de *eur-* et *-ope*. Mais avouons que l'*eur*, c'était un peu court ; en français, cela aurait fait penser à l'unité de temps. Va donc pour le jeune euro, auquel on souhaite de grandir et de prospérer, tout en gardant le charme de sa mère. Cependant, à la différence de Zeus, le demi-dieu Berlusconi semble peu sensible à ce charme, au moment même où le héros Blair, élégamment herculéen, sur le versant britannique de l'Olympe, manifeste certains attraits pour les beaux yeux d'Euro.

La mythologie grecque nous en avertit : le sort des hommes, dont plus de la moitié sont des femmes, dépend des relations entre ces dieux modernes, États-nations et puissances économiques. Les dieux de l'Olympe avaient trop souvent l'exécrable habitude de se quereller, et de faire payer leurs querelles aux mortels. On aimerait que cela ait changé, mais là, ce n'est plus de la mythologie, c'est du rêve.

8 janvier 2002

Échographie

Les progrès évidents et célébrés de la médecine entraînent des effets sociaux imprévisibles. Ainsi, on a pu rêver que les moyens récents d'investigation, par exemple l'échographie, allaient résoudre tous les problèmes de diagnostic. Comme l'une des applications les plus remarquables de l'échographie produit des images du fœtus dans l'utérus, on a pensé que toute anomalie prénatale allait être décelée. D'où l'étrangeté juridique qui a consisté à considérer une naissance anormale non décelée comme un préjudice entraînant compensation, en cas de handicap. Sujet douloureux, qui fit passer à l'état de problème de société une intuition philosophique exprimée avec un terrible talent d'ironiste-moraliste par Emil Michel Cioran dans un titre agressif : *De l'inconvénient d'être né.*

L'échographie est une technique récente, apparue au début des années 1970 et qui utilise des ondes de longueur supérieure à celle des ondes sonores, autrement dit des ultrasons. Lorsque ces ondes rencontrent un obstacle, elles sont réfléchies et c'est leur réflexion par les structures organiques, par exemple les parois de l'utérus, qui dessine une sorte, une espèce, un genre, une manière d'image. Pour les sons, ce phénomène de renvoi s'appelle l'*écho*, mot venu du grec et qui évoquait une nymphe trop bavarde, condamnée par la déesse Héra à ne plus jamais parler la première. Amoureuse du beau Narcisse, Écho ne peut s'exprimer, est repoussée, meurt de chagrin et il ne reste d'elle que sa voix, qui répète les dernières syllabes prononcées... Triste affaire, inspirée par l'étonnement et la crainte produits par les échos naturels, ces voix mystérieuses qui nous renvoient notre parole. L'échographie, quant à elle, est une « écriture d'écho », une productrice d'images par réflexion des ondes.

Il ne s'agit pas de la confondre avec une photo-graphie, qui est une écriture par la lumière, ni avec la radio-graphie, car l'image échographique, soumise à tous les aléas des reflets, masquages, brouillages, est fort difficile à interpréter. La qualité du matériel, le temps de l'examen, les circonstances de la formation de l'image, les problèmes de déchiffrage sont des facteurs d'incertitude, sous-estimés. La voix de la nymphe Écho était parfois incertaine, inaudible, interrompue, trop faible. Ne pas l'entendre et la comprendre ne signifiait pas qu'elle n'eût rien dit. De même, ne rien voir d'anormal sur une échographie ne signifie pas forcément que tout soit normal.

On peut donc se faire l'écho des inquiétudes des échographistes, à condition de rappeler que ce procédé sauve des milliers de malades et évite des drames. Revanche tardive pour la pauvre nymphe, devenue malgré elle patronne d'une imagerie médicale.

10 janvier 2002

Stable

Pour peu que l'on se détache des problèmes quotidiens et proches, des faits divers horribles et des intérêts matériels, la préoccupation mondiale, quatre mois après le grand choc terroriste contre les États-Unis, c'est de parvenir à une stabilisation. Équilibre *instable*, *instabilité*, cela caractérise toute une partie du monde. La tendance aux représailles réciproques qui s'exprime au Proche-Orient, outre ses effets humains dramatiques, continue à *déstabiliser* la région. Par ailleurs, l'Afghanistan libéré demeure fragile ;

mais ce n'est pas la seule structure politique vacillante. On accuse aussi l'Iran de déstabiliser la zone ; les rapports entre le Pakistan et l'Inde ne garantissent guère un avenir stable et paisible.

Certes, dans l'Histoire, l'instabilité est la règle, et les conflits en sont l'expression évidente. Et, dans les situations politiques nationales, les équilibres sont plus souvent instables, malgré des apparences d'équilibre. Souvent, l'instabilité générale peut aboutir à des agressions et à des catastrophes ; les États-Unis l'ont éprouvé dramatiquement mais il ne faut pas oublier l'Algérie en proie aux massacres, et beaucoup d'autres. Cette situation peut provoquer une réaction qui rapproche les opposants politiques.

La stabilisation des forces qui s'opposent en politique intérieure est trop souvent l'effet des convulsions extérieures.

L'équilibre n'est jamais général sur cette planète, où l'occupant humain demeure turbulent. La stabilité demeure une intention, un rêve.

On dirait que le mot *stable*, qui vient du latin *stabilis*, est surtout actif sous diverses formes négatives, *instabilité*, *déstabiliser*, et aux dérivés qui expriment le désir de surmonter l'instabilité, du genre *stabiliser*, *stabilisation*.

Le mot latin vient du verbe *stare*, qui signifiait « se tenir droit » et donc « ne pas tomber, ni incliner, ni bouger ». On voit bien que cette situation, normale et réelle quand il s'agit d'architecture, symbolique lorsqu'on pense aux êtres humains, qui peuvent se tenir debout, à la différence des autres mammifères, devient mythique, idéale, théorique, quand il s'agit de la situation des sociétés humaines dans l'Histoire.

La chute des tours jumelles du centre mondial de commerce de New York est, outre la catastrophe humaine, un terrible symbole : ce qui est le plus vertical, le plus haut, le plus fier, le plus stable, peut toujours s'effondrer.

11 janvier 2002

Licenciement

Ainsi, selon le Conseil constitutionnel, les entreprises ont licence de licencier. Licence, c'est liberté. On avait entendu dire que la liberté devait s'arrêter là où commençait la mise en cause de la liberté d'autrui, par exemple celle de gagner sa vie. Mais le raisonnement était, semble-t-il, naïf. Ringard, dirait le libéralissime Alain Madelin.

La licence, *licentia*, c'est en latin le pouvoir de faire quelque chose librement, par exemple d'enseigner, mais aussi de ne rien faire, d'où le sens de « loisir », mot de même origine. Le dérivé *licentiare*, au Moyen Âge, aurait pu vouloir dire « libérer » ou « mettre en vacances », mais il faut croire que l'économie se portait déjà assez mal, puisque *licencier* s'est spécialisé pour congédier, renvoyer, mettre à pied, on dira plus tard vider et virer. Au XVIe siècle, cela devait aller encore plus mal pour l'emploi, car on éprouve le besoin de créer le dérivé *licenciement*.

Quant au *licenciement économique*, c'est une idée moderne, avec une désignation ambiguë : la raison économique étant la seule pour l'entreprise, l'embauche comme le licenciement sont toujours économiques. Embauche et licenciement, ne disons pas débauche et mesures licencieuses, qui concernent un autre aspect de la liberté d'agir. Mais *licenciement économique* peut aussi s'interpréter comme « qui fait faire des économies », à l'entreprise, cela va sans dire.

Donc, prétention inouïe, démodée, liberticide et idéologique, une loi voulait limiter ces économiques dégraissages à une seule circonstance, la mise en danger de l'entreprise. Plan social pour la survie d'une firme, qui menacerait l'activité économique et donc l'emploi. Mais pas de licenciement lorsqu'il ne s'agit que de maintenir ou d'augmenter la compétitivité, la marge bénéficiaire, la rémunération libre du capital libre, et le cours libre des actions, qui n'ont que trop tendance à se tasser sinon à s'effondrer, très libéralement d'ailleurs.

Cette loi portait atteinte, ont pensé les conseillers constitutionnels, à la liberté d'entreprise. Mais que dit la Constitution de la liberté de gagner sa croûte ? Elle dit : droit au travail. Donc, le licenciement économique serait constitutionnel quand il correspond à une simple mesure de gestion. Côté drame humain pour les salariés, c'est une autre affaire.

Les moralistes disaient : il ne faut pas que la liberté dégénère en licence. Les économistes affirment : la liberté d'entreprendre suppose une liberté de licencier. L'idée de lutte des classes est, nous dit-on, complètement démodée ; celle de guerre des idées et des discours, apparemment, ne l'est pas : mais ça, c'est de la politique. Du côté des réalités et de l'action, c'est nettement plus mou : pas de quoi avaler son bretzel libéral[1].

14 janvier 2002

Justice

L'idée de « justice » est probablement universelle ; malheureusement, la pratique de l'injustice l'est aussi. La difficulté, avec *justice*, c'est que le mot désigne à la fois un principe et une institution très concrète. Différence notable avec d'autres principes fondamentaux, telle la liberté.

Justice vient de la pensée et de la langue latines, où une famille impressionnante de vocables dérive du monosyllabe *jus*, qu'on traduit imparfaitement par « le droit ». Cette série de mots, qui viennent probablement de l'Orient – on croit à une origine indo-iranienne – évoque à la fois l'exactitude logique (d'où *justesse*) et la rectitude morale. La justice et la justesse ont quelque chose à voir avec l'éthique, et ces idées sont fondées, à l'origine, par la religion. Le premier mot français de cette série n'est pas *justice*, ni *juge*, mais *jurer*. Or, *jurer*, c'est prononcer la formule rituelle qui engage et doit forcer l'être humain à se conformer à un principe. Quant à *juge* et *juger*, ils représentent le latin *judicare*, où il y a *dicere*, « dire ». Outre le principe moral, *juge* et *judiciaire*

1. On venait d'apprendre que George W. Bush, président d'une démocratie, mais membre d'un parti républicain plus libéral que démocrate, s'était étranglé avec ce gâteau sec et salé.

contiennent l'idée de « parole ». Ainsi, la justice est chargée de dire, c'est-à-dire d'incarner et de rendre effectif le principe moral d'équité, qui rend égal.

C'est pourquoi l'idée de « justice à deux vitesses » – peut-être beaucoup plus que deux – est scandaleuse. Au passage, j'ai failli avaler mon bretzel – pardon, mon croissant[1] – de travers en lisant dans *Le Figaro* qu'on avait « l'impression d'une justice sévère pour les puissants, clémente pour les faibles... ». Ça, c'est un scoop... ; les voleurs de poules dont parlait le procureur Éric de Montgolfier vont se réjouir. La *justice*, depuis le Moyen Âge, n'est plus seulement une abstraction, un principe moral, un idéal, comme la liberté, l'égalité ou la fraternité, mais un système social, une organisation, soumise, comme toute institution humaine, comme la police, avec laquelle la justice collabore, à diverses dérives.

La justice ne peut compter sur l'opération du Saint-Esprit ; elle a besoin de moyens, et d'une certaine force pour passer du principe à la réalité sociale. Admirable remarque de Joseph Joubert, moraliste trop oublié :

« La justice sans force, et la force sans justice : malheur affreux ! »

Il parlait sans doute des principes, mais c'est encore plus vrai de l'organisation judiciaire, qui a besoin de moyens adaptés, *ajustés* à ses missions. Avec le juge Halphen, la justice française demande justice ; à entendre certains politiques, elle aura du mal à l'obtenir.

15 janvier 2002

En colère

Certains magistrats le sont, et des policiers, des viticulteurs, des éleveurs, des traminots... Ils sont quoi ? En colère. Dans notre français actuel, les manifestations de mécontentement professionnel, grèves,

1. Le bretzel fait allusion à G. W. Bush – voir la chronique précédente – et le croissant à ceux que, selon l'excellent Guy Carlier, je dévorais chaque matin au studio.

manifs, agressions variées contre l'autorité, interruptions des transports, sont le fait de gens *en colère*. Avec l'idée de mécontentement agressif qui saisit une personne ou celle de réaction collective d'exaspération devant une situation difficile, le mot *colère* est sorti de la physiologie. Car le vocable grec d'où il sort, *kholera*, est un terme de médecine qui s'appliquait à une série de maladies que l'on croyait causées par l'excès de la bile, qui s'appelait *kholê* : le choléra, bien sûr, en faisait partie. La bile noire, en grec, c'est *mélan-colie*. Ainsi, à force de se biler, on se met en rogne ; la « mauvaise humeur », c'est exactement la bile noire. La médecine des humeurs n'a plus cours, mais la politique d'humeur prospère et les réactions de mauvaise humeur se multiplient.

Non seulement les difficultés économiques et sociales sont de plus en plus vivement ressenties, mais ceux qui les subissent sont de plus en plus furieux. Entre la déprime, le désespoir et la violence, il y a souvent la colère. Le vocabulaire illustre l'importance de cette réaction : on disait autrefois *courroux*, *fureur* ou *rage*, sans parler de l'*ire*, qui a servi à former *irascible*. *Coléreux*, *colérique*, *irascible*, c'est une disposition, un tempérament, une façon d'être ; on disait joliment (on le fait encore « dans les régions ») : « ne sois pas si colère ! ». Se mettre en colère, cela peut arriver à des gens calmes d'habitude. La colère a des modulations : avec *en colère*, on ne pense guère aux colères froides, calmes, raisonnées, mais aux emportements. Se mettre en rogne, en pétard (sans fumer), être furax, c'est aussi exploser, être « hors de soi ». Quand on est hors de soi, on ne sait plus où on est et, comme les plombs qui sont des fusibles, lorsqu'il y a surtension, ont tendance à péter, on n'y voit plus clair. On est dans le noir, mais curieusement, la colère noire fait voir rouge. Voyant cette couleur excitante, quand la colère passe à l'action, ça peut faire mal. Décolérer, rafraîchir les humeurs, se calmer, ce serait le meilleur moyen pour que le pays se fasse moins de bile.

17 janvier 2002

Censure

Le Conseil constitutionnel est chargé d'examiner les projets de loi et de juger de leur conformité à la Constitution. Quand il rejette un article ou un élément du projet, on parle de *censure*. Ce faisant, on risque de suggérer autre chose qu'un constat objectif de non-conformité. C'est que *censure*, qui vient du droit romain, est rapidement devenu synonyme de critique, condamnation et blâme, et, en politique, de vote défavorable à un gouvernement. En outre, *censure* et *censurer* s'appliquent à une détestable pratique, celle qui consiste à interdire la circulation des opinions qui déplaisent à un pouvoir. Notre Victor Hugo national écrivait en 1830 : « La censure est mon ennemie littéraire. La censure est mon ennemie politique. La censure est de droit improbe, malhonnête et déloyale. J'accuse la censure. » Cette censure qu'adorent les dictatures, et que pratiquent sournoisement certaines « démocraties », venait alors de la religion, où il s'agissait de condamner ce qui était contraire au dogme.

La Constitution n'est pas un dogme, mais un texte fondateur de la légitimité. Toute loi, tout article de loi doit s'y conformer ; sinon, il y a rejet, ce qui ne fait qu'appliquer un principe. Mais le principe constitutionnel étant supposé connu du législateur, cette censure est aussi une critique sévère à son égard. D'où, qu'on le veuille ou non, une interprétation politique et un procès d'intention. La Corse, une région, donc, ne pourra pas adapter la loi nationale : c'est cela qu'affirme le Conseil, et rien d'autre. Cela suffit pour créer une ambiguïté : une Constitution, tout comme un dogme, n'est pas toujours claire : pour déclarer qu'une loi s'y oppose, il faut non seulement interpréter le projet de loi, mais interpréter la Constitution elle-même.

Censure, le mot, vient du nom du magistrat romain qui, étant chargé de répartir l'impôt entre les citoyens, le *census*, pouvait et même devait apprécier leur comportement civique et moral. Appréciateur, le censeur a rapidement été considéré comme une sorte de juge, à la fois contrôleur fiscal et accusateur public. Un peu dangereux, comme institution... Au passage, ces attributions d'appréciateur expliquent la signification de l'adjectif *censé*, avec un *c*, qui signifie « supposé, réputé ». Donc, la *censure* constitutionnelle est *censée* exprimer la vérité de la Constitution, ce qui suggère que cette vérité n'est que supposée. Et revient l'idée d'interprétation, qui rend douteuse toute censure. Reste à faire confiance à la compétence des interprètes, qui sont *censés*, eux, être des « sages », ou alors à se résoudre à modifier la Constitution, qui n'est ni intangible ni sacrée, mais qui se doit d'être *sensée*, avec un *s*. De la censure au bon sens, en quelque sorte.

18 janvier 2002

Braquage

Dans le répertoire des mots français qui inquiètent, parce qu'ils illustrent l'insécurité, figurent le verbe *braquer* et ses dérivés. Braquages de supermarchés, de bijouteries, de banques ont succédé aux *hold-up* venus des États-Unis, et qui suggéraient le fait d'arrêter, de retenir (*to hold up*) la diligence pour détrousser ses passagers.

Braquage est plus français, mais plus obscur, car le verbe *braquer*, qui semble venir du latin *brachium*, « le bras », a suivi une trajectoire inconnue ; en outre, on ignore ses rapports avec le mot germanique qui a donné le nom d'un chien de chasse, le *braque*, d'où vient *braconnier*. *Braque* est aujourd'hui surtout connu comme synonyme de *cinglé*, *dingue*. Et il est vrai que les tontons braqueurs, surtout quand ils sont flingueurs, nous paraissent franchement braques, ce qui les rend plus dangereux.

Mais *braquer*, avec les années « folles », où apparemment nous sommes encore, signifiait surtout « faire tourner », d'abord un chariot, plus tard une automobile. Pourtant, par une image compréhensible, faire tourner son arme vers un objectif, la pointer, viser, s'est dit *braquer*. Plus pacifiquement, on braque un télescope sur une étoile, et on peut braquer quelqu'un contre soi en le traitant mal.

L'idée de braquer une arme l'a emporté sur les autres emplois, au point qu'un peu avant 1930 l'argot s'en est emparé pour exprimer l'idée d'« attaquer avec une arme ». *Braquage* a suivi le mouvement et on a eu en prime le mot *braqueur*, pour désigner une variété armée de casseurs, détrousseurs, preneurs d'otages.

Le braquage d'une arme est fait pour intimider ; le braquage tout court est fait pour prendre, pour voler. Mais l'arme d'intimidation peut tuer C'est pourquoi les casseurs devenus braqueurs sont des flingueurs en puissance.

L'évolution de ces mots est un indice de l'aggravation de la violence : *braquer* égale tourner, diriger, puis viser, puis menacer, puis voler, enfin, tuer. Si les braquages de commerces de luxe, dans les beaux quartiers, illustrent une montée de violence, ils désignent aussi une inégalité, une injustice sociale, sur lesquelles il n'est pas mauvais de braquer son regard.

22 janvier 2002

Misère (Hommage à P. Bourdieu)

La misère : voilà un mot ambigu. Il est parti de la psychologie, car le latin *miseria* signifiait surtout « malheur » ; le mot venait d'un adjectif, *miser*, dont l'origine est mystérieuse. Puis *misère* a concerné la dureté de la société, qui maintient ou conduit un grand nombre de personnes à l'indigence. Réalité économique et sociale, qu'il ne suffit pas de déplorer, mais dont il faut chercher la nature et les causes, même si cela dérange. Un des projets essentiels d'une sociologie digne de ce nom, c'est de rendre compte des inégalités, des dominations, des violences concrètes et symboliques. Celles-ci aboutissent, pour une partie de l'humanité, à une misère économique et morale. Telle fut la démarche de Pierre Bourdieu, sociologue critique dans la ligne des plus grands explorateurs de la complexité sociale, Émile Durkheim, Karl Marx, Max Weber, par ailleurs politiquement opposés. Après un modèle d'enquête, *La Distinction*, qui montre comment la culture tout entière est conditionnée par des jugements inégalitaires, après la tendance de l'école à reproduire les modèles culturels (*La Reproduction*), Bourdieu s'en était pris, de manière énergique, militante, parfois discutable, à la malfaisance de tout système établi et de toute classe dominante. Résultat : de la misère. En effet, Bourdieu intitula *La Misère du monde* un recueil de témoignages très concrets sur la condition inacceptable de trop de Français, en symbole d'un problème mondial.

Accusateur, ce sociologue, bien qu'il fût un intellectuel, un grand universitaire, un chef d'école et quasiment un mandarin, sut conduire sa science vers un « sport de combat », a-t-on dit. Sport, j'en doute ; combat, c'est sûr. Le mot de « misère » n'est ni sportif ni intello ; il va plus loin que « pauvreté » ; il est à la fois dénonciateur et ému. Hugo, que l'on célèbre cette année, avait d'abord intitulé *Les Misères* l'immense roman social devenu *Les Misérables.* Louise Michel, la militante révolutionnaire, anarchiste et communarde qui fut déportée en Nouvelle-Calédonie, écrivit un roman dénonciateur intitulé *La Misère.* Quand les sciences dites humaines ne se contentent pas d'analyser leur objet, mais dénoncent en expliquant et essaient de remonter aux causes des catastrophes humaines, l'inégalité, la misère, il y a lieu de leur dire merci. La pensée militante de Pierre Bourdieu, sa méthode rigoureuse méritent un sérieux coup de chapeau. Marx a dénoncé la misère de la philosophie, Bourdieu celle des médias, mais il a préservé les valeurs des sciences humaines. Pour combattre, il faut comprendre, mais pour comprendre, il faut se battre.

25 janvier 2002

Forum

Deux réunions internationales se tiennent sur le continent américain, deux *forums*[1], mot lui aussi très international, tout au moins dans le monde occidental. Un seul mot ; deux réalités opposées, pour ces assemblées censées discuter la politique économique de la

1. Pluriel latin *fora*, et non pas, comme un lapsus calamiteux et latinivore me l'avait fait prononcer, *fori* (qui existe, mais est le pluriel de *forus*). Voir la chronique du 11 février : *Revendication*, où je m'en excusais.

planète. New York, au lieu de Davos ; Porto Alegre, au sud du Brésil et bien près d'un pays ravagé par l'économie que pilote lamentablement le Fonds monétaire international, l'Argentine. Il y a du symbole dans l'air, pour les deux forums apparentés. *Forum*, au fait, que disait ce mot latin, avant d'être mondialisé ?

Le *forum* romain, c'était l'enclos autour d'une maison, l'espace extérieur ; le mot vient d'une très ancienne racine indo-européenne désignant la porte, l'ouverture. Puis, il a désigné le marché, la place publique, lieu de discussions et de débats, où se situait notamment le tribunal. Quand on visite les impressionnantes ruines du forum, à Rome, la foule touristique, docile et admirative, évoque difficilement la vie active, politique, commerciale, d'une communauté, l'animation du marché, la discussion et les débats du tribunal, pour tenter de concilier le commerce, la production, la consommation avec la morale, que représente le droit. Cet aspect du forum est si important qu'on a employé en français le mot *for* pour désigner le tribunal de la conscience, appelé *for intérieur*. L'expression n'est plus guère comprise et on peut s'amuser de sa déformation ironique : « je me suis dit, dans ma Ford intérieure » – à propos, Ford, c'est tout de même un des premiers symboles de la mondialisation à l'américaine.

Davos, c'était chic, neigeux et pas loin des banques suisses ; c'était en Europe. New York, le Waldorf mythique, c'est luxueux, plus facile à surveiller, et pas loin de Wall Street, la « rue du mur » – et l'idée de « mur » est opposée à celle de « forum », place ouverte, porte ouverte, libre discussion. Porto Alegre, qui affiche la gaieté, a déjà sa tradition antimondialiste ; cette ville sympathique participe en outre de la culture des gauchos. On reste dans le symbole, avec un côté Tintin, quand le père Noël Mamère y poursuit les malheureux poulets du père Dodu. Ainsi, le forum, discussion très sérieuse, peut conduire à un peu de farce. Ce sera sans doute moins gai à New York, capitale incontestée d'une mondialisation libérale contestée. L'ennui avec ces deux forums, c'est qu'ils réunissent des gens assez d'accord entre eux. La discussion ferait peut-être jaillir plus de lumière, si un forum réunissait des opinions opposées, et non pas d'un côté les partisans, de l'autre les adversaires, d'une mondialisation peu allègre.

31 janvier 2002

Consultation

Les consultations médicales viennent d'augmenter d'un euro.

Consultation est un mot général qui s'est spécialisé. En politique, avec les consultations populaires, signes de démocratie. En médecine où, depuis des siècles, *consulter* exprime l'idée de délibérer à plusieurs avant de décider et celle d'aller demander un diagnostic et des soins. Le latin *consultere* désignait les deux actions, « délibérer » et « prendre conseil ». Cela s'applique à la politique, et en effet *conseil* et *consul* – plus autoritaire – sont apparentés à *consulter. Conseil* l'est aussi à la vie courante, chaque fois qu'on recherche une information. On consultait et on consulte encore un ami, un avocat, un manuel, un traité, son carnet d'adresses, une base de données, un site sur Internet. Information, documentation, la consultation pose des questions, et va à la pêche aux réponses. Or, s'agissant de médecine, *consulter* et *consultation* signifiaient autre chose, une discussion entre spécialistes, une délibération. Les médecins, disait-on, consultaient entre eux, alors que dans la langue courante, le malade – ou le patient, qui est aussi un client – va consulter le toubib, qui, de son côté, « donne » des consultations – on dit donner, et non pas vendre, par une délicate pudeur.

Cette consultation n'est pas seulement la requête d'un avis, comme lorsqu'on consulte l'opinion par une de ces enquêtes ou sondages qui déclenchent de plus en plus de scepticisme. Non, ce que la consultation politique n'est pas encore, ce qu'elle est en médecine, cela comporte un examen, où le docteur observe, écoute, interprète, analyse et fait analyser, induit, déduit, applique ses connaissances à votre cas personnel, unique et compliqué et trouve des moyens d'arranger la situation. Tout ça, pour dix-huit euros cinquante. À la question fatidique : « C'est normal, docteur ? », il est rare que le praticien ou la praticienne puisse répondre : « Oui », à la manière de ce psychanalyste qui, au patient qui se plaignait d'un sentiment d'infériorité, répondait : « Ne vous en faites pas, vous n'avez aucun complexe ; vous *êtes* inférieur. » On attend autre chose de la consultation, qu'elle soit médicale ou citoyenne.

1er février 2002

Intégrisme

Intégrisme, fondamentalisme, islamisme : l'emploi incertain de ces termes, avec une arrière-pensée ou une « avant-pensée » de terrorisme, n'aide guère à comprendre une situation très compliquée. D'abord et avant tout, il faut rappeler que l'islam, une des plus importantes religions monothéistes, porte un nom arabe qui signifie « soumission ». Le croyant islamique se veut et se dit « soumis à Dieu ». *Islamiste*, en français, apparaît vers 1800 ; il ne signifie alors que « musulman », mais la finale en *-iste*, qui correspond à un système, souvent idéologique, l'a entraîné vers une forme d'extrémisme.

Une de ces formes, dans une religion, c'est de revendiquer une croyance et une observance absolues, étroites, fondées sur une interprétation littérale de la tradition. Et c'est bien ce qui est arrivé lorsqu'un parti catholique espagnol, qui militait pour la subordination de l'État à l'Église, s'est appelé *integrista*, à la fin du XIXe siècle. Le mot français *intégriste* apparaît en 1913 dans ce contexte, avant de s'appliquer à un conservatisme qui s'appuie sur une interprétation stricte, étroite, bornée d'une croyance. Religieux et politiques, les mots *intégrisme* et *intégriste* n'ont longtemps eu aucun rapport avec l'islam. Mais il faut admettre que plusieurs tendances actives de cette religion, comme le wahhabisme d'Arabie saoudite, pouvaient à bon escient être qualifiées d'« intégristes », ou encore de « fondamentalistes », par retour aux bases, considérées comme intouchables, de la croyance. On aurait pu aussi parler de *purisme*, d'*absolutisme*, de *totalitarisme*, si ces mots n'étaient déjà occupés. Toujours est-il qu'*intégrisme* s'est appliqué aux tendances dures de l'islam dans les années 1970, jusqu'à faire oublier que toute religion, à commencer par le catholicisme de Mgr Lefebvre, peut présenter ce caractère.

L'intégrisme est un aspect possible, une dérive, une maladie de toute croyance, religieuse ou non. Dans l'Histoire, les trois monothéismes – juif, chrétien, musulman – ont été plus souvent saisis par cet extrémisme immobiliste, que, par exemple, le bouddhisme. Reste que l'intégrisme ou plutôt les intégrismes de l'islam – il y en a plusieurs – peuvent être qualifiés, comme le fait Abdelwahab

Meddeb dans un texte remarquable qui porte sur la généalogie de ce mouvement, de la « maladie de l'islam ». Quels que soient ses dangers, l'intégrisme n'est pas assimilable au terrorisme, même si l'intégrisme islamiste a pu financer et organiser le néoterrorisme actuel. Un peu de précision dans les termes permet d'éviter cette autre maladie du jugement qui a nom « amalgame » et « simplification ». Ce n'est sûrement pas en parlant d'un « axe du mal » qu'on rendra la situation compréhensible.

5 février 2002

L'Empire « américain »

On cherche ses mots pour exprimer la disproportion entre le pouvoir, la richesse, la puissance des États-Unis et ceux des autres pays du monde. On parle, après Hubert Védrine, d'*hyperpuissance*, *super-* ne suffisant plus. Mais il existe un mot ancien qui exprime le pouvoir suprême, un mot qui évoque une hyperpuissance du passé ; c'est *empire*. On a prophétisé naguère le déclin de l'Empire américain ; c'était prématuré.

Le premier emploi du mot, au Moyen Âge, c'est l'Empire romain, l'*imperium*, mot qui procède du verbe *imperare*, composé de *parare*, « préparer, fournir ». Celui qui prépare l'avenir du monde détient le pouvoir suprême : normal.

Cependant, pas d'empereur à la barbe fleurie pour les États-Unis, que des événements récents ont de toute façon rendus allergiques aux barbus. Un empire sans empereur, c'est une nouveauté historique du XIXe siècle : l'Empire britannique était sous l'autorité d'un souverain, roi ou reine. Mais l'Empire français, qui était colonial, n'en était pas moins républicain, ce qui, pour les Romains de l'Antiquité, eût été une extravagante contradiction, puisque l'empire avait détruit la république. En fait, après Napoléon Ier et son pâle écho, « Napoléon le petit » (selon Victor Hugo), *empire* et *impérial* avaient pris en France une valeur constitutionnelle et politique.

Mais l'Histoire ne se répète pas. Après une série de superpuissances dirigées par un personnage impérieux et impérial – un empereur, naturellement, et un sultan, dans le cas de l'Empire ottoman, puis un dictateur, dans cet empire nommé URSS –, on peut appliquer le mot latin aux puissances qui ont les moyens de la domination. Elles furent toujours peu nombreuses ; aujourd'hui, il n'en reste qu'une, encore que certain « Empire du Milieu », la Chine, ne demande qu'à resurgir. L'empire débouche sur l'*impérialisme*, mot dont le sens moderne est pris à la langue anglaise, dans le contexte colonial, et, selon Lénine, dans l'aboutissement du capitalisme.

Les États-Unis d'Amérique, étant une république, n'ont pas d'empereur ; n'ayant pas de colonies, ils n'aiment pas les impérialismes européens. Pourtant, les mots eux-mêmes trahissent leur volonté de puissance, avec la complicité du langage : en effet, on dit *american*, et chez nous *américain*, quand il faudrait *étatsunien*. C'est que les deux Amériques, et pas seulement dans les mots, sont sous la dépendance de la puissance étatsunienne, indûment qualifiée d'*américaine*. Cette puissance va beaucoup plus loin : au nom du bien, j'ai envie de dire au nom du Père, un État établit et gère sa domination sur le reste du monde. Empire à deux têtes, comme l'aigle bicéphale de l'Empire austro-hongrois : une tête politique et militaire à Washington, une, économique et financière, à Wall Street.

Le destin des empires est d'empirer – jeu de mots exécrable, mais révélateur – ; soit leur pouvoir s'exacerbe et se durcit, soit ils se délitent et ils éclatent. Mais avant, ils obsèdent la planète. Ils tentent d'« unilatéraliser » les relations[1]. L'unilatérale, c'est bon pour le saumon, pas pour le monde.

6 février 2002

1. Stéphane Paoli venait de proposer ce verbe, pour qualifier la politique de Washington.

Revendication

L'une des tendances remarquées de la vie sociale française est que plusieurs catégories professionnelles expriment leurs revendications : récemment, les policiers, les gendarmes, les médecins, avec tous les soignants, ont rejoint dans cette voie protestataire les cheminots et traminots, coutumiers de la chose.

Si le public est sensible à certains moyens de revendication, par exemple la grève, il approuve qu'on revendique des améliorations dans sa vie quotidienne. Le mot était clair en latin, où *rei vindicatio* signifiait « réclamation de la chose », devant un tribunal, s'entend. À propos du latin, je dois aux auditrices et aux auditeurs qui pratiquent la langue de Virgile des excuses pour avoir donné un faux pluriel pour le mot *forum*, qui est *fora* et non, comme je l'ai dit dans un moment d'aberration, *fori* (qui est le génitif singulier de *forum* ou bien le pluriel de *forus*, qui a un autre sens). J'ai reçu à ce propos des lettres amusées, charmantes et une autre franchement acide, ce qui manifeste à mes yeux que le prof de latin impitoyable et terrorisant est une espèce en voie de disparition. Tant mieux pour le latin. *Vindicatio*, pour revenir à mes moutons revendicatifs, c'est une réclamation en justice ; parfois, on réclamait la punition d'un agresseur, d'un ennemi ; la *vindicatio* correspondait au désir de justice, par la force du droit. Ce qui explique que le verbe *vindicare* ait pu aboutir en français à... *venger.*

Pourtant, lorsqu'on réclame son dû, ou ce qu'on estime l'être, il ne s'agit pas de punition ou de vengeance, mais d'une demande, qui peut d'ailleurs être insistante. Les mots gardent sournoisement des marques de leur passé : *revendication* conserve une force qui correspond à de la colère face à l'injustice. Ce mot est sorti du vocabulaire juridique : de la *reivindication* du XVe siècle, devant un tribunal, on est passé à une réclamation qui s'adresse au détenteur du pouvoir. Cela s'est passé précisément avec les socialistes français du XIXe siècle, notamment avec Proudhon, et avec l'apparition du syndicalisme moderne, entre 1830 et 1848. Le mot conserve pourtant une référence au droit ; on parle de revendication légitime, juste. Mais il existe des revendications excessives : l'énergie qui revendique peut dépasser le bon droit et parfois le bon sens ; de revendicative, elle redevient alors vindicative.

La vindication avait une dimension affective, parfois colérique. La revendication se rappelle qu'elle réclame une « chose » précise (*rei* « d'une chose »), par exemple le prix de la consultation médicale. Ce qui débouche sur des négociations : il ne s'agit plus de demander justice auprès d'un tribunal, mais d'obtenir une reconnaissance concrète pour la valeur d'un travail. En tant que réaction à l'injustice, la revendication est l'un des moteurs du progrès.

11 février 2002

Déclarer

Il s'est déclaré, le président de la République. Il ne s'est pas déclaré président, on le savait déjà ; il s'est déclaré candidat à son propre poste. Il s'est même déclaré avec passion, ce qui confère à *déclarer* sa signification amoureuse, si caractéristique de notre grand théâtre classique, où les hommes déclarent leur flamme, tandis que les femmes se taisent.

Le déclarant est alors un prétendant à l'enviable situation d'amant agréé, de « fiancé », qui suppose la confiance. Mais le langage de la passion, qui procure chez certains admirateurs du respect et de la joie, se veut un langage de clarté. Et de fait, dans *déclarer*, il y a clair. Par l'adjectif latin *clarus*, on obtient *clarare*, « clarifier », puis *declarare*, « manifester, montrer clairement ».

Les plus beaux mots ont leur revers : la déclaration peut être d'amour, mais aussi de guerre ou d'impôts. Quant à la passion, cet amour extrême, elle procède d'une souffrance subie, comme le montre la passion du Christ. Mais l'amoureux qui se déclare n'en est pas encore à imaginer les douleurs et les « horreurs de l'amour[1] ».

Traduction : les déceptions et les difficultés du pouvoir, lorsqu'on

1. Titre d'un roman de Jean Dutourd, un peu grinçant.

devient candidat déclaré, cèdent la place aux joies enivrantes des promesses échangées. Ayant déclaré son amour pour Marianne, dont il est l'époux légitime depuis sept ans, le président de notre chose publique affirme clairement que l'âge n'a pas de prise sur la passion.

Cependant, on peut déclarer mille choses : ses intentions, ses désirs, son amour, sa haine, ou ses revenus, ce qui engage à payer l'impôt. Déclarer, c'est en principe rendre clair ce qui était obscur et nébuleux. Le candidat-président a incontestablement clarifié une situation indécise. Mais si la déclaration est par nature claire, la passion ne l'est guère. Et déclarer n'est pas prouver : « la déclaration est tout à fait galante », a écrit Molière : c'était dans *Tartuffe*. Heureusement, Jacques Chirac déclare et manifeste sa flamme avec une sincérité affirmée et une ardeur qui ne trompe pas. Il faut se méfier des métaphores : manger son blé en herbe, c'est se priver du grain futur, et cela peut arriver à tous, mais cela peut avoir du charme, côté passion, témoin un beau roman de Colette. Mais le blé en herbe des déclarations adolescentes siérait mal à la majesté présidentielle.

12 février 2002

Malentendu

Sur certains sujets de société, comme l'indépendance de la justice ou l'abolition de la peine de mort, il n'y a pas de malentendu – enfin, pas trop. Il y a en revanche un principe ; il est appliqué ou pas. Mais les gestions, les bureaucraties, l'action et la communication politique, les discours d'intention et les promesses produisent un certain nombre d'anomalies et de ratés, par rapport aux intentions affichées. Jacques Chirac, soucieux d'effacer le souvenir amer de décisions un peu raides, un peu trop droites dans leurs bottes[1],

1. Allusion à une phrase mémorable – et mémorisée – d'Alain Juppé, exprimant sa décision ferme et forte.

a parlé de « très grave malentendu ». Dans le contexte sentimental que la passion implique, il est vrai, les malentendus peuvent aboutir à des ruptures, malgré l'amour.

Pas de malentendus sur ce mot. De même que *bien entendu*, qui s'emploie pour « bien sûr, évidemment », *malentendu* prend le verbe *entendre* au sens abstrait de « comprendre ». Sinon, on devrait proposer aux auteurs de décisions politiques contestées, aux gestionnaires discutés, qui sont tentés de s'abriter derrière le malentendu, d'envoyer les citoyens consulter l'oto-rhino – et ce ne serait pas le jour, vu la journée bis sans toubib.

En fait, le malentendu, s'installant entre ceux qui proposent et ceux qui interprètent les propositions, pose deux questions : se faire comprendre, pour les responsables ; piger, pour les citoyens. Quand on en reste à la question : « mais qu'est-ce qu'ils veulent dire ? » et surtout « qu'est-ce qu'ils veulent faire ? », la chose est normale. C'est le problème général de toute communication.

Le malentendu est plus problématique. Erreur d'interprétation, disent les uns ; double langage, répondent les prétendus « malentendants » – mot ambigu, traduit finement par Coluche : malcomprenant, autrement dit, un peu con. Comment prévenir et empêcher ces malentendus ? En étant clair, honnête, transparent, « bien entendu ». Et plus les choses sont obscures, plus on parle de clarté. « C'est clair, non ? » est une formule dont on abuse, sans doute parce qu'on en rêve, de la clarté.

En politique, on ne peut que s'inquiéter avec Charles Péguy, qui écrivait il y a presque un siècle : « Il y a entre le pays et sa représentation non pas un inentendu, ce qui serait grave, non pas un malentendu, ce qui serait plus grave, mais un faux entendu perpétuel et universel. » On ne le suivra pas forcément dans ce pessimisme, mais on y trouvera une excellente raison pour réclamer une politique, une justice du « bon entendu », parce que c'est le seul moyen d'aboutir à la *bonne entente*. Vous me direz, chers entendeurs (salut !), que cet objectif, en période de campagne électorale, relève de la pure utopie. Tant pis !

15 février 2002

Amiante

Une notion juridique nouvelle, celle de « faute inexcusable », s'applique maintenant aux entreprises qui imposaient la présence d'amiante aux travailleurs, cette substance présentant un grave danger pour leur santé.

L'image de l'amiante s'est totalement dégradée depuis qu'on connaît ses effets pathologiques : cancers des bronches, pleurésies, *asbestoses*, du mot *asbeste*, dont le nom grec signifie « ininflammable ».

Dans l'histoire des atteintes à l'environnement, l'amiante est exemplaire. Son nom, grec lui aussi, signifie « incorruptible ». En effet, *miantos*, dans *a-miantos*, vient d'un verbe signifiant « souiller », et d'où vient un mot inquiétant, *miasme*. Donc, un silicate minéral fibreux fut appelé *asbeste*, « inextinguible », et surtout *amiante*. Dans la vision du monde médiéval, le fait de résister au feu, à la combustion, correspondait à la pureté : dans le règne animal, l'être supposé vivre dans le feu, c'était la salamandre. En alchimie, on appela *salamandre de pierre* le minéral capable de protéger du feu. Ce qui fit la réputation de l'amiante, en toute ignorance des dangers qu'elle présentait. De la même manière, le tabac, l'herbe ramenée d'Amérique par Jean Nicot, était saluée au XVIIe siècle comme un admirable médicament. Les progrès de la médecine, de la connaissance scientifique ont mis à mal bien des découvertes, en dévoilant le mauvais côté des nouveautés qui modifient l'environnement humain. C'est ainsi que l'amiante, l'incorruptible, l'asbeste, l'ininflammable, envahit les ateliers, les usines, les bureaux, les écoles, les universités... par crainte du feu, effet pervers du principe de précaution. Puis, on s'aperçut que l'amiante rendait malades ceux qui s'en approchaient, et pouvait tuer. Comme quoi la pureté a ses inconvénients. Ainsi, après avoir amianté, projeté des fibres (on dit « floquer ») un peu partout, il a fallu désamianter et défloquer. On défait après avoir fait.

C'est un peu l'histoire de la technique, et celle de la pollution, qui, au nom de la production et du profit, met en danger ce grand organisme fragile, notre planète. L'amiante, substance saluée pour sa pureté indestructible, était en fait une tueuse masquée. Bien des amiantes nous entourent, tels le pétrole, les industries chimiques, les manipulations génétiques, les déchets nucléaires. Mais aucune n'a eu le culot de se dire « incorruptible ». L'amiante ne manque pas d'air.

1er mars 2002

Football

Football et radio, football et télé, football et informations, crise des clubs français, magouilles, échecs, énervements, déconfitures, déceptions, et, autour d'un spectacle sportif qui peut être exaltant, pourtant, des flots d'argent un peu boueux... C'est évoquer, à l'intérieur du nom anglais du plus populaire des sports d'équipe, la pluralité des significations : on est allé du jeu, de l'esprit collectif, de l'effort et de la tactique autour du ballon rond au spectacle, et du spectacle à l'argent, avec en prime, l'incivilité.

Quand la langue anglaise, au XVe siècle, associa la balle (*ball*) et le pied (*foot*) pour désigner un jeu opposant les jeunes gens de deux villages autour de cette balle, le contexte était tout différent. En France, on connaissait la soule ou choule. Ce jeu qu'évoque Rabelais était un affrontement parfois rude, violent. Sa réputation était telle que dans Shakespeare, « joueur de football », *football player*, est quasiment une injure : « gros brutal », « voyou ». Aux antipodes des stars idolâtrées et couvertes d'euros que nous connaissons. Aux antipodes aussi du commerce mondialisé du spectacle. Le football assagi, organisé en Angleterre, avec des règles précises, se divise en deux branches : ballon au pied avec la *Football association* britannique, ballon à la main avec le jeu inventé par hasard en 1824 à Rugby, célèbre collège anglais.

Vers 1900, les deux jeux avaient envahi de nombreux pays, et parmi eux la France, où on parla de « football association », l'*assoce*. Les anglophones disaient *soccer*, formé avec le milieu du mot *association*, tandis que *football rugby* devenait *rugby* tout court, dans la France du Sud-Ouest, le *rrubi.* Football et rugby connurent des évolutions différentes : le premier devenant plus professionnel, et tournant finalement à l'industrie du spectacle, sans perdre son caractère de passion collective, jusqu'aux virulences sauvageonnes de « supporteurs » insupportables. Reste, dans les deux cas, l'esprit du sport et celui du jeu d'équipe. Notre langue, malicieuse, suggère que le foute est foutu, et que le soccer, comme on dit la chose en français québécois, a le moral dans les socquettes. Mais le plaisir désintéressé devant un beau match, mais l'ardeur des jeunes à s'initier au jeu, l'œil fixé sur le dieu Zizou, nous empêchent de désespérer. Footeux, footeuses et footophiles, ne vous laissez pas voler vos amours par le fric, la thune, l'osier, les dents trop longues plantées dans l'innocent ballon rond, rond-rond, pauvre petit patapon...

7 mars 2002

Cuisse[1]

Comme d'habitude, l'actualité est contrastée. En football, les Bleus s'inquiètent. Ce qui est moins banal, c'est que les mots les plus ordinaires sont avalés par des situations très particulières et les cristallisent.

Il suffit aujourd'hui que nous prononcions le mot *cuisse*, en France, pour nous transporter en esprit auprès de nos Bleus éprouvés, en Corée, et, bien sûr, pour penser, non aux augustes cuisses d'une reine, mais à celle, la gauche, de notre Zidane, menacé dans son quadriceps. Du coup, des millions de francophones apprennent des termes d'anatomie : *quadriceps*, par exemple, qui signifie « muscle à quatre têtes », où – *ceps* – c'est celui de *biceps*, que l'on connaît mieux – vient du latin *caput*, « la tête ».

1. Reprise, après interruption médico-chirurgicale, très peu dépendante de ma volonté.

Mais ce sont là des mots savants ; *cuisse* paraît plus clair. Ça se place au-dessus du genou, ça sert beaucoup dans la vie. Quand elle est féminine, la cuisse, elle déclenche les fantasmes masculins. Mais quand elle appartient à Jupiter, elle déconcerte puisque cette cuisse mythologique a servi, ce qui est saugrenu, de mère porteuse pour le futur dieu Bacchus, dont la maman naturelle était morte. Comme quoi, rien n'est jamais perdu. Retour aux cuisses sportives : que la cuisse musclée, valide, agile soit bien nécessaire au sport, ou à la danse, nul n'en doute.

L'histoire du mot, le saviez-vous, est des plus bizarres. Le latin *coxa*, qui a donné *cuisse*, désignait en fait la hanche. La preuve ? Le fait que Zizou ne souffre pas, heureusement pour lui, d'une *coxalgie*. La cuisse latine se disait *femur* et le fémur est bien l'os de la cuisse. Mais voilà que ce « femour » – cuisse des Romains qui, comme on sait, va du genou à la hanche et aux fesses, ressemblait monstrueusement à *fimus*, « fimous », mot ordurier qu'on retrouve dans *fumier*. Mais les Gallo-Romains étaient pleins de ressources. Ni une ni deux : on prend la *coxa*, on la descend vers la jambe, et c'est notre bonne cuisse moderne. Et on se débarrasse du malodorant *femur* en le remplaçant par *hanka*, pure production germanique. Ça ressemble aux chaises musicales politiciennes – cela pour répondre aux esprits chagrins qui reprochent aux Français de se passionner plus pour le foot que pour les élections prochaines, ce qui n'est pas très citoyen. En outre, si on vote, en principe, avec sa tête, on va aux urnes, notamment, avec ses cuisses.

3 juin 2002

Effet d'annonce

Les exigences de la politique, entre action et communication, sont devenues un casse-tête pour les gouvernements. Si vous agissez et travaillez sans le montrer, ou en le montrant mal, l'opinion vous renvoie dans vos buts. Si vous communiquez habilement, de manière visuelle et acoustique – ce qu'exige la télé –, on vous accuse de gesticulation et, nous y voilà, d'effet d'annonce. C'est peut-être l'effet, plus que l'annonce, que l'on reproche aux politiques, sous-entendant ainsi qu'ils épuisent leur énergie à annoncer leurs intentions, et non à les réaliser. L'annonce rejoint la promesse dans le manuel du petit politicien en manque d'amour, et relève de la danse de séduction.

Annoncer est pourtant un mot vénérable et de haute moralité. Pensez donc, *ad-nuntiare*, c'est « envoyer un messager », une sorte de nonce, personnage apostolique, quasiment un ange annonciateur. Mais l'envoi de l'ange Gabriel à la Vierge Marie, pour lui annoncer la bonne nouvelle, s'est bien affaibli dans notre parole quotidienne. Les plus actifs des annonceurs ne sont certes plus des anges, mais des publicitaires : on est alors assez loin des sublimes annonciations de la peinture italienne, ou de *L'Annonce faite à Marie* de Paul Claudel.

Les annonces d'antan ont cédé la place aux pubs, mais il nous reste les petites annonces et les bandes-annonces de l'industrie du cinéma. Cela demeure un peu mesquin, au regard des messages, communiqués et communications, déclarations, avis et proclamations que le mot *annonce* englobait. De la solennelle prophétie et des signes, présages et augures, l'annonce s'est banalisée, devenant un modeste terme de belote prolétaire ou de bridge bourgeois.

Reste l'annonce d'un brillant programme d'action, censé séduire et enthousiasmer le citoyen-électeur. Les médias en font leurs choux gras et la vente des apparences y produit son petit effet. L'effet d'annonce n'est pas l'enfant du message angélique, mais plutôt de ce que nous continuons à appeler, malgré toutes les académies, le marketing. Un de ces jours, nous entendrons parler de l'announcing, et l'on enseignera cet art difficile à l'École nationale d'administration.

En attendant, puisque les actes et les décisions, s'inscrivant dans la réalité, ne peuvent que décevoir, les belles intentions, les bonnes volontés pétulantes et les projets mirobolants, actualisés sous forme d'annonces, produisent leur effet immédiat. Annoncez, annoncez, peu importe qu'il en reste quelque chose.

4 juin 2002

Engagement

En période électorale, des mots ordinaires reçoivent une force brusquement démultipliée. Ainsi de *promesse* et d'*engagement*. Par une alchimie étrange, il arrive que ces deux termes, dont le sens est proche, soient distingués, et que ce qu'on appelait « promesses » devienne soudainement des « engagements ». Il m'a semblé que les médias, qui commentaient avec gourmandise les promesses électorales des uns et des autres, se soient mis à parler d'*engagements*. Mais aucun mot n'est vraiment remplaçable par un autre. La plupart des promesses, c'est vrai, sont des engagements, mais tous les engagements ne sont pas des promesses, puisqu'on peut engager autrui. La promesse, c'est le *pro-* du latin *promittere* qui l'exprime, concerne l'avenir ; surtout, c'est une parole, alors que l'engagement met en gage et donne une caution. Ainsi, une promesse financière ne vaut rien sans une absolue confiance, alors qu'un engagement financier apporte une garantie immédiate, que l'on peut évaluer.

En effet, on parle facilement de promesses en l'air, trompeuses, creuses – du genre de celles qu'on attribue par pur préjugé aux Gascons –, alors que les engagements sont pris beaucoup plus aux sérieux.

La promesse est personnelle, verbale, psychologique, sujette à tous les doutes que suscite la nature humaine ; l'engagement, plus objectif, parfois juridique, on le trouve plus sûr, par sa nature même.

Aussi bien, la coutume de la plupart des politiques consiste à dénoncer les promesses de l'adversaire, qui sont toujours légères ou inconsidérées, voire intéressées et mensongères. On a pu dire que les promesses n'engagent que ceux qui y croient, ce qui serait l'indice d'un joli cynisme. Du coup, les promesses que l'on fait soi-même, on préfère les qualifier d'engagements, ce qui vous a un petit air de contrat moral tout à fait rassurant.

Écoutez ce qu'en dit Jean-Jacques Rousseau : « Quand ce devoir de tenir ses engagements ne serait pas affermi dans l'esprit de l'enfant par le poids de son utilité, bientôt le sentiment intérieur le lui imposerait comme une loi de la conscience. » Voici donc que l'engagement rejoint, malgré son poids rationnel et utilitaire, la conscience morale, qui est précisément l'univers de la promesse. Ce qui ne le rend pas beaucoup plus fiable qu'elle.

Cependant, si un candidat prend un engagement, l'opinion publique est conviée par le mot lui-même à poser la question de confiance : « Quel est le gage, quelle est la caution ? » Sans réponse ou avec une réponse creuse, l'engagement redevient promesse. L'enfer politique et l'horreur économique sont pavés de promesses non tenues et d'engagements sans gages.

5 juin 2002

Cohabitation

Cohabitation est devenu mot politique en 1981, grâce à Valéry Giscard d'Estaing, grand créateur en langage, qui vient d'inventer pour M. Raffarin l'expression « Pompidou poitevin ». La cohabitation est une idée simple, si l'on admet que, dans notre Constitution, doivent coexister deux pouvoirs élus : un président, une majorité législative.

Rien que de naturel, si l'on fait abstraction des intérêts affrontés des grands partis, incarnant ces deux tendances prétendument dépassées, la droite et la gauche. Mais justement, la politique, c'est l'affrontement. La cohabitation, ces jours-ci, n'est plus une situation objective ; c'est devenu un épouvantail, brandi par les tenants d'une majorité unique qualifiée de cohérente. L'épouvantail contraire, c'est « tout le pouvoir à une seule tendance ». Et chaque grand parti brandit son drapeau en fonction de ses intérêts.

Ce qui ne veut pas dire que la cohabitation, de même que la réunion de tous les pouvoirs dans les mêmes mains, n'aient pas leurs inconvénients objectifs. Du côté cohabitation, le vent a tourné. Je me souviens qu'on en vantait les mérites, il y a quelques années, et qu'on nous expliquait, à propos des cohabitants Mitterrand et Chirac, combien les électeurs français étaient sages d'équilibrer ainsi les pouvoirs... Si l'on s'en tient aux mots, *cohabiter* n'a rien d'effrayant : habiter ensemble, par mariage, compagnonnage, voisinage, proximité, c'est la condition de la vie en société. Quant à la cohabitation par pacs, on entend bien que Mme Christine Boutin y est hostile. Le latin *habere*, « avoir », a donné *habitare*, qui signifia « avoir souvent, comme lieu de vie », c'est-à-dire... habiter. L'idée est parente de celle d'habitude. Avec *co-*, la résidence et l'habitation deviennent rapports humains : *cohabiter* se dit en français, à propos de la vie privée, depuis six siècles. Fallait-il que la politique s'empare du mot ? Il n'y a qu'un responsable, qui est une responsable, et c'est la Constitution. Si la cohabitation était une monstruosité, il serait urgent de changer de Constitution. Vouloir la proscrire, *a priori*, c'est à l'évidence empiéter sur la liberté de l'électeur, qui, lui, n'a pas fabriqué les lois gaulliennes. Tous ceux qui ont élu Jacques Chirac sans partager ses idées sont conviés au service après-vente, appelé « majorité claire ». La cohabitation, visiblement, trouble cette confortable donne. À l'électeur libre, qui n'est pas un électron, de décider.

7 juin 2002

Enfant

Dominique Bromberger a évoqué ce matin le sommet de la FAO à Rome. C'est une information discrète, ce n'est pas vraiment une nouvelle, et c'est pourtant une terrible réalité planétaire. Puisque le football, qui nous obsède depuis le début de la Coupe, nous lâche un peu, on va peut-être pouvoir parler de la condition humaine, et précisément de la situation des enfants.

L'enfance, pour nous, c'était l'attendrissement, l'avenir, l'innocence, c'était le fameux « cercle de famille » du père Hugo, qui « applaudit à grands cris » la chère tête blonde.

Mais l'idylle s'est évanouie. Dans nos régions prétendues développées, bien des enfants, abandonnés à eux-mêmes, sont à la dérive : petits délinquants et petites victimes. Mais dans les pays qu'on dit pudiquement « en voie de développement », c'est la catastrophe. Des millions d'enfants sont affamés, malades, atteints dans leur chair et dans leur esprit, transformés en bagnards pour que survivent des économies de misère, plongés dans la délinquance et la prostitution, aliénés de leur enfance même, ce temps qui devrait être celui de l'insouciance heureuse. Les millions d'enfants du tiers- et du quart-monde nous accusent. Mais ils nous accusent en silence et, curieusement, leur nom en français le dit tout net. *Infans*, passé du latin dans l'ancienne langue, ce n'est pas « le jeune », « le petit ou la petite », ni « l'innocent », qui veut dire « celui qui est incapable de nuire », non, c'est « celui qui ne parle pas ». *In-* négatif, et *fans*, du verbe *fari*, « parler ». L'*infans*, à l'origine, c'est celui qui ne parle pas encore ; puis le mot remplace le terme classique, *puer*, qui nous a donné *puéril* et *puériculture*. Dès lors, l'enfant parle, mais on dirait que le mot se venge : oui, les enfants du monde entier savent parler, en une multitude de langues, mais ils ont rarement droit à la parole – je salue au passage les « paroles d'enfants » de France Inter, qu'on peut entendre en fin de semaine.

L'école, parfois, donne la parole aux enfants, mais ceux dont il est question ne vont pas à l'école. Épuisés, malades, ils ne peuvent que gémir et pleurer ; enrôlés de force par la guerre, ils hurlent, ils meurent, parfois, ils tuent, en riant ; ou bien, écrasés de travail, ils se taisent.

Pour une fois que la loi du silence est brisée, vous m'excuserez si mon petit droit à la parole prend la forme du coup de gueule. Donnons la parole à l'infans, pour qu'il redécouvre l'enfance.

13 juin 2002

Gibecière

« Un chasseur sachant chasser doit savoir chasser sans son chien... » La chasse est une poursuite du gibier pour l'attraper (le latin tardif disait *captiare*, d'où *chasser*). Or, *gibier*, mot germanique qui évoque les oiseaux de chasse, milans, éperviers et autres rapaces, est apparenté à *gibecière*, le sac de cuir où les chasseurs placent leurs prises.

J'ai lu ce mot cynégétique à propos d'un merveilleux rabatteur de gibier, nommé Jean-Pierre Raffarin – éponyme d'un gouvernement tout entier –, qui vient d'offrir aux chasseurs, ces amoureux de la nature qui expriment leur amour à coups de fusil, un cadeau à plumes, en abattant, d'un coup d'un seul, un décret protégeant un petit peu le gibier d'eau. Et les canards, couinant « encore un peu de temps, Monsieur le bourreau », n'ont plus qu'à s'envoler vers d'autres cieux. Les chasseurs sont heureux, et les canards ne votent pas : explication mesquine, peut-être perverse, mais qui me fut soufflée par les mots. La gibecière a désigné du XVIIe au XIXe siècle, outre le sac du chasseur, celui du prestidigitateur et l'on parlait de *tour de gibecière* comme de tour de passe-passe. L'homme habile, même s'il n'avait pas son bâton de maréchal dans sa giberne – qui était une boîte à cartouches –, on disait qu'il avait *plus d'un tour dans sa gibecière*. Ce qui peut nous conduire sans mauvais esprit excessif vers les gibecières électorales. Les électeurs ne sont pas des lapins ni des canards sauvages qui se prennent pour des enfants du bon Dieu, mais ils sont sensibles aux appeaux et aux appelants. Heureusement, la chasse électorale ne se fait pas au fusil, mais au filet, et la bonne volonté du gibier y est remarquable.

Il semblait que la gibecière de l'UMP était confortablement garnie, mais on sait que l'appétit vient en mangeant.

Bien sûr, comparer la politique à la chasse n'est qu'une image. Pourtant, j'apprends qu'un sujet du bac conviait les candidats à comparer la politique à l'art et aux sciences. Or, les arts, qui sont le nom latin des techniques, comprennent ceux de la vénerie et de la fauconnerie – défense de rire ! – illustrés au temps jadis par d'admirables traités ; mais ces exercices, décidément trop élitistes, ont cédé la place au tir, certainement moins cruel que la chasse à courre, mais aussi moins esthétique. Avec ce raisonnement, je sens que je n'aurais pas eu la moyenne au bachot...

Chacun, et c'est normal, cherche à remplir sa gibecière. Ce n'est pas vrai qu'en politique. Rabelais parlait de la « gibecière de notre entendement » ; c'était cocasse, mais sage.

14 juin 2002

Immigration

Les préoccupations de l'Union européenne quant à l'immigration incitent à se poser à ce sujet d'autres questions que techniques et économiques. Des questions de langage, par exemple.

Spécialisé pour désigner l'arrivée d'étrangers à la recherche de travail ou d'asile, le mot est apparu à la fin du XVIIIe siècle, parallèlement à *émigration*, à peine plus ancien. Les familles de ces deux mots viennent du latin *emigrare* et *immigrare*, formés de *migrare*, signifiant « changer de lieu, de résidence ». *Migration* s'est dit dès le XVIe siècle des Français qui allaient s'installer aux Antilles ou en Louisiane, mais aussi, deux siècles plus tard, du déplacement forcé et criminel d'Africains « importés » dans ces régions comme esclaves et main-d'œuvre.

Mauvais départ, pour les migrations humaines. Ce qui frappe, dans ces mots, c'est qu'ils expriment les mêmes réalités, qui diffèrent selon les époques, et cela de deux points de vue opposés. Celui des migrants qui sont contraints de quitter leur pays s'exprime par *émigration* (avec un *é-* qui provient du *ex-* latin). On dit *immigration*, « migration dans » (du latin *in*) du point de vue des pays dits « d'accueil », sans préciser la qualité de cet accueil.

D'autre part, les situations historiques s'opposent : aucun rapport entre les aristocrates *émigrés* qui quittaient la France pendant la période révolutionnaire et, au XXe siècle, les travailleurs des pays du tiers-monde ou d'Europe orientale contraints de chercher des emplois dans les pays dits « riches » et où tout le monde ne l'est pas...

Quant aux deux points de vue, l'Europe veut traquer l'*immigration* clandestine et choisir ses *immigrés* en fonction de ses besoins ; les pays d'*émigration*, ne pouvant fournir travail et salaire, ne parlent guère d'émigration clandestine. Pour masquer ce contraste dramatique, il est commode d'enlever les préfixes et de parler de flux *migratoires*. On remarquera que le mot neutre, *migration*, s'applique bien aux animaux *migrateurs*, objets de la sollicitude explosive des chasseurs : on ne parle pas d'oiseaux immigrés, ni émigrés, et, même au Front national, on ne milite pas pour la préférence nationale des volatiles.

Les mots sont révélateurs, et donc cruels ; une politique migratoire devrait rendre compatibles les intérêts affrontés de l'immigration et de l'émigration, puisqu'il s'agit des mêmes êtres humains.

20 juin 2002

Perchoir

L'actualité nous tend des mots trop souvent dramatiques (*immigration*, évoqué hier) ou répétitifs (*fête*, *musique...*), rarement charmants et ironiques, ce qui repose. Par exemple, le *perchoir*, non celui des volailles, mais celui de l'Assemblée nationale. Il faut remercier Jean-Louis Debré et Édouard Balladur qui, faute de participer à la fête de la musique, nous offrent un affrontement digne d'un match entre poids lourds de la politique majoritaire, une sorte de Brésil-Angleterre politique.

Cette lutte de titans, à laquelle nos médias accordent une certaine importance, ce suspens digne d'Alfred Hitchcock a pour enjeu une situation enviée, celle d'occupant du *perchoir* de l'Assemblée nouvelle. Ce perchoir prestigieux n'est pas la seule pomme de discorde en politique, puisqu'on nous dit que l'opposition cultive elle aussi la zizanie, qui est le nom grec d'une mauvaise herbe, l'ivraie.

On devine que le mot *perchoir* ne reflète pas la noblesse constitutionnelle de la fonction de président de l'Assemblée nationale, symbolisée par l'élévation du siège de président. Le mot *perchoir* désigne depuis plus de quatre siècles le bâton sur lequel on fait percher des volatiles. Du fait que les oiseaux ne sont pas seuls à pouvoir se percher, et qu'il n'est pas interdit de grimper aux arbres, *perchoir* a désigné diverses situations élevées. Le verbe *percher* lui-même, plus fréquent aujourd'hui sous la forme *se percher*, est un dérivé du nom féminin *perche*, qui vient du latin *pertica*. Ce mot désignait surtout une tige pour prendre des mesures. En français, la perche a trouvé d'autres affectations : on y fait se jucher les oiseaux, on s'en sert pour tirer quelqu'un de l'eau et on dit alors *tendre la perche.* De la situation dangereuse d'homme à la mer à celle d'homme-oiseau dans le sport du « perchiste », il n'y a qu'un point commun, la perche, qui est de toute façon une aide.

Quelle perche donnera l'avantage au candidat qui parviendra au perchoir ? Sans doute le soutien ou l'accord du président d'en haut, qu'on pourrait appeler, en hommage à un merveilleux roman d'Italo Calvino, *le Baron perché.* Mais on n'aura pas l'inconvenance d'appeler « grand perchoir » le palais de l'Élysée.

21 juin 2002

Majorité

La désignation du parti aujourd'hui au pouvoir est logique, sinon tautologique, puisqu'il se nomme « Union pour la majorité présidentielle », *ump...* Comme toute désignation politique, elle établit une volonté qui cherche à coïncider avec le réel. En écartant une question toujours délicate : « l'union est-elle réellement unie ? », reste la certitude sur l'autre point : la majorité présidentielle est en effet majoritaire, au point que l'opposition, par définition minoritaire, déplore la toute-puissance de l'Autre.

Majorité est un mot vénérable : plus de sept cents ans de service, après le latin médiéval *maioritas*, dérivé de *maior*, *major*, qui a donné à la fois *majeur* et *maire*. Cela tombe bien, s'agissant d'un président qui fut maire de la capitale, et qui, de surcroît, a largement dépassé l'âge de la majorité.

Voilà l'ambiguïté du mot, qui désigne au Moyen Âge la charge de maire, l'âge majeur et la supériorité numérique. Du quantitatif et du qualitatif, et du pouvoir, municipal et même militaire. Au XVIIe siècle, la charge de *major*, haute fonction militaire venue d'Espagne, se nommait une « majorité ».

Pas beaucoup de politique dans tout cela, mais la Grande-Bretagne, source d'une bonne part du vocabulaire de nos institutions, *parlement* par exemple, veillait. Par une sorte de ping-pong linguistique au-dessus de la Manche, le mot français fut pris par l'anglais au XVIe siècle, et *majority* se mit à désigner le plus grand nombre, alors qu'on disait en France *pluralité*. Ce plus grand nombre, dans un système parlementaire, s'applique aux assemblées politiques, et la *majorité*, en ce sens, revient en France peu avant la Révolution. Enfin, c'est en 1789 que le mot désigne le groupe, le parti qui l'emporte par le vote. Ce baptême révolutionnaire n'implique pas que les majorités actuelles – on le voit – penchent pour les solutions révolutionnaires.

Un des emplois les plus célèbres de *majorité*, c'est la célèbre *majorité silencieuse*, formule due au président Nixon, qui opposait en 1970 une *active minority*, « minorité active », à la *silent majority*. L'ambition de la majorité française actuelle est certainement d'être active, et on constate qu'elle ne demeure pas silencieuse. Dans une démocratie, la majorité et la minorité doivent être loquaces : elles parlent et, idéalement, elles *se* parlent. Nous attendons.

26 juin 2002

Crise

On ne sait s'il faut parler de krach, mais en tout cas, la Bourse et une partie de l'économie mondiale sont en crise. Le mot *krach* venait de Hollande, avec l'influence de l'allemand. Il a pris son sens financier avec l'effondrement des cours de la Bourse en Autriche, en 1873. La crise, elle, est une plus vieille affaire : en grec, *krisis*, c'est un « jugement » et cette idée initiale, celle du verbe *krinein*, « juger », se retrouve dans *critique* et dans *critère*. En latin et en français, *crisis*, *crise*, est un mot de médecine : la crise est le moment où la maladie tourne, bien ou mal, où son évolution décide du sort du patient. C'est, si l'on veut, une explosion de symptômes : le mal se démasque et montre son jeu. C'est un peu ce qui se passe ces temps-ci.

Il y eut les crises de nerfs, aujourd'hui concurrencées par les cacas nerveux très freudiens, mais les grandes crises sont politiques, financières, boursières. C'est un joli cadeau du XIXe siècle et de la révolution industrielle, marquée par la naissance du grand capitalisme. Avant cela, on parlait plutôt de *révolution*, mot qui supposait un retour et un retournement. Car la crise n'est pas une catastrophe définitive ; elle suppose une succession d'états aigus, mais qui peuvent s'apaiser : un cycle. La crise, par définition, ne dure pas · comme en médecine, ou bien elle conduit à la mort, ou à la guérison. La crise aiguë secoue et épuise. Après la grande crise de 1929, le mot a fait peur, et on a préféré parler pudiquement de *récession*, face négative de la croissance.

Mais le bon sens de la langue quotidienne a corrigé l'illusionnisme des économistes : on parle de *crise sociale*, de *crise de civilisation, des valeurs, de la morale*. Nous avons pris la triste habitude de vivre en crise. À l'occasion de la crise boursière actuelle, on voit bien que la crise est d'abord morale : les effondrements financiers sont clairement liés à des fraudes. WorldCom, la com' mondiale, était donc fondée sur le mensonge et l'escroquerie. Les déroutes et les déconfitures, en créant des situations *critiques*, aboutissent à des ruines et à des licenciements. Il ne s'agit plus de se lamenter ou de moraliser, exercice où George Doublevé Bush est passé maître, mais, comme les mots le suggèrent, de faire la *critique* du système qui produit ces scandales.

27 juin 2002

Dégringoler

Comment qualifier la chute, l'effondrement brutal, par exemple celui des cours des actions, lorsque les entreprises sont soupçonnées ? Les mots abondent, d'*effondrement* à *culbute* et *plongeon* ; mais l'un d'eux intrigue : c'est *dégringolade*.

Très expressif, *dégringoler*, avec ce *grin* et ce *gol* qui font penser aux marches descendantes d'un escalier abrupt. Au XVIe siècle, on disait aussi *gringoler*, mais cela n'éclaire rien. Ce mot, apparemment, n'a rien à voir avec *gringue*, qui est apparenté à *grignoter*, ni avec *El Gringo* – n'y voyez aucune allusion[1] –, mot espagnol pour *grigo*, *griego*, « grec », qui désigne l'étranger, et notamment, au Mexique et dans quelques lieux voisins et hispanophones, l'Américain du Nord étatsunien. Il semble bien que le *gringol-* de *dégringoler* soit germanique ; en ancien allemand et en néerlandais, *Kringel* évoque le cercle, le tournoiement, ce qui donnerait à la dégringolade une allure de chute tournicotante : il est vrai que la Bourse, ces temps-ci, a un peu l'air de tomber en vrille.

À part les escaliers abrupts, la dégringolade semble avoir un lieu privilégié, la Bourse. Il y a cinquante ans déjà, on trouvait dans le beau roman de Sartre, *Le Sursis*, la phrase suivante : « les affaires sont dans le marasme, la Bourse dégringole ». On s'y croirait, en 2002. Mais c'est encore à propos des vicissitudes des situations humaines que le verbe *dégringoler* exprime une remarque de sagesse : à grimper trop vite et sans précaution, on risque la dégringolade. La France d'en haut aurait tort de se rengorger et de perdre toute modestie. Montaigne disait : « si haut que soit le trône, on n'est jamais assis que sur le cul » (je cite de mémoire) ; ajoutons : plus dure serait la dégringolade. Flaubert, dans son admirable correspondance, résume une situation que nous pouvons observer assez souvent :

« Tous ceux qui se regardent comme au-dessus du niveau humain dégringolent au-dessous. »

L'auteur de *L'Éducation sentimentale* pouvait alors penser à un certain Napoléon, qui avait oublié qu'il avait été Bonaparte.

Dégringolade, effondrement, ce serait le prix à payer pour le haut, quand il méprise le bas et les bases. Avis aux responsables, aux politiques, aux patrons, aux présidents, qui, en grimpant haut, risquent de gringoler.

3 juillet 2002

---

1. Quelques années après les faits, on peut rappeler que les Guignols de l'info évoquaient le nom de cette marque à propos d'un Premier ministre dont on disait qu'il avait dirigé la publicité de cette entreprise cafetière. On se souvient d'un refrain allègre et lancinant qui interrompait ses élans politiques : « Jean-Pierre sait faire / Du bon café ! »

Proximité

Voici venu, selon Jean-Pierre Raffarin, le temps de l'action et de la confiance dans une République de proximité. L'action, la confiance et la République sont des thèmes récurrents, mais jusqu'ici la proximité n'avait pas eu droit à cet honneur.

C'est, cependant, un mot à la mode, qui exprime depuis une vingtaine d'années le fait d'exercer une activité tout près des usagers : la police de proximité se promène près de chez vous, les commerces de proximité vous évitent de traverser la ville pour acheter un yaourt, le médecin de proximité vient vous voir à domicile. Le record de la proximité, ce doit être la radio et la télé qui ajoutent le son et les images à l'eau courante (tiens, revoilà Vivendi[1] !), au gaz et à l'électricité pour donner à nos petits nids un agrément de proximité supplémentaire.

On sent bien que *proximité* est en rapport avec *proche*, qui vient du latin *prope*, c'est-à-dire « près ». Plus près, c'est *proprior*, qui n'a pas eu de succès, à la différence du superlatif *proximus*, « le plus près ». La *proximitas*, c'est donc le fait d'être le plus proche possible, que ce soit par le voisinage concret ou par la parenté, la ressemblance, l'union. Notion très politique, comme le montrent les mots *Assemblée* et *Union*. La proximité concerne aussi ce qui est proche dans le temps, mais il me semble qu'on parle plus souvent de la proximité d'un orage ou d'une échéance que de celle d'une fête. Dans l'espace aussi, toute proximité n'est pas heureuse : les fusées de proximité, qui se déclenchent tout près de l'objectif, sont moins plaisantes que le bistrot de proximité, en face de chez vous.

Ce qui est favorable dans la proximité, c'est qu'on voit mieux quand on voit de près. Mais attention ! On peut lire ceci dans les *Pensées* du grand Pascal : « Nos sens n'aperçoivent rien d'extrême, trop de bruit nous assourdit, trop de lumière éblouit, trop de distance et trop de proximité empêche la vue... » Autrement dit, à garder le nez sur son sujet, on n'y voit plus clair ; mais à prendre de la hauteur, on se détache des problèmes.

1. Cette entreprise unissait les ambitions aqueuses à l'exploitation des passions populaires pour les divertissements sonores et visuels.

C'est une des grandes difficultés de l'action, en particulier de la politique. Les grands symboles, les principes, et donc la République ne doivent pas rester abstraits : donc, proximité ; mais ils doivent garder de la hauteur. Trop de proximité limite la vision... et tue la proximité.

4 juillet 2002

Amnistie

On en parle depuis quelques jours, de l'amnistie, et nous sommes nombreux à penser que c'est un sujet médiocre, un peu scandaleux même... Qui a prononcé cette phrase : la France « est fatiguée, exaspérée d'entendre constamment se reproduire ces débats sur l'amnistie » ? Ce n'est pas un râleur ou une râleuse d'aujourd'hui, mais bien Gambetta, en juin 1880, lors d'un discours à l'Assemblée.

L'amnistie portant sur les infractions routières est choquante, dans un pays où le comportement collectif des automobilistes, l'un des pires en Europe, conduit à ce que l'on prétend combattre, le désordre, l'incivisme et l'insécurité. Une *amnistie* ne doit pas être confondue avec un *armistice*, qui est un arrêt de l'usage des armes. *Amnistie* est pris au grec *amnestia*, qui signifie « oubli », de l'adjectif *amnestos*, « oublié ». On a d'abord dit *amnestie*, ce qui est d'ailleurs plus correct, et cette forme est passée du français à l'anglais, pour nous revenir sous la forme *Amnesty*, l'association qui lutte contre les violations des droits de l'homme et réclame la fin des persécutions et des injustices. Si le pardon, s'agissant de violences exercées par les pouvoirs et les polices, est une pratique déjà discutable, c'est vrai aussi pour les infractions, même mineures, justement sanctionnées. *Amnistie* est cousin d'*amnésie*, qui désigne un oubli pathologique. Ces mots vont à l'encontre d'une fonction vitale de l'esprit, la mémoire. En matière de justice, l'amnistie nécessite une loi et se distingue de la grâce, qui vient du chef de l'État. On peut s'étonner que les députés fraîchement élus soient conviés à voter l'oubli, et trouver que cette amnistie républicaine évoque un peu trop, depuis une quarantaine d'années, le fameux don de joyeux avènement des souverains... Elle évoque aussi, sur le plan moral, les scandaleux non-lieux et les étranges jugements d'indulgence de la justice.

Il est désagréable de s'opposer au pardon, à l'oubli des actes délictueux et à l'envol des papillons de contravention, plutôt sympathique en soi. Mais à certains moments, et quand des problèmes tragiques pèsent sur le monde, un long débat sur l'oubli des incivilités que nous commettons avec nos voitures paraît dérisoire.

Enfin, symboliquement, une politique de l'oubli, et d'un oubli réduit et circonscrit, qui souligne l'iniquité du principe, ce n'est pas un superbe début.

8 juillet 2002

Santé

Rien de plus difficile que de définir la santé, sinon qu'elle s'oppose à la maladie, où l'on perçoit le mal. Dans l'être vivant, des principes contraires coexistent : la mort est un aspect de la vie, la maladie fait partie des situations normales et la santé est un état heureux, qu'on cherche à préserver ou à retrouver. C'est même la raison d'être d'une activité indispensable à l'équilibre des sociétés et des individus, j'ai nommé la médecine.

Si le mot *santé*, venu du latin *sanitas*, est très ancien, son emploi pour désigner la situation collective des êtres humains, quant à la physiologie, apparaît au milieu du XVIIe siècle, c'est-à-dire à une époque où on commence à lutter effectivement, et non par des mesures symboliques, contre les épidémies. On commence, sous le règne de Louis XIV, à parler de *lieux de santé* et, au début du XVIIIe siècle, de *maisons de santé*, qui sont en fait des maisons de soins. Le nom étonnant de la prison de la Santé, à Paris, vient de ce qu'elle remplaça un hôpital de cette époque.

Le mot *santé* continue à désigner à la fois l'idéal de notre état physique et cet état, qu'il soit bon ou mauvais. Ainsi, on dit : « il a des *problèmes de santé* », et cela signifie « de maladie ». *Santé* a fini par désigner toutes les activités qui contribuent à soigner, à remettre sur pied les habitants d'un pays, d'une région. La santé résume non seulement les situations personnelles, mais une immense organisation médicale, chirurgicale, pharmaceutique, hospitalière. Notons pour souligner le peu de cohérence de notre langue – on dira la fantaisie, pour être positif – que l'adjectif de *santé* ne devrait plus être *sanitaire*, qui est bien insuffisant, mais *médical*.

« La santé n'a pas de prix », a déclaré notre ministre *de la Santé*, précisément. C'est en effet l'opinion de chacun et chacune d'entre nous : « pourvu qu'on ait la santé, etc. ». Au sens collectif et actif de « médecine », la santé, la santé publique est coûteuse : Sécurité sociale, hôpitaux, activités médico-chirurgicales. Il en va de même pour d'autres domaines d'action collective, consacrées au maintien de valeurs : la santé, la sécurité, la paix, et finalement ce fameux bonheur qui, disait Saint-Just en son temps, « est une idée neuve en Europe ».

La santé, elle, n'est pas une idée neuve : on en parle, on en rêve sous ce nom, en français, depuis le XIIe siècle. Il serait triste que, servie par une technique et des savoirs en immense progrès, par des professionnels de plus en plus compétents, elle soit freinée et menacée par les contraintes budgétaires. Une des questions les plus révélatrices de l'état d'un pays est bien : « Alors, comment ça va, la santé ? »

12 juillet 2002

2003

28 janvier : Élections en Israël
5 février : Catastrophe de la navette Columbia
30 janvier, 12, 17, 18, 19, 25, 27 février, 2, 3, 5, 11, 17, 18, 19, 21, 25, 27 mars, 1er, 4, 7, 8, 10 avril : La question irakienne ; la « coalition » États-Unis – Grande-Bretagne ; la guerre
15, 17, 21, 22 avril, 9 mai : L'Irak vaincu, occupé, chaotique
24 avril, 2 juin : Rapports entre les États-Unis et la France, après la guerre d'Irak
11 avril : Fin des vols du Concorde
26 août, 9 septembre : La canicule meurtrière de l'été 2003
28 août, 29 octobre (et voir *2 mai 2005) :* Proposition de suppression d'un jour férié, en France
1er octobre : Fusion d'Air France et de KLM
17 octobre : Rencontre Chirac-Schröder
1er décembre : Rencontre officieuse de Genève pour la paix entre Israël et la Palestine

Dysfonctionnement

Le mot *dysfonctionnement*, ce matin, ne doit pas faire penser à la lutte antiterroriste, mais à des événements très récents, moins dramatiques, mais désagréables. Les automobilistes sans méfiance coincés sur les autoroutes enneigées, dans des bouchons monstrueux, les voyageurs abandonnés par des avions figés par le gel ont eu l'impression d'une incapacité généralisée à gérer un événement pourtant assez normal en janvier et, pour tout dire, d'une somptueuse pagaïe. *Pagaïe*, mot de marins, dont l'histoire est surprenante, car c'est le même que la pagaie des pirogues dont le maniement paraissait désordonné aux Européens, est familier et désobligeant. Il a un synonyme plus élégant et plus savant, *dysfonctionnement*, qui recourt à l'élément *dys-*, très courant dans la langue d'Homère. Le français a emprunté des termes médicaux qui expriment un mauvais fonctionnement, comme la *dysenterie* ou la *dyspepsie*. Puis on a formé des mots nouveaux, comme *dissymétrie* (écrit distraitement *dis-*) ou *dyslexie*. Sans doute fatiguée de chercher des radicaux grecs, la médecine a fabriqué des mots en *dys-* avec du français, tel *dysfonctionnement*. Comme *fonctionner* et *fonctionnement* concernent tous les domaines, on est passé du dysfonctionnement hépatique ou gastrique à celui des institutions, des gestions, des organisations. Cet élément de mots a dû être stimulé par le *dis* latin, celui de *distraction*, de *discorde*, de *disparaître*, qui exprime la séparation, l'écartement, ce qui peut évoquer une idée voisine. On pourrait dire que le mot *dysfonctionnement* fonctionne lui-même assez mal et marque plus de prétention que de pertinence. La langue familière et spontanée le sait, qui préfère parler de *pagaïe*, de *bordel*, de *cafouillage*, laissant les dysfonctionnements aux énarques et aux ministres, quitte à râler grave contre les responsables. Nous sommes tous sujets, de temps à autre, au dysfonctionnement. Ainsi, il y a quelques jours, j'ai osé dire, je me cite : « C'est une erreur que j'ai fait. » Aïe aïe aïe... la faute, l'erreur, la bourde, la gaffe... « que j'ai fait*e* », bien sûr. Merci aux auditeurs, attentifs et sévères, mais néanmoins fort civils, qui m'ont écrit pour souligner ce dysfonctionnement inexcusable. Traduction libre : ce qu'on peut dire comme conneries quand on ne se surveille pas...

6 janvier 2003

Révolte

Avant la *rébellion*, mot qui exprime une guerre « en retour », avant la *révolution*, qui désigne une violence historique mais exprime un mouvement cyclique, existe un sentiment, une attitude, un refus, une réaction contre la réaction et les réactionnaires, qui s'appelle la *révolte*.

Révolte est dérivé du verbe *révolter*, ce qui montre que c'est un mouvement, une action et non pas un état. Il y a des révolutions calmées, embourgeoisées, qui produisent des régimes tranquilles, des révolutions figées, durcies, momifiées, alors que la révolte, ça bouge ou ça meurt. Le mot nous vient d'Italie, *rivoltare*, de *voltare*, « tourner » ; il est apparenté à *volte*, à *volute*, et, on s'en doutait, à *révolution*.

Quand tout le monde marche dans le même sens, ce qui est le but des sociétés humaines, cela tourne facilement au défilé militaire, au conformisme, et ça n'est plus un idéal. D'où le besoin, le désir de se détourner et de se retourner. La révolte est un retournement qui exprime un refus.

Quand le mot était tout jeune, au XVIe siècle, *se révolter* se disait de la religion : il y avait le bon retournement, appelé *conversion*, mot qui vient de *vertere*, « tourner », et le mauvais retournement, la *révolte*. À une époque d'autorité monarchique et de religion d'État, au XVIIe siècle, la révolte n'avait pas bonne presse : pour les partisans du pouvoir et de l'ordre, c'était simplement un mouvement de violence à réprimer. On se souvient de la réaction du malheureux Louis XVI, à l'annonce de la prise de la Bastille par les insurgés : « Est-ce donc une révolte ? » – selon d'autres, il aurait dit : « une émeute » – à quoi le duc de La Rochefoucauld-Liancourt aurait répliqué : « Non, Sire, c'est une révolution », ce qui n'était pas une prophétie, mais un mot banal à l'époque pour désigner tout changement brusque en profondeur.

Quant à *révolte*, le mot avait déjà pris une valeur positive : preuve, l'apparition de l'adjectif *révoltant*, qu'emploie Voltaire, pour désigner ce qui suscite une réprobation justifiée. Si quelque chose ou quelqu'un est révoltant, alors il est juste de se révolter. Et peu à peu, on en arrive à Albert Camus, à la révolte philosophique contre l'absurdité du monde. Dans *L'Homme révolté*, Camus s'expliquait, en parlant de « cette folle générosité [qui] est celle de la révolte, qui donne sans tarder sa force d'amour et refuse sans délai l'injustice. La révolte est le mouvement même de la vie ».

Finalement, la révolte est bonne, à condition de se retourner contre ce qui est révoltant. C'est déjà, aurait dit le général de Gaulle, un très vaste programme.

7 janvier 2003

Soldes

Les soldes commencent ce matin. Les sociologues nous disent que c'est un véritable phénomène de société. De coup, ce mot qui vient tout droit de la comptabilité se gonfle d'importance, d'autant plus qu'il recèle une difficulté. La plupart du temps, on l'emploie au pluriel : *les soldes*, la période *des soldes*, et on ne se pose pas la question qui tue : faut-il dire *un* ou *une* solde ? *Ce solde* est une bonne affaire, ou pas ? C'est bien *un, le solde*, dans le cas présent, mais *la solde* d'un soldat n'en est pas moins français. *Soldat* et *solde* viennent de l'italien où *soldato* veut dire « celui qui reçoit une solde », *soldo* (masculin en italien, d'ailleurs), le tout remontant au latin *solidus*, qui a donné *sou*, le petit sou dont on parle encore, malgré l'euro. Où est donc la solidité, dans cette affaire ? Dans la belle et bonne pièce d'or, fort solide en effet, qui sonne et qui trébuche.

Quant à nos soldes de ce matin, c'est le résultat d'une longue histoire. Comme beaucoup de mots de finance et de banque – à commencer par le terme *banque* lui-même –, c'est un cadeau de l'Italie, où *saldare* signifiait « arrêter un compte » – encore une fois, le rendre « solide » – et *saldo*, la différence entre l'actif et le passif d'un compte. C'est l'idée de la balance et du bilan. En français, on a rétabli le *o* de *solde* et *solder*, à cause de la solde du soldat et on n'a pas eu tort, puisque le bon latin classique disait *solidus*. *Solde*, le mot, fut d'abord flottant : on a dit *la soulde*, puis *le solde*, d'abord en comptabilité, par exemple dans l'expression *pour solde de tout compte*. Puis, vers 1850, les commerçants se sont dit que, avant de *solder* leurs comptes, il valait mieux se débarrasser des invendus, pour augmenter un peu l'actif et diminuer le passif. Un malin imagina qu'en baissant le prix, la marchandise restée en magasin, le « rossignol » – comme on disait – perché sur les rayons les plus hauts partirait mieux. Et on a parlé de marchandises *en solde*, puis pour faire plus simple, vers 1900, *des soldes*, au masculin quand on voulait « bien parler », ce qui n'est pas forcément un objectif commercial. On remarque que les soldes, cela coïncide avec l'apparition du grand commerce moderne. Le mot, il y a un siècle, n'avait pas trop bonne presse ; le XXe siècle a inventé les *promotions* et au Québec, on a surtout parlé des « ventes », en traduisant l'anglais *sales*, qui a le sens de « solde ».

Aujourd'hui, les soldes sont devenus un procédé de vente, une bonne affaire pour l'acheteur, parce que l'objet vendu est le même en moins cher. Alors, vivent les soldes, et la « fièvre ach'teuse » qui ne donne pas d'aphtes, mais qui vide les portefeuilles, ce qui est le but de cette chère « horreur économique ». Phénomène de société, on vous dit...

8 janvier 2003

Désarroi, 2

Dans les situations dangereuses et incertaines, une réaction et un sentiment assez normal de trouble et de détresse apparaissent. Pour les salariés d'une entreprise qui menace de fermer, le Coréen Daewoo en Lorraine, en ce moment même, pour les sans-abri dans les grands froids, pour les victimes des catastrophes naturelles, on peut parler à bon escient de *désarroi* et chacun comprend ce qu'on veut dire : trouble angoissé, sentiment d'impuissance devant une situation menaçante ou incompréhensible. Dans *L'Odyssée de l'espèce*[1], on voit de nombreux cas de désarroi, tel celui qui accompagne la domestication du feu.

La détresse serre la gorge : c'est bien le sens de *districtus*, « serré » ; mais le *désarroi*, qu'est-ce que ça peut bien être ? C'est un mot négatif, comme *dés-illusion*, qui est plus clair, ce qui revient à se demander ce qu'était l'*arroi*[2].

Arroi est un mot disparu depuis longtemps, mais qui laisse des souvenirs : un bout de patrimoine en péril, si on veut. *Arroyer*, le verbe dont vient *arroi*, est un mot apporté en Gaule romaine par les soldats germaniques de l'Empire romain en difficulté. Il voulait dire « organiser, arranger » et l'*arroi* était donc une organisation, une mise en ordre le plus souvent complexe : l'arroi des cortèges signalait aux populations impressionnées, non seulement le pouvoir et la puissance, mais aussi la bonne organisation. Aujourd'hui, l'arroi des armées américaines et britanniques est fait pour impressionner les témoins de leur déploiement par l'image d'un ordre « formidable », au sens originel de cet adjectif galvaudé.

On comprendra que, devant un tel déploiement, ceux contre qui il est organisé, avec force technique, soient, eux, en grand *désarroi*. Le *désarroi* est une désorganisation psychologique, un trouble, un sentiment de menace sans réaction possible. D'où angoisse, égarement de la conscience, des esprits. Devant les désastres et les menaces subies, devant la mort des proches, le désarroi guette. C'est un sentiment courant chez les adolescents, comme en

1. Ce téléfilm sur l'évolution préhistorique des hominidés venait d'être diffusé
2. Une réponse succinte était donnée à cette question le 9 février 2001.

témoigne le magnifique roman de Robert von Musil, *Les Désarrois de l'élève Törless*. Mais les désarrois pourraient porter leur remède en eux, ce serait un nouvel *arroi* : se reprendre, se réorganiser, ne pas se laisser envahir par la défaite. Il nous manque un mot, *arroi* étant mort et enterré, pour remédier au désarroi ; ce serait le *réarroi*, le remonteur de moral.

10 janvier 2003

Dialogue

Sous toutes ses formes, le dialogue est une dimension essentielle de la vie sociale. C'est un mot ancien en français comme en d'autres langues vivantes, et nous le devons aux philosophes grecs, notamment à Platon, qui n'expose pas ses idées en un discours unique, un monologue, mais sous forme d'une discussion à plusieurs. Ces dialogues mettent souvent en scène un certain Socrate, qui savait faire sortir la vérité, ou plutôt ce qu'on peut en connaître, par un jeu de questions-réponses où les interlocuteurs, réagissant chacun à leur manière, font avancer les idées de tous.

C'est bien l'idée qu'exprime *dialogos*, où *logos* signifie « la parole », et où *dia* signifie « à travers ». Mais comme *dialogue* s'oppose à *monologue*, où *mono* veut dire « un, unité », on croit souvent que le dialogue est une relation de parole entre deux personnes. Erreur fatale ! comme soupirent nos ordinateurs. Le dialogue est un discours à plusieurs, un discours qui traverse les différences individuelles, qui s'adresse à tous ceux qui se parlent et qui s'écoutent, car il doit aller dans les deux directions. De même, le *dia-lecte* est le langage commun à toute une région et la *diaspora* déplace une population à travers les pays. Le dialogue, au théâtre, au cinéma, à la télé, comprend les échanges de paroles entre tous les personnages.

Certes, on peut dialoguer avec un seul interlocuteur, mais la situation qu'évoque le mot *dialogue*, c'est l'échange généralisé.

Comme tous les mots de la parole, *dialogue* recèle une autre ambiguïté : celle de la forme et du sens. Lorsqu'on évoque la modernisation du dialogue social, c'est-à-dire de la discussion entre ces partenaires que sont par exemple les travailleurs, leurs employeurs, les entreprises, les correctes et les voyoutes, et puis l'État, et les associations et tous les citoyens, on peut viser soit les méthodes employées pour se rencontrer et discuter, soit les sujets à aborder pour faire avancer les choses.

Le dialogue est un aspect de la démocratie. La monarchie absolue et la dictature, c'est le *monologue*. Des monologues, nous en entendons tous les jours : c'est la pensée unique, la langue de bois. Sinon, on parle d'un dialogue de sourds.

Paul Valéry, à propos du dialogue intérieur, écrit que dans cet exercice d'échange, « l'esprit mis en mouvement... produit des idées vives qui s'enhardissent l'une l'autre ». Voilà sans doute l'idéal du dialogue. Le dialogue, à travers les groupes sociaux, doit être, avant tout, une parole réciproque.

27 janvier 2003

Expectative

Avant les élections en Israël, dans le contexte dramatique que l'on sait, et malgré les sondages qui prévoient, qui annoncent, qui prétendent cadrer l'avenir, il y a un sentiment d'attente. En Israël, en Palestine, en Côte d'Ivoire, au Moyen-Orient, l'attente se mêle d'angoisse, et plus que jamais, on est dans l'expectative.

Ce mot, aujourd'hui, mêle deux idées, l'attente et l'inquiétude, mais en principe, il n'exprime que le regard vers l'avenir. C'est ce que signifie le latin *ex*, « en dehors (du présent) » joint à *spectare*, « considérer, regarder » – c'est le *spect-* de *spectacle*. Dans toute situation difficile ou dangereuse, l'attention se tourne vers l'avenir. Avant que la science des prévisions ne s'empare de cette tentative, il n'y avait qu'à attendre ou bien à agir sans aucune garantie quant aux effets de l'action. Dans les deux cas, l'inquiétude, l'angoisse même s'empare de l'idée d'un avenir. C'est surtout l'attente passive qu'exprimait le mot *expectation*, qu'on a employé en médecine pour désigner la perplexité devant des symptômes et la décision de ne pas soigner et, comme on dit, de « voir venir ».

Expectation n'est pas un anglicisme ; c'est un mot français, depuis six siècles, mais le mot anglais parallèle, pris au même vocable latin, est beaucoup plus courant. Plus positif aussi : un des plus grands romans de Dickens, *Great Expectations*, est traduit en français par *Les Grandes Espérances*. Ce n'est pas l'espérance qui domine avec l'expectative dans laquelle on se trouve un peu partout dans le monde devant ce qui va advenir et qui s'appelle l'*a-venir*, mot superbe, qui recule en ce moment par passivité face à la langue anglaise, devant un autre mot, *futur*, qui n'est jamais qu'une forme du verbe latin *esse*, « être » : le *sera*, en quelque sorte.

Au XVIe siècle, l'*expectative* désignait l'espoir d'un avantage et il est vrai qu'on peut envisager l'avenir avec espérance. Mais, le plus souvent, ce sont les craintes qui l'emportent.

Cette idée d'« expectation » rappelle par son origine, *spectare*, l'idée de spectacle et d'aspect, mais aussi celle *d'in-specter*, où l'on cherche à savoir. Une autre notion que suggère *expectative* est plus inattendue, c'est celle de *respect*, qui est un regard en arrière et vers le haut. Il est vrai que l'avenir nous domine et nous dépasse. Finalement, l'expectative consiste surtout à regarder au-dehors pour constater les menaces d'orage, tout en espérant l'éclaircie.

28 janvier 2003

Division

Comment sont les États d'une partie importante de l'Amérique du Nord ? Unis. Et les nations réunies à New York ? Unies, unies, c'est marqué dessus. Et les États de ce cap du continent asiatique qu'on appelle Europe ? En voie d'union, mais divisés. La division de l'Europe sur la question irakienne est affichée avec insistance, ces jours-ci, et commentée avec un sourire satisfait par l'entourage du président Bush.

Division, pourtant, ne signifie pas « désunion ». Son origine, c'est le latin *dividere*, qui signifie « partager » et « répartir ».

Deux verbes français ont recueilli l'héritage latin : ce sont *deviser*, le plus ancien, puis *diviser*, modifié d'après le latin. Dans *diviser*, c'est l'idée de séparation qui l'emporte ; dans *deviser*, celle de répartition et d'organisation : or, pour produire un discours, pour deviser, gaiement ou non, il faut trier les idées et les sons et les organiser. *Deviser* a donné *devise* et *devis* ; *diviser* s'est accompagné de *division*, qui a conservé des valeurs d'organisation : la division du travail, par exemple, ou encore les divisions d'une armée qui, en principe, collaborent les unes avec les autres et ne s'opposent jamais. Même la division de l'arithmétique traduit une idée de répartition volontaire et précise. Et que dire de la division cellulaire qui fabrique des organismes ?

On nous affirme donc que l'Europe est divisée ; d'un côté la vieille, dit un certain Donald[1], moins plaisant que le célèbre canard de Walt Disney, de l'autre la gentille, la moderne, qui a décidé d'approuver en tout la politique du parti républicain des États fédéraux et unis. Ce mot, *État*, remarquons-le, est un peu trompeur : il ne semble pas qu'on puisse comparer l'Oaïo ou l'Aïe-i-ou-a, au demeurant fort respectables, avec leurs noms amérindiens, à la vieille France, à la moins vieille Allemagne et à la relativement jeune Belgique...

Autre division, pour l'Europe, dont on a oublié un peu de parler : celle qui sépare les chefs des États et les opinions. Car il semble bien que les Tony Blair, les Berlusconi, les Aznar et les présidents de la jeune Europe du Centre et de l'Est représentent des minorités de leur opinion publique. Mais, dans des régimes pourtant démocratiques ou proclamés tels, ce que les opinions pensent et ce que les chefs disent ou écrivent ne coïncide pas souvent.

Division, on vous dit. Pas très constructive celle-ci. Et on craint que la parole et l'action aillent être confiées à d'autres divisions, celles de l'armée étatsunienne, soutenues par d'autres, plutôt britanniques. Qui est vraiment d'accord ? Il n'y aura pas de référendum pour le dire, mais on ne nous empêchera pas d'en deviser.

30 janvier 2003

1. Son patronyme : Rumsfeld.

Rassurant

Les réactions sont unanimes, quelles que soient les opinions, après les déclarations de Jean-Pierre Raffarin : il s'est voulu à la fois rassurant et réformateur. Réformateurs, tous les gouvernements souhaitent l'être ; peu y parviennent sans difficulté. Rassurer, c'est plutôt un style qu'une méthode, mais on évoque la « méthode Raffarin » dans les médias, en donnant sans doute au mot *méthode* sa valeur originelle, qui est simplement « le chemin (*hodos*, en grec) pour aller plus loin (*méta*) ». Dans ce cheminement, donc, on peut adopter plusieurs manières de faire : rationnelle, froide, objective, ou agressive, « droite dans ses bottes[1] » et, au contraire, douce, progressive (pas agressive), rassurante.

Rassurer, c'est « rendre plus sûr », assurer avec force : *rassurer un mur* s'est dit au Moyen Âge pour « consolider, stabiliser ». Mais c'est le sens figuré, « rendre la confiance, la tranquillité », et pour ainsi dire « rasséréner, tranquilliser », qui l'a emporté. *Rassurant* se rapproche donc de *calmant* et de *tranquillisant*, sans toutefois évoquer le domaine pharmaceutique. Cela vaut mieux, car, sinon, on finirait par parler de placebo ou de dorer la pilule. C'est pourtant l'un des caractères du discours politique que de faire éprouver à ses auditeurs et à ses lecteurs un sentiment de mieux-être sans vraiment changer les choses. *Rassurer* ne veut pourtant pas dire « endormir », ce qui peut provoquer soit de beaux rêves, soit des cauchemars.

Rassurant, on l'est naturellement ou on ne l'est pas. De quel homme politique François Mauriac, qui avait la dent dure, disait-il qu'il rassurait le Français moyen, vers 1960 ? De M. Pinay avec son petit feutre !

M. Raffarin ne porte plus le chapeau – au sens propre – et n'a pas attaché son nom à une monnaie, ce qui rassurait beaucoup. Reste qu'il se veut rassurant : par exemple il parle d'« harmoniser », de réforme « progressive » ou « ajustable », de « concerter », de « sauver » (la répartition). Il a d'autant plus de mérite que la situation l'est nettement moins, rassurante, notamment en ce qui concerne l'avenir des retraites des Françaises et des Français. Prudence et

1. Allusion à une expression d'Alain Juppé.

bonhomie rassurent mais ne résolvent pas les problèmes, ni ne révèlent les intentions véritables. La gouvernance, ça s'évalue, la « rassurance », cela reste assez subjectif, et cela fait penser aux assurances qui sont nécessaires, mais n'ont pas toujours bonne réputation.

4 février 2003

Navette

La catastrophe de la navette Columbia est certainement plus spectaculaire et plus médiatisée dans le monde que tout autre accident faisant le même nombre de morts. Les raisons en sont claires : il s'agit d'un épisode essentiel de la volonté – certains diront la prétention – humaine, qui cherche à dominer la nature. En français, il y a un paradoxe avec le vocabulaire de l'espace, ce domaine de l'ambition la plus extrême, qui doit recourir à des vocables anciens, témoins de techniques ou de coutumes du passé, comme *fusée* ou *navette*. Ce dernier n'a pas toujours représenté un engin énorme, très coûteux, symbole de la présence de *Homo* hors de la planète natale – et d'une fierté nationale. La navette fut, en toute simplicité, le diminutif d'un mot très ancien, *nef*, qui désigna un bateau avant de s'appliquer à la forme de vaisseau de la partie allongée d'une église. Petit bateau ou barque, c'est l'image qui servit à nommer un instrument essentiel du tissage, cette pièce allongée en fuseau, telle une « petite nef », qui fait passer le fil de trame entre les fils de chaîne. La navette va et vient tout le long des fils. Cela fait qu'on a dit *jouer de la navette*, au XVIe siècle, dans un sens érotique que je vous laisse deviner. Plus correctement, *faire la navette entre deux endroits* signifie « aller et venir ». De là le nom de *navette* pour un véhicule qui relie deux points et va dans les deux sens. Aujourd'hui, on prend la *navette* entre Nice et Paris à l'aéroport, et il y a des navettes spatiales entre la Terre et les stations orbitales.

Le désastre de Columbia n'est pas spécifique au système de navette construit et employé par les États-Unis, hyperpuissance technique et scientifique. La réaction affective et religieuse de l'opinion et de la présidence des États-Unis devant cette catastrophe montre que la technique demeure au service des rêves et des croyances. « Dieu bénisse l'Amérique » (*God bless America*), formule qui mériterait commentaire, dans cette situation de deuil.

Comme le rappelle avec pertinence Paul Virilio, en inventant un progrès technique, on crée aussi les accidents qu'il suscite. En inventant le navire, nef ou navette, on invente le naufrage ; en sillonnant l'espace, on multiplie les échecs ruineux, les pollutions de l'atmosphère, les catastrophes comme celle d'avant-hier.

Il serait bon que le sens de *navette*, c'est-à-dire l'aller et retour, s'applique parfois au retour sur soi-même. Les États-Unis excellent à un exercice qui dégage les responsabilités humaines et qui consiste à se défausser sur la Providence des erreurs très humaines : un « *coup du sort* » disait Dominique Bromberger tout à l'heure. Cette navette-là ne revient pas toujours.

5 février 2003

Dépôt de bilan

Il y a déjà longtemps que le mot *faillite*, rattaché au verbe *faillir*, « manquer », évoque l'échec, mais des expressions plus techniques, comme *dépôt de bilan*, sont en train de devenir familières et menaçantes. Je pense bien sûr à *Air Lib*, à ses salariés en sursis, aux passagers « en carafe », mais aussi à la situation internationale.

Le dépôt de bilan est d'abord un constat neutre et technique : le bilan n'est jamais qu'une balance, celle des comptes. Le mot français vient de l'italien, tout comme *faillite*, d'ailleurs, et aussi *banque*, ce qui montre l'avance qu'avait l'Italie, au Moyen Âge, sur le reste de l'Europe en matière de finances. Donc, le bilan, qui doit manifester l'équilibre des comptes, actif et passif, est par nature variable. Dans le monde entier et dans tous les domaines, les bilans sont difficiles à établir, mais du moins leurs mouvements incessants manifestent l'espoir, si ça va mal, que ça puisse s'améliorer.

Comme, en inventant l'entreprise, on invente la faillite, et qu'en inventant l'action politique, on invente l'échec, les bilans ponctuent à la fois les réussites et les déconfitures. Quand on est contraint de le déposer, le bilan est mort et, avec lui, l'activité et l'emploi. En politique, un bilan négatif n'oblige pas au dépôt, car la situation est trop difficile à estimer et les comptes ne sont jamais très clairs. L'expression *déposer son bilan* apparaît à l'époque où les activités bancaires et les billets « de banque » se développent en France, dans la seconde moitié du XVIIIe siècle. *Déposer, dépôt* sont des mots ambigus : déjà en latin, le verbe *deponere* signifiait à la fois « poser par terre, abandonner » et « mettre de côté pour conserver ». Quand on fait un dépôt dans une banque, c'est en principe pour retrouver l'argent à la sortie. Encore faut-il que ladite banque ne soit pas en dépôt de bilan.

Ce dépôt, nous dit-on, à nous ignorants perdus dans les méandres du droit commercial, prélude soit à la liquidation, soit au redressement. Ouf ! enfin un mot positif. Mais les mots positifs eux-mêmes peuvent devenir menaçants : à preuve, pour le redressement, les redressements d'impôts ou les maisons de redressement, de sinistre mémoire.

Quant au bilan en risque de dépôt, c'est à l'évidence un équilibre instable. Nous avons ce matin, grâce à notre Stéphane préféré, appris l'existence d'un ours symbolique et équilibriste offert par la Russie à Kofi Annan, secrétaire général de l'ONU : cet ours pourrait s'appeler *Bilanoff.* Par pitié, ne le déposez pas et arrêtez de pousser en criant : « *The game is over* » : d'abord, ce qui se passe n'est pas un jeu ; ensuite, rien n'est jamais fini. Les chutes de bilans menacent le monde.

7 février 2003

Veto

Est-ce le temps des veto ? Les États-Unis sont fâchés lorsqu'un veto bloque une décision de l'Otan. Ce veto, d'ailleurs, n'en est pas un juridiquement, Bernard Guetta vient de m'affranchir. Que serait-ce si un vrai veto intervenait au Conseil de sécurité ? Le veto, tout le monde le comprend, en français comme en anglais, est une déclaration de refus, une interdiction.

Le mot fait irrésistiblement penser à *vote* et *voter*, car on vote le veto et ce faisant, on bloque, on empêche, on coince... Et pourtant, les deux mots, d'origine parfaitement latine, n'ont qu'une ressemblance formelle. *Votum*, d'où vient le *vote*, c'est une prière adressée aux dieux sous forme de promesse : si j'obtiens tel avantage, je te donne ceci, un sacrifice, par exemple... D'où l'idée de *vœu*, de *votif*, de *vouer... Vetare*, c'est pratiquement le contraire ; un mot de vocabulaire religieux, lui aussi, mais pour interdire.

Voilà bien la vieille Europe ; quand elle n'est pas d'accord et qu'elle le fait savoir, elle se met à parler latin : *veto*, *veto*, « j'interdis », c'est ce que pouvaient proférer les tribuns romains, pour s'opposer à un décret du Sénat ou des consuls.

Le droit de dire non, en politique, avait reçu un nom, et les temps modernes s'en souvinrent lorsque l'Église souhaita contrôler, au XVIIIe siècle, les délibérations de la diète polonaise. En français, le veto commença sa carrière en 1790, avec le même aspect de censure, puisque c'est le roi qui avait le droit de bloquer l'entrée en vigueur d'une loi régulièrement votée. De là les surnoms donnés à Louis XVI et à Marie-Antoinette par le peuple de Paris : Monsieur, Madame Veto.

Aujourd'hui, grâce à l'organisation internationale mise en place sous l'égide des Anglo-Saxons et des Russes, le veto permet au représentant d'un pays de s'opposer à une décision collective. L'unanimité est soit un beau rêve d'accord parfait, soit, plus souvent, le reflet d'une autorité impérieuse à laquelle nul n'ose s'opposer. Malheureusement, pas de veto pour s'opposer à diverses monstruosités comme l'écrasement génocidaire de la Tchétchénie, les famines organisées en Corée du Nord, les attentats terroristes, la peine de mort très légale dans de nombreux pays et tout ce que décrit *Amnesty*. Pas de veto pour l'Apocalypse ; non, le veto, on le réserve aux mômes qui veulent cloper, les salauds !

12 février 2003

Vaccin

Agissant sur les défenses immunitaires en les stimulant, le vaccin, qu'il soit préventif, thérapeutique, curatif, est traditionnellement une substance préparée à partir de germes pathologiques modifiés. Ceux-ci sont devenus du même coup efficaces pour combattre les mêmes micro-organismes et virus en activité. La vaccination, qui combat le mal par un affaiblissement du mal, est l'une des grandes inventions médicales. Le mot, avec toute sa famille, apparaît en français il y a un peu plus de deux cents ans, en 1800. Le procédé doit son nom à une maladie, grave sous sa forme humaine, la *variole*, *variola*, dérivé du latin *varus*, désignant une éruption cutanée. Cette maladie assez effrayante, qui pouvait défigurer et tuer, s'appelait aussi *petite vérole*, bien qu'elle n'ait rien à voir avec la vraie vérole, autrement appelée syphilis, mot dont l'histoire est d'ailleurs extravagante – mais « ceci est une autre histoire ». La « petite vérole », nom trompeur pour une si grave maladie, a une forme animale qui affecte la vache, *vacca*. Les médecins disaient *variola vaccina*, qui ne signifiait pas « vacherie de variole », mais au sens propre « variole de la vache », grâce à l'adjectif latin *vaccinus*, assez rare pour plaire aux grands amateurs de jargon qu'étaient alors – soyons gentils – les médecins. La *variole vaccine*, en abrégé la *vaccine*, reçut ce nom au milieu du XVIIIe siècle. Pour aller de cette maladie, qui n'a rien à voir avec la vache folle, au vaccin, il fallut la géniale trouvaille d'Edward Jenner, médecin britannique. Il avait observé que les vachers qui avaient contracté la variole des bovins résistaient remarquablement aux épidémies de variole humaine. Il eut l'idée d'inoculer cette *cow pox*, cette vaccine, aux humains, à titre préventif : c'était en 1796 ; le *vaccin* était né.

Oubliant l'origine vachère – ou vacharde –, on se mit à vacciner contre des bactéries, des virus, à préparer des vaccins antirabiques, avec Pasteur, antituberculeux, antigrippe, anti-VIH (*VIH* pour « virus de l'immunodéficience humaine ; *HIV*, c'est la version anglaise : « human immiouno, etc. »). Ce dernier, dont il est question maintenant, ne prévient pas le syndrome, il le calme en endormant ce virus redoutable. Après la trithérapie, qui a sauvé bien des malades, mais qui a de sérieux inconvénients, le vaccin thérapeutique constituerait une avancée dans ce combat.

Ce sont bien sûr les chercheurs d'aujourd'hui, tel le professeur Kazatchkine, qu'il faut remercier, mais on peut avoir une pensée-souvenir émue à l'adresse d'Edward Jenner, des vachers anglais du XVIIIe siècle, sans oublier leurs vaches.

13 février 2003

Pacifiste

L'état de guerre a si longtemps été considéré comme inéluctable, comme une fatalité historique, qu'il n'y avait pas de mot en français pour désigner les partisans de la paix. On devrait célébrer le centenaire de certains mots : *pacifisme* et *pacifiste* en font partie. Le premier avait été proposé par un étonnant fabricant de néologismes, nommé Richard de Radonvilliers, en 1845, mais l'usage réel ne l'a suivi qu'en 1901, et on trouve *pacifiste* seulement en 1906. Les risques d'une guerre européenne devenaient alors sérieux, et contre les nationalismes agressifs – celui de l'Allemagne, en particulier –, contre les tentations belliqueuses de revanche de la France, amputée par la guerre en 1870, il fallait du courage pour se proclamer partisan de la paix.

On imagine que, vers 1913, confrontés à la préparation d'un conflit, les pays d'Europe considéraient les « pacifistes » comme des empêcheurs de guerroyer en rond et que le mot *pacifisme* était synonyme d'indifférence nationale, voire de lâcheté. Bien entendu, les partisans de la guerre se disaient patriotes et non pas *bellicistes*, car ce mot, apparu en français, lui, pendant la guerre de 1870, était appliqué à l'ennemi, en l'occurrence le chancelier allemand Bismarck. En 1914, les bellicistes, pour les Français, étaient les Allemands, et les pacifistes français étaient tout simplement des traîtres.

Entre 1914 et 2003, on voit bien que tout est différent. Ainsi, de son point de vue, George Doublevé n'est pas belliciste puisqu'il est déjà en guerre, de par l'action terroriste. Le mot *war* n'est plus synonyme de *guerre*, ni de *Krieg*. Pourtant, non, les sentiments, les attitudes, les réflexes ont tenu bon : pour le gouvernement actuel des États-Unis, les pacifistes sont des lâches et peut-être des traîtres, en tout cas des anti-« Américains », car pour ce puissant pays, un continent n'est pas trop.

La France, vient de dire Jacques Chirac, n'est pas un pays pacifiste. S'adressant à des anglophones, il semble qu'il parle anglais en français, car en anglais, *pacifist* n'a que cette valeur péjorative et hostile. On dira sans ironie que c'est de bonne guerre ; on préférerait que ce fût de bonne paix.

Le pacifisme, pourtant, ce n'est pas la paix à tout prix, l'abandon, la fuite ; c'est un combat. *Pax*, en latin, c'était d'abord un traité, une négociation, non pas un état passif. Les pacifistes sont contre la guerre à tout prix. En revanche, il existe un président partisan visible et déclaré de la guerre à tout prix ; « belliciste », certainement. Ce qui a changé depuis 1914 ? C'est peut-être que les opinions publiques sont devenues pacifistes, contre certains gouvernements.

17 février 2003

Mésentente (cordiale)

Entre la Grande-Bretagne et la France (ou l'Allemagne), dans une situation de crise comme l'affrontement États-Unis – Irak, avec l'arbitre ONU, y a-t-il eu à Bruxelles accord ou compromis ? On parle aujourd'hui de *compromis de façade*, parfois d'*accord*, certes imparfait, ce qui vaut mieux que *mésentente*, même *cordiale*.

Les relations franco-britanniques en ont vu d'autres et, au-delà des difficultés réciproques de compréhension, on constate dans les mots, avec l'accord comme avec l'entente et la mésentente dites cordiales, la présence du latin *cor*, *cordis*, « le cœur ».

Dans les bisbilles (mot qui vient de l'italien – nous parlons vraiment européen), dans les mésententes et les incompréhensions, derrière les mots doux, les *Angliches*, les *rosbifs* d'un côté, les

Frenchies, les *froggies*, bouffeurs de grenouilles, de l'autre, il y a coexistence. Une coexistence pas toujours pacifique dans l'Histoire, et une proximité dans la différence.

La mésentente est d'abord, au XVIe siècle, un « mal-entendu ». On s'entend – et c'est déjà énorme, car cela signifie parole réciproque – mais on s'entend mal. L'expression « mésentente cordiale » pourrait bien manifester que le cœur et la passion sont de mauvais traducteurs. D'ailleurs, les *ententes cordiales* – l'expression fut inventée par Guizot, peu après 1830, à propos du rapprochement franco-britannique – n'excluent pas, comme dit Jacques Chirac, les « minicrises ».

Dans *mésentente*, donc, il y a *entente*, et le verbe *entendre*, qui vient du latin *intendere*, qui ne signifiait pas forcément « être bien ensemble », mais « tendre vers cet objectif », « tendre vers ». Se parler, s'écouter, se comprendre, bien ou mal. Mais tendre vers un accord implique une *tension*.

Dans les relations entre peuples et entre nations interviennent la nature et l'histoire de chacun. Par ailleurs, la tension entre les deux, ce peut être de l'énergie pour la paix et l'accord, parfois pour l'affrontement. Les raisons de s'entendre n'excluent pas les différences. Mais je connais déjà une raison de s'entendre et de se mésentendre : c'est le fait d'être voisin, et aussi d'avoir des langues croisées : l'anglais s'est rempli de mots français, normands et latins depuis le Moyen Âge ; le français de mots anglais depuis le XVIIe siècle – quand on pense qu'il y en a pour s'en plaindre !

18 février 2003

Diplomatie

Activités diplomatiques intenses : à New York, à Bruxelles, à Paris, avec les chefs d'État africains, et bien sûr dans tous les pays qui ont des diplomates. La diplomatie évoque aujourd'hui deux notions distinctes : une activité de négociation, de discussions et d'apaisement, c'est-à-dire de recherche de la paix ; et aussi une institution, et l'ensemble des diplomates.

En français, et bien que les discussions politiques entre États, parallèlement aux violences réciproques appelées *guerres*, soient aussi anciennes que l'Histoire, on ne parle de *diplomatie* et de *diplomate* qu'à partir de 1789. Tout se passe comme s'il avait fallu faire disparaître le pouvoir absolu pour discuter entre États. C'est évidemment faux ; reste que l'idée générale d'une activité politique pacifique portant sur les relations internationales apparaît avec la fin du pouvoir absolu. Quant au mot, il succédait à *diplomatique*, l'adjectif de *diplôme*. Ce dernier, qui apparaît en français quatre-vingts ans avant la Révolution, est pris au grec *diploma*, autrement dit « plié en deux », tout simplement parce que les documents officiels comportaient des éléments confidentiels (pour ne pas dire *top secret*) et qu'il valait mieux replier le papier avant de le transmettre. Avant les diplômes que nous connaissons et auxquels aspire la studieuse jeunesse, existaient des chartes, des actes, des bulles papales, des traités, matériel privilégié de la diplomatique, avant la diplomatie. On y ajoutera les *résolutions*, mot qui, dans l'esprit de George W. Bush, est synonyme d'ultimatum, forme ultime de diplomatie – avant la guerre. Il est vrai que l'entourage républicain du président étatsunien estime que la diplomatie est une affaire de lâches et de trouillards, alors que la volonté de guerre est un signe indiscutable de courage et de responsabilité. Les distingués ministres, sénateurs et représentants du parti du président – je parle toujours des États-Unis – de même que les chefs d'état-major et les présidents de la jeune Europe, les virils Tony Blair et José Maria Aznar, par exemple, ont en effet du courage à revendre, à revendre – pas trop cher – aux braves soldats et à envoyer gratis aux civils ennemis.

Vous venez d'avoir le modeste exemple d'un discours antidiplomatique, mais je ne fais que suivre l'exemple du président Chirac, quand il tance et réprimande certains pays de l'Est, mal élevés et qui « perdent des occasions de se taire ». Les diplomates, eux, sont très bien élevés et ne perdent jamais les occasions de parler. Un peu « comme à la radio », chantait Brigitte Fontaine...

19 février 2003

Design

Sans défendre un anglicisme maladroit – et en plus une notion contestée par Philippe Starck lui-même[1] –, on peut expliquer son succès. Pourquoi ce *design* et ce *designer*, difficiles à prononcer, pas évidents à écrire et réticents à la francisation ? Il est vrai que *dessin* et *dessineur* ne vont pas, et que *désigne* fait penser à *désigner*.

En anglais britannique, *design*, c'est tout simplement « dessin ». Cependant, le français a dédoublé, d'après la langue italienne, le verbe latin *designare*, qui signifiait à la fois « représenter en dessinant » et « marquer d'un signe, montrer ». D'où, en français, deux homonymes : le *dessein*, qui est un objectif, et le *dessin*, art graphique.

Or, le mot *design*, de même origine, exprime tout un programme. À la différence de l'objet artisanal, qui évolue au cours de l'exécution, l'objet industriel doit être entièrement conçu. Le design est à la fois un projet, une conception d'objet – on dit en italien *progettazione* – et une description des formes, des proportions, des matières – en allemand *Gestaltung*. Le mot anglo-américain prenait en charge les deux concepts, ce qui revenait à exprimer de manière simple les idées artistiques et décoratives innovantes du mouvement esthétique appelé *Bauhaus* en Allemagne, en 1925, et repris aux États-Unis par l'architecte Frank Lloyd Wright, en Suisse et en France par Le Corbusier.

Alors que l'expression *industrial design* a été adaptée en italien (*disegno industriale*) et en espagnol, le français *dessin industriel* n'allait pas, étant trop lié à la planche à dessin. Cependant, le dessin-projet dont nous dépendons tous, c'est la nature – *phusis*, qui a donné le mot *physique*. Quand le Petit Prince demande : « Dessine-moi un mouton », il fait une requête artistique, il ne dit pas « crée-moi » ou « conçois-moi » ce mouton, parce que c'est déjà fait par la nature et que seuls un bélier et une brebis savent bien faire ça – à preuve, les piteux résultats des cloneurs avec la pauvre moutonne Dolly...

En revanche, on peut demander à Philippe Starck : « Dessine-moi une lampe, une valise », mais cela voudra dire beaucoup plus

1. Le célèbre concepteur d'objets était l'invité du matin, à France Inter.

et autre chose que dessiner. Comme je répugne à dire *dizaïgner*, j'aimerais mieux : « Invente-moi une lampe, ou une valise, etc. » Car le design est une invention de formes, de couleurs, de matières, aboutissant à un objet que l'industrie peut reproduire. La double référence aux desseins-intentions, qui ne sont pas tous noirs, et au dessin, qui est un tour de magie, est tout de même bien trouvée. Quel diable a eu l'idée de demander à George W. Bush : « Dessine-moi une guerre » ?

24 février 2003

Stratégie

Dans notre discours quotidien, les mots *stratégie* et *tactique* ont tendance à se confondre : on pense à une suite d'actions coordonnées et qui tendent à obtenir un résultat. *Stratégie*, *tactique*, c'est, à peu près, la marche à suivre pour réussir, mais la première est plus ample, plus noble, la tactique plus minutieuse et détaillée.

En fait, les deux mots, qui viennent du vocabulaire militaire, ne sont pas très différents par leur origine, grecque dans les deux cas. Stratégie, c'est la « conduite (*agein* pour "conduire", comme dans *péd-agogie*) de l'armée (*stratos*) ». Le *stratège* athénien, il y a vingt-cinq siècles, était l'un des dix magistrats élus chargés des questions militaires. Quant à la *tactique*, c'est la manière d'arranger, de disposer en bon ordre, d'après l'expression grecque *taktikê tekhnê*, déjà appliquée à la façon de disposer les troupes. La différence originelle, dans ce qu'on appelait l'« art militaire », c'est que la *tactique* organise et dispose, alors que la *stratégie* entraîne. Le premier mot garde un côté technique et statique, alors que la *stratégie* est dynamique et à longue portée. Ces jours-ci, les États-Unis, en disposant les troupes autour de l'Irak, font de la tactique. La stratégie ne commencera que si la guerre éclate, autrement dit, si le gouvernement – on dit à tort l'« administration » – Bush décide de passer à l'action.

Bien entendu, en étendant le sens des mots, chaque gouvernement a sa tactique pour disposer les pions et sa stratégie pour agir. *Tactique* et *stratégie* s'appellent alors politique internationale et parfois diplomatie, ou bien mesures économiques et guerre des médias. Une sorte de répétition avant la violence guerrière, que le plus fort appelle de ses vœux, mais que d'autres, qui n'ont pas un goût particulier pour la vocation de vassal, essaient de freiner.

Chacun sa tactique et sa stratégie : rien n'empêche de parler de tactique d'apaisement et de stratégie de la paix. C'est la remarque, alors très nouvelle, du grand journaliste français Émile de Girardin, qui demandait au XIXe siècle : « Pourquoi la paix n'aurait-elle pas sa stratégie ? » En effet, si la paix ne fait pas la guerre à la guerre, celle-ci l'emporte toujours.

Le problème n'est pas de savoir si l'on recourt à la tactique ou à la stratégie, mais si l'une comme l'autre correspondent à une logique pacifique ou belliqueuse. La stratégie de George W. Bush, ce serait celle de Walt Disney dans *Les Trois Petits Cochons* : le petit cochon efficace, cependant, pratiquait une stratégie défensive. Dans la stratégie de guerre offensive, il n'y a pas un seul grand méchant loup : il y a une collection de loups qui se mordent et dont chacun est le méchant de l'autre.

25 février 2003

Manipulation

Il y a en ce moment, contre l'équipe dirigeante du journal *Le Monde*, deux grands chefs d'accusation : l'abus de pouvoir et la manipulation.

L'abus, c'est simple, c'est un usage excessif, *ab usus*, qui porte sur la capacité d'agir, sur la puissance et l'autonomie de ceux qui dirigent, parfois jusqu'à l'autocratie.

Manipulation, c'est plus compliqué, sinon qu'on y reconnaît le latin *manus*, la *mano* en espagnol, la « main ». C'est la fin du mot qui nargue les étymologistes, qui n'y reconnaissent pas le *pul-* de *pulsion* et d'*impulsion*, ce qui est frustrant. Que fait donc cette main qui semble « puler » ? Aujourd'hui, elle attrape, elle prend, elle dirige, elle remue les choses et les gens dans le propre intérêt de son possesseur ; on peut dire plus simplement *manier* et *maniement*. *Manipuler* et *manipulation* paraissent à la fois plus subtils et plus pervers. Si on ignore d'où sort *-pulation*, c'est la même perplexité devant le *-gance* de *manigance*, au lieu de l'ancien *maniance*, dérivé tout bête de *manier*.

Manipulation est un mot voyageur, d'abord en Europe : en fait, c'est une notion universelle. En anglais, c'était déjà une *manœuvre* (mot transparent : œuvre, ouvrage de la main), mais une manœuvre cachée, dès le début du XVIIe siècle. Gardons-nous de dire que cela reflète la perfidie d'Albion, car ce sens ne passe en français que plus tard. En espagnol, *manipulación* est un terme d'alchimie, puis de métallurgie, par une suite logique, désignant une manœuvre complexe, mais aussi, alchimie oblige, assez secrète, occulte, réservée aux initiés.

Alors que le mot latin *manipulus* ne désignait que la poignée de céréales prise et serrée par le moissonneur de la main gauche, qui la coupait d'un coup de faucille de la droite, les choses se sont compliquées, mais il y a tout de même là une image redoutable. Je t'attrape de la main gauche, je te coupe (la tête ou autre chose) de la droite : telle serait la manœuvre élémentaire du manipulateur. Efficace, mais pas très raffinée, par rapport aux manipulations du chimiste, du biologiste qui concocte des OGM, ou encore de celles du prestidigitateur, l'homme ou la femme aux doigts prestes et dont les tours sont invisibles. De la manip', on ne voit que le résultat, pas la façon de faire. C'est ce qui lui donne, aujourd'hui, son efficacité. Sujet redoutable, que la manipulation. Peut-on éviter de manipuler, même en dénonçant la manipulation ?

26 février 2003

Consensus

Est-ce l'exception française ? Alors que des manifestants pour la paix se sont manifestés en Italie, en Espagne, en Grande-Bretagne, aux États-Unis mêmes, s'opposant aux positions de leurs gouvernements respectifs, pas forcément respectés, la France, ou du moins sa majorité, manifeste une unité de sentiment.

À l'Assemblée, on peut parler de consensus contre une guerre préventive en Irak, mais ce consensus n'est pas consensuel sur tous les plans. Le recours au veto onusien est discuté.

Consensus, que nous prononçons à la française, est bel et bien un mot latin, dérivé de *consentire*, « être d'un même sentiment ». Il dit beaucoup plus que *consentement*, qui est une adhésion, un ralliement, une acceptation, mais pas une convergence de sentiment. *Consentir* et *consentement*, mots intégrés au vocabulaire français, sont fort anciens et appartiennent au langage courant. Au contraire, *consensus* donne l'exemple d'un mot savant, apparu en physiologie, au début du XIXe siècle. On avait bien essayé d'en tirer un mot français, le *consens*, au XVIe siècle. *Consens*, comme *dépens*, c'était simple, et le *-sus* latin n'apporte rien de plus que celui de *processus* par rapport à *procès*, au sens général, que les anglomaniaques veulent remplacer par *process*, ces temps-ci.

Un consensus était, vers 1830, un accord entre les parties et les fonctions de l'organisme, quelque chose comme la *synergie*, où le *sun* grec équivaut au *cum* latin : « avec, ensemble ». Mot de médecin, *consensus* est passé en sociologie, grâce au père fondateur de cette science, Auguste Comte. Le consensus social était alors très général et ne faisait qu'exprimer un accord sur les grands principes : la démocratie, par exemple, ou la liberté, idées précieuses mais un peu vagues. Le passage du mot à la langue courante s'est fait par la politique qui, d'habitude, exprime plutôt la division, sinon l'affrontement. On s'est mis à parler il y a une quarantaine d'années de *large consensus*, ce qui montre bien qu'il ne s'agit pas d'unanimité, puis de *consensus mou*, ce qui est déplaisant. L'adjectif *consensuel* a suivi, et il y a quelque chose d'aimable, de *convivial*, rimant avec *sensuel*. De là à dire que le consensus parlementaire conduisait à l'embrassade et aux câlins réciproques entre majorité et opposition, il y a un pas que nous hésitons à franchir.

27 février 2003

Issue

Dans la manière de parler des événements – en ce moment, de la guerre en Irak ou des retraites en France –, on souligne les mots et les emplois nouveaux. Beaucoup sont des calques de l'anglais, surtout en politique internationale, car cette langue est la principale source de l'information ; quelques-uns traduisent de l'arabe, bien qu'ils aient l'air très français : j'ai lu hier que l'équivalent arabe du mot *héros*, en Irak, avait été supplanté par celui qu'on traduit par *martyr*.

Ce qui est plus discret, et plus gênant dans le discours, c'est la difficulté à traduire les mots d'origine, par exemple ceux que prennent les dirigeants des États-Unis ou les États-*majors*. On utilise, par exemple, sans faire d'erreur de sens, d'ailleurs, le petit mot *fin* à propos de l'« issue » de la guerre, évoquée dans une déclaration, comme toujours intransigeante, de Donald Rumsfeld. Or, le mot anglais n'était pas *end*, mais *outcome*, qui suggère autre chose qu'une terminaison, autre chose qu'une cessation. La *fin* de la guerre, c'est simplement l'arrêt des combats, des bombardements baptisés *frappes*, des massacres et tueries nommés *affrontements* et des envois de jeunes filles militarisées dans ce que les responsables appellent la *zone hostile*, autrement dit dans les pattes de l'ennemi. La *zone hostile*, c'est la dernière trouvaille, après le *théâtre*, celui des opérations s'entend.

La fin de la guerre, donc, c'est l'arrêt de tout cela, alors que *outcome* c'est ce qui va en sortir (*come out*). Cette fois, c'est la langue anglaise qui dit juste : ce qui va être important, c'est l'après-guerre, les problèmes, les imprévus, les risques de l'après-Saddam... Or, il y a un mot français pour cela, mais un peu désuet, c'est *issue*, qui exprime la manière dont on sort et dont on *se* sort d'une situation, en général difficile. *Sortie* conviendrait aussi, car il n'y a plus de verbe *issir*. Cet ancien mot venait du latin *ex-ire*, « aller dehors ». *Issir*, *issue*, comme *sortir*, *sortie*. Un des emplois les plus vivants du mot *issue*, c'est, de manière pessimiste, l'expression *sans issue*. En fait, le temps ne s'arrêtant jamais, il y a toujours une issue, mais on peut s'en sortir très mal. De fait, la vie finit par une sortie... Parler d'issue de cette guerre, comme l'a fait Rumsfeld, c'est impliquer la continuité d'une politique ; c'est aussi exprimer le désir de se dégager d'une situation qui a tout du piège. *Outcome*, *issue* ; il est normal, quand on a choisi de s'enfermer dans cette prison, la guerre, qu'on évoque la sortie. Sortie de secours, peut-être ?

2 mars 2003

Pétrole

S'il fallait trouver dans la langue française un mot ancien, d'origine claire, mais qui a pris une importance aussi immense qu'inattendue, ce serait, parmi quelques autres, *pétrole*. Apparemment, cette substance grasse, salissante, qui parfois semble sortir du sol et des pierres, n'avait pas fasciné les Latins de l'Antiquité, puisque le mot composé *petroleum* est tardif. *Petra*, « le sol pierreux », et *oleum*, « l'huile », sont deux mots essentiels dans les civilisations méditerranéennes, symboliques de la nature sous son aspect inhospitalier – la pierre – et de la culture. *Oleum*, qui a donné le mot *huile* et n'est autre que le grec *elaion*, l'huile d'olive.

La malheureuse « huile de pierre », inconsommable, noirâtre, visqueuse, ne semblait pas avoir beaucoup d'avenir. Pourtant, l'histoire naturelle, qui se passionne pour les curiosités de ce monde, a éprouvé le besoin de nommer cette substance. En français, on parle déjà de *pétrole* au XIIIe siècle, de *pétroléon* au XVe – assez mignon –, et même, en pseudo-latin, de *petroleum*, mot que la langue anglaise a conservé.

Le pétrole est aujourd'hui la clé de la puissance économique, et donc politique. Par quel tour de magie ? On connaissait depuis longtemps à cette substance une propriété : celle de brûler, et donc éventuellement d'éclairer et de chauffer.

C'est l'histoire des techniques qui a donné sa valeur à ce liquide plutôt répugnant, en le raffinant pour en faire au XIXe siècle un combustible pour l'éclairage. La *lampe à pétrole*, devenue pour nous le symbole d'un passé démodé, un peu ridicule, car elle n'a pas la poésie du feu de bois, n'a pas suffi à donner du pétrole une image très favorable. Quand le français populaire appelait un vin ou une eau-de-vie « pétrole », ce n'était pas un compliment.

C'est la combinaison d'une série d'inventions de chimistes et de physiciens qui a conduit à raffiner le pétrole pour en tirer, sinon la quintessence, du moins l'« essence » de cette substance, et à s'en servir comme combustible dans cette invention géniale, le moteur à combustion interne. Essence et moteur à essence, ce fut, il y a un peu plus d'un siècle, la transmutation d'un liquide gras en *or noir*. Ce fut l'« automobile », ce fut un moteur pour l'aéroplane, l'oiseau mécanique appelé *avion* par Clément Ader. Du coup, le pétrole est devenu un don de la Terre ; les géologues le traquent et le trouvent ; c'est une clé de la géopolitique. Associé au gaz naturel, il est l'objet de l'acharnement économique. Il y a les pays qui en ont et ceux qui en veulent ; plus rares, ceux qui présentent les deux caractères n'en ayant jamais assez ; et puis il y a ceux qui, n'en ayant pas, se consolent en prétendant avoir des idées, denrée universelle mais pas si courante. Le pétrole n'est pas seulement la nourriture de nos moteurs, c'est celle des richesses et des violences, des appétits politiques et des prurits belliqueux. Ma référence favorite, George Doublevé Bûche, pourtant blasé en tant que Texan sur le plan pétrolier, s'en prend, par un de ces hasards bizarres de la politique internationale, à une source pétrolière.

Pourtant, le dieu Pétrole a conservé son aspect gras et visqueux, quand il nous revient pour souiller nos jolies plages. Le prix du progrès, sans doute. Un peu élevé.

3 mars 2003

Armada

Une situation mondiale particulière nous obsède. Pour la première fois depuis la guerre froide, un conflit important semble inévitable, quoi qu'on dise et quoi qu'on fasse.

J'ai été frappé d'entendre employer, à propos des forces étatsuniennes et britanniques déployées autour de l'Irak, le mot *armada*. Ce mot espagnol correspond exactement au français *armée*. Étant donné l'importance de la marine espagnole au XVe et au XVIe siècle, le mot s'était spécialisé, un peu comme *amiral*, qui vient de l'arabe *amir*, « chef », que nous connaissons sous la forme *émir*, et qui désignait le général en chef, que ce soit sur terre ou sur mer.

Armada, mot d'histoire, a traversé les siècles grâce à un échec : la fameuse flotte de guerre invincible qu'envoya le roi d'Espagne Philippe II contre l'Angleterre afin de punir la reine Elisabeth (qui avait fait exécuter Marie Stuart) et de rétablir le catholicisme chez les hérétiques protestants. Un commandant en chef incapable, la tempête, les attaques des marins anglais firent échouer lamentablement l'expédition et plus de soixante vaisseaux espagnols sombrèrent. Comme quoi l'invincibilité affichée peut céder devant la mauvaise volonté du destin. À bon entendeur...

Quand on parle d'*armada* à propos d'une immense et puissante armée déployée ostensiblement contre un dictateur haï, et en fait contre un peuple démuni, veut-on rappeler les leçons de l'Histoire ? ou bien l'importance de la marine ? L'essentiel, ce sont les « armes » : le fait qu'une troupe hostile (on disait l'*ost* en ancien français), qu'un rassemblement humain organisé soit désigné par les instruments de mort dont les hommes sont équipés, démontre que dans la guerre et sa préparation, ce sont les armes, non les êtres humains, qui comptent le plus. C'est ce que disent *armée* et *armada*, et cela de plus en plus, avec l'évolution des techniques tueuses. Derrière les discours, ceux, franchement absurdes, de Saddam, qui promet la victoire à son peuple, ceux du président des États-Unis, qui se croit la voix de Dieu, tout comme Philippe II il y a quatre cent cinquante ans, mais qui a les moyens de sa haine. Vous avez dit *armada* ? N'ayons pas l'indignation trop facile. S'en servir, de ces armes, c'est critiquable ; mais ça n'est pas à ceux qui en font commerce de le dire.

5 mars 2003

Crucial

Deux expressions très différentes servent fréquemment à commenter l'actuelle situation internationale. L'une fait allusion à un jeu à la fois très viril et pas très malin – ce qui n'étonnera aucune femme –, le *bras de fer.* L'autre est moins claire : on nous dit que le jour, la semaine ou la prochaine réunion de l'ONU, etc., sont *cruciaux.*

Dans *crucial*, on peut sans grand effort reconnaître la *croix*, ou plutôt le latin *crux*, *crucis*, qui a donné *cruciforme*, *cruciverbiste*, qui correspond aux mots croisés (une auditrice correspondante m'a même signalé l'existence de *crucipuntistes*, passionnés du « point de croix »).

Crucial signifie, on le sait, « décisif », et donc « très important, essentiel ». On peut se demander pourquoi. La croix nous fait penser à deux choses : une forme élémentaire, faite de deux traits formant un angle, souvent droit. La même forme, utilisée par les Romains comme gibet, et devenue, par son utilisation pour supplicier Jésus, le grand symbole chrétien. De là tous les mots de la passion du Christ, *crucifier*, *crucifix*, et l'emblème de la conviction chrétienne, jusqu'aux fameuses *croisades*, chères au cœur du président Bush, et qui furent les expéditions militaires des forces chrétiennes contre l'Islam. Ce n'était pas la manière la plus diplomatique de désigner une guerre censée désarmer un infime dictateur, objectif qui n'eût pas mobilisé les va-t-en-guerre du XIe siècle.

Pourtant, la situation *cruciale*, à l'ONU et ailleurs, n'a rien à voir avec les croisades, ni d'ailleurs avec les casse-tête subtils des mots croisés. L'adjectif *crucial* s'appliquait à la forme en croix : les chirurgiens pratiquent des incisions cruciales, version correcte de la fameuse « croix des vaches », balafre infligée aux traîtres. Mais cela n'a rien à voir avec l'aspect décisif de *crucial.* Celui-ci vient d'une expression latine du philosophe anglais Francis Bacon, au début du XVIIe siècle : *instantia crucis*, « l'épreuve de la croix » (Newton parlera d'« expérience cruciale »). Il s'agissait, devant deux explications possibles d'un phénomène naturel, d'en écarter une par une suite de critères, comme on écarte la mauvaise direction à un carrefour, la croix indiquant une bifurcation.

C'était le début de la méthode scientifique moderne. Appliquée à la décision du Conseil de sécurité, la bifurcation est entre une décision positive pour l'ultimatum anglo-saxon, feu vert pour la guerre, et une décision négative, par vote majoritaire ou par veto, autre croix. Chacun la brandit, sa croix. Pour Jacques Chirac, elle serait plutôt lorraine.

Dira-t-on pour autant que le gouvernement Bush, qui se dit très déçu par l'attitude franco-germano-russe, « porte sa croix » ? Étant donné l'inspiration cruciale du président étatsunien, on ne le sent pas particulièrement crucifié. Tant il est vrai, comme le rappelait Voltaire, que Dieu est obstinément pour les gros bataillons. Voilà une réalité cruciale.

11 mars 2003

Autorisation

Ainsi, le Parlement britannique vient d'autoriser Tony Blair à guerroyer, ou plutôt à donner à l'armée du Royaume-Uni l'ordre de partir en guerre aux côtés des Étatsuniens. En français, *autoriser* suppose une hiérarchie dans laquelle c'est le supérieur qui laisse faire quelque chose à l'inférieur. Le chef, c'est donc le Parlement, ce qui indique un régime démocratique. Pourtant, on nous dit que l'opinion britannique n'aurait pas donné cette autorisation, mais on sait que les représentants du peuple ne sont pas le peuple. Les démissions de ministres travaillistes, cependant, et cent quarante-neuf refus d'autorisation, minorité importante, ont marqué les hésitations.

Autoriser et *autorisation* correspondent à l'idée de « laisser agir selon ses convictions », mais aussi rappellent qu'on a le pouvoir d'interdire. Pourtant, ce sont les gouvernants qui ont l'autorité et non pas l'opinion, alors qu'en démocratie, celle-ci est censée refléter le pouvoir du peuple. Lorsque Colin Powell déclare qu'un grand nombre d'États – nombre étonnant d'ailleurs – suivent les États-Unis, il veut légitimer l'action guerrière, mais il ne parle pas des opinions publiques de ces États, alors que la référence idéologique de George Doublevé, outre l'inspiration divine, c'est, dit-il, la démocratie. Mais, on vient de le dire, les opinions publiques sont changeantes, comme l'a mille fois montré un certain William Shakespeare.

Tout cela montre que l'autorité, source de toute autorisation, démocratie ou pas, réside dans le pouvoir politique, pas dans le peuple souverain théorique. L'histoire du mot *autorité* témoigne de cette ambiguïté. En latin, *auctoritas* et *auctorizare*, « autorité » et « autoriser », sont dérivés de *auctor*, qui a donné *auteur*.

Et justement, *auctor*, en latin, n'était pas un mot très franc du collier ; c'était l'auteur d'une action, le responsable, mais aussi le possesseur, le vendeur, le garant, ce qui fait qu'*autoriser*, à l'origine, c'est d'abord confirmer et garantir, puis à la fois approuver et certifier, non pas permettre, comme aujourd'hui.

Qu'est-ce qui autorise un chef d'État, un gouvernement à agir de telle façon ? Même si l'autorisation formelle est accordée, selon les règles du jeu politique, comme cela s'est passé aux États-Unis et en Grande-Bretagne, d'où procède la véritable autorité ? Les mots répondent. Elle procède de la possession du pouvoir, de la garantie qu'on ne sera pas empêché. Quant à la légitimité de ce pouvoir d'agir, elle ne peut s'exprimer que par de tout autres mots qu'*autorité* ou *puissance*, et qui seraient *loi*, *droit*, *norme*. On ne les entend que chez les adversaires de cette guerre, et ce n'est pas un hasard. Nous attendons vainement qu'un pouvoir *autorise* la paix, non la guerre.

17 mars 2003

Vérité

Aujourd'hui, selon le président républicain le plus ultra nationaliste des États-Unis d'Amérique, c'est le moment, le jour, l'instant Le moment de quoi, de qui ? De vérité. Ouf ! Nous sortons donc de l'universel mensonge, par la volonté de quelques dirigeants de l'un des deux principaux partis d'un pays qui, par ailleurs mais non par hasard, se trouve être le plus puissant du monde.

Pour ces responsables, qui se foutent éperdument de ce Sicilien, Pirandello, qui a eu le culot d'intituler une pièce de théâtre célèbre dans le monde entier *Chacun sa vérité*, il n'y en a qu'une, de vérité, la leur.

En bon français et, on le suppose, en bon anglais, avec le mot *truth*, le moment de vérité (*moment of truth*), c'est celui où on prend une décision importante. *Decision*, en anglais dans le texte, c'est justement le mot employé par George W. Blair – pardon, c'est Tony – d'une voix martiale et un peu trop aiguë, m'a-t-il semblé, pour ne pas traduire quelque angoisse.

En espagnol, langue du discret José Maria Aznar, troisième baron – je n'ai pas dit larron – de la réunion des Açores, on dit *terreno de verdad* pour désigner l'arène où le matador, ce qui signifie « le tueur », affronte le taureau. Henry de Montherlant écrivait à ce sujet que sur le sable de cette arène, « là, on ne peut plus raconter d'histoires ». *Verdad*, *vérité*, ce sont les suites normales du latin *veritas*, de *verus*, « authentique, réel ». Donc, d'un côté, la vérité, le sable, le pouvoir de détruire, bientôt la guerre. De l'autre, raconter des histoires. Lorsqu'on annonce que la réunion des Açores est une dernière chance accordée à la paix, de quel côté est-on, à votre avis ?

La vérité de George Bush, celle du très discret Dick Cheney, celle de leurs porte-parole, sont faites de convictions pures, d'histoires bibliquement simples où, Caïn ayant tué Abel, il faut le punir. Une partie de cette vérité est incontestée : Saddam Hussein est un tyran cruel et dangereux ; une autre relève de l'opinion, de la conviction et de la prophétie. Par exemple, l'Irak menace le monde et il est responsable des immondes attentats du 11 septembre.

La vérité de George Doublevé Bush (pour le distinguer de George Bush père, à la demande expresse de Dominique Bromberger) s'exprime pourtant sur un mode impersonnel, pas sur celui des sentiments humains : au hasard indignation, colère, souci de l'autre. Le voyant parler maintes fois sur votre petit écran, avez-vous décelé, accompagnant des paroles constantes, convenues, répétitives, une expression personnelle, une lueur dans l'œil ? Pas moi.

La vérité de George Walker, serait-ce l'image crispée d'un visage en prière, qui communique, pense-t-il, avec Dieu et, à nos yeux, avec lui-même ? La vérité, laquelle, quand on dit à quelqu'un ses quatre vérités ? Quatre ? Il en faudrait beaucoup plus. Il ne faut pas demander au président de dire : « Eh, la vérité, mon frère, la vérité si je mens ! »

18 mars 2003

Unilatéral

Quelle que soit notre opinion quant à la décision immuable du gouvernement des États-Unis de déclencher une guerre contre l'Irak, nous avons tous pu noter qu'il s'agissait d'une décision nationale étatique, gouvernementale, et non pas internationale et concertée. La première victime de cette guerre décidée est bien l'Organisation des Nations aujourd'hui désunies, mais surtout réduites au silence. Apparemment, les États-Unis ne tolèrent à l'ONU que l'unanimité en leur faveur. Autres victimes, la diplomatie, la négociation, l'action des inspecteurs[1], implicitement considérées comme inutiles.

On parle – notamment en France – de décision « unilatérale », mot savant, mais très clair, qui s'oppose à *bi-*, *tri-... multilatéral. Latéral*, adjectif plus ancien, est pris au latin, où *lateralis* est dérivé de *latis*, *lateris*, « le côté ». C'est dire que *latéral* s'oppose à *central*. Manière discrète de rappeler que le centre de décision des États-Unis est lui-même quelque peu latéral. Ce centre, ce sont le président, le vice-président, leurs proches, un peu poussés par le Pentagone qui, lui et par définition, a cinq côtés, ce qui le rendrait « quinqualatéral ». Ce centre, comment se fait-il qu'il ne soit pas central ? Tout simplement parce que George Walker et ses amis sont extrémistes, à la droite de la droite et sûrement pas au milieu du centre. Mais comme ils sont seuls à décider de la guerre ou de

1. Les inspecteurs, indépendants et internationaux, traquaient en Irak les armes atroces que le gouvernement Bush était certain de trouver, et ne les trouvaient pas.

la paix, même s'ils ont des alliés, ces décisionnaires latéralisés, leur décision paraît unilatérale, comme celle d'un général africain qui vient de se proclamer – on dit par pléonasme « s'autoproclamer » – président.

Ce qui implique que *el señor* José Aznar et même *mister* Blair n'ont droit qu'à un petit *côté*, ce qui est sévère. Plusieurs États, donc, sont « à côté » des États-Unis, tels l'Australie ou le Japon, mais peut-être pas leurs opinions publiques, ce dont la Blanche Maison se préoccupe assez peu.

Lorsqu'on fait cuire un beau morceau de saumon d'un seul côté, on dit qu'il est « à l'unilatérale », grillé d'un côté, chaud au milieu, tiède et presque cru de l'autre. C'est le problème de l'unilatéralisme : lorsqu'on s'éloigne de son propre côté, l'action qu'on a décidée seul devient de moins en moins efficace. Pour le steak de saumon, c'est parfait, enfin, ça peut l'être ; pour une guerre, c'est moins évident. Au fait, toute guerre est unilatérale – ce qui rime avec *collatéral*, toujours une affaire de côté. Car l'autre côté, à la guerre, c'est l'ennemi : la logique même. L'ONU est un polygone très incommode ; la diplomatie a au moins deux côtés : elle est par définition au moins bilatérale. Conclusion : si vous en avez les moyens, au diable le dialogue et la concertation ! Coalition, oui ; décision concertée, non. L'unilatéralisme est la politique éternelle des plus forts, jusqu'à ce que les autres côtés se manifestent. Malgré les hyperpuissances et les empires, l'Histoire finit toujours par être multilatérale.

19 mars 2003

Missile

Parmi les applications techniques les plus spectaculaires de la science, il y a évidemment les armes de guerre. Nous vivons dans un monde où les connaissances théoriques les plus désintéressées aboutissent à de l'argent et à de la destruction. Le langage lui-même est obligé de suivre : le vocabulaire des armes et de leur utilisation a fait un bond en avant pendant et après la guerre de 1940-1945. La technique et les sciences aussi.

Un exemple du passage de l'activité innocente au pouvoir de nuire : le mot *missile*. Le français et d'autres langues l'ont pris à l'anglais, qui l'avait emprunté au latin *missile*, au XVIe siècle. Le vocable n'était pas un inconnu en français, où l'on a parlé d'*armes missiles* ; mais il avait disparu. Pour le sens, ce mot ne précise ni la nature de l'arme, ni sa manière de voler vers l'objectif, ni ses effets. Il ne dit rien de plus que *projectile*, mais ce dernier reste lié à *projection* et donc à *projeter*. *Projectile* est clair : c'est un objet, naturel et simple – une pierre – ou bien technique et complexe, qui peut être jeté, projeté, de manière à faire mal. De même, *missile*, en latin, c'est ce qu'on peut lancer, ce qui se disait *mittere*, verbe qui a changé de sens plus tard, de manière à donner notre verbe *mettre*. Aujourd'hui, *missile*, ni en anglais ni en français, n'a plus de répondant dans la langue, à la différence de *projectile*. Pour nos ancêtres du XVe siècle qui, lorsqu'ils étaient lettrés, savaient le latin, une pierre, un javelot, une flèche étaient clairement « missiles » car on pouvait les lancer. On remarquera que, s'agissant d'envoyer en l'air un objet, *projectile* et *missile* n'ont pas désigné des fleurs ni des confettis. L'agressivité humaine est une triste tradition...

Aujourd'hui, *missile*, c'est propulsion par fusée, autoguidage, tête chercheuse, charge destructrice, parfois atomique, ou même chimique quand ce n'est pas bactériologique. Un catalogue de progrès et d'horreurs. Le plus grand détenteur de missiles au monde, les États-Unis, projette d'en envoyer un certain nombre sur un pays déjà écrasé par un dictateur, faute de tête assez chercheuse pour poursuivre et tuer le méchant, en effet très nuisible, de l'avis quasi unanime. Pour sauver sa situation de tyran militaire, Saddam Hussein promet aujourd'hui de détruire ses missiles puissants, car l'ONU a autorisé l'armée irakienne à lancer pour tuer jusqu'à une distance modeste. Un peu comme si les assassins qui opéraient à moins de dix mètres en avaient le droit... Tout cela fait frémir. Devant un progrès technique qui détruit le droit, devant le mensonge et la ruse, devant la rage d'utiliser les armes pour le bien de l'humanité, côté axe du Bien, il y a des moments où on aimerait, en fait de missile, revenir au lance-pierre.

21 mars 2003

Bombardement

Sur le front des mots, qui n'est pas insignifiant, même si la guerre des images est plus spectaculaire, on note un recul des euphémismes trompeurs : les « frappes », qu'elles soient « chirurgicales » – cela ne se dit plus – ou « d'opportunité », semblent redevenir des bombardements, ce qui est plus franc.

Le français, langue de vieille Europe, se réfère au passé, qui est compliqué : quand l'anglais dit *bombing*, nous réservons *bombage* à la bombe de peinture, et nous disons *bomb-arder*, *bomb-ardement*. Ce sont des dérivés, non pas de *bombe*, mot pris à l'italien au XVe siècle, mais de *bombarde*, dérivé encore plus ancien d'une onomatopée grecque (*bombos*) et latine (*bombus*) exprimant un bruit sourd et puissant. C'est à peu près la valeur de notre *boum*.

Comme pour montrer la plasticité des mots, et histoire de s'associer à la campagne anticancer, on peut remarquer que *bombarder*, en langue populaire, s'est dit et, je pense, se dit encore pour « fumer sans arrêt, en rejetant des nuages nicotinés ». Il faut reconnaître qu'avec le bombardement des noyaux atomiques par des particules élémentaires, cela donne au mot un aspect plus que menaçant. Dès 1897, le physicien britannique William Crookes parlait de *molecular bombing*, avouant ainsi naïvement que la science fait aussi la guerre à la nature. Côté militaire, on *bombarde* en lançant bombes et obus depuis les guerres de Louis XIV, à une époque où les États-Unis n'étaient pas nés : vieille Europe, vous dis-je... La bombarde, ancêtre du canon, nous venait d'Italie, trois cents ans avant. Heureusement, en Bretagne, vieux pays celte, la bombarde est associée à la cornemuse pour une musique robuste. Pour revenir à la guerre, c'est l'aviation, il y a une centaine d'années, qui a révolutionné le *bombardement* : on ne lance plus du sol, on largue d'en haut. Malgré les bombes guidées, qui tuent et détruisent avec plus de précision, *bombarder* aboutit au même résultat : détruire et tuer. L'allusion au coup – les *frappes* –, à l'exercice sportif – les *cibles* –, la froide et propre technique – on *traite* les objectifs – cherchent à cacher le réel ; le mot *bombardement* qui, pour commencer, fait mal aux oreilles, est plus franc.

Mais rien n'est simple. On dit aussi que nous sommes bombardés de mots et d'images pour exprimer l'excès d'information et de désinformation. C'est, encore une fois, souligner un danger : danger d'abrutissement et de manipulation ; mais c'est aussi désamorcer un mot qui demeure terrible et, au sens propre d'un autre terme dévalué, *formidable*. Ne pas oublier la force des mots, ne pas banaliser la guerre, la violence. Quant à cette guerre, tenter d'imposer la liberté par les bombes, c'est bombarder l'idée même de liberté.

25 mars 2003

Désinformation

Lorsqu'un mot nouveau est senti comme utile, il réussit, bien qu'il soit mal formé. C'est le cas de *désinformation*, qui a suivi, il y a cinquante ans, la fortune exceptionnelle du mot *information*, lui-même ancien, mais renouvelé, notamment à la télévision.

Par sa constitution, *désinformation*, comme *sur-* ou *sous-information* (et les verbes qui vont avec), n'a rien d'anormal. C'est le sens qui cloche : ce qu'on voulait exprimer, c'était la transmission de faux renseignements destinée à influencer l'opinion. L'Académie française, qui se penchait sur ce mot nouveau en 1960, y voyait une manœuvre politique destinée – je cite – « à induire un adversaire en erreur ou à favoriser chez lui la subversion dans le dessein de l'affaiblir ». Interprétation musclée, qui assimile l'action médiatique désinformante à une véritable manipulation propagandiste. Le contexte politique était d'ailleurs explicite, dans le premier exemple du dictionnaire académique (9e édition, 1984), où on lit : « Le concept et les méthodes de la désinformation sont apparus en Russie soviétique dans le milieu du XXe siècle. » On aurait pensé naïvement que tous les pouvoirs politiques ou presque avaient pratiqué cette action, dans l'Histoire, mais il est vrai que les méthodes de la communication de masse, depuis un demi-siècle, ont donné à cette « désinformation », comme à l'information elle-même, d'ailleurs, une dimension nouvelle.

Les académiciens, tout en définissant avec pertinence la désinformation médiatique, ne notaient pas que ce mot qui exprime la tromperie est lui-même trompeur. Normalement, de même que *désillusionner*, c'est « priver de ses illusions », *désinformer* devrait signifier : « priver d'informations » ou, du moins, en diminuer la dose, ce qui pourrait avoir un côté reposant. Or, la désinformation est en réalité un excès, un ensemble d'infos inexactes, mensongères, truquées ou simplement orientées, en tout cas de nature à égarer l'opinion. Ce n'est pas une privation, au contraire, c'est une *mésinformation*, comme une *mésaventure* est une mauvaise aventure ou bien une *mal*information. Mais on dit *dés*information ; tant pis. Pas d'information sans désinformation. La désinformation commence donc par de l'information inexacte, douteuse, non vérifiée ou, pis, diffusée pour sa fausseté même. En matière d'information, la vérité compte moins que l'impact ; les faits ne sont qu'une matière première, transformée en mots – transmis par la radio ou l'imprimerie – et en images que l'on projette sur les écrans de télé du monde entier. Ces mots et ces images sont des leviers sur l'opinion ; c'est aussi de l'argent, un sacré commerce. Dans ces conditions, il faut de la vertu pour sauvegarder la sincérité et savoir dire « peut-être » ou même « on ne sait pas ».

26 mars 2003

Sécuriser

Dans le discours occidental sur cette guerre, la principale source demeure les Anglo-Saxons : il est en effet plus facile de laisser passer en français, en italien ou en allemand des mots et des emplois anglo-américains que de traduire directement d'une source, l'arabe par exemple. À raison de dix occurrences toutes les cinq minutes, on entend dire qu'une route, un faubourg de ville, un secteur... sont sécurisés. Ce verbe n'est pas nouveau, mais il ne s'employait, depuis une quarantaine d'années, qu'en psychologie : une situation *sécurisante*, c'est-à-dire apaisante, agit en calmant, en donnant à quelqu'un un sentiment de sécurité. Puis vint un autre emprunt à l'anglo-américain ; on commença à parler, en matière bancaire, d'un *paiement sécurisé*, et, en informatique, de *sécuriser* une opération. À mesure qu'augmentait l'insécurité, les dérivés du mot *sécurité* prenaient des sens nouveaux : voyez le succès de l'adjectif *sécuritaire*, succès quantitatif, parce que la politique qu'il décrit entraîne certains excès. Dans l'Irak en guerre, les opérations ont pour objectif de s'*assurer* du terrain. *Assurer* vient de *sûr*, et serait plus normal que *sécuriser*. *To secure*, verbe usuel en anglais, se traduit par « assurer, protéger, garantir », ou bien « obtenir » ; le sens est bien plus large que celui de *sécurité* : *to secure* exprime la maîtrise, le contrôle. L'illogisme de ce *sécuriser* est remarquable : c'est un mot parfaitement unilatéral : dans un espace ou une ville sécurisé(e), ce n'est pas la sécurité qui règne, c'est la protection des troupes, le contrôle des lieux, une forme de succès militaire. On ne s'arrête pas aux conditions : annihilation ou fuite de l'ennemi. Rien de plus sécurisé qu'un immeuble ou un quartier détruit ; il est vrai qu'un ennemi tué, fait prisonnier ou en fuite est nettement moins dangereux. Cela fait penser au célèbre slogan du général Custer : « Un bon Indien est un Indien mort. » L'Irakien sécurisé n'est pas enviable. *Sécuriser* n'est pas seulement un anglicisme – on en voit d'autres –, c'est un euphémisme guerrier, à la manière de la *pacification*, de sinistre mémoire. Attaquez, bombardez, tuez, tout va bien, c'est pour sécuriser vos troupes. Mais ces troupes, messieurs les gouvernants et généraux, qui les a mises en état d'insécurité ? Le mirage de la sécurité dans la guerre ne résiste même pas aux fameux « tirs amis ». Quant à celle des Irakiens, n'en parlons pas. Protégez-nous des sécuriseurs...

27 mars 2003

Domino

Ce n'est pas un jeu calme, dont Gérard de Nerval disait qu'il était exceptionnellement silencieux et méditatif, que je voudrais évoquer, mais la *théorie des dominos*. On se souvient que le gouvernement des États-Unis l'évoquait peu avant de déclencher la guerre, à propos de la contagion démocratique qui allait saisir le monde arabo-islamique dès que l'Irak, grâce à l'action armée des GI sauveurs, serait entré dans le Paradis de l'axe du Bien.

La « théorie des dominos », c'est une expression venue de l'anglais des États-Unis, pour désigner la chute d'une série de dominos rangés verticalement, lorsqu'on fait pencher le premier. Idée rassurante pour les tacticiens et les stratèges, à qui on expliquait qu'une action militaire bien choisie suffisait à faire pencher tout l'entourage géopolitique dans le sens souhaité. Ce qui ramenait les affaires humaines à des processus bien mécaniques, bien réguliers, bien inhumains, en somme.

Pas idiote, quand même, la théorie en question, mais pas si simple. Car les dominos peuvent pencher dans deux directions opposées. En ce moment, la guerre irakienne, loin de faire pencher une partie « sensible » du monde vers l'idéal nord-américain, déclenche des dominos extrémistes, pousse les pays musulmans avoisinants vers la réaction violente, alimente les tentations terroristes et suicidaires, donne des arguments à la haine. Si on considère l'Irak de Saddam Hussein, et le dictateur lui-même, comme un domino à faire choir pour en entraîner d'autres, la coalition anglo-saxonne et ses formidables frappes sont arrivées à ce prodige : renforcer – provisoirement, sans doute – le domino de départ et faire pencher les autres non vers la démocratie, mais vers la logique du *djihad*, qui est un effort suprême en forme de guerre. Qui a donné l'exemple ?

Mais je manque à mes devoirs envers les mots. *Domino* : le rectangle noir marqué de points blancs servant à jouer apparaît au XVIIIe siècle ; il semble devoir son nom au capuchon noir du bal masqué à la vénitienne, lui-même inspiré par le manteau noir à capuchon de certains moines. En revêtant ce manteau, le religieux prononçait ces mots : « bénissons le Seigneur », *benedicamus domino*, en latin. On croirait entendre George Doublevé, ce qui ne confirme pas cette étymologie un peu tirée par la capuche. Mais il est vrai que le moineau, le brave piaf, est nommé d'après le moine. Quant à nos dominos théoriques, c'est l'imagination des tacticiens de la guerre froide qui a utilisé un jeu de hasard mathématique comme illustration d'une sorte de réaction en chaîne. Ces grands esprits avaient, semble-t-il, oublié qu'il ne suffit pas d'invoquer le Seigneur pour arriver à ses fins : *benedicamus domino*, ou *Allah u Akbar* ?

1er avril 2003

Marteler

On a pu entendre ce matin, à propos des déclarations de Jean-Pierre Raffarin, le verbe *marteler.* Si je me laissais aller, je dirais que les commentateurs du discours politique martèlent ce verbe *marteler.* On ne répète pas, on n'affirme plus, on ne déclare plus, on n'assure point, on *martèle.* C'est donner à la parole des « acteurs » politiques – pour employer un autre mot à la mode – un caractère frappant et répété. On peut noter, à propos de « frappes répétées » de la guerre, qu'on n'emploie jamais *marteler*, qui conviendrait pourtant, sauf que dans ce cas, le marteau évoqué est plutôt un marteau-pilon que l'outil familier que nous employons pour taper sur les clous, qui ne nous ont rien fait.

Marteler, qui s'emploie depuis huit siècles au sens concret, nous rappelle la forme ancienne du mot *marteau*, *marteal*, issu d'un latin un peu incorrect, *martellus*, le terme normal était *martulus*. On dit encore *se mettre martel en tête* pour « se faire un gros souci », par emprunt à l'italien *martello*, du même mot latin que notre *marteau*, bien sûr. Mais ce n'est pas une raison pour dire : « Passe-moi le *martel*, je vais planter un clou », car si on voulait parler comme de vrais « visiteurs » du XIIIe siècle, il faudrait dire « le martéal ».

Le coup de marteau, bricolage oblige, vient rarement seul ; d'où vient que *marteler* exprime des coups répétés, bruyants et qui peuvent faire mal, ou, en tout cas, ébranler le mur. Les images évoquées par le *marteau* sont naturellement celles du coup. Or, frapper, toquer, faire toc évoquent facilement le coup sur la tête ; on est passé d'*avoir un coup de marteau* à *être marteau.* Quand on dit qu'un chef d'État, ou un ministre, *martèle* quelque chose, ce n'est pas pour évoquer la folie – enfin, pas ouvertement –, mais pour insister sur une manière de parler où des syllabes bien détachées et prononcées avec force donnent l'impression de coups secs et répétés. Ne pas négliger l'emploi d'une expression qui évoque l'effet de paroles prononcées : *enfoncer le clou.*

Marteler n'est plus « épeler fortement », ce qui relèverait de l'orthophonie ou de la dictée, mais bien *assener* (verbe piège pour concours d'orthographe, car il doit s'écrire sans accent). Pour être frappant, martelez. Les grands marteleurs, ces derniers temps, ont un modèle, prénommé George Doublevé. Un grand marteleur d'invocations divines.

4 avril 2003

Embûche

Des embûches, il y en a dans toute opération ; on comprend qu'il s'agit de difficultés, d'obstacles qui compromettent le succès d'une entreprise. La vie politique, économique et même quotidienne est, dit-on, semée d'embûches. La guerre, plus encore, et aussi la paix après une guerre.

On ne sent plus le rapport que peut avoir *embûche* avec *bûche*, sinon que l'expression *ramasser une bûche* correspond à « tomber », et au figuré à « échouer ». L'histoire des mots dévoile ici une origine guerrière, car l'ancien français *embuschier*, d'où vient *embûche*, a été remplacé au XVIe siècle par la forme italienne *embusquer.* L'embûche est la sœur aînée de l'*embuscade*, terreur des armées en opération. Il est donc pertinent de parler des embûches que rencontrent les armées étatsunienne et britannique, malgré leurs incontestables et prévisibles succès, dans une situation d'absolue inégalité. Une partie de ces embûches viennent du fonctionnement même des armées : par calque paresseux de la langue anglaise, elle-même parfois illogique, on parle alors de « tirs amis », *friendly fire*, quand il s'agit de tirs – plus exactement de feux – fratricides ou, pour parler franc – ce qui est exceptionnel –, de grosses bavures. La guerre sans bavure et sans embûche, de même que la pseudo-doctrine dite sottement du « zéro mort », n'est pas seulement un rêve, mais une grosse manipulation.

Embuscade et *embûche* remontent au mot *bosk*, qui a donné *bois* et ses équivalents dans les langues germaniques, comme l'anglais *bush*, auquel un certain George Doublevé doit son patronyme – je jure que je n'y pensais pas en songeant au mot *embûche*. Aucune ironie, non plus, dans le fait que le mot *bûche*, passé par le latin populaire *buska* avant de s'installer en français, ne signifie plus « bois » ni « bosquet », mais « morceau de bois de chauffage » et figurément « personne obtuse, bornée, obstinée et sotte ».

Quoi qu'il en soit, les mots du bois et de la forêt sont peu adaptés à un pays largement semi-désertique, comme est l'Irak. Ce matin, les armées, faut-il dire « bushiennes » ou « bushiques », semblent franchir les embûches et s'en prendre au cœur de cible – comme on dit en publicité – qui est le gouvernement irakien. Quel dommage qu'entre Bush et Saddam, il y ait tant de vies humaines, parfois menaçantes, souvent innocentes et même amies, qui risquent à chaque seconde l'embûche fatale. Cela s'appelle la guerre.

7 avril 2003

Message

En commentaire de l'attaque menée contre les palais, les proches et la personne de Saddam Hussein, on a entendu et lu qu'il s'agissait d'un « message fort » – je cite – adressé par les États-Unis au régime irakien, sans doute aussi à l'Irak tout entier, et en fait, au monde. Ainsi, non content de désigner une transmission d'information selon un code (on connaît depuis plusieurs décennies les messages de l'ADN, en génétique), le mot *message*, après un détour par l'anglais scientifique, peut s'appliquer à un bombardement, à un acte de guerre, à une mise à mort programmée, effective ou pas.

Curieux message que celui qui consiste à éliminer le destinataire, ce qui suppose qu'on s'adresse à quelqu'un d'autre. À ce compte, la destruction des tours jumelles du « Centre commercial mondial » de New York était un message, sans aucun doute très « fort ». Ce fut largement commenté, à l'époque, sinon que ces messages terroristes, pauvres en contenu, ont des auteurs masqués, quand ils ne sont pas, comme on dit, revendiqués, et des destinataires très peu définis. Les bombes si « intelligentes », autre nouveauté de langage, envoyées au dictateur irakien, quel est donc leur message ? Ce serait, par exemple : « Nous, haut commandement des armées des États-Unis et du Royaume également Uni, tentons de vous tuer, et nous le disons haut et fort, au monde entier. » Ce message-ci, on l'a dit, a pour contenu essentiel : je suis plus fort que vous et donc, cessez de combattre, de protester, de vous opposer : ça ne sert à rien. On savait que les menaces, les ultimatums, les décisions hostiles étaient des messages. Mais on a du mal à admettre que l'acte hostile lui-même, les bombardements, les tirs, les attentats terroristes, etc., pouvaient être considérés, non comme des actions, mais comme des... messages. Cette guerre, Oliver Todd vient de le dire, n'est qu'un message. L'ennui, pour les messagers de ce genre, c'est que le message qu'ils envoient leur échappe. Les linguistes avaient découvert que certaines paroles sont des actes : exemple, quand un juge texan prononce – en anglais, évidemment – la phrase : « Je vous condamne à mort », c'est un message qui a toute chance de tuer, aussi bien qu'un colt. De même, les messages ainsi adressés par les États-Unis à l'Irak tuent, arrachent bras et jambes, détruisent, affament, désespèrent, ce qui est beaucoup pour une communication.

Le mot *message*, qui est français, est un dérivé millénaire ou presque du mot ancien *mes*, venu du latin *missus*, « l'envoyé ». *Missus* est le participe du verbe *mittere*, qui a donné « mettre » mais signifiait en latin « envoyer », « lancer ». Le message est donc ce qu'on vous envoie, lettre d'amour ou coup de pied au cul, message de paix ou « déclaration » de guerre. D'ici à ce que la violence, guerre ou terrorisme, soit appelée « messagerie », il n'y a qu'un pas.

8 avril 2003

Bavure

Cela me démangeait depuis plusieurs jours, bien que je sois frappé de la relative discrétion des médias vis-à-vis des erreurs, des fautes, des abus, des bavures, voilà, des bavures commises par l'armée des États-Unis dans les combats menés en Irak.

Alors qu'on était sans pitié, en 1968 par exemple, pour la police ou les CRS lorsqu'ils commettaient des « bavures » – cela se dit depuis les années 1950 –, on accumule les excuses pour rendre compte des « tirs amis », comme disent gentiment les Américains, des tueries de civils – naguère immolés sur l'autel des dommages collatéraux – et, hier encore, pour le flingage, le canonnage, on pourrait dire le « missilage » des journalistes qui ont le culot de ne pas être intégrés, ou plutôt avalés, enfermés, coincés, embrigadés, enkystés – on dit en anglais *embedded* – par les unités combattantes. Bavure, le cameraman d'Al Jazirah ? Vous voulez rire. J'entends dire que la chaîne concurrente Fox News, le renard (*fox*) jaloux du toutou de la voix de son maître, se félicite de cette élimination.

La bavure, cependant, était au départ un euphémisme pudique, du style : « Ah, on a tué un passant ? On avait pris sa pipe pour un pistolet ! » Légitime défense. *Bavure* correspond à dérobade et excuse du bout des lèvres.

Mais le mot a suivi sa route, et la bavure, aujourd'hui, n'a pas bonne presse. D'ailleurs, les sens figurés de ce dérivé de *baver* étaient déjà péjoratifs : l'encre peut baver, ou bien la colle ; la bavure est sale ; pis, c'est un défaut de fabrication. Cela au point que d'un travail impeccable, on dit : « net et sans bavure ». C'est sans doute de cette expression que vient le sens du mot pour exprimer les violences inutiles, les erreurs de tir : *bavure* exprime à la fois les excès de la force supposée légitime et l'hypocrisie qui les accompagne et prétend les excuser.

Les dérivés de *bave* sont partis dans plusieurs directions : la bavure, c'est l'erreur criminelle ; *bavard* et *bavardage*, en revanche, sont très innocents, mais tout de même pas très positifs, surtout sous la forme *bavasser*, « parler pour ne rien dire ». Pourtant, le mot *bave*, au départ, c'est l'onomatopée du babillage un peu mouillé du bébé : humide, certes, mais attendrissant. Mais la bave des adultes devient désagréable et dégoûtante ; quant à celle des armées et des polices, c'est le désastre. Car, outre les bavures individuelles et les bavures tactiques, c'est la guerre, les combats eux-mêmes qui ne sont plus que de gigantesques bavures.

10 avril 2003

Concorde

La fin annoncée des vols du Concorde, déjà déplorable pour le prestige français, m'a paru revêtir une triste valeur symbolique. Ce mot *concorde* étant l'expression d'un espoir universel – et universellement déçu – porte des symboles et des allégories. *Concordia* fut le nom d'une divinité romaine, et on a choisi ce mot plurilingue (*concord* en anglais) pour baptiser un avion fruit d'une collaboration franco-anglaise. Et puis, on avait nommé, en 1795, « place de la Concorde » cette place de la Révolution où avait été dressée la guillotine et qui remplaçait le nom de la place Louis-XV. À propos, les édiles irakiens vont devoir faire preuve d'imagination, vu le nombre de places, rues, avenues, nommées « Saddam Hussein », jusqu'à la victoire des armées anglo-saxonnes.

La fin des Concorde, qu'il s'agisse de déesses, de rues, de places ou d'avions, n'est pas le plus grave ; le pire, c'est l'absence de cette union des cœurs, *cor, cordis* en latin. Mettre les cœurs ensemble (*cum*), c'était, c'est et ce sera toujours non seulement un idéal, mais un besoin, car la *discorde* coûte cher.

On se contente trop souvent de *concordance*, mot qui est passé de l'idée d'« harmonie », d'« accord » – autre mot du cœur – à celle de « convergence » et de « compatibilité » : on parle aujourd'hui de la concordance d'intérêts. On observe que, la plupart du temps, en politique comme en diplomatie, ce sont des similitudes d'intérêts, et non pas l'union des cœurs, qui font les réunions dans l'action. Ces « coalitions » ne sont que des combinaisons pour mieux pousser et profiter (*alescere* en latin).

La coalition – je parle du mot – ne fait pas rêver ; un avion civil nommé « coalition », franchement, comme on dit aujourd'hui, ça le fait pas. *Concorde*, *le* ou *la concorde*, on dirait que ça ne le fait plus.

La réunion Chirac, Schröder, Poutine, on n'y voit pas tellement de cœur et de concorde, plutôt une convergence d'intérêts très provisoires. Mais les accords forcés ou apparents entre toutes les composantes de l'Irak – ou de l'Afghanistan et d'autres lieux – n'expriment malheureusement aucune concorde.

La vraie concorde, je la trouve dans ces opinions dites d'« en bas », qui, même déconcertées par le succès des États-Unis dans la destruction d'un régime détestable, continuent à haïr les tueries programmées, et à enrager devant cette image qui déchire le cœur : cet enfant au visage d'une extrême beauté, sur un lit d'hôpital, les deux bras arrachés par une irresponsable bombe. Devant ce spectacle insupportable, mis en scène avec acharnement en Tchétchénie, en Palestine, un peu partout par le terrorisme – car cet enfant pourrait être israélien, palestinien, tchétchène –, comment s'étonner de ce constat : *concorde* ne volera plus ? À la place, on mettra le titre de Boris Vian : *L'Arrache-Cœur.*

11 avril 2003

Vital et central

Sur le rôle futur de l'ONU dans ce qu'on appelle la « reconstruction » de l'Irak – ce qui suppose que le pays est détruit –, ce n'est pas tellement une querelle de mots qu'un jeu sur les mots. On l'a dit et répété : pour le gouvernement des États-Unis, ce rôle pourrait être *vital* ; pour la « vieille Europe » du plus très jeune Rumsfeld, il serait *central.*

Or, le rôle central correspond à une abstraction qui recouvre une place unique. Un cercle a toujours un centre et il n'en a qu'un ; le centre du monde, par le passé, c'était, pour chaque grand pouvoir, lui-même. Chacun se voulait, à l'image de la vaste et antique Chine,

Empire du Milieu. Puis, on a constaté que le monde était *poly*centrique et, dans la seconde moitié du XXe siècle, *bi*polaire. L'un des pôles ayant disparu, à côté du système un peu désordonné, rempli de petits et de grands centres que représente l'ONU, reste un centre de puissance militaire, économique, financière, technique, scientifique, centre unique qui cache son jeu sous un nom pluriel : les États-Unis.

Le rôle *central*, après une guerre voulue, préparée, menée, gagnée par les États-Unis, à qui, pour les États-Unis, peut-il revenir ? Poser la question, c'est y répondre. D'ailleurs, « reconstruire » un État voyou, retourné en démocratie modèle, cela ne peut revenir qu'au magicien responsable de l'opération. Petite parenthèse : *État voyou*, c'est notre traduction de *Rogue State*, qui signifie plutôt « État bandit » ou « malfrat ».

À propos de traduction difficile, *vital*, en anglais, a deux significations bien distinctes : « qui maintient la vie », comme dans *principe vital* ou *élan vital*, et d'autre part, « essentiel, décisif, indispensable ». L'allemand distingue les composés en *lebens*, « la vie », et, par exemple, *Gründsätlich*, « fondamental ». C'est évidemment le premier sens, qui concerne le maintien de la vie, que les États-Unis concéderaient à l'ONU, ainsi revêtue de la blouse du médecin ou de l'infirmier. Cela fait diablement penser à une expression bien française : *minimum vital*. On peut toujours se consoler en remarquant que le maintien de la vie n'étant pas la spécialité des armées en opération, le *rôle vital*, en ce sens, est vraiment essentiel, alors que le rôle central n'est jamais qu'une position de pouvoir. Finalement, faisant fi de la brutalité de l'Histoire, on peut préférer les vitaux, les ONG, les « mères Theresa », aux forces armées dominantes, qui sont forcément centrales. Dans tout cela, la mémoire et le patrimoine de l'humanité sont tout sauf centraux ; on laisse froidement détruire un musée et une bibliothèque qui témoignent d'une culture millénaire, de l'invention de l'écriture moderne, et j'en passe. Il est vrai que le rôle des États-Unis face aux civilisations amérindiennes fut nettement plus central que vital.

15 avril 2003

Pillage

Le pillage de musées et bibliothèques à Bagdad choque et émeut. Jacques Chirac vient de rappeler qu'il s'agissait d'un patrimoine culturel pour l'humanité entière, non d'une affaire irakienne. On n'oubliera pas non plus le pillage d'un hôpital.

Pillage se dit en français depuis le XIVe siècle, époque maudite qui correspond au début des guerres qui allaient ravager l'Europe pendant cent ans. Ce mot a une curieuse histoire : le latin *pilleum* désignait un morceau de chiffon, et d'abord le bonnet de laine dont on coiffait les esclaves affranchis. Ce qui fait penser à un marquage humiliant qui accompagnait l'affranchissement de l'esclavage, autrement dit, une « libération ». Ça vous fait penser à quoi, récemment ?

Piller a peut-être voulu dire « chiffonner » et « déchirer comme un chiffon ». Le verbe s'appliqua au Moyen Âge aux chiens qui mordent et déchirent le gibier, à la chasse à courre. De cette violence programmée, on est passé à un aspect de la guerre, où le vol accompagne la destruction et la mise à sac.

Dans l'affaire irakienne, on se demande ce qui est le plus scandaleux, le vol et la destruction par des bandes d'affamés misérables ou l'indifférence d'une armée qui est là pour vaincre, mais apparemment pas pour gérer sa victoire. On pense raisonnablement que deux ou trois chars placés devant les portes à protéger auraient suffi à épargner des trésors de la mémoire humaine, dans cette Mésopotamie où l'une des plus anciennes civilisations historiques a vu le jour, où l'écriture phonétique, à côté des hiéroglyphes égyptiens ou chinois, a été mise au point, par de petits signes en forme de coins – *cunéiformes*, c'est le mot – astucieusement disposés.

Encore faut-il reconnaître à ces vieilleries autant d'importance qu'à cet or noir et gluant qu'on a appelé *pétrole*, « huile de pierre ».

Faut-il, quand des morts, des blessés, des proches désespérés, et aussi des millions d'humiliés sont traités successivement avec violence, puis avec indifférence, et toujours avec mépris, s'attacher à la destruction anarchique et imbécile d'objets, fussent-ils d'art ? Tous les trésors d'un grand musée ne valent pas la vie d'un enfant ; les moralistes ont raison. Mais voilà, l'enfant est déjà tué, ou mutilé.

Alors, les témoignages du passé de l'humanité, de la pensée cristallisée et conservée, méritent un peu d'attention.

Les troupes des États-Unis ont énormément parlé de *sécuriser* et de *sécurisation*, s'agissant de préserver leur propre sécurité, et rien d'autre, malgré les belles paroles du président Doublevé sur ses préoccupations humanitaires[1]. Anarchie, misère et pillage en ont montré les limites.

17 avril 2003

Reconstruction

Quand on parle de reconstruction de l'Irak, il ne s'agit pas seulement de bâtiments, c'est certain. À preuve, les premiers actes de cette reconstruction annoncée, qui sont l'arrivée d'un convoi dit « humanitaire », indispensable, mais infime par rapport aux besoins, et celle d'un général étatsunien à la retraite officiellement chargé d'administrer, non de construire.

Ce qu'il s'agit de reconstruire, ce ne sont pas des maisons, des villes même, mais tout un pays. Un pays, une nation, un État, des hommes. À chaque stade, il s'agit de refaire, réorganiser, rebâtir, restaurer, réparer. Reconstruction suppose destruction, et les deux mots sont visiblement apparentés. Ils viennent d'un très ancien verbe latin, *struere*, dont le sens est « édifier », mais d'abord « étendre ». En effet, pour bâtir, depuis des millénaires, il faut superposer des couches, de briques, par exemple. *Struere* conduit à *structure*. Parmi les premiers constructeurs de l'Histoire figurent les Égyptiens, les Chinois et aussi les Mésopotamiens, aujourd'hui Irakiens et Syriens.

Les grandes civilisations construisent, sont détruites, parfois se reconstruisent ; sinon, elles disparaissent.

Reconstruire, quand ce verbe est formé en français, s'applique aux bâtiments. Ses emplois figurés n'apparaissent pas au hasard,

1. Voir la chronique du 27 mars : *Sécuriser*.

mais dans une période où l'on cherche à faire disparaître et à remplacer, vers 1789.

Après un « ancien régime » devenu insupportable, on peut préférer qu'il ne soit pas chassé par une armée étrangère venue de très loin – ce qui s'est toujours appelé une « invasion » – pour détruire, il est vrai, un pouvoir dictatorial. Mais pour détruire aussi, car la guerre se fait ainsi, des constructions, des vies, des espoirs.

Reconstruction, facile à dire ; mais de quoi ? Éviter de reconstruire la situation passée, ou une situation pire encore, après la destruction. Avant de rebâtir et de remonter du béton, il faudra bien refaire une société en miettes, réparer, soigner les plaies, nourrir, réorganiser. Les reconstructeurs seront, sur le plan concret, des entreprises des États-Unis, c'est plus que probable ; mais au figuré, la reconstruction humanitaire, politique, sociale, psychologique sera irakienne ou ne sera pas. Aucun gouverneur étranger ne pourra rien reconstruire à lui seul. Et on se demande si un pouvoir élu y suffira. En matière de reconstruction, on en est au stade décoratif – on dit en anglo-américain « cosmétique » – ; mais les destructions étant bien réelles, une vraie reconstruction devra l'être. Les troupes qui se voulaient libératrices ont engendré le chaos, la méfiance et le désespoir. Et cela, peut-on le reconstruire ?

21 avril 2003

Dégâts

En Irak, il s'agit surtout de réparer les dégâts. Dégâts multiples, certains causés par la guerre, certains par un embargo affameur des pauvres, dégâts causés par la politique du mépris, de la méfiance, dégâts inévitables de la chute provoquée d'un régime odieux, dégâts de la conviction exclusive, comme le pense et le dit Régis Debray.

Dégât est un mot formé en français sur un verbe oublié, *dégaster*, qui renforce *gâter* sur le modèle du latin *devastare*. *Devastare*, *dévaster*, c'est « détruire en faisant le vide », et « vide » se dit en latin *vastus*, qui correspond aussi à « ravagé, démoli ».

Pour notre chroniqueur du XIVe siècle, Froissart, le dégast est militaire : c'est le ravage, la dévastation, le pillage. On aurait dit des armées de la « coalition », en français d'il y a quatre ou cinq siècles, qu'elles « faisaient dégast ». C'est dire que le mot était plus fort qu'aujourd'hui, plus violent. Plus tard, les dégâts se limitèrent à des dommages, des inconvénients plus ou moins graves ; mais on avait tort de sourire du slogan antialcoolique : « ... bonjour les dégâts ! »

La nature des dégâts est multiple : ils sont matériels, politiques, psychologiques, moraux. Quant aux causes, certaines sont volontaires, d'autres non. La volonté d'intervenir par la force, même au service d'un idéal humanitaire et démocratique affiché, entraîne forcément des dégâts.

Albert Camus a écrit dans *La Peste* une phrase lumineuse :

> « Le mal qui est dans ce monde vient presque toujours de l'ignorance, et la bonne volonté peut faire autant de dégâts que la méchanceté, si elle n'est pas éclairée. »

En effet, en matière d'interventions par la force, et quelles que soient les intentions, l'insuffisance d'informations – associée à la certitude d'avoir raison et, pis encore, d'être inspiré par Dieu, qui a décidément bon dos –, l'ignorance est souvent capable de monstrueux dégâts. Par exemple, l'administration étatsunienne en Irak est-elle suffisamment éclairée sur le chiisme ? Peut-être moins que sur le pétrole. Ainsi, à l'occasion du pèlerinage de Kerbala, on s'aperçoit qu'un Hussein obsessionnel, Saddam, peut en cacher un autre, beaucoup plus ancien et légitime, le calife Hussein, fils d'Ali, fils adoptif de Mahomet, assassiné à Kerbala, justement.

Les dégâts de l'axe du Bien, de la religion, de l'exportation des bons principes, du « c'est pour ton bien ! » qui accompagne les avanies sont moins directs, mais plus profonds que ceux de la violence brute.

22 avril 2003

Conséquence

J'ai un peu de mal à comprendre l'émotion qui a saisi la France lorsque Colin Powell, à la question : « Y aura-t-il des *conséquences* à l'attitude de la France par rapport à la politique des États-Unis ? », a répondu sobrement : « Oui. » Car on voit mal comment un acte ou une attitude politiques seraient absolument sans conséquences. Ce serait dire que cet acte ou cette attitude sont totalement insignifiants.

Oui, le déclenchement préventif d'une guerre au nom de la supériorité militaire et des intérêts d'un pays ont déjà et auront des conséquences. Oui, la politique de répression menée par Ariel Sharon ainsi que les actes terroristes, d'où qu'ils viennent, ont des conséquences, à commencer par des victimes et des destructions.

Dans le cas de la bisbille franco-étatsunienne, les conséquences sont heureusement moins dramatiques, et l'agitation autour des intentions punitives ou même de la mauvaise humeur, des *reproches*, de la *réprobation* et des *réprimandes*, mot enfantin qu'on entend pourtant à ce propos, illustre simplement le sentiment universel et un peu lâche de la toute-puissance des États-Unis et aussi la faiblesse de l'orgueil national des autres...

Conséquence, cher monsieur Colin Lapalisse Powell, c'est universel, inévitable, obligatoire. Le latin *consequentia* est dérivé de *consequens*, formé sur le verbe *sequi*, « suivre » ; le mot correspond à « ce qui s'ensuit », soit dans le temps, soit dans l'effet logique d'une cause. Tout dans la vie « tire à conséquence » ; rien n'est « sans conséquence » et il serait inconséquent de prétendre agir sans qu'il y ait des effets. La seule question est de les mesurer, ces conséquences, de les prévoir, par exemple d'imaginer que la chute programmée du régime dictatorial de Saddam Hussein allait avoir pour conséquences un certain chaos, d'abord, et ensuite la libération de forces politico-religieuses qui étaient réprimées, le chiisme, par exemple. Mesurer les conséquences, c'est prévoir et déjà imaginer les effets d'une violence répondant à d'autres violences sur les psychologies collectives, par exemple en Palestine, et aussi en Israël.

Le petit « oui » aux conséquences, émis par Colin Powell, montre une évidence : les conséquences de toute situation ne sont pas seulement matérielles ; ce sont d'abord les effets dans la tête.

24 avril 2003

Dérembourser

Décidément, le mot *bourse*, qui vient d'un nom latin du cuir, est d'une créativité étonnante. Mettre dans sa bourse – on disait aussi dans sa bougette, d'où le budgette des Anglais –, ce fut *embourser* ; en sortir des pièces, c'était et c'est encore *débourser*. Comme l'argent circule sans arrêt, ce qui est déboursé peut revenir – on peut toujours rêver – et on parla de *rembourser*, autrement dit « réembourser ». On aurait pu s'en tenir là, mais notre admirable civilisation, si inventive, ayant fait du « réemboursement » des dépenses de santé une institution aussi sociale que sécuritaire – car la sécurité du porte-monnaie, ça compte –, un nouveau composé de composé s'installe. C'est *dérembourser*. Le remboursement, on s'en doute, est un débours – on ne dit pas *déboursement* – pour la Sécurité sociale, qui, à l'instar de l'excellent fromage d'Emmenthal, et non du gruyère, comme certains l'ont cru, est construite autour d'un trou de nature financière. Fallait-il fabriquer un verbe aussi complexe, au risque de voir surgir un jour des monstres du genre de *surdérembourser* ou *sousdérembourser* et, pourquoi pas, *redérembourser*, si on s'avisait de rendre au client l'argent que lui coûte le déremboursement ? Il eût été tellement plus simple de dire « faire payer », mais *dérembourser* était plus discret, et avait l'avantage de rappeler, dans le mot désagréable, la douce musique du remboursement. Cela s'appelle en psychanalyse la dénégation, procédé chéri des communicateurs.

Car en niant, on rappelle l'existence de ce qu'on détruit. Prenez ces médicaments qu'on avait coutume de voir remboursés ; si on cesse de les rembourser, c'est bien qu'on les remet à la charge du client, et qu'on lui dit tout simplement : « Paye. » On attend le jour où le vendeur dira non plus : « Vous me devez tant », mais « Je vous dérembourse de tant. »

Il est donc plus courtois, mais assez hypocrite, de parler de déremboursement. Il serait naïf de s'attendre à un remboursement ou un reremboursement – peu importe puisque ça n'aura pas lieu. Il va falloir redébourser, ce qui indique à tous ceux qui ont encore quelque argent dans leur bourse que cet argent, passé de l'état de métal précieux à celui de papier médiocrement esthétique, est fait pour s'envoler.

Baisser ou supprimer le remboursement de médicaments, est-ce, comme on a pu le dire, signaler leur inefficacité ? Mais alors, pourquoi les remboursait-on ? En outre, dérembourser à la sauvette, en guise d'œuf de Pâques, n'est pas le procédé le plus élégant qu'on puisse imaginer. On n'est pas censé rembourser les placebos ; c'est peut-être un tort. Reste que la pilule du déremboursement est amère, et que le mot n'est pas des plus heureux. Mais il peut rapporter gros.

25 avril 2003

Chaos

L'intervention militaire des États-Unis et de la Grande-Bretagne en Irak était destinée à faire disparaître un régime politique dictatorial. Ce régime a disparu, laissant le pays, copieusement bombardé, aujourd'hui occupé et désorganisé. Entre la dictature de Saddam Hussein et du parti Baas et un Irak virtuel libéré, reconstruit, respectueux de ses minorités, s'ouvre une période qui s'annonce longue. On l'entend qualifier par quelques mots. De manière neutre, *désordre*, de manière alarmante, *insécurité*, du point de vue politique, *anarchie*, « absence de pouvoir et d'autorité », et de manière plus emphatique, *chaos*, à ne pas confondre avec *cahot*, qui vient d'un mot germanique signifiant « secouer, heurter ».

L'autre *chaos* est grec et mystérieux, mythologique, cosmologique, car le *chaos* grec est le vide primitif, l'espace informe avant la création d'un univers organisé et arrangé, un *kosmos*, ce qui signifie avant tout « organisation ». Passé au latin, *chaos* fut utilisé pour traduire, dans la Bible, l'hébreu *tóhou*, *vavóhou*, que nous connaissons sous la forme *tohu-bohu*. Avant que Dieu, dans la Genèse, ne crée la lumière, la Terre, dit le texte, était « sans forme et sans matière », « vaine et vide », traduit Henri Meschonnic. L'idée de *chaos* est aussi d'associer l'informe au vide, le désordre au gouffre. L'origine indo-européenne de *chaos* concerne le vide, le trou, l'abîme – autre mot grec qui signifie « sans fond ».

Chaos – le mot étant passé du latin dans de nombreuses langues – est donc un mot assez terrible, par rapport à *désordre* ou à *confusion*. Pour passer du chaos au cosmos, il faut, excusez du peu, le souffle de Dieu. Du domaine sacré ou mythique à la politique terrestre, le mot *chaos* s'est laïcisé. En français, on ne s'étonnera pas que ce soit Voltaire qui parle de « chaos politique ». En revanche, dans un pays sans autorité établie, seuls des pouvoirs de remplacement peuvent éviter la confusion, ou, pour parler cru, le *bordel*, métaphore étrange d'ailleurs, car les maisons closes pouvaient être fort bien organisées. D'autre part – Bernard Guetta ne me pardonnerait pas de le taire –, la science connaît l'idée de « chaos créateur ».

L'ordre ne règne pas à Bagdad ; le chaos a remplacé l'oppression, et l'activité militaire intense a fait place, en créant les conditions du chaos, à une discrétion extrême et à une diplomatie balbutiante. La sortie de ce chaos, qui ne semble pas très créateur, ne viendra que des Irakiens eux-mêmes, à condition que les tout-puissants envahisseurs-libérateurs leur en donnent ou leur en laissent les moyens.

9 mai 2003

Cinéma

Je ne suis pas sûr qu'on ait assez souligné que le mot *cinéma* lui-même était une exception française, ou plutôt gréco-française. Les frères Lumière, en inventant le *cinématographe*, se servaient du grec *kinêma*, signifiant « mouvement », ce qui associe le ciné au kiné, bien que le cinéma ne soit pas toujours une thérapeutique.

En anglais britannique, on parle d'« images », *pictures* ; aux États-Unis, de *movies*, parce que ça bouge. L'espagnol dit *cine*, l'italien *cinema*, mais l'allemand préfère *Film*, mot anglais qui désigne une pellicule.

Ce qui est arrivé à l'activité appelée en français *cinéma*, c'est un développement mondial, allant d'une technique à une industrie et à un commerce gigantesques, qui n'est pas arrivé à tuer l'esprit du *cinématographe*. Ce mot est conservé en français avec obstination par deux créateurs, deux artistes qui ont toujours refusé le ciné-divertissement et le cinéma-industrie, Jean Cocteau et Robert Bresson.

Mais pour le commun des mortels, pour nous tous, *cinéma* et *cinématographe*, c'est la même chose, même si on est (« nous sommes » est plus correct) bien conscients que la fabrique de films pour faire de l'argent, le commerce mondial du spectacle filmé, ce n'est pas tout à fait la même chose que la création artistique par le même moyen technique. De cette création, il est tout de même un peu question à Cannes, même si la grimpette des escaliers, spectacle d'une monotonie affligeante, reflète plus la gogoterie d'un public naïf et mondain que l'admiration de l'amateur pour les symboles de la beauté et de l'émotion artistique.

Il y a tout de même quelques exceptions à l'opposition entre cinéma-industrie, cinéma-paillettes et cinéma-création ou cinéma-témoignage ; ce sont ces films qui touchent un immense public et apportent un monde visuel nouveau et une vision personnelle. À ce niveau, le chiffre d'affaires n'est plus l'unique « règle du jeu », pour évoquer un chef-d'œuvre de Jean Renoir, qui a pris sa revanche historique sur un échec commercial. Le symbole même de l'originalité absolue, de l'émotion partagée, de la vision comique-critique du monde où nous vivons, c'est un cinéaste total qui nous l'a donné, c'est Charles Chaplin, dont le personnage, Charlie, Charlot pour les francophones, est entré dans l'imaginaire du XXe siècle. Transmuer la guerre, la dictature, la misère, l'injustice en émotion et en rire, peut-être que le cinéma seul était capable de le faire.

En quoi l'art des images mouvantes, malgré les compromis, est bien cette exception au milieu du drame de l'Histoire, qui est aussi un mystère, exception multinationale et humaniste, celle de l'art, l'« anti-destin », disait Malraux, mais aussi, le témoin du « mouvement » du monde, *kinêma*.

23 mai 2003

Selon

Lorsqu'on s'intéresse à un mot, c'est le plus souvent un nom, quelquefois un adjectif ou un verbe ; quant aux malheureux adverbes, aux misérables prépositions, on les oublie, comme s'ils n'avaient pas de sens.

Or, ce matin est revenu un de ces petits mots pas si neutres. À chaque manif, une formule vient rappeler le caractère relatif des jugements et des estimations, même en matière quantitative. Hier, la protestation sociale a réuni à Paris trois cent mille participants « selon la police », six cent mille « selon les organisateurs ». Réussite moyenne, selon le compteur officiel, succès total, selon le compteur syndical.

Le *selon*, de même que *suivant* ou *d'après*, marque l'écart entre l'idée qu'on se fait de toutes choses et une réalité que personne ne peut s'approprier. Selon la majorité, et le gouvernement, la réforme proposée est la seule possible : on ne négocie plus. Selon les syndicats, l'opposition et, semble-t-il, une majorité de l'opinion, il faut une autre réforme. Selon François Hollande, on vient de l'entendre, il y a d'autres réformes possibles. Selon que l'on considère un objectif d'équité ou d'égalité, on est réformiste, révolutionnaire ou utopiste.

Selon les uns ou les autres, on dit aussi « suivant » les opinions, cela fabrique une alternative : la réalité qui, en principe, est unique, devient double ou multiple. La Fontaine : « selon que vous serez puissants ou misérables, les jugements de cour, etc. ».

Selon les victimes du tremblement de terre en Algérie, le gouvernement algérien ne les aide guère et cela ajoute à la catastrophe ; si on écoute les officiels, c'est évidemment autre chose. Suivant ou selon les États-Unis, l'Europe, l'ONU, la fameuse « feuille de route » ramène l'espoir de paix entre Palestine et Israël, mais les actes et les situations réelles conduisent à en douter.

L'origine de *selon* est éclairante : c'est probablement un mot latin populaire, *sublongum*, de *longum*, « le long de quelque chose ». On se promène le long de ce qu'on perçoit, on suit les idées et les choses (*suivant* ceci ou cela) et on se pose en un point. Ce qui est curieux et un peu décourageant, c'est que le point en question, qui est un point « de vue », ne change guère, selon les intéressés. Les expressions « selon la police, selon les organisateurs » affirment bien que les évaluations sont relatives, mais aussi que cette relation est immuable et toujours divergente.

S'il n'y avait plus de *selon*, on ne serait plus en démocratie. L'unanimité, les 99,9 pour cent aux élections, ce n'est pas « selon », et ça ressemble à un prix fixe, et trompeur. *Selon... selon*, c'est le débat, l'alternative, mais parfois aussi la bagarre stérile. C'est selon...

26 mai 2003

Altermondialisme

Les langues venues du latin, mais aussi l'anglais et bien d'autres idiomes, connaissent une série de mots en *alter-*, qui signifie « autre ». Une liste déjà abondante existe en français, comme *altérité*, *alterner*, *altruisme*, avec une idée positive de l'« autre », mais aussi *altercation* et *altérer*, par lesquels on constate que l'autre n'est pas toujours meilleur. Ces mots en *alter-* viennent d'avoir un petit frère, et même deux, qui s'appellent *altermondialiste* et *altermondialisme*.

Il ne s'agit pas, bien sûr, d'un monde *altéré* – ça, c'est déjà fait –, mais d'un monde *alternatif*. Cet adjectif, qui signifiait d'abord « qui agit à tour de rôle », « qui n'est pas continu » (voir le *courant alternatif*), correspond aussi à « différent et pouvant servir à remplacer une solution classique ». Toute réforme cherche à fournir des solutions alternatives aux problèmes du monde ; quant à la révolution, qui n'est plus à la mode, c'est une alternative générale.

Mondialiser, le mot, existe depuis les années 1920, dites « les Années folles », ceci rendant peut-être cause de cela. Mais pour qu'on en fasse un système et qu'on se dise *mondialiste*, il faut attendre les années 60 du XXe siècle. Puisqu'il s'agissait d'un système, en l'occurrence capitaliste et libéral, qui venait opportunément relayer feu le colonialisme et l'impérialisme discrédités mais qui se portent assez bien, il était normal qu'il y eût des *antimondialistes*. On se souvient qu'à toute manifestation de la mondialisation par les États les plus riches s'organisaient des contre-manifestations *antimondialistes*.

Comme on ne détruit que ce qu'on remplace – profonde pensée –, le stade *anti-* parut insuffisant et trop négatif. C'est pour remplacer *antimondialiste*, dans un espoir de mondialisation alternative, qu'est apparu au début de notre XXIe siècle ce composé un peu bizarre. En effet, si l'élément *anti-* était classiquement combiné à des mots en *-isme* et en *-iste* pour exprimer l'opposition, l'élément *alter-* restait pris dans des composés latins de vieille souche. *Alter-* étant libéré, on va peut-être parler d'altercapitalistes et d'altercommunistes, d'alterfascistes et non plus de néofascistes ; avec un nom propre, ça ne marche pas très bien : l'altermarxisme, faute d'un nouveau Karl Marx, c'est difficile ; l'alterchiraquisme, on voit mal... Et puisque des auditeurs m'ont accusé d'antiaméricanisme, je vais me replier sur l'alteraméricanisme, puisqu'il y a une *autre* Amérique, que j'adore.

30 mai 2003

Crispé

Sourires crispés, nous dit-on, sur le visage de George Walker Bush et de Jacques Chirac, mais aussi attitudes crispées du gouvernement et des « adversaires sociaux ». Car peut-on parler vraiment de *partenaires*, mot apparenté à *partage* ? Quant aux affaires de mœurs parfaitement sordides où des personnes de bonne réputation sont mises en cause, on a le droit de les trouver crispantes.

La crispation nous guette, mais qu'est-ce à dire ? Le latin *crispare*, qui s'appliquait à l'eau qui ondule et à la chevelure qui frise – ce sens s'est conservé avec *crépu* – n'avait rien de nerveux ni de contracté. Le verbe *crispare* venait de l'adjectif *crispus*, « ondulé », qui a fini par donner *le crêpe*, tissu plissé, et *la crêpe* comestible, parce que la pâte forme des rides en cuisant. On ne dira pas, cependant, que les minois présidentiels réunis à Évian, ville d'eaux s'il en fut jamais, évoquaient des crêpes. *Crisper* était donc passé du sens d'« onduler » et de « rider » à celui de « contracter », indice d'une certaine tension nerveuse. D'ailleurs, *crêper*, doux geste de coiffeur, avait suscité *se crêper le chignon*, forme d'affrontement.

Comme par hasard, c'est un peu après la Révolution française que *crisper* prend cette signification tendue et – comment dire ? – psychophysiologique. C'est l'époque où apparaît un verbe nécessaire, *décrisper*. Apparemment, cette nécessité n'était pas sentie comme impérieuse, car il fallut attendre le milieu du XXe siècle pour qu'on entende le mot magique : *décrispation*.

Dans la mesure où *crisper* avait pris le sens d'« agacer », d'« énerver » et où les crispations pouvaient finir par de vraies crises – mot sans rapport avec les crêpes –, on imagine l'utilité de la décrispation, soulignée par l'arrivée de mots nouveaux en français, comme l'anglais *cool* ou le japonais *zen*, mot religieux appliqué à une forme de bouddhisme (*chen* en chinois), d'où est banni tout énervement au profit de la méditation.

Que la gestion des affaires nationales et internationales engendre de la tension nerveuse, c'est un fait indiscutable. Tant qu'on en reste aux crispations, ce n'est pas trop grave, mais de crispation en crispation, on peut aboutir aux violences et aux conflits. Les exemples récents abondent.

Si l'on tient à jouer avec les mots, on dira que, pour éviter les crispations, il n'est pas nécessaire de s'aplatir comme une crêpe. Mais la meilleure préparation à l'harmonie, c'est sans doute la décrispation, et pas seulement celle des sourires présidentiels.

2 juin 2003

Jouer

Ce matin même, sur France Inter, j'entendais un comédien appartenant à la catégorie des intermittents[1] exposer le paradoxe suivant. S'ils font ce métier qui est autre chose qu'un métier, les comédiens, c'est pour *jouer* ; or, selon les intermittents majoritaires, le seul moyen de continuer à l'exercer, ce métier, c'est : ne pas jouer.

Ce verbe *jouer*, qui a tant de sens en français, mérite considération. *Jouer* et *jeu* sont fascinants, parce qu'ils disent à la fois la liberté, le plaisir, l'amusement, mais aussi le hasard, et l'argent, et tout autrement, des techniques, du travail, de la création artistique, des métiers, des carrières. Écoutons l'expression familière *faut pas jouer !* C'est ce que disent les intermittents en colère, pas seulement à cause d'une réforme, mais parce que le statut de l'« artiste », dans la société moderne, en mondialisation économique forcée, est plus que précaire. Le sens de *jouer*, c'est alors interpréter, faire du théâtre, du cinéma, du sport, des échecs, de la musique, c'est-à-dire faire vivre un art ou un sport. En revanche, dans la vie courante, *faut pas jouer !* signifie « arrêtons de plaisanter, de rire, de faire ou de dire n'importe quoi ».

Enfin, lorsqu'on demande – sans préjugé sur le contenu du débat – *à quoi il joue ?*, on veut dire : « Quelle est la raison de ce comportement bizarre ? »

À l'origine, *jouer*, issu du latin *jocari*, signifiait « s'amuser, plaisanter » ; le verbe venait de *jocus*, qui a donné *jeu*. Mais, on ne sait pas trop pourquoi, ces mots ont remplacé *ludere* et *ludus*, « jouer à un jeu », ce qui n'est plus du tout rigoler, parce qu'il faut respecter des règles et se donner à fond. En français, ce passage de la distraction sans règles à l'exercice organisé est très ancien : d'ailleurs, le mot *sport*, qui vient de l'anglais, est pris dans cette langue au français *desport*, qui désignait la distraction par l'exercice physique. On remarque que le spectacle, comme le sport, n'est pas une plaisanterie ; *jouer* n'est pas un jeu. Les enfants le savent, pour qui rien n'est plus sérieux que le jeu. Si on ajoute que les animaux jouent et qu'une porte qui ferme mal a du jeu, on admettra qu'on

1. Voir la chronique du 27 juin : *Intermittent.*

peut jouer avec le mot *jouer.* Le festival d'Avignon, cette année[1], joue comme une fenêtre ou une porte qu'on ne peut ouvrir : pas d'ouverture, d'ailleurs. En Suisse, on dira plutôt *ça joue pas*, car *jouer* correspond à « bien marcher », à « fonctionner ». On s'en excuse auprès de tous ceux qui ne jouent pas – au sens de s'amuser –, mais on se défend d'une angoisse rampante en jouant, avec les mots, avec les mots seulement...

9 juin 2003

Grève

Le mot *grève*, on a l'occasion d'en parler périodiquement et je l'avais fait en 1995. Mais depuis, on dirait que ce mot est devenu pénible à dire, et comme politiquement incorrect. Alors, on use d'euphémisme : aujourd'hui, on parle de « mardi noir ». La grève étant gênante, ceux qu'elle gêne, on dit qu'ils sont pris en otages, ce qui ne doit pas plaire aux véritables otages.

L'histoire du mot *grève* accompagne l'évolution de la société française, mais son origine est le fruit du hasard. Une grève, on le sait, est un terrain au bord d'un cours d'eau ou de la mer, un terrain fait de *grava*, mot latin populaire qui a donné *gravier.* Le graves, excellent bordeaux, est un vin de grève. Ce *grava* serait apparenté à *gravis*, « lourd ». Parmi les grèves des rivières françaises, l'une, le long de la Seine, au niveau de l'actuel hôtel de ville de Paris, devint célèbre. La *place de Grève* avait une réputation patibulaire, car on y exécutait en public des condamnés aux infâmes supplices requis par l'institution d'Ancien Régime appelée *justice.* On allait aussi à la place de Grève pour chercher de l'embauche. Être sur la grève, c'était tenter désespérément une embauche ; on disait aussi *aller* ou *être en grève.*

On parlerait aujourd'hui dans ce cas de *chômage*, mot qui désignait alors un arrêt volontaire du travail, pour cause de trop grande

1. Les manifs d'intermittents en compromettaient le déroulement normal.

chaleur. Le chômage et la grève ont à peu près échangé leurs significations, qui tournent autour de l'idée de travail et de salaire. Cela s'est passé à l'époque de la révolution de 1848, quand on s'est mis à parler de socialisme et de communisme. Le mot *grève* s'est comme retourné quand on a dit *faire grève*, non pour « chercher du travail », mais pour « arrêter de travailler » et essayer d'« envoyer en grève » un patron trop radin. Cela ne se dit plus, allez savoir pourquoi...

Alors que *grève* passe de l'absence de travail subi à l'arrêt de travail volontaire, *chômage* cesse de signifier « pause dans le travail agricole » et prend la place de l'ancien sens de *grève*. Ensuite, c'est la lutte pour faire reconnaître le droit de faire grève et pour sortir du cycle de violence répressive que décrit si bien Zola dans *Germinal*.

Quand le chômage, maintenant subi et dramatique, accompagne visiblement le fonctionnement de l'économie capitaliste, la grève, autrefois résultat du chômage, est devenue l'arme du contre-pouvoir. Personne ne parle plus de lutte des classes : expression archaïque, périmée, ringarde, mais surtout politiquement incorrecte, un vrai gros mot. Ce n'est pas le cas pour *grève*, qui marque le passage de la passivité au bord de l'eau à l'action pour plus de justice.

10 juin 2003

Intermittent

L'intermittence n'est pas une maladie, bien que le mot soit apparu en médecine au XVIIe siècle. Cent ans avant, il était question de *maladie* et de *fièvre intermittente*, expression qui pourrait, entre parenthèses, caractériser les crises périodiques qui agitent la société française.

Le verbe latin *intermittere* voulut d'abord dire « placer, mettre (*mittere*) dans l'intervalle (*-inter*) », ce qu'on met ainsi au milieu étant du temps. Grosso modo, « interrompre ». *Mettre*, d'ailleurs, ce n'était pas le sens premier de *mittere* ; plutôt « laisser partir » et « envoyer ». Ce qui est intermittent s'interrompt, puis reprend, situation assez fréquente, car peu de choses, dans la vie, sont continues et ininterrompues. Mais ce qu'on oppose à *intermittent*, c'est *régulier*, plutôt que *continu*. Les sentiments ne sont pas toujours de longs fleuves tranquilles, comme l'indique la belle formule de Proust à propos des passions amoureuses. « Les intermittences du cœur » manifestent que le cœur est, par nature, rythmique. Les opinions du président de la République sur la politique agricole semblent un hommage à l'intermittence. Quand le rythme est irrégulier, imprévisible, il y a donc intermittence.

Même chose pour le travail, dont on ne considère que le rythme général et sa régularité ; on ne parle pas d'*intermittence* pour le temps de repos, les fins de semaine, les vacances, les arrêts de maladie, mais bien pour les périodes sans emploi et sans salaire. La précarité et l'incertitude ont pour horizon certaines intermittences indésirables.

Bien que ce phénomène puisse affecter, dans une perspective économique morose, bien des domaines du travail social, il en est un où il est particulièrement fréquent, c'est le spectacle. Ce qui a déclenché un nouvel emploi des mots : ce qui était *intermittent*, c'était un phénomène, un objet ou un système. Mais de « travail intermittent », on est passé à « travailleur intermittent » et, finalement, « un intermittent, une intermittente ».

Le théâtre, le cinéma, la création architecturale s'exercent – sauf exception – de manière discontinue et aléatoire. Tout le problème, dans un métier qui demande du talent, est de compenser le caractère hasardeux du travail. Ce qui interdit aux moyens d'existence d'être eux-mêmes intermittents. L'intermittence manifeste une contradiction entre l'activité culturelle, la création, le talent – par nature intermittents – et le fonctionnement institutionnel, qui demande de la régularité. Sinon, c'est l'activité culturelle elle-même qui aurait un pouls intermittent, indice de faiblesse cardiaque.

27 juin 2003

Paradis

Ne pas faire de drame pour chaque mot et pour chaque boutade, a dit le Premier ministre, après une métaphore malheureuse. J.-P. R., s'il est Premier ministre en CDI, est un intermittent de la boutade.

Révélatrice, quand même, l'image d'un paradis sans socialistes et d'un purgatoire avec eux, autrement dit d'un paradis sans opposition notable. De l'enfer – lieu inférieur – au Ciel, en haut, c'est vrai, la pente est forte[1]. Chacun se fait de ce Ciel religieux l'image qu'il veut, et cela commence par le choix des mots. Sans en faire un drame, on notera que Jean-Pierre Raffarin n'a pas prononcé *ciel*, mais *paradis*, mot plus spécifique, plus théologique et plus chic ; mot rempli d'histoire, puisqu'il vient, par le grec, du persan. Dans cette langue comme en hébreu, il s'agit d'un enclos qui entoure un jardin et le sépare d'un monde extérieur inculte et hostile. Les rois perses avaient fait de cet enclos un beau parc et un véritable zoo, puisqu'ils y installaient leurs collections d'animaux. Avec la Bible, le paradis est un lieu de bonheur ; on sait comment il fut perdu par Ève et Adam – ladies first – par l'action diabolique, un diable dont la Genèse, plus prudente que le Premier ministre, omet d'indiquer les tendances politiques...

Rien ne nous dit que la métaphore controversée concernait ce paradis biblique, puis qu'il existe des *paradis artificiels*, célébrés par Baudelaire, mais énergiquement poursuivis par Nicolas Sarkozy, et même des *paradis fiscaux*, qui sont le rêve des gagneurs d'argent.

Le vrai paradis, en politique, serait-il un enclos réservé, où le pouvoir s'épanouit sans entrave et sans mauvaise volonté d'opposition ? Même s'il ne faut pas – comme on dit vulgairement – faire un fromage de cette image biblique, on peut dire que décrire l'histoire contemporaine de la France par un trajet « purgatoire – paradis » constitue un raccourci hasardeux. À propos, *purgatorium* est dérivé de *purgator*, qui n'administrait pas des purges, mais était un nettoyeur, un purificateur. Le purgatoire est un lieu où les âmes se

1. Perfide allusion à la mémorable raffarinade : « La route est droite, mais la pente est forte. »

débarrassent du mal. Comme on peut avoir des idées très différentes de ce mal, le purgatoire peut représenter un lieu de débat, un parlement. Le paradis se situerait alors au lieu géométrique de Matignon et de l'Élysée. En filant la métaphore biblique, on s'aperçoit que le paradis étant perdu, il doit être vide, à l'exception d'un trognon de pomme et d'un serpent.

2 juillet 2003

Résultat

Espoir et angoisse, c'est ce que suscitent les *résultats* d'examen – ceux du bac mobilisant les candidats, à qui on souhaite d'avoir franchi l'obstacle.

C'est un mot banal, *résultat*, et en même temps une idée difficile à cerner, tant elle est relative. Car tout résultat est provisoire et ne conclut qu'un événement, qu'une épreuve ; après quoi, la vie continue. Un résultat n'est pas seulement l'effet d'une cause ; c'est ce qui sort d'une situation et présente une sorte de bilan.

Résultat fut un mot savant, pendant plusieurs siècles, comme *résulter*, verbe qui a subi une curieuse évolution. En effet, *resultare* vient de *saltare*, « sauter », et l'idée de « sauter en arrière » aboutit à celle de « rebondir », « rejaillir », comme une balle ou un jet d'eau. Ce n'est qu'au Moyen Âge que l'image de *re-sultare* correspond à « apparaître comme un effet ». Mais *résulter* a suivi un chemin différent de *rebondir* et de *ressauter*, même si certains résultats font sursauter. Il s'est assagi, et s'est employé dans la vie intellectuelle et scientifique, avant de devenir courant. Les résultats sont devenus l'objectif de tout travail et de toute épreuve. Le mot est à la fois sportif et intellectuel, politique et économique, comme manifestation des effets réels d'un exercice, d'une action. On exige des résultats, dans la vie moderne, ce qui fait qu'on oublie trop souvent que les mérites et les qualités ne se mesurent pas forcément au résultat final.

Résultat est ainsi devenu le mot commode pour exprimer la

finalité et, souvent, l'écart entre les intentions et les effets réels. Une innocente manie, depuis une dizaine d'années, a fait de l'expression *le résultat des courses* un équivalent exact de *résultat*, quelle que soit l'opération. Tel gouvernement a voulu réformer telle ou telle institution : résultat des courses..., je vous laisse continuer. Tout rapport avec une situation réelle étant le résultat d'une pure coïncidence, naturellement. Mais on note que dire, sans trop réfléchir, *le résultat des courses*, c'est faire allusion aux incertitudes et au hasard plus encore qu'aux effets d'un travail rationnel. D'un côté, le résultat des courses, de l'autre, les résultats du bac : aucun rapport, on l'espère...

4 juillet 2003

Canicule et terreur

Chaleur et terreur : l'impression désastreuse de cette fin d'été est dominée par un phénomène naturel, la canicule, et par un phénomène culturel – si l'on peut dire –, le terrorisme.

Canicule est pourtant un mot charmant : en latin « la petite chienne ». Les Romains, après les Grecs, appelaient ainsi Sirius, l'étoile principale de la constellation du Chien. Or, quand cette étoile brillante se lève et se couche en même temps que le soleil (24 juillet-24 août), c'est la période la plus chaude de l'année dans l'hémisphère Nord : les Grecs et les Romains en savaient quelque chose.

Donc, depuis le XVIIe siècle, *canicule* égale « forte chaleur ». Quand cette chaleur dépasse les normes, la nature et les humains souffrent. La sécheresse vient de ruiner éleveurs et agriculteurs ; pis, elle a tué les organismes affaiblis, et – on vient de s'en apercevoir avec consternation – surtout les personnes âgées, abandonnées ou mal soignées, faute de moyens. Réaction facile : c'est la faute à pas de chance, ou bien à l'effet de serre. Réaction plus sérieuse : notre société, et non seulement nos institutions, ne fonctionne pas bien. *Canicule*, répété mille fois, comme la plupart des mots désignant des phénomènes naturels, ne serait-il pas un parapluie, un bouclier derrière lequel se cachent une responsabilité et une culpabilité collectives ?

Le recours au phénomène appelé *terrorisme* pour expliquer les horreurs qui endeuillent le Proche-Orient, l'Indonésie, et tout récemment l'Inde, est évidemment plus raisonnable, plus rationnel, mais représente aussi l'explication simple, par un seul mot et une seule idée – par exemple *intégrisme* – alors que ces situations dramatiques sont le résultat de causes infiniment complexes. Certains mots, d'ailleurs, devraient nous alerter en signalant la rencontre de deux notions contradictoires : *terroriste* et *martyr*, selon les points de vue, c'est-à-dire tueur-victime. Cela résume brutalement une terrible dialectique.

Le glissement de sens du mot *canicule*, de l'étoile à la crainte des incendies de forêt et des agonies solitaires, lui a conféré la malfaisance d'un vocable malheureusement stable, celui de terreur. Certains mots sont le reflet des angoisses du monde.

26 août 2003

Déficit

Déficit, c'est un des rares mots français qui emprunte une forme latine jouant le rôle d'une phrase : exemple, *lavabo*, « je laverai ». *Deficit*, en latin, c'est tout simplement : « ça manque », « y en a pas » ; une forme du verbe *deficere*. On l'employait dans un inventaire, chaque fois qu'un objet prévu dans une liste était absent. De la même manière, lorsque plusieurs exemplaires de la même chose étaient bien là, on disait *item*, « le même, la même chose », pour ne pas se répéter. Un item, mot un peu prétentieux aujourd'hui, c'est une sorte de clone. Un déficit, c'est une absence.

Quand la maladie – pardon, chers économistes libéraux –, la maladie, dis-je, de la finance et de la spéculation gagne la France, au XVIIIe siècle, on appliqua *déficit* au manque d'argent dans un compte.

Nous avons appris avec inquiétude que le déficit budgétaire

français atteignait des sommets « historiques », et qu'il fallait aller solliciter l'indulgence des autorités européennes, dont on n'est pas très sûrs qu'elles ne pratiquent pas elles-mêmes l'art du déficit.

On remarquera au passage que l'emploi latin de *deficit*, « y en a pas », est fort commode pour répondre à une demande de dépense. De l'argent pour les hôpitaux ? Déficit. Une augmentation de salaire ? Désolé, déficit, déficit. Dommage que Molière n'ait pas brodé là-dessus...

Les déficits, cependant, ne sont pas seulement financiers : *deficere* a aussi donné *déficient*, *défectueux* et *défection*. On pourrait croire que le mot *défaut* fait partie de la famille, mais non, *défaut* vient de *faillir*, qui transmet l'idée de « tromperie », de « faute ». Le *déficit* est une simple absence constatée, alors que *faute* et *défaut* dénoncent l'erreur ou la malveillance humaines. Fernand Raynaud n'a pas dit : « y a comme un déficit » et, quand on refuse à quelqu'un ce qui lui est dû, c'est bien de *défaut*, sinon de *faute*, qu'il s'agit.

D'ailleurs, en psychologie, en médecine, lorsqu'une substance est en quantité insuffisante, on parle de déficit. En morale aussi : y a-t-il eu, dans la France caniculaire, de la part de la société, du gouvernement, un déficit de solidarité, de compassion, de générosité, d'imagination, de moyens ? À force de déficits objectifs, on finit tout de même par se dire : « y a comme un défaut », et là, ce n'est plus seulement un constat, mais une critique morale.

Certes, la critique est aisée. Mais le pire déficit n'est pas financier, il est humain : je soumets cette idée simple à Albert Jaccard, en guise d'hommage vraiment sincère.

27 août 2003

Férié

La suppression évoquée d'un jour férié, quoi qu'on en pense, attire l'attention sur cet adjectif, qui n'a guère d'autre emploi que *jour férié*. On peut cependant parler d'une *date fériée*. Dans la liturgie catholique, on cite aussi l'office ou la prière *férial(e)* – pluriel masculin *fériaux* –, mais le mot n'est pas connu des laïques.

C'est le latin *feriae*, qui a aussi donné *foire*, et en espagnol *feria* – mot que les Nîmois pratiquent –, qui est responsable des jours fériés. *Feriatus* signifiait « oisif » et « festif ». Ce qui ne veut pas dire qu'on fasse la foire les jours fériés, mais que, naguère, c'était souvent jour de foire.

Dans la vie sociale, de tous temps, on a opposé des jours spéciaux aux jours normaux, consacrés au travail – « travailler », en latin *operare*, *ouvrer* en ancien français, qui a fourni le nom de jour *ouvrable*, ce qui n'a rien à voir avec *ouvrir*. D'ailleurs, il n'y a pas de jours « fermables », même si le gouvernement, dit-on, envisage de fermer un de ces jours de loisir, ce que fit naguère le gouvernement socialiste allemand.

Les jours fériés sont des moments particuliers, irréguliers, alors que le dimanche chrétien, le shabbat juif (samedi) ou le vendredi des musulmans reviennent tous les sept jours. À ces jours réservés à la religion, devenus dans nos régions laïcisées des jours à vacation sociale, s'ajoutent donc les jours appelés « fériés », consacrés soit à une fête religieuse (les lundis de Pâques et de Pentecôte, par exemple), soit à la mémoire nationale, soit enfin, le 1er mai, aux travailleurs alors dispensés de travailler.

Les jours fériés coûtent cher, à l'État, aux entreprises. Si on en chasse un, voilà des sous pour une bonne cause : M. Medef exulte. Mais si la chasse aux fériés est ouverte, les écologistes du travail – je veux dire les syndicats – s'insurgent.

Solidarité et compassion à l'égard des personnes âgées, bien sûr. Financement par des heures de travail récupérées sur un jour de repos légal, c'est peut-être autre chose. Les sondages disent que la majorité des Français est d'accord pour travailler un jour de plus. La majorité des Français trouve en effet qu'*on* ne travaille pas assez en France et qu'il y a trop de jours fériés. Mais, entre *on* ne travaille pas assez et *je* ne travaille pas assez, il y a un gros, un énorme hiatus. En outre, un jour férié, c'est abstrait ; mais le lundi de Pâques ou le 1er mai, c'est sacré. Passer du principe à la réalité ne va pas être, comme on dit, de la tarte.

28 août 2003

Formidable

C'est un mot, un adjectif, que nous employons tous les jours. On a relevé que M. Sellières, qui vient de nous rendre visite, avait dit de la suppression proposée d'un jour férié : « C'est *formidable !* » Évidemment, cela exprimait le plaisir devant une mesure jugée excellente, mais aussi quelque surprise devant une si bonne nouvelle. Si le président du Medef était plus jeune, il aurait peut-être dit : c'est *extra*, *super*, *terrible* ou même, c'est *mortel*.

On aura remarqué que certains de ces mots, qui expriment une appréciation positive, comme *terrible*, *mortel* ou, justement, *formidable*, sont passés de la crainte au plaisir et à l'admiration. Ce qui demeure dans ce retournement de sens, c'est l'intensité de l'impression. Le latin *formidabilis*, d'où vint il y a six siècles le mot français, signifiait « effrayant, redoutable ». En latin, on est passé de l'idée d'« épouvantail » à celle de « terreur », c'est-à-dire d'un objet destiné à faire peur aux oiseaux, pas bien méchant, à la vraie trouille.

Équivalent à *effrayant* et *redoutable*, notre *formidable* est jusqu'au XIXe siècle un mot noble et terrifiant, un adjectif qui ne plaisante pas. Racine, dans *Phèdre*, parle d'un « temple sacré, formidable aux parjures » et Michelet, encore, d'un lieu « sinistre et formidable ». Il s'agissait du port militaire de Brest. Aujourd'hui, si je dis : « Brest est formidable », c'est que je m'y suis beaucoup plu et que j'adore cette ville où, malgré Prévert, il ne pleut pas sans cesse.

Que s'est-il donc passé pour qu'un endroit formidable soit devenu charmant ? Au XIXe siècle, on dit, selon l'origine du mot : une *armée formidable*, un *coup formidable*. Or, pour inspirer la crainte, il faut bien que l'armée et le coup soient importants ou intenses. L'idée de puissance se substitue à celle d'effroi et on passe de *la guerre est formidable*, « terrible », à l'idée que *la guerre est une formidable connerie*. Puis, de l'intensité, on est conduit à la taille surprenante, étonnante, renversante et enfin, à la qualité supérieure. Idée voisine avec *épatant*, qui épate, c'est-à-dire qui vous aplatit le nez, ou même avec *étonnant*, qui nous frappe de la foudre, étymologiquement.

De là à penser qu'Ernest Antoine Sellières a été frappé par la perspective d'un jour de travail en plus comme d'un coup de foudre, il y aurait un pas à ne pas franchir. L'origine des mots, c'est dangereux. Si nos entrepreneurs affirmaient : « Le Medef, c'est formidable », cela ne voudrait sûrement pas dire « c'est terrifiant ».

29 août 2003

Gène

Le *gène*, *e* accent grave, n'a rien à voir avec la *gêne*, circonflexe, qui croise deux origines, l'une germanique, l'autre hébraïque. *Ghê-Hinnom*, la vallée de l'Hinnom, près de Jérusalem, lieu maudit dans la Bible, fut le modèle des tourments, *géhenne*, avant de devenir simple gêne.

Il en résulte que, là où il y a du gène, il peut y avoir du plaisir ; en tout cas, il y a de la vie. À notre époque, les gènes – accent et sujet graves – nous obsèdent et on leur attribue un pouvoir quasi magique. On entend parler du gène de ceci ou de cela, ceci et cela étant des maladies, des tendances, des attitudes psychologiques, et j'en passe. Le gène, dans l'imaginaire collectif, serait notre destin matérialisé, comme l'étaient au XIXe siècle les bosses du crâne du docteur Gall – vous savez, celle des maths, si rare dans nos écoles.

Le gène, disons que c'est un petit livre moléculaire écrit dans une langue bizarre, avec quatre lettres combinées en séquences, qui font un immense texte tortillé en double hélice (on le sait grâce à MM. Crick et Watson), le *génome*. Très compliqué. Ce qui l'est aussi, compliqué, ce sont les mots. *Gène*, terme inventé en 1909 par le biologiste danois Johannsen, est pourtant un vocable tout simple, ce qui facilita son adoption, à partir de l'allemand *Gene*, dans diverses langues. Côté sens, c'est le représentant d'une famille de mots immense et variée, provenant du grec *genos*, qui veut dire « naissance, famille, descendance » – on le retrouve dans *genèse*, l'origine du monde, rien que ça, dans *génital*, dans *généreux* – mot qui signifie d'abord « bien né, de noble descendance » –, dans *généalogie* et, sinistrement, dans *génocide*. Et il y a aussi *générer*, *génération*, *genre*, « de même origine », qui sert à classer, et même les *gens*, les humains, ceux qui représentent le « genre humain », justement. C'est dire que le gène, sans qu'on l'ait souhaité, possède un pouvoir extraordinaire, pouvoir de causalité tel qu'on risque d'en oublier d'autres, qui ne sont pas hérités, héréditaires, innés, naturels, mais culturels, venant de l'éducation, des relations entre personnes. Explorer les gènes pour prévoir les risques de maladies, bien sûr ; en faire de petits *génies* – le génie était une divinité qui présidait à la naissance et au destin de chacun – qui règlent entièrement notre vie et notre avenir, ce serait tomber dans la simplification scientiste. Trop de gène me gêne.

8 septembre 2003

Hécatombe

Le débat autour des effets meurtriers de la canicule entraîne l'emploi d'un vocabulaire sinistre. Chose naturelle mais insupportable, la fin de la vie humaine suscite des manières de dire détournées, des euphémismes, comme « il n'est plus », « elle a disparu ».

Parlant des nombreuses victimes d'une chaleur inhabituelle, on entend parler d'*hécatombe*.

Heureusement que nous avons perdu notre grec avec notre latin, sinon nous trouverions cet *hécatombe* un peu léger. *Hekaton*, c'est « cent », on le retrouve comprimé dans *hecto* : *hectomètre*, *hectolitre*. *Hécatombe*, c'est « hectobœuf », car la fin du mot *hécatombe*, c'est bien *bous*, « le bœuf ». Le mot grec *hekatombê*, « cent bœufs », s'appliquait au sacrifice public où l'on tuait religieusement un grand nombre d'animaux. Déjà dans le texte de *L'Iliade*, l'*hekatombê* est le sacrifice solennel d'un grand nombre de bœufs, de moutons, c'est-à-dire des animaux les plus précieux.

Peu importait le nombre et même la nature des bêtes sacrifiées : le mot exprimait l'importance et la solennité d'un acte collectif, volontaire et pieux. En français, on emploie *hécatombe* dès le XVIIe siècle pour un massacre d'êtres humains. Cela se passe à une époque où les guerres de Religion faisaient rage. Le massacre – mot apparenté à *massue* – est un acte de violence volontaire et massif ; l'hécatombe, aujourd'hui, c'est la mort de nombreuses victimes. On l'a surtout employé pour les accidents de la route, aujourd'hui en baisse, heureusement.

Le problème de tels mots, et en particulier d'*hécatombe*, c'est la responsabilité. On dit que c'est la route, la chaleur, la maladie, l'âge qui tue, non plus le prêtre qui décidait du sacrifice, non plus ceux qui procèdent à un massacre.

Alors qu'un massacre est un meurtre collectif, une *hécatombe* est aujourd'hui sans tueur. La recherche des responsabilités humaines, sans doute nécessaire, ne peut effacer l'évolution inéluctable du sens des mots : *hécatombe* a cessé de parler de « sacrifice », mais pas de « victime ».

9 septembre 2003

Racisme

Ce n'est pas seulement pour saluer l'ex-animateur de SOS racisme[1] que j'ai choisi ce mot sinistre. C'est une plaie sociale et idéologique toujours vivante, qui existe depuis des siècles, mais qui n'a été désignée qu'à la fin du XIXe. C'est alors qu'on a tiré du mot *race* le dérivé *raciste* en 1892, puis *racisme* en 1902.

Il ne s'agissait pas simplement d'une théorie des races, qui ne pourrait être que fictive, s'agissant de l'être humain, mais bien d'une prétention à classer ces êtres humains et d'une volonté politique agressive : rejeter un groupe humain et organiser la haine. Ce qu'on appelle *racisme* est en fait une phobie – crainte et haine – des différences et de tout étranger : *xénophobie* est détestable, mais a du sens. *Racisme*, on le sait aujourd'hui, n'a tout simplement pas de sens.

Cette absurde doctrine était préparée de longue date : par

1. Harlem Désir était l'invité de France Inter ce jour-là.

exemple, par l'ouvrage de Gobineau, par ailleurs remarquable écrivain, l'*Essai sur l'inégalité des races humaines*, paru en 1853. Ce n'est pas l'inégalité qui était en cause, car on sait bien que les êtres humains ne sont pas égaux, du fait de l'injustice de l'Histoire.

C'est l'idée de « race » qui ne collait pas. Alors que les premiers racistes reconnus comme tels – auparavant, certains l'étaient sans le dire – s'appuyaient sur les découvertes de Darwin, Darwin lui-même déconseillait de parler de « race ».

Race, en fait, est un mot méditerranéen (provençal, italien), apparenté à *génération* et venant du latin *ratio* au sens de « classement des êtres vivants : plantes et animaux ». Aucune idée de descendance, au début, à la différence de *génération*. Au Moyen Âge et jusqu'aux Temps modernes, la race est devenue une lignée, une descendance, une famille : avec une société aristocratique, le mot commence à impliquer une supériorité ou une infériorité, selon qu'on est de noble race ou non. L'idée « raciste », avant le mot, apparaît au XIXe siècle, quand on s'est servi de l'anthropologie pour défendre l'idée de la supériorité de la soi-disant « race aryenne », idée qui repose sur une double absurdité. Cette théorie perverse s'est développée en France et en Allemagne : il en est sorti ce que l'on sait, l'antisémitisme, autre création allemande, qui fut sinistrement exploitée en France, avec Maurras – l'un des premiers à employer le mot *racisme* – et l'abominable *France juive* de Drumont, habile manipulateur des frustrations et de la sottise. L'idée raciste a perverti le monde, développée qu'elle fut en forme de cercle vicieux jusqu'au crime organisé par le régime nazi. Le mot *race* n'y était pas pour grand-chose.

17 septembre 2003

Fictif

Ce n'est ni de la politique-fiction ni de la science-fiction, et pourtant, on parle d'emplois *fictifs* à propos du financement caché des partis politiques, naguère. Aujourd'hui, on nous le jure, il n'y a plus de financement caché, occulte, opaque, ni de fiction, ni de feinte.

Car *fiction* et *fictif* viennent d'une forme du verbe latin *fingere*, qui signifiait « inventer ». Ce verbe vient d'un très ancien mot indo-européen, qui désignait le travail du potier ou du sculpteur, celui qui façonnait la terre avant de la cuire. Une statue de terre cuite est une image par rapport à ce qu'elle représente, une fiction, en somme, mais connue pour telle. Cependant, *feindre* est devenu « faire semblant » et même « tromper » ; une *feinte* est une ruse.

Ce qui est *fictif* aurait donc tendance à tromper ; pourtant, le mot a d'abord voulu dire « imaginaire » d'un côté, « conventionnel » de l'autre, sans aucune idée de fausseté. La fiction peut être une belle histoire imaginée ou un signe par convention : on disait au XVIIIe siècle *monnaie fictive* pour « monnaie de papier, billet de banque ». *Fictif* n'est pas un mot simple. En effet, ces emplois de permanents d'un parti politique n'étaient certes pas imaginaires : en tout cas, par les salaires. Mais c'est à cause du sens incertain d'*emploi* ; en tant qu'activité salariée, rien de fictif, mais en tant que charge à accomplir...

La fiction, en littérature, c'est par exemple le roman, le conte, qu'on ne prend pas toujours pour la réalité : on dit « c'est du roman ». Mais le roman des partis politiques – on ne dira pas le *conte de fées* –, avant une certaine moralisation de leur financement, n'était pas publié, et surtout même pas lisible. Raconter *Harry Potter* en secret, cela n'a pas grand sens, il faut l'avouer.

Les emplois fictifs n'étaient pas des emplois virtuels ; ils étaient faux et mensongers. Remplacer la confiance et le réel montré par la cachotterie et les trucages, ce n'est pas seulement dans le financement des partis que cette attitude se pratique, en politique. Comme l'a déclaré Alain Juppé, il s'agirait de remettre de l'ordre dans ce genre de situation.

Mais l'ordre ne suffit pas, car il existe des fictions et des tromperies bien ordonnées. Laisser la fiction et les choses fictives à la littérature, les bannir de l'action politique, ce serait diminuer le désordre qui, lui, n'est pas fictif.

30 septembre 2003

Convoler

Chaque fois que des entreprises, en général de taille impressionnante, fusionnent, ou que l'une absorbe l'autre, on désigne l'opération par des métaphores, pas très variées, d'ailleurs.

On parle de fiançailles, mot qui évoque la confiance; ou d'épousailles et de mariages, et on emploie l'expression – on l'entend et on peut la lire aujourd'hui – *convoler en justes noces*. Il faut admettre que, lorsque deux « fleurons », comme on dit aussi, de l'aéronautique européenne, Air France et KLM, s'unissent – on a envie de dire « pour le meilleur et pour le pire » pour rester dans le ton –, le verbe *convoler* convient particulièrement.

Peu de mots ont été enfermés à ce point dans une seule expression, que ce *convolare* qui appartient au latin, non de cuisine, mais de tribunal. Le sens était très évident : « voler ou s'envoler ensemble », jolie image pour évoquer un élan, qu'on suppose amoureux, vers une vie commune. Mais le verbe *voler*, même quand il concerne les oiseaux et les avions, et non pas les voleurs, a de nombreux emplois. On aurait pu dire, par exemple, *convoler au secours de quelqu'un* pour exprimer l'aide solidaire.

Mais on s'est contenté de répéter en français ce qui se disait en latin en cas de secondes noces – d'un veuf, d'une veuve, à l'époque où le mot apparaît, puisqu'il n'y avait pas de divorce. L'expression exacte était : *convoler aux secondes noces*, *convolare ad secundas nuptias*. Cette limitation aux secondes noces parut sans doute sévère et on étendit le sens du mot aux noces, en général, et en particulier, aux *justes noces*, c'est-à-dire à un mariage et pas à quelque union libre ou à quelque pacs moderniste, haï de Mme Boutin[1].

On peut donc dire qu'Air France et KLM convolent en justes noces, sans suggérer que l'un ou l'autre se précipitent vers un second mariage. Le problème est plutôt que l'un des nouveaux époux semble avoir mené une vie de bâton de chaise et que l'autre va devoir payer ses dettes. D'où une certaine méfiance et la

1. La députée Christine Boutin venait de manifester une hostilité irréductible à l'institution du pacs. Voir la chronique du 22 octobre : *Laïcité*.

suspicion des spéculateurs boursiers, insensibles aux aspects romantiques et exaltants de ce « convol » – si, si, le mot existe – de deux très gros oiseaux.

1er octobre 2003

Bouddhisme

En partie grâce à la personnalité exceptionnelle de Tenzin Gyatso, plus connu par son titre de *dalaï-lama*, le bouddhisme est devenu une des lumières spirituelles les plus fascinantes de l'histoire des croyances religieuses. Le *dalaï-lama* actuel est en même temps chef spirituel et chef d'État en exil. La perception des valeurs bouddhistes en Occident fut tardive. C'est ce que révèlent les mots. En français, c'est au milieu du XVIIIe siècle que les mots *buddha*, *bouddiste* (alors écrit sans *h*) et *bouddhisme* (*budsdoïsme*, d'abord) apparaissent. Or, la doctrine de *Buddha* est apparue il y a vingt-cinq siècles, à une époque extraordinaire où les grands philosophes grecs ainsi que Confucius illuminaient la conscience humaine – là, je deviens lyrique ! Celui qu'on appela « l'Éveillé, l'Illuminé », ce que signifie le mot *buddha*, qui vient du verbe *budh'*, « éveiller », « faire percevoir et connaître la vérité », n'est pas considéré comme un dieu, n'est pas non plus un prophète : c'est un homme, un homme de naissance noble, appelé Siddhârta Gautama, qui devint ascète et prédicateur, après avoir reçu la révélation du caractère douloureux et transitoire de la condition humaine. L'Inde du Nord, à cette époque, était brahmaniste. On croyait à l'enfermement de l'être humain dans un cycle de vies successives, animales ou humaines, basses ou élevées selon la rémunération des actes. L'acte, c'est le *karman*. Échapper à ce cycle, pour le vrai sage, revient à échapper aux enjeux matériels, à renoncer aux richesses, à se tourner vers l'essentiel : la paix, la justice, la méditation. Gautama devenu le sage, l'éclairé, le connaissant, l'Éveillé, se fit ascète, fondateur de monastère, prêchant l'extinction totale des passions, le *nirvana*.

À l'inverse de la plupart des religions, qui promettent une vie éternelle après la mort, qui nient donc la mort matérielle, le bouddhisme veut libérer l'être vivant du cycle des renaissances. Le Bouddha revendique un néant apaisant.

Après la mort de l'ascète du clan Sakya auquel appartenait Gautama, ce pourquoi on l'appelle aussi *Sâkyamuni*, le bouddhisme devint une religion, avec ses rites, ses cultes, ses hiérarchies ; il se répandit en Asie, mais disparut de l'Inde. Au Tibet, le moine bouddhiste se nomme lama, de *ma*, « homme », et *lab* (écrit avec un *b* qui ne se prononce pas), « supérieur ». Dans *dalaï-lama*, *dalaï* est un mot mongol et ce titre, qui signifie « océan », fut conféré au lama Sonam Gatsyo par le khan mongol, au XVIe siècle. Aujourd'hui, les deux formes les plus connues de bouddhisme, en Occident, sont le zen japonais, héritier de la secte chinoise Chan, et le bouddhisme tibétain, grâce à un dalaï-lama apôtre de la non-violence, ennemi des vieux et jeunes démons qui nous harcèlent : la guerre, l'argent, la bêtise, l'ignorance, le racisme, démons sans cesse renaissants, et dont nous ne parvenons pas à nous libérer.

15 octobre 2003

Délégation

Est-ce une *délégation* de paroles – ou une représentation – qui fait qu'un chef national, M. Chirac, Jacques, parle pour un autre, Schröder, Gerhardt, dans les débats sur les institutions européennes ? Cela ne veut pas dire que Jacques Chirac soit une *délégation* à lui seul.

Représenter, c'est assez clair, c'est « rendre présent », comme un acteur qui présente la parole et la pensée d'un personnage absent. Hors du spectacle – mais est-ce bien hors du spectacle ? –, c'est l'idée du latin *mandatum*, qui est une « mission par un remplaçant », à l'origine sans idée de contrat. Aujourd'hui, le mandat suppose un pouvoir transféré pour un objet et un temps déterminés.

Le chancelier allemand n'a pas élu Jacques Chirac pour le représenter. C'est donc bien, semble-t-il, d'une délégation qu'il s'agit.

Alors, *déléguer* ? Du latin, encore, *de-legare*, et *legare* est dérivé de *lex*, *legis*, « la loi », avec l'idée de transmettre légalement. Par exemple, on lègue sa fortune à des héritiers.

Mais Gerhardt Schröder, selon toute apparence, n'a pas légué ses biens, dont j'ignore absolument la nature et l'importance, à Jacques Chirac, qui n'en a peut-être pas besoin. Non, ce legs est tout à fait désintéressé : c'est la voix et l'opinion, non seulement d'un chef politique, mais d'un État-nation, qui sont importantes dans le cadre de l'Union européenne, et confiées à un autre État, représenté par son chef. Horreur absolue pour les souverainistes : pour eux, la souveraineté ne se lègue ni ne se délègue – sauf du peuple à ses élus, des com-patriotes (heu...) –, elle ne se confie pas. Mieux vaut cacophonie, au moins polyphonie, que voix unique. À quand, on se le demande, un Jacques Schröder, pour équilibrer le Gerhardt Chirac ? À quand un Tony Berlusconi, un José Maria[1] Blair ? Car confiance suppose réciprocité. Vu le nombre d'États de l'Union, pas encore tout à fait unis, l'exercice de ce genre de délégation pourrait devenir complexe. Mais qu'importe : parler d'une seule voix est l'idéal d'une véritable union. Merci, Gerhardt Chirac, de nous faire rêver.

17 octobre 2003

Laïcité

C'est un thème passionnant, mais qui ne va pas sans ambiguïté et arrière-pensées : c'est un principe républicain que personne ne conteste directement, mais qu'on peut contourner, un principe de neutralité et de séparation entre les croyances religieuses et la société civile, un principe qui n'est pas négociable, c'est le président qui l'a dit : vous l'avez compris, c'est la laïcité.

1. Prénom de *el señor* Aznar, alors Premier ministre de l'Espagne.

Mme Boutin, Christine, prénom prédestiné, l'interprète comme le respect de toutes les croyances, du moment qu'elles sont véhiculées par une religion – car on suppose qu'elle n'y inclut pas le Temple solaire et les autres délires sectaires –, alors que beaucoup, dont je suis, y voient un sursaut de la raison humaniste contre toute définition surnaturelle, irrationnelle et imposée du monde et de l'homme.

L'adjectif *laïque*, calqué du latin *laïcus*, date du Moyen Âge, mais la *laïcité* s'identifie à la IIIe République : la loi du 28 mars 1882 impose à l'enseignement public d'écarter tout présupposé dogmatique.

Selon la loi française, les croyances religieuses doivent rester personnelles et ne pas être imposées ou simplement supposées de manière publique, comme le faisait l'enseignement religieux, qui était chrétien et catholique, en France. Cela dit, la laïcité n'est pas seulement une affaire d'enseignement : toute la société dite civile est concernée. L'école laïque ne suffit pas à créer l'État laïque. Respecter les religions, mais toutes, pas une seule, inventer un espace public neutre, séparé des Églises, tel était et tel devrait être la laïcité républicaine. Étroit rapport entre deux principes, l'autre étant *res publica*, « la chose publique, commune, sociale » dans les institutions de l'État. *Laïc*, du grec *laikos*, de *laos*, « le peuple ». L'opposé de la laïcité, ce n'est pas l'ensemble des religions, c'est le cléricalisme. Car *laïc* s'oppose à *clerc* et à *clérical*, et non à *religieux*. La laïcité fut d'abord une lutte contre le pouvoir politique du clergé : d'où l'*anticléricalisme*. L'anticléricalisme est moribond, mais c'est parce que le cléricalisme militant a presque disparu, ici. En revanche, la laïcité ne s'oppose plus à l'influence exclusive du catholicisme, mais à toute propagande religieuse, surtout quand elle est intolérante. Le respect de la religion suppose la neutralité religieuse ; le respect de la pensée libre et, pourquoi pas, rationnelle et athée, c'est la république de ceux qui croient au ciel et de ceux qui n'y croient pas, à égalité. Parole de poète[1].

22 octobre 2003

1. Louis Aragon.

École

L'*école*, tout le monde en convient, représente un enjeu essentiel pour la société, et elle dessine l'avenir. Le mot évoque un certain nombre de transformations humaines nécessaires : l'*enseignement*, qui parle des signes, l'*éducation*, de « conduite », tout comme *pédagogie*, l'*instruction*, qui « organise » les esprits, la *formation* et l'*apprentissage*. L'école est une contrainte pour les écoliers, et même pour les maîtres : elle suppose un minimum de discipline, sous peine de fonctionner de plus en plus mal. Elle ne se borne pas à apprendre, mais a pour mission – mission impossible, peut-on craindre – de transformer les jeunes en citoyens. Elle peut concerner des presque bébés – l'école joliment dite « maternelle » – et de grands surdoués intellectuels : l'École des hautes études en sciences sociales, par exemple, est une « grande école ». Ces écoles, dites normale supérieure, centrale, polytechnique, nationale d'administration ; établissements qui, on le sait, fournissent à la France ses dirigeants.

Cependant, lorsqu'on prononce ces deux syllabes, *é-cole*, il s'agit surtout de l'enseignement des enfants, et de l'institution qui s'en charge : école publique, républicaine, gratuite, obligatoire et laïque, à côté de l'école libre, parfois confessionnelle.

Pour les intéressés, l'école s'oppose aux vacances et aux loisirs. Et, c'est vrai, on est surpris lorsqu'on apprend que le mot grec *skholê*, d'où viennent le latin *schola* et notre *école*, ne s'appliquait pas d'abord au travail et à ses contraintes, mais au contraire au loisir. On comprend que dans l'Antiquité le travail, celui des esclaves, des paysans, des artisans, était une obligation absolue, ne laissant aucun loisir. Ceux, enfants ou philosophes, qui avaient la chance d'avoir du temps libre, rendaient possible l'« école », le loisir intelligent et formateur. En somme, la première école était par nature buissonnière.

Cette origine n'est pas absurde : elle dit que l'école est un luxe, lié à un niveau de vie acceptable et à une certaine liberté. Elle dit que les sociétés qui ont le « loisir » – ce qui veut dire la « permission », du latin *licere* – de former leur jeunesse se porteront mieux que les autres. Elle dit que l'école ménage un espace de liberté et même de jeu (*ludus*, en latin, c'est le jeu et aussi l'école élémentaire) à côté du règne de l'intérêt matériel. Quand l'école se dégrade, c'est la liberté et l'avenir qui trinquent.

23 octobre 2003

Ramadan

Parmi les nombreux mots pris par le français à la langue arabe, certains ont conservé la couleur locale de leur origine, d'autres, comme *algèbre*, *coton* ou *matelas*, s'étant universalisés. Parmi les premiers, *ramadan*, mot qui désigne le neuvième mois de l'année lunaire des musulmans, et surtout les rites et prescriptions religieuses qui caractérisent ce mois.

La forme du mot rappelle les conditions de son apparition. Sa racine correspond à un verbe qui exprime la chaleur solaire, parce que, à l'époque de l'hégire, le mois coïncidait avec les fortes chaleur de l'été – on peut imaginer ce que c'était alors, en Arabie. Mais avec l'année lunaire, le mois passe successivement par toutes les saisons de l'année.

Reste que, même en un automne frisquet – moins en Irak qu'en France, certes –, le ramadan, cette année, s'annonce chaud. Paul Wolfowitz, faucon notoire, vient de s'en aviser, mais nul ne peut dire si la violence antiaméricaine en Irak est en rapport avec le ramadan, époque symbolique pour la foi islamique.

Le ramadan a deux visages : celui d'une ascèse pendant le jour, mais aussi celui d'un certain défoulement nocturne, après les privations : c'est ce second aspect qui a donné, dans l'argot des troupes françaises d'Algérie, le mot *ramdam*, qui eut du succès après 1890, puis qui a vieilli. Ce ramdam, « désordre bruyant », n'était pas très respectueux pour la religion islamique. L'irrespect colonial et militaire, sans doute plus bête que méchant, pourrait donner matière à réflexion aux troupes étatsuniennes installées pour la bonne cause démocratique, mais aussi par la force blindée, dans un pays qui ne l'avait pas demandé.

Le sens religieux du ramadan est évident : c'est une privation volontaire, plus rigoureuse que ne l'était le carême chrétien. En faire un signal de violence n'est peut-être pas le meilleur moyen de marquer sa soumission à Dieu, mais c'en est un pour attirer l'attention sur une situation impossible. Libération, occupation, violence, non seulement contre les États-Unis, mais contre les Irakiens et la Croix-Rouge mêmes : nouveau proverbe : « Qui sème le vent... récolte un ramadan violent. »

27 octobre 2003

Lundi

Une décision supposée, et semble-t-il démentie, celle de supprimer un jour férié, nommément le *lundi* de Pentecôte, qui deviendrait jour de travail, agite le landerneau médiatique et suscite des commentaires passionnés, un peu disproportionnés, tout de même.

Le jour de la Lune, ce lundi (*Lunes Die*) est devenu le symbole d'un travail honni, à tel point qu'on dit « ça va comme un lundi », qui ne signifie pas « ah ! quel bonheur de retourner au travail ! ». Mais il y a quelques lundis bénis, celui de Pâques, celui de la Pentecôte, où une tradition religieuse a instauré un dimanche prolongé. D'ailleurs, ce jour de la Lune, *lunedi* en italien, *lunes* en espagnol, *diluns* en occitan, *monday* (c'est-à-dire *moon day*) en anglais, s'appelle en portugais *segunda feira*, « la seconde fête », expression du latin chrétien. Cette expression manifeste l'ancienneté vénérable de ces lundis de fête, autrement dit *fériés*. Le mot *férié* est modérément religieux, puisque le latin *feriatus* signifiait « oisif » et que *feriae*, « les jours de repos », a donné, non pas *fête*, mais *foire*, et, bien sûr, la *feria*, qui fait vibrer les Nîmois, et ne concerne pas le culte chrétien, mais un rite taurin.

Qu'on y fasse ou non la foire – par hommage à l'étymologie –, les jours fériés, on y tient. On nous répète qu'un lundi férié rendu au travail rapporterait 1,9 milliard d'euros. Ça paraît énorme, mais les savants économistes affirment que ce n'est pas grand-chose.

Ce lundi racheté au symbole religieux, et surtout, soyons francs, au loisir, pour fonctionner dans une économie budgétaire, ça ressemble à une privatisation, mais le profit tiré devant aller à la bonne cause du grand âge abandonné, et de la tragique dépendance, on se retient de critiquer. Derrière la polémique, d'ailleurs, c'est l'indécision de cette décision, redevenue hypothèse, qui nous interpelle. C'est aussi l'équilibre travail-loisir qui est en cause. « Hypothèse de travail », a dit Jean-Pierre Raffarin ; en gros paresseux, nous aurions adoré une hypothèse de loisir. Le TT, « temps de travail », s'est orné d'un R, « réduction ». Réduire la réduction aurait l'avantage d'épargner les symboles festifs et le jour lunaire. Cela permettrait de dire : « je vais en RTT », ce qui voudrait dire : en « rétablissement du temps de travail ».

29 octobre 2003

Populisme

Les mots politiques en *-isme* ont du mal à ne pas dériver. Il est arrivé que le communisme devienne dictature, que le socialisme ne soit pas assez social, que le libéralisme n'ait plus rien à voir avec la liberté, surtout quand il est ultra, et que le mondialisme vise à dominer le monde. Une mésaventure analogue est arrivée au populisme. Le mot est apparu en littérature, à propos des écrivains qui voulaient décrire la vie du peuple. *Peuple*, mot ambigu, car *populus*, en latin, s'il s'opposait à *senatus*, « les gens du pouvoir », s'opposait aussi à *plebs*, « la plèbe », avant de s'en rapprocher.

Déjà l'adjectif *populaire* n'était pas des plus explicites, mais le *populisme*, quand il ne concerne plus la littérature mais la politique, était voué à séduire le peuple électeur, et souvent à l'abuser, à le trahir. De même, par rapport au peuple, *démos* en grec, deux attitudes sont possibles : la *démocratie*, qui prétend lui donner le pouvoir, la *démagogie*, qui cherche à le conduire, à le mener, de préférence par le bout du nez. *Démagogie* et *populisme*, même combat.

Dans les attitudes et dans la communication politiques, il y a une dose de populisme, c'est-à-dire de manipulation de l'électeur. Mais en démocratie, il y a une sanction, les élections libres, qui reflètent la pluralité des opinions – alors que les tyrannies pratiquent l'élection-bidon à 99 %. Il y a du populisme à droite comme à gauche : l'un énervé, rogneux, malheureux, nationaliste et frontal, l'autre plus guilleret, qui donne dans l'indignation facile. Un point commun, beaucoup d'affectivité et d'irresponsabilité, la sous-estimation des difficultés, une tendance à l'utopie. Ça peut séduire, mais dans cet univers impitoyable, le populisme, plus révolté que révolutionnaire, aboutit à bloquer les évolutions et les réformes nécessaires. En bon français, ça s'appelle – excusez-moi si je parle comme le sénateur Charasse – *foutre la merde*. Qu'en dit le bon peuple ?

30 octobre 2003

Éradiquer

Le ministre de l'Intérieur, après un voyage éclair en Corse, manifeste un optimisme relatif, et relativement surprenant. Il dénonce la dérive maffieuse d'une partie des nationalistes insulaires, à quoi certains répliquent en parlant d'un affairisme continental. Derrière les bombes, des chèques ; derrière les revendications au nom du peuple corse, des intérêts d'argent, dit Nicolas Sarkozy.

Le ministre réagit, et sa réaction tient en un mot : *éradiquer*. C'est un verbe tout nouveau, tout beau, tiré d'un nom qui, lui, est ancien, *éradication*. Mot du latin chrétien, et donc béni d'avance, composé de *radix*, *radicis*, « la racine ».

Chacun le sait, lorsqu'on déracine une plante, un arbre, on les condamne à mort. C'est bien « extermination » que signifiait au Moyen Âge *éradication*. De ce point de départ terrible, l'*éradication* a pris un visage humain en s'appliquant aux maladies épidémiques, qui se répandent comme les mauvaises herbes. À partir de cette mesure salvatrice, on se mit à éradiquer à tour de bras.

L'*eradicator* est devenu la version bienfaitrice et humanitaire du *terminator*, lequel, on le sait aujourd'hui, est promis aux plus hautes dignités[1]. Dès lors, on comprend que les hommes politiques, devant les contagions qui frappent nos sociétés, en Corse comme ailleurs, préfèrent le verbe savant *éradiquer* au banal *déraciner*, qui dit la même chose. Cette chose n'est pas aisée : il s'agit de trouver la *radix*, qui peut être un innocent *radis*, mais aussi ce qui fait pousser les plantes vénéneuses. La racine est en général cachée sous la terre. Le secret, les pratiques cachées, la fameuse *omerta*, il faut les découvrir avant de pouvoir tirer la plante maléfique de manière à l'arracher. *Éradiquer* se prétend définitif, peut-être parce qu'il évoque l'adjectif *radical* ; un rêve pour les personnalités actives et pour le volontarisme gouvernemental. Devant un des maux qui nous accablent, on entend le pouvoir soupirer, style Cyrano : « morbleu, il eût fallu que je l'éradiquasse ».

31 octobre 2003

Emploi

Le contraire du chômage – ce mot qui désignait le repos des moissonneurs pendant la forte chaleur, *cauma* en latin, mais qui a très mal tourné –, c'est l'*emploi*.

Ce dérivé du verbe *employer*, qui apparaît au Moyen Âge, a subi une longue évolution. *Employer*, à l'origine, c'est prendre une chose ou une personne pour la mettre dans une action, autrement dit, « utiliser ». On emploie son temps, son argent, un mot, pour une activité ; et on emploie quelqu'un pour faire quelque chose. C'est vague et général ; ce n'est pas généreux, ni désintéressé. Pas étonnant, car *employer* vient du latin *im-plicare*, « plier dedans, impliquer ». Lorsqu'on est employé, qu'on a un emploi, on serait comme plié, emballé, entortillé dans une opération. Après quelques

1. Allusion à peine perfide à l'élection de l'acteur Schwarzenegger au poste de gouverneur de l'État de Californie.

siècles d'emploi des choses et d'emploi du temps, l'emploi des personnes pour un travail s'est imposé, mais d'abord, déjà sous Henri IV et Louis XIII, à propos du personnel de l'État. Voilà pourquoi, peut-être, l'*employé* travaille dans un bureau et pas dans une usine. Cependant, avant le XXe siècle, « l'emploi » n'est pas une valeur positive absolue ; on parle d'« emploi à une activité » ; c'est une affectation, un rôle social, et l'emploi d'un comédien dans un rôle fait qu'on peut dire : *il a (ou non) la gueule de l'emploi.*

De là au *plein emploi*, il y a un grand espace, et cet espace a été franchi par un aller et retour avec notre insulaire voisin la Grande-Bretagne, qui a donné à *employment*, mot visiblement latin, le sens de « travail humain disponible pour une population ». *Employer* quelqu'un à un travail existait déjà ; on parlait d'*employeur* et d'*employé* depuis plus d'un siècle (*employeur* est un mot de la Révolution).

Ainsi, *emploi*, employé seul, a pu désigner les possibilités offertes à tous les citoyens et citoyennes de travailler et de gagner ainsi leur *vie* – expression qui montre l'importance absolue de l'offre d'emploi. Le « plein emploi dans une société libre » est une formule traduite de l'anglais et proposée en 1944 par l'économiste britannique Beveridge. Avec « Sécurité sociale », voilà deux belles idées qui n'ont pas attendu le tunnel sous la Manche pour se diffuser. Vous me direz que depuis Dame Thatcher, c'est une autre affaire, et que la mondialisation libérale chante une autre musique, celle de l'emploi soumis à la loi des bénéfices. Le plein emploi, c'est : placer les humains avant l'argent. Apparemment, la grande entreprise n'a plus la gueule de l'emploi.

5 novembre 2003

Navire poubelle

Une ironie terrible du hasard a voulu que des noms attrayants, *Erika* et surtout *Prestige*, soient ceux de navires coupables de pollutions majeures, ruineuses et répugnantes, sur les côtes européennes.

La Bretagne, à partir de l'*Amoco Cadix*, la Galice, plus récemment, ont payé le tribut le plus lourd.

On peut cependant rappeler que *praestigium* signifiait en latin « imposture » et « illusion », ce qui s'applique assez bien à des navires pétroliers de majestueuse apparence, mais fragiles, dangereux et capables de salir l'océan lui-même. Pour ces navires salisseurs, on a trouvé une qualification méprisante et vengeresse : on les traite de « navires poubelles ». Appellation que tous les francophones trouvent fort dégradante, et qui évoque la saleté, l'ordure – ce qui est la même chose, puisque l'adjectif *ord*, *orde*, en vieux français, voulait dire « sale » –, y compris l'ignominie morale. Est-ce la forme du mot, car *poubelle* voisine dans l'ordre alphabétique avec *pouah*, avec les *poux*, et n'est pas loin de *pourri* ? Mais quelle injustice pour le nom d'un homme parfaitement honorable et méritant ! Grâce au préfet Poubelle, ordures et déchets ne se répandent plus dans les rues et sur les trottoirs de nos villes. On parlait bien de *boîtes à ordures*, il y a environ cent vingt ans, dans cette prétendue Belle Époque où, il est vrai, la folie automobile n'avait pas encore suscité l'inondation pétrolière et les « marées noires » (traduction mot à mot de l'anglais *black tide*).

Mais ces boîtes n'étaient ni obligatoires ni très hygiéniques, et c'est donc le préfet de la Seine, M. Eugène Poubelle, qui, en 1884, imposa la boîte à ordures d'immeuble. Admirable et nécessaire initiative, qui valut à son auteur une sanction très injuste ; son nom devint synonyme de « rebut » et de « salissure ». Injuste, et illogique : tout ce qui isole et maîtrise ordures et rebuts, le *sac poubelle*, par exemple, ou les camions des éboueurs, fait partie des dispositifs antipollution. Les navires poubelles ne sont ainsi dénoncés que parce que leur contenu se répand et qu'ils sont tout le contraire d'une poubelle : ils transportent et relâchent une ordure, ce brut visqueux qu'ils sont chargés de mener à la *raffinerie*, dont le nom dit bien la nature. Pauvre Poubelle, accusé de salir, alors qu'il s'était employé à préserver ses concitoyens[1] !

10 novembre 2003

1. C'est avec délice que j'ajoute, en 2006, que Maurice Druon traite les ouvrages que je choie, avec ceux d'une célèbre concurrente rousse, de relever du genre « dictionnaire poubelle ». Mon hommage à Eugène Poubelle en prend plus de sens.

Poilu

Quelle que soit l'actualité – celle-ci donne ce matin dans l'étrangeté, avec un Irakien proaméricain tué par les Américains, avec deux ministres responsables de la sécurité routière piégés en excès de vitesse –, je pense qu'en ce 11 novembre, jour commémoratif, jour de mémoire, on doit rendre hommage aux derniers *poilus* de la guerre de quatorze. Ce mot de *poilu* serait archaïque au sens de « combattant », qu'il a pris en 1914 ou 1915, s'il n'y avait le 11 novembre. *Poilu* signifiait « fort et courageux » depuis un siècle ou presque. La place était occupée sous le Ier Empire par le terme *grognard,* car en France, le courage est volontiers associé à la grogne et à la rouspétance.

Poilu, c'est autre chose : les hommes velus sont censés plus courageux que d'autres, ce qui donne une sérieuse prime psychologique aux gros costauds bruns légèrement simiesques, par une image parfaitement machiste. Dès le XVIe siècle, on disait *à tout le poil* pour « à toute force », et cent ans plus tard, *un brave à trois poils* pour « plein de courage ».

Mais là, il n'y a pas soupçon de prétention macho : les trois poils étaient ceux du velours authentique et de bonne qualité, qui se dit en espagnol *terciopelo.* Quant aux expressions étranges qui furent à la mode au milieu du XIXe siècle, *avoir du poil aux yeux*, et même du *poil au... cœur,* on devine, même sans mauvais esprit, qu'elles en remplaçaient d'autres moins convenables.

Les poilus avaient donc un passé de courage et ce surnom s'appuyait sur une longue tradition qui associe la pilosité et l'énergie. Tradition un peu sommaire, un peu simpliste, qui reflète une certaine vanité masculine. Le mot *poil*, cependant, *pilus* en latin, tout comme *cheveu*, *capillus*, poil de tête, en somme, a d'autres aspects : le *poil dans la main*, ou *être de mauvais poil*, et aussi *se retrouver à poil* : la condition humaine, en somme.

Cette condition, les poilus de 1914-1918 l'ont éprouvée dans ses aspects les plus terribles : ils sont les témoins irremplaçables d'un des pires moments de la folie humaine. Ces poilus ont habité ce pays horrible et meurtrier qui s'appelle la guerre ; ils y ont préservé, au prix du sang, du froid et de la boue, des valeurs humaines. En un mot, ils ont repris du poil de la bête immonde et ne seront jamais assez célébrés pour l'avoir fait.

11 novembre 2003

Ostentatoire

Le débat autour de la laïcité – légiférer ou pas – ne concerne pas les convictions et les croyances, que tous respectent ou disent respecter. Ce qui est en cause, c'est la manifestation de ces convictions, au moyen de ces signes « ostentatoires ». Bizarrement, on a évoqué l'ostentation, non pas à propos des crucifix, omniprésents en Italie ou en Bavière, mais des voiles ou des foulards qui manifestent la soumission des femmes à une règle de comportement, à un interdit de nature religieuse et minoritaire en pays chrétien. Est-ce un signe religieux, ou bien communautaire ? Par définition, la laïcité n'est pas un interdit, mais un respect égalitaire à l'égard des religions, de toutes les religions ; une neutralité. On doit étendre cette neutralité de l'État à toutes les convictions, y compris les convictions areligieuses ou antireligieuses, et admettre que l'athéisme et l'agnosticisme – positions très différentes – méritent le même respect que l'islam, le judaïsme ou le christianisme.

Il se trouve que les convictions religieuses disposent de signes, de symboles hérités, comme la croix ou l'étoile de David, certains de ces signes pouvant être vestimentaires. On peut rappeler que le mot et l'idée de *propagande* – qui est une propagation – vient de l'expression catholique *congregatio De propaganda fide*, « Congrégation de la propagation de la foi », instituée en 1622 par le pape Grégoire XV. Pour propager la foi, il faut l'exprimer, la manifester, la montrer, la brandir, idée qu'exprime notre fameux *ostentatoire*. Le latin *ostentare* renforçait le verbe *ostendere*, c'est-à-dire « tendre en avant ». Ainsi, l'*ostensoir* catholique sert à montrer l'hostie aux fidèles. Le choix du mot n'est peut-être pas très laïque, car *ostentatoire* a quelque chose de désobligeant, évoquant la prétention et quelque arrogance. Il est plus accusateur que neutre. Par une ironie involontaire, on a été conduit à qualifier d'« ostentatoire » un vêtement destiné à cacher le corps féminin et qu'aucune et aucun féministe ne peut accepter, au nom d'un principe moral, qui s'appelle égalité et liberté pour les femmes.

En fait, la plupart des signes sont ostentatoires. Les paroles aussi. J'ai été choqué par l'adjectif *laïcard*, employé, a-t-on dit, par les évêques catholiques réunis il y a quelques jours, et qui mériterait qu'on parlât de *cléricard*. Pour interdire l'ostentation et l'esprit de propagande, je crains qu'une loi ne suffise pas ; mais qu'il soit urgent de défendre la laïcité, cela paraît clair.

13 novembre 2003

Parlement[1]

La radio étant une pratique et parfois un art de la parole, il est bon, de temps à autre, d'y évoquer le verbe auquel elle doit d'exister, *parler*, avec son dérivé, inéchappable à Strasbourg, et qui est *parlement*. Le propre de l'homme, disait Rabelais, c'est le rire : en effet, les animaux ne rient ni ne parlent – ce qui montre clairement la parenté entre ces deux activités, même si la parole peut aussi faire pleurer. *Parler* vient d'un mot latin tardif, mais suggestif, *parabolare*, et la *parabola* appartient à la fois à l'espace et à l'expression verbale. Le *parlement*, qui est à *parler* ce que l'*enchantement* est à *enchanter*, un nom d'action, donc, évoque ainsi le grec *parabolê*, le latin et, pour amorcer un tour d'Europe, la *palabra* espagnole.

En Europe, avec les rois normands, on parla dans ce qu'on appelait alors la Bretagne, Brittania, de *parliament*, à l'image des assemblées de discussion qu'on appela aussi en France « les états généraux ».

1. Chronique donnée à Strasbourg, où la rédaction de France Inter visitait le Parlement de l'Union.

Au XIIIe siècle, le parlement des Grands-Bretons est déjà une assemblée politique ; en France, un tribunal, une cour de justice. Avant le *parlementarisme*, méthode de démocratie, que font donc ces parlements ? Ils parlementent, ils discutent, et ils se font entendre auprès d'un pouvoir absolu, qui avait une forte tendance à parler tout seul. En Afrique, la sagesse collective trouvait un symbole écologique pour abriter la parole des sages et des moins sages : l'arbre à *palabres*, et la palabre est une parole. L'Europe, ne trouvant pas d'arbre à sa mesure, sans doute à cause des catastrophes écologiques, édifia de beaux bâtiments pour qu'on s'y parle et qu'on y cherche un commun langage : les sceptiques évoquent sans surprise la tour de Babel, oubliant d'autres mots de la parole, *traduction*, *translation* – encore un dont l'anglais s'est emparé –, qui signifient « le fait de conduire à travers, de faire passer ».

Exprimer et communiquer entre nations, se parler, c'est le programme d'un vrai parlement, avec le redoutable écueil de la parlote. Une expression européenne à ne pas oublier : « parler pour ne rien dire ». Conscient de ce danger, j'arrête mon petit parlement.

19 novembre 2003

Minimum

La langue française, on s'en aperçoit tous les jours, est envahie par les sigles, ces suites de lettres initiales souvent indéchiffrables. En plus, les sigles évoluent : on a vu et entendu le smig devenir smic, voilà le RMI relouqué en RMA, où l'insertion est remplacée par l'activité, mais où résiste le *revenu*. Ce dernier est l'essentiel pour les intéressés, avec l'adjectif *minimum*, dont on va voir qu'il est plus ambigu qu'il n'en a l'air.

La langue française possédait depuis quelques siècles un mot assez mignon, ma foi, *minime*. Il nous venait d'un superlatif latin : *minus*, « petit, infime », *minor*, « plus petit » (ça donne *mineur*), *minimus*, « le plus petit ». Le sens de *minus* était le même que *parvus*, « petit », mot apparenté à *pauper*, c'est-à-dire *pauvre*. Mais RMI et RMA ne sont pas des revenus *minimes* ; ce sont des revenus *minimum*, forme reprise directement au latin par les matheux du XVIIIe siècle. Le minimum est la valeur la plus petite qu'on observe pour la variable d'une fonction : affaire de fonction, mais pas de fonctionnaire. En devenant une référence économique et sociale, avec le *salaire minimum* et le *minimum vital* – expression qu'on entend en 1901 sortie de la bouche de Jean Jaurès, entre parenthèses –, *minimum* cesse d'être aussi négatif que *minime* ; il devient une garantie, une assurance contre le rien du tout et le moins que rien. Le minimum est à la fois le moins possible et le plus que rien : cette ambiguïté rappelle fortement celle du verre à moitié plein et du verre à moitié vide, qui se trouvent être à la fois identiques et opposés.

Le revenu minimum, qu'il soit destiné à l'insertion ou à maintenir l'activité, est une mesure sociale *minimale*, certes, mais, comme le chantait naguère Jacques Dutronc, « tout est mini dans notre vie ». Alors, on se résigne. On a pourtant l'impression que, pour certains, tout est maxi : le « revenu maximum d'activité », et parfois d'inactivité, c'est même la formule idéale pour les gourmands, qui sont légion.

La langue scientifique dispose d'un mot sympathique, mais qui n'est pas devenu courant : c'est *minimax*. Ne rêvons pas : le revenu minimax garanti n'est pas pour demain.

20 novembre 2003

Alliance

Comment qualifier les relations entre deux nations voisines, telles que le Royaume-Uni et la France, quand, tout en proclamant des principes analogues, elles ont des réflexes, des attitudes, des méthodes différents, sinon par le mot *alliance* ? L'alliance, vient de dire Michel Barnier, n'est pas l'allégeance.

On en fait souvent le synonyme d'*accord* ; mais on ne peut

oublier que, dans *accord*, il y a le mot latin qui signifie « cœur », alors que dans *allier* et *alliance*, il y a le « lien ». Un accord, ce devrait être spontané ; une alliance assemble et réunit, en dépit des différences et même des discordes.

Quand *alliance* est dérivé du verbe *allier*, en ancien français, c'est pour désigner le contrat, le pacte entre des hommes et leur dieu : l'arche d'alliance. Certains pactes politiques de l'Histoire, dans le monde chrétien, se référaient plus ou moins à cette origine biblique. Aujourd'hui, il n'y a plus de « saintes » alliances – pas plus que de saint Empire, encore que... –, mais des alliances politiques et économiques. L'Europe a besoin du Royaume-Uni, mais le Royaume-Uni estime avoir besoin des États-Unis et de l'OTAN, qui n'est pas alliance, mais organisation. Or, la pluralité des alliances menace chacune d'elles. On l'a vu avec la guerre d'Irak, où ceux qu'on a appelés les « coalisés », engagés eux-mêmes dans des alliances différentes, ont du mal à constituer un ensemble, car l'énorme puissance des États-Unis transforme toute alliance avec eux en absorption.

L'avantage de l'alliance, c'est qu'elle peut être fondée sur la raison et non sur des affinités. Or, « plus si affinités », on sait où ça mène... L'expression « Entente cordiale » était si optimiste qu'on a vite pu parler de « mésentente cordiale ». Dès que le sentiment intervient, on est menacé du célèbre syndrome exprimé par Serge Gainsbourg dans cette formule : « je t'aime, moi non plus ». Ainsi, Salvador Dali proclamait : « Picasso est un génie, moi aussi ; Picasso est communiste, moi non plus ! » Dire : « on n'a pas besoin de s'aimer pour s'entendre » est peut-être sage.

Entre l'Angleterre – on dit l'Angleterre en prenant la partie pour le tout, mais c'est bien du Royaume-Uni qu'il s'agit – et la France, la cordialité est moins importante que la confiance, pour établir le lien : *alliance*, donc, en attendant l'*alliage* auquel tendent les États de l'Europe. Dans l'alliage, le lien est plus intime, et on ne risque pas de mésalliance.

24 novembre 2003

Syndrome

Le « syndrome d'immunodéficience (ou immunodéficitaire) acquis », connu par son acronyme – un mot fait d'initiales prononcées comme un mot normal –, donc sida, en anglais *AIDS*, est sans aucun doute l'événement médical le plus grave de notre époque. C'est une épidémie mondiale, une pandémie ; non pas une maladie à proprement parler, mais une panne du système qui nous maintient en vie, un déficit d'immunité. Le sida est donc un syndrome, un ensemble de manifestations qui « courent » ensemble, dit la langue grecque. *Drome*, « la course », dans *hippodrome*, c'est bien, mais dans *syndrome*, c'est terrible. En effet, ce drame physiologique, qui rend l'organisme ouvert à toutes les agressions en abaissant ses défenses, a couru vite, envahissant toute la planète. Phénomène médical, drame humain, avant toutes choses, mais aussi révélateur des inégalités scandaleuses dans notre monde. Grâce à la recherche médicale, des soins chimiques de trois natures – *trithérapie* – parviennent à maintenir en vie les victimes du syndrome. Mais cette thérapie a eu un effet collatéral et pervers : dans les pays riches, où elle est efficace, on a presque oublié la gravité de la situation médicale. Le sida continue à sévir, à se transmettre, à tuer, plus lentement sans doute, et, dans tous les cas, à faire souffrir.

Et surtout, surtout, dans tous les pays du monde où les moyens thérapeutiques manquent, le sida est cent fois, mille fois plus terrible : le syndrome court encore plus vite. La situation est atroce en Afrique, avec la bénédiction involontaire d'un pape qui voudrait proscrire les préservatifs. *Préserver* signifie « faire attention ». Faute de préservation, de prévention, et même d'information, tout repose sur les soins, sur les systèmes de santé, qui vont, selon les régions du monde, du convenable au misérable.

Le syndrome peut s'accélérer : il continue à sévir parmi nous, au Nord, mais il massacre le Sud, faisant des morts et des orphelins par millions. Il se répand en Asie et en Europe orientale, et il touche le monde entier. Comment restaurer l'immunité, alors qu'il n'existe aucun moyen de lutter contre le syndrome – ou si peu ? Le monde souffre d'un syndrome de déficit économique chronique. On requiert une trithérapie générale et qui doit s'aider elle-même pour le tiers-monde : quelques milliards, si peu par rapport au budget militaire d'un grand pays.

26 novembre 2003

Hôpital

L'hôpital qui, dans de nombreux pays qui se disent développés, se porte mal, est une institution essentielle pour juger de la qualité d'une société.

L'idée principale que transmet le mot *hôpital*, c'est celle de soin, de lutte contre la maladie, en deux mots, de médecine et de santé. Mais dans le terme lui-même se manifeste une notion différente : c'est celle d'hôte et d'hospitalité. L'histoire est assez simple : en latin, *hospes*, c'est l'étranger, celui que l'on reçoit et que l'on aide, et parfois, celui qui menace et que l'on combat. D'un côté, l'*hôte*, l'*hôtel* et l'*hôpital*, de l'autre, *hostile* et *hostilité*. Inquiétant, non ? *Hospitalis* était l'adjectif de *hospes*, dans « la maison des hôtes », *hospitalis domus*. Cette maison d'accueil, où l'on recevait au Moyen Âge les personnes sans ressources, s'appelait indifféremment *hospice* et *hôpital*. Un troisième mot de l'hospitalité est *hostel*, qui s'est coupé en deux, selon qu'on paye ou non pour y être reçu : l'*hôtel* et... l'*hosto*, terme qu'on emploie pour *hôpital* sans remarquer que c'est un tout autre mot, avec un *t* et non pas un *p*. Compliqué, mais moins que le destin de cet hôpital. Au Moyen Âge, pour recevoir les indigents, les loger et les nourrir – mal, on le devine –, mais pas tellement les soigner, car on en était bien incapable, il y avait l'hospice, l'hôtel – par exemple, l'*hostel Dieu* – et l'*ospital* : dès le XIIe siècle, l'*ospital* de Jérusalem est un hospice religieux. L'hôpital était alors une forme de la charité. Et on dit encore : « c'est l'Hôpital qui se moque de la Charité ».

Puis, sous Louis XIV, on voit apparaître un hôpital « pour les malades », à côté de l'hôpital des orphelins, de l'« Hôpital général », qui était une sorte d'asile. En France, l'hôpital médicalisé conduit le mot vers la recherche de la santé ; il devient établissement public, et non plus religieux, après la Révolution.

La mission médicale se déploie, lorsqu'on veut en faire profiter le peuple entier sans l'obliger à débourser des sommes de plus en plus énormes. À mesure que les techniques médicales et chirurgicales s'enrichissent, l'hôpital s'appauvrit, évidemment. Mais, si l'on écoute le murmure de l'Histoire, le mot *hôpital* rappelle qu'il n'existe que par l'idée d'*hospitalité*. L'hôpital doit, devrait rester hospitalier. En fait, un CHU, centre « hospitalo-universitaire », se décrit comme « universellement hospitalier ». C'est beaucoup demander, d'autant plus qu'en France l'hôpital relève de l'*Assistance* publique. Car l'hôpital, on lui demande, non seulement d'abriter, de soigner, d'opérer, mais d'« assister » le public, tous les enfants, les ados, les jeunes, les adultes, les vieillards, et la vie s'allonge.

À surfer sur les mots, on fait donc d'étranges rencontres : l'hospital est cousin de l'hostel, mais aussi de l'hostilité. Avis au pouvoir : l'hôte, le malade, le patient de plus en plus patient est tout sauf un ennemi.

28 novembre 2003

Route et feuille de route

L'idée d'itinéraire imposé à des militaires pour accomplir une mission est rendue en français par *feuille de route*. Ce qui compte, dans cette affaire, ce n'est pas la feuille, c'est la route, qu'on l'indique sur une carte – on dit *road map* en anglais – ou qu'on permette de la parcourir par un bon de voyage.

On a voulu donner un air organisé, pensé, militaire à l'idée de chemin à parcourir. L'expression *feuille de route* est ancienne, pour désigner un billet gratuit pour militaires, mais son emploi figuré ne s'est imposé que récemment, à propos de la recherche du chemin à suivre pour arriver à la paix dans le conflit israélo-palestinien, chemin que l'on a refusé de suivre ou qu'on a perdu.

La route, c'est une variété de voie, et on sait qu'il y a des voies de garage. Or, ce qui a donné le mot français *route*, comme l'anglais *road*, c'est une expression latine assez délicate à expliquer. On a dit *via rupta*, « la voie rompue », puis, en Gaule, *rupta*, d'où *route*. Pourquoi rompue ? Soit parce que, pour faire une vraie route, il faut casser et concasser des pierres, soit, plus simplement, parce que cette voie devait être « ouverte » dans la campagne et les forêts.

Ouvrir la voie, c'est donc ce que dit le mot « route ». Mais la trop fameuse « feuille de route » signée par de nombreux pays, notamment les États-Unis, a perdu ses pouvoirs, parce qu'elle ne mène nulle part. La *route* est, par nature, le contraire d'un mot que Voltaire trouvait fort vulgaire, le *cul-de-sac*. À la fois espace matériel, qu'il faut construire, revêtir, entretenir et que chacun peut parcourir, et façon de franchir un espace, de gagner un autre lieu, la route est d'abord un chemin, une voie, parfois l'espace, puisqu'il y a des routes aériennes.

À Genève[1], on cherche la route vers la paix, et on oublie la feuille, avec sa fausse route. Que cette route soit étroite, difficile, tous en sont conscients ; que l'itinéraire précis soit inconnu, aussi ; mais le but est clair : la paix. Reste à convaincre que la paix est possible : le refus d'une telle initiative, c'est le choix du désespoir. *Initiative* exprime le début – *initium* – ; c'est l'idée d'un départ et c'est encore l'idée de la voie ouverte, de la route. Ouvrir la route pour une destination, la paix, c'est tout de même mieux que s'entretuer en barrant les routes.

1er décembre 2003

1. Où se tenait une rencontre de bonnes volontés pacifistes sur la question israélo-palestinienne.

Informatique

Le monde est entré dans l'ère de l'informatique et des réseaux, personne n'en doute plus. Cette révolution est partie des États-Unis, et, pour une fois, la langue française a réagi, non seulement contre trop de franglais, mais aussi et surtout pour penser plus juste et plus clair. La langue anglaise n'a pas l'équivalent du mot « informatique » : on dit *computer science*, « science de la machine à calcul », et *data processing*, « traitement de données ».

Le mot *informatique* a été créé il y a quarante ans par Philippe Dreyfus ; il croise *information* et la finale de mots comme *mathématique*. Ce n'est pas le calcul, comme dans *computing*, qui est mis en avant, ni même la mise en mémoire et la gestion de « données » – *data* –, mais le fond du problème, c'est-à-dire l'information – toujours dégradable en communication et en contrôle –, n'oublions pas que *cybernétique* veut dire « gouvernance ». Or, *informer*, c'est mettre en forme des éléments du réel pour les transmettre ; la mise en forme, dans un réel effroyablement compliqué, ça commence par une mise en ordre. Ce que dit notre *ordinateur*.

En revanche, dans *Internet*, formé du préfixe latin de la relation, de la communication, *inter*, et de *net*, « réseau », et dans *Web*, « la Toile », la langue anglaise jouait sur une bonne métaphore. À nous de dire *la Toile*, plutôt que *le Web*, sans oublier que les réseaux ont quelque chose de fermé, d'inquiétant, de policier ou de criminel... Ne disons pas que c'est la même chose !

Avec les mots *informatique*, *ordinateur*, *logiciel* (qui est certes plus logique que le bizarre *software*) et autres mots en *-ciel*, faits pour rêver, notre chère vieille langue a fait preuve d'une intelligence qui n'est pas artificielle.

Mise en ordre des données du réel, mise en forme et en logique de l'information pour communiquer à la vitesse de la lumière, voilà ce qu'on arrive à dire en trois ou quatre mots.

Cette intelligence des mots, voilà une petite compensation à l'envahissement de l'argent et du pouvoir des pays riches – qui s'exprime surtout en anglais.

10 décembre 2003

Stigmatiser

Les débats nécessaires sur la pluralité culturelle et religieuse en France suscitent tout un paquet-cadeau de mots soudainement diffusés : exemple, *ostensible* ou *discrimination*. En voici un autre, réapparu dans la bouche et sous la plume d'autorités religieuses : *stigmatiser*. On a en effet soupçonné, je pense à tort, certains points du rapport du médiateur de la République de stigmatiser, par exemple, l'islam.

Stigmatiser est un terme fort, et surtout, obscur. Dans *diaboliser*, il y a *diable*. Mais dans *stigmatiser*, il n'y a pas de mot courant, et les stigmates ne sont connus que des spécialistes : naturalistes, médecins, botanistes pour qui il s'agit de petites marques qui n'ont rien d'humiliant. Ce sont aussi, pour les chrétiens, les marques des cinq plaies du Christ, aux mains, aux pieds et au flanc, ceux des clous et de la lance. Au XVIIe siècle, les franciscains appliquent le mot à des marques sanglantes inexplicables apparaissant sur le corps de certains mystiques, et renvoyant à la passion du Christ.

Ce minuscule rappel d'histoire religieuse évoque le thème que l'on se propose de développer à l'école : l'histoire des religions.

On voit bien que ces stigmates, neutres ou évocateurs d'un sacrifice surhumain, ne rendent pas compte du côté négatif de *stigmatiser*. C'est que ce verbe, apparu au début du XVIIe siècle, s'appuie sur un sens oublié de *stigmate*. On appelait ainsi la marque au fer rouge qu'un droit pénal cruel, qui pratiquait la torture, imprimait sur l'épaule de condamnés, pour les désigner comme infâmes, coupables et haïssables. Si le mot grec *stigma*, du verbe *stigein*, « piquer », ne voulait dire que « piqûre », sans aucune condamnation morale, le latin *stigmata* fut appliqué au marquage de ce bétail humain qu'étaient les esclaves.

Stigmatiser continue cette pratique abominable, et oublie les valeurs chrétiennes positives des stigmates, mot affecté entre-temps aux marques laissées par les maladies. Ce verbe est terrible : il condamne et désigne ; en même temps, il fait souffrir. Stigmatiser une communauté ou une croyance, c'est peut-être pire que les diaboliser, car les diables peuvent faire rire ; pas les stigmates. En revanche, dire qu'on stigmatise une religion quand on défend un principe de neutralité nommé laïcité, au nom de la République, c'est au moins faire preuve d'esprit polémique. Sur de nombreux mots, il faudrait écrire, non pas : agiter avant de s'en servir, mais manier avec précaution.

17 décembre 2003

Fantassin

Les enfants sont les premières victimes des engins de mort semés par la guerre : mines antipersonnel ou « sous-munitions ».

L'enfance n'est pas seulement le premier temps de la vie humaine. En latin, *in-fans* désigne l'être qui ne parle pas encore. Le mot vient en effet du verbe *fari*, « parler ». C'est dire que le petit enfant, encore privé de parole, est défini par une privation, une insuffisance, ce qui en dit long sur un état d'esprit.

Au Moyen Âge comme dans l'Antiquité, on infériorise l'enfant, on ne s'y intéresse guère. Il arrive même que la notion d'enfant soit utilisée, on dirait aujourd'hui « instrumentalisée » : l'enfant, surtout le garçon, le jeune homme, devient un valet, une aide pour la guerre. Le guerrier est à cheval, son petit auxiliaire va à pied. Voilà ce qui arrive alors aux mots. En italien, *infante* ou *fante*, « l'enfant », se met à désigner le « jeune soldat » ; son dérivé *fantaccino* est devenu en français *fantassin*. La forme complète du mot italien, *infante*, donne *infanteria*, devenu *infanterie*. Ainsi, quatre cents ans avant la folie atroce des « enfants soldats », l'esprit guerrier avait utilisé l'enfance et l'adolescence pour tuer et se faire tuer. La langue française fut même explicite en parlant d'*enfant à pied*, avant de dire à l'italienne *fantassin*. De même, on appela sans se gêner *enfant perdu* le soldat envoyé en éclaireur ou en espion au-devant de l'ennemi.

Il faut reconnaître que l'*enfant de troupe*, ainsi nommé au XIXe siècle, n'est plus un combattant, mais un orphelin élevé dans une école militaire, témoin et victime, mais non plus acteur des méfaits de la guerre.

Ainsi, ouvertement ou secrètement – car *fantassin* et *infanterie* ne font plus penser à l'enfance –, cette histoire souvent indigne a associé sans aucun complexe l'enfance à l'horreur de la guerre. La guerre sert des intérêts prétendus supérieurs ; elle fait souffrir et mourir les civils, sans épargner les enfants, au contraire. À notre époque, le jeune fantassin de la Renaissance a encore rajeuni : Ahmadou Kourouma, dont je salue la mémoire, car cet écrivain remarquable vient de mourir, a décrit de manière *formidable*, au sens ancien et fort, le calvaire épique des enfants soldats, dans *Allah n'est pas obligé*. Enfants soldats, enfants victimes, enfants bourreaux et bourreaux d'enfants, notre époque n'a pas à se vanter. Mais, on vient de le voir, le mal est ancien.

19 décembre 2003

Massif

Quand on dit *massif*, à quoi pense-t-on ? À un massif de fleurs, par nostalgie du printemps, à un massif montagneux, par envie de vacances neigeuses plus ou moins skiables. Mais on ne peut oublier l'adjectif *massif*, *massive*, car on a entendu des milliers de fois parler des armes de destruction *massive*, autrement dit en masse, en foule, en nombre. Quand ces fameuses armes ne se découvrent pas, on invoque, on l'a entendu récemment dans la bouche du charismatique Tony Blair, qui a une conception assez personnelle de la vérité, l'intention ou la capacité de produire ces fameuses armes. Bientôt, on parlera d'intentions massives, de capacité massive, et cela suffira pour une petite opération militaire préventive. Méfiance massive, tel est le slogan du jour. Bien des maux frappent massivement, mais ce qui est massif peut être parfaitement pacifique : ainsi les départs massifs en vacances, ou une assistance massive à un match.

Ce qu'il y a de remarquable avec les adjectifs, c'est que ce sont des caméléons. On a joué un mauvais tour à ce pauvre *massif*, qui peut ressembler à *populaire*, en le mariant avec la terrible *destruction*. Il en est devenu tout rouge, cet adjectif caméléon. Il est vrai que ce qui est massif, concrètement, n'est pas tellement nombreux qu'épais, lourd, mastoc, ce qui n'est pas admirable.

Pourtant, il existe des choses massives parfaitement agréables : par exemple, l'or ou l'argent.

En revanche, pour ne pas être massives, les situations les plus pénibles restent redoutables ; voyez ces maladies *nosocomiales*, dont on parle tant, parfois avec une petite difficulté à prononcer le mot, qui vient de *nosos*, « maladie ».

À vrai dire, disposant de mots comme *épidémie*, *pandémie*, on ne parle guère de maladies massives. Mais pourtant, nous vivons dans un monde massif, avec des masses mondialisées : hyperpuissance – au singulier –, multinationales – au pluriel – et certaines puissances militaires sont massives. À propos, voyez la perversité des adjectifs : *destruction massive* nous est si familier que c'est devenu un fantasme, alors que *masse destructrice*, qui n'est pas plus rassurant, nous semble technique et bien proche de la « masse critique ». Celle-ci déclenche la réaction en chaîne, style « spirale de la violence », ou encore « tueur en série ». Ce qui paraît le plus massif, aujourd'hui, c'est encore la communication qui vise à impressionner, sinon à terroriser les masses.

23 décembre 2003

Cuisine

Ne confondons pas la cuisine et la gastronomie, qui n'est autre que la règle ou la norme (*-nomie*) de l'estomac que Rabelais appelait Messer gaster. Hommage à la langue grecque et au citoyen Arkestratos qui écrivit au IVe siècle avant l'ère chrétienne une *Gastronomia* perdue, mais dont on n'a jamais cessé de parler. La gastronomie, ressuscitée en France en 1800, est un art critique, alors que la cuisine est un art créatif.

Son rapport avec le verbe *cuire* est évident. Il vient tout droit du latin *coquere*, qui signifiait en général « faire chauffer, exposer à la chaleur, à la fois cuire et brûler, cramer », ce qui n'est pas culinairement correct. De *coquere*, le latin – de cuisine, évidemment – avait tiré *coquina*, d'où vient notre *cuisine* et dont on se demande depuis des siècles d'étymologie quel rapport ce mot peut avoir avec *coquin*, *coquine*. Car le *coquinus* n'était pas, à notre connaissance, un marmiton, mais une sorte de truand.

À propos, le *coquus* latin, sans rapport avec le coucou, ni avec le cocu, rend compte de l'ancien français « un *queux* », qui survit dans *maître queux* – expression machiste, sans jeu de mots. On dira « le et la chef de cuisine ». Très vite, le mot *cuisine* a désigné, plus que l'art de cuire toute préparation, le lieu où on prépare la nourriture, les aliments préparés et, plus tard, le personnel qui y travaille. Ça fait beaucoup pour un seul mot, mais heureusement, il y eut les renforts populaires : la tambouille, la cuistance, et même la bouffe, qui signifie « nourriture » et qui prolonge ce verbe *bouffer*, qui subit la haine de notre ami Jean-Pierre Coffe[1].

Cuisine et *cuisinier* couvrent tous les niveaux de qualité, de la « haute » cuisine à la malbouffe, et ont débordé leur sens premier. Certes, on cuit beaucoup, en cuisine, mais on ne s'en contente pas ; au hasard, on assaisonne, on découpe, on dresse, on émince, on entrelarde, on épice, on épluche, on farcit, on garnit, on larde, on marine, on pare, on persille ; et, côté feu, on cuit, certes, mais on braise, on échaude, on flambe, on frit, on grille, on gratine, on rôtit, on fait revenir, on saisit et même on fait sauter : informez-vous en lisant *L'Amateur de cuisine*, de Jean-Philippe Derenne.

Complexe, la cuisine, riche et inépuisable. Un art et un artisanat, en défense contre l'industrialisation de notre vie et de notre pauvre estomac.

24 décembre 2003

Planète

L'origine du mot *planète* est troublante. *Planète* désigne aujourd'hui les astres qui gravitent autour de notre soleil et autour de beaucoup d'autres étoiles – on parle d'exoplanètes. Pour l'espèce humaine, le plus important est la planète Terre, notre habitat

1. Une émission de J.-P. Coffe s'appelle « Ça se bouffe pas, ça se mange ».

commun, notre milieu physique et, comme on dit, notre « environnement ». Ce mot trahit la prétention humaine. L'humanité veut croire qu'elle est au centre de tout et que la nature l'entoure, donc l'environne. Après tout, c'est la mère nature, se dit l'orgueilleux embryon. Mais la planète, de son côté, la planète Terre, éprouve que l'être humain n'est qu'un élément actif et prédateur, mais tout petit, dans un vaste écosystème, mot formé avec le grec *oikos*, « la maison », notre maison commune étant la Terre.

Pourquoi *planète* ? Parce que, depuis qu'on regarde le ciel et ses astres, on en voit qui paraissent tourner sagement autour de nous, et qu'on appela « astres fixes », et d'autres qui semblent vagabonder et se promener librement : en grec *planètes*, « le voyageur, le vagabond ». Le mot vient du verbe *planasthai*, « s'écarter du chemin, se perdre, errer ». Ce qu'on appelait planètes, c'était le Soleil – dont on ignorait qu'il était une étoile –, la Lune, et Mercure, Vénus, Mars, Jupiter, Saturne, pseudo-étoiles baladeuses. Puis, les astronomes apprirent aux hommes que cette Terre qu'ils habitaient était elle aussi une « planète ». *Planète* pouvant signifier « Terre », on se mit à dire *planétaire* pour « mondial » et à considérer que la nature, qu'on prétendait maîtriser, c'était surtout, pour nous, cette planète.

La folie du pouvoir, servie par l'avidité du savoir, conduisit l'Homme à exploiter sans mesure la planète Terre, c'est-à-dire à scier la branche sur laquelle nous sommes tous assis. Branche parfois inconfortable et tremblante, d'ailleurs, comme on s'en aperçoit lorsqu'un séisme plonge une région dans le malheur et la mort. Nous avons tous les jours des nouvelles de la vie sur notre planète : on parle beaucoup plus des morts que des naissances, des maladies et des accidents que de la santé, et c'est dommage. Ce matin, une baleine morte (en fait, un rorqual) fait oublier la vie des océans, menacée par les hommes. Vraiment, la *planète* est bien nommée : tout y part dans tous les sens, mais ce n'est pas elle qui erre et se perd : ce sont ses habitants humains.

30 décembre 2003

2004

5 janvier : Tremblement de terre de Bahm, Iran
27 janvier, 23 février, 31 mars : Élections régionales en France
6 février : Sommet économique des pays les plus riches
4 mars : Menace d'attentat ferroviaire d'un mystérieux groupe AZF
16 avril : Libération d'otages japonais, en Irak
20 avril : Les intermittents menacent de perturber les festivals, en France
10 mai : Sévices de l'armée américaine dans les prisons d'Irak
18 mai : Assassinat terroriste du président de l'exécutif irakien
25 mai : Témoignages d'enfants au procès d'Outreau
25 juin : Départ en retraite de Claude Villers
1er juillet : Le ministre Jean-Louis Borloo prône la cohésion sociale
6 septembre : Prise d'otages et massacre à Beslan, en Ossétie du Nord
16, 28 septembre, 2 décembre : Vote sur le projet de Constitution européenne
4 octobre : Tentative de Didier Julia pour intervenir dans la libération d'otages français en Irak
3 mars, 4 novembre : Élection présidentielle aux États-Unis : Bush contre Kerry
8 novembre : Présence militaire française en Côte d'Ivoire
11 novembre : Mort de Yasser Arafat
17 novembre : Départ de Colin Powell
20 décembre : Meurtres dans un hôpital psychiatrique de Pau
27, 28 décembre (et voir *4 et 5 janvier 2005) :* Le raz de marée en Asie du Sud-Est

Deuil

On dit que les mots, devant la mort, sont dérisoires ; le silence ne vaut pas mieux. *Catastrophe*, *tragédie* ajoutent à *accident* un élément subjectif, émotif, essentiel après une nouvelle aussi affreuse que celle qui nous atteint ce matin. Qu'il y ait polémique sur l'entretien des avions des vols *charters*, en français vols nolisés, c'est très normal. Mais ce n'est pas cela qui soulagera la peine des proches des victimes, pas plus que la sismo- ou séismologie n'apaisera les populations iraniennes désespérées après le tremblement de terre de Bahm et ses trois cent mille morts.

Ces morts violentes, dont on recherche désespérément les causes rationnelles, ont pour effet essentiel, sur le plan humain, la *douleur* et le *deuil*. Malgré le *d* et le *l*, on reconnaît à peine la douleur dans le mot *deuil*. Ce sont deux vocables latins différents, mais homonymes, *dolus*, qui expriment la peine, et aussi la ruse, la tromperie. Et en effet, on peut croire que c'est la tromperie du destin qui produit la douleur. Mais le rapport des deux idées, celle d'affliction dans le deuil, celle de fraude pénible dans le *dol* et les *doléances*, n'est pas clair, ni dans l'Antiquité ni aujourd'hui.

En tout cas, en français, le deuil n'est plus une affliction, une peine quelconque, mais la tristesse attachée à la mort des personnes aimées. Le langage trahit les attitudes humaines dans la société : le mot *deuil*, autrefois, faisait surtout penser aux manifestations extérieures de cette douleur : les vêtements, la couleur noire, dans notre culture – en Asie, c'est souvent le blanc – et même le cortège funèbre, par exemple dans *conduire le deuil*.

Mais, dès le XVIe siècle, on parle de deuil comme d'un temps d'épreuve, terrible d'abord, puis pénible et qui s'achève ou s'atténue avec le temps. Enfin, au début du XXe siècle, on a traduit par *deuil* le mot allemand *Trauer*, qui désigne à la fois la peine et le regret d'une absence.

Ce sentiment fut analysé par Freud en 1905, en montrant que le deuil est un travail de détachement et d'apaisement. Aujourd'hui, on tente d'aider ce travail intérieur et sans doute les explications rationnelles peuvent y contribuer, par exemple en diminuant l'angoisse liée au mystère et à l'incompréhension.

Car la *compassion*, qui dit en latin la même chose que *sympathie* en grec, « souffrir avec », ne suffit pas à apaiser. Le deuil, aujourd'hui mieux compris, est affaire personnelle ; ce sentiment inspire d'abord le respect.

5 janvier 2004

Ambition

Souvent, dans l'actu politique, le mot *ambition* scintille en lettres lumineuses.

Ambition fait d'abord penser à la recherche du pouvoir, de la gloire ou de l'argent pour soi-même. Le mot a l'avantage de l'ambiguïté, car on peut ambitionner des résultats pour tout autre chose que son propre intérêt. Tout homme politique, tout entrepreneur, tout syndicaliste a l'ambition de la réussite, mais cette réussite est collective et quelquefois désintéressée.

Il en va des ambitions comme des trains, les unes peuvent en cacher d'autres. Les ambitions, dont Montesquieu disait qu'elles étaient des sentiments utiles à la société quand elles étaient bien dirigées, sont parfois animées, poussées par un sentiment égoïste et puissant. On trouve dans le *Michel Strogoff* de Jules Verne ce petit portrait d'un homme, je cite, « très intelligent, mais impossible à maîtriser, et d'une ambition effrénée qui ne recule devant rien ». Si ce miniportrait vous fait penser à l'un de nos contemporains, ce n'est pas la faute de l'auteur, qui vivait au XIXe siècle.

L'ambition désintéressée, les ambitions bien dirigées vers la réussite collective, les politiques ambitieuses ne suffisent pas à faire oublier que l'ambitieux ou l'ambitieuse, espèce moins répandue, désirent avant tout leur réussite personnelle.

L'origine du mot confirme cette impression, politiquement politicienne, et la précise. Le latin *ambitio* vient du verbe *ambire*, qui veut dire « aller autour ». Et pourquoi donc cet ambitieux antique se déplaçait-il en tournoyant ? Simplement pour faire le tour et la tournée des électeurs qui lui permettraient de monter, comme on dit aujourd'hui, en puissance, assimilant les humains à des moteurs.

Cela montre au moins deux choses : l'ambitieux est actif, parfois un peu agité ; mais, hormis les situations d'absolutisme et de dictature, il a besoin des autres. Ce que dit aussi ce mot, c'est que ce sentiment dévorant conduit à bouger sans cesse : *amb-ire*, « aller autour », un peu partout, à droite et à gauche – ça s'appelle ratisser large. « À l'américaine ! », disait Tati dans *Jour de fête*. Ce qui suggère le surnom de *Speedy*. Remarquons que l'ambition, ça commence par un mouvement tournant ; or, l'ambitieux ne peut se contenter de tourner autour du pot. Il arrive toujours un moment où il se dirige tout droit vers son objectif. Alors l'ambition n'est plus *ambi* et se transforme en tir direct.

9 janvier 2004

Euthanasie

Euthanasie est un mot discutable, mais clair, à condition de savoir que *thanatos* signifie en grec « la mort » et que le début du mot, comme dans *eu-phonie* ou *eu-phorie*, correspond à « bon, bien ». Ce terme grec, *thanatos*, est apparenté à un verbe sanskrit signifiant « s'éteindre, disparaître progressivement ». Ce serait donc un *eu-phémisme*, une « parole douce » pour une réalité insupportable. Un autre verbe, plus direct et plus dur, exprimait la fin de la vie : c'est lui qui a donné le latin *mors*, *mortis*.

Dans les mythologies, la mort est divinisée. Le dieu Thanatos était représenté comme un vieillard drapé de noir, et opposé au jeune et bel Éros, dieu de l'Amour et symbole de vie. Affaire masculine, comme on voit. On peut penser que le sentiment religieux est en grande partie une réponse à l'angoisse devant la mort. Une autre réponse est l'idée de « bonne mort », disons plutôt de « mort délivrance », seul remède à la souffrance de l'agonie. Cette idée apparaît en français à l'époque où la « philosophie » de l'époque des Lumières, le XVIIIe siècle français, met en cause les attitudes traditionnelles, en recherchant, par exemple, des solutions au problème inévitable et terrible de la mort. C'est l'art de rendre la mort douce, d'apaiser les derniers moments lorsqu'on ne peut plus guérir, lorsqu'on renonce à l'acharnement, à l'obstination déraisonnable, dit le conseil de l'ordre, après les soins « palliatifs ». C'est dans une publication chrétienne, le dictionnaire des jésuites de la petite ville de Trévoux, que le mot apparaît en français pour la première fois. Idée sans doute prématurée, car il fallut attendre plus d'un siècle pour que le mot se répande grâce à la traduction française d'un ouvrage en anglais, par le docteur William Munk : *Euthanasie* – euthanasia – *ou traitement médical pour procurer une mort facile et sans douleur.* C'était en 1888. La médecine britannique est aussi la responsable de *palliative care*, ces soins qui pallient, c'est-à-dire « cachent, recouvrent d'un manteau », *pallium* en latin, les peines et les douleurs de l'agonie.

Ces mots dévoilent un nouvel aspect de l'éthique médicale : soigner, guérir lorsqu'on le peut, certes, mais agir encore quand on ne le peut pas. Combattre la souffrance et accompagner la mort, qui fait partie de la vie. Impossible d'en juger dans l'abstrait. L'euthanasie est affaire concrète, personnelle, vécue : faire en sorte que la mort soit accordée dans la compassion.

12 janvier 2004

(Nom de) Dieu

Dans l'histoire des sociétés, il semble que les noms donnés à l'Être absolu, ou suprême, aient autant préoccupé les humains que son existence même.

De même que le mot latin *spiritus*, devenu *esprit*, ou que le mot grec *psukhê*, « l'âme », cachent une réalité matérielle, le souffle, qui est signe de vie, *deus*, *Dieu*, *theos* cachent l'idée – matérielle et sensible – de lumière. Toutes les langues indo-européennes, du sanskrit aux idiomes actuels, témoignent du passage de l'idée de jour, de clarté, à celle de divinité. En français, l'adjectif *diurne*, la finale des jours de la semaine, le *-di* de *lundi*, *mardi*, manifestent leur rapport avec *dieu* et *divin*. Le nom grec *Zeus* dit à la fois « dieu » et « lumière », et le latin *Jupiter*, c'est *ju-pater*, « jour-père », le « père du jour ».

Les mythologues expliquent cette désignation par la divinisation de la lumière du jour, autrement appelée *ciel*. Les rapports entre l'être humain et ce qui le domine et l'éclaire ont donc fourni un nom à des croyances religieuses évoquant soit une pluralité d'êtres supérieurs – les dieux – soit un être unique : en grec, *mono-théisme*.

Aujourd'hui, lorsqu'on parle de *religion*, on pense d'abord aux trois grands monothéismes : juif, chrétien, musulman. C'est normal dans notre culture, mais insuffisant : la religiosité païenne ou asiatique est un fait, même sans dieu revendiqué. Au Moyen Âge, en Europe, le christianisme est devenu le cadre de pensée dominant. Au moment où le plus ancien français se dégage du latin parlé en Gaule, les fameux *Serments de Strasbourg* commencent par ces mots : « *pro deo amor...* ». Invoquer Dieu et son nom est devenu une habitude : on dit encore *Dieu merci* – qui ne veut pas dire « merci, mon Dieu », mais *par la Dieu merci*, « par la grâce de Dieu » – ; on dit parfois *adieu* lorsqu'on se sépare. De manière plus profane, le nom divin sert à jurer : on ne se gêne plus pour dire *nom de Dieu* et *bon Dieu* alors qu'on le déguisait, ce nom, au XVIIe siècle : *palsambleu*, « par le sang de Dieu », *corbleu*, *morbleu* et d'autres. Nommer Dieu, c'est manifester une croyance, même par colère.

Indépendamment des croyances, y compris celles des incroyants, le nom de Dieu a un poids culturel extrême et évident. Il sert à la fois à la prière et à la transgression, à l'amour et, malheureusement, à la haine. Ambiguïté très humaine. La grande question, c'est de passer du nom à l'être.

15 janvier 2004

Légionellose

Dans le catalogue des catastrophes qui marquent l'histoire actuelle d'un monde dévoré par la technique, un certain nombre d'épidémies mortelles, annoncées et commentées à chaud, nous menacent. Des noms effrayants, parfois descriptifs derrière le masque des sigles (sida, sras) circulent avec les micro-organismes dangereux.

Le cas de la *légionellose* illustre l'étonnant arbitraire qui règne parfois dans les désignations et qui contribue à la crainte. Dans le nom de la bactérie *legionella pneumophila*, la légionelle pneumophile, seul le second mot révèle l'affection respiratoire. Quand on reconnaît *légion* ou *légionnaire* dans ce mot, on est en droit de s'interroger sur le nom car cette maladie ne se répand pas avec les armées romaines ou les promotions de la Légion d'honneur, et n'évoque pas le légionnaire d'Édith Piaf, qui se contentait de « sentir bon le sable chaud »[1]. Non, le vecteur de ce mal, ce sont des canalisations, qui peuvent être celles d'usines – encore les méfaits de la technique – ou, terrible ironie, celles d'un hôpital. Cela évoque immédiatement un mot mystérieux, *nosocomial*, qui signifie « maladie des soins médicaux ».

L'explication de *légionelle*, la bactérie, et de *légionellose*, la maladie, est complètement anecdotique. En 1976, un congrès d'anciens combattants étatsuniens, dont l'organisation se nomme

1. La chanson célèbre, « Mon légionnaire », de Raymond Asso et Marguerite Monnot, fut créée en 1936 par Marie Dubas et reprise par Édith Piaf, Serge Gainsbourg...

American Legion et qui se tenait à Philadelphie, fut décimé par une maladie contagieuse inconnue, qu'on appela, faute de mieux, « maladie du légionnaire », sans même évoquer la pneumonie, qui lui ressemble.

Si ce mal était apparu dans un congrès de mécaniciens, on l'eût appelé *mécanonellose*, si elle nous avait frappés, ici à France Inter, c'était la *radionellose*, et ainsi de suite. Lorsque le pur hasard préside à la désignation des réalités nouvelles, il ne faut pas s'attendre à ce qu'on y comprenne grand-chose. Ce qui ne met pas en cause la vaste enquête épidémiologique et bactériologique menée à Philadelphie : on étudie et on identifie bien, mais on nomme n'importe comment. Encore le légionnaire est-il un être humain : avouez que souffrir et mourir de la grippe du poulet[1], c'est pire – dans les mots – que subir le sort du respectable ancien combattant d'une armée alliée. Avec les bactéries et les virus, bien ou mal nommés, c'est le monde humain qui est pris de panique. Et on dit que le diable s'appelle Légion.

19 janvier 2004

Dopage

On ne parle de *dopage* qu'à partir de 1920 environ, mais le verbe *doper* est déjà centenaire. On l'a remarqué, l'utilisation de drogues stimulantes, qui est très ancienne, a reçu ce nom de *dopage* à l'époque où le sport moderne se répand, souvent en provenance d'Angleterre.

Ce n'est donc pas un hasard si le verbe *doper* est emprunté à la langue anglaise. Dans cet idiome mondialisé, le mot *dope* n'était pas autochtone ; il venait du néerlandais *doop*, qui désignait innocemment une sauce dans laquelle on fait trempette, le mot étant apparenté à *diep*, qui signifie « profond », et correspond à l'anglais *deep*.

1. On ne parlait pas encore, comme en 2005, de « grippe aviaire ».

Ainsi, ce monde pervers a trouvé moyen de passer d'une douce habitude alimentaire, exprimée par le mot *soupe*, qui a désigné la tranche de pain qu'on trempe dans le bouillon – avant de prendre le sens actuel, habitude qui se manifeste par la mouillette, par la trempette, procédés nullement immoraux.

Quand vous trempez une tartine dans votre café au lait, vous n'êtes pas suspect de dopage. « Tremper » se dit en anglais *to dip*. Mais, en passant de *dip* à *dope*, les Britanniques ouvraient une voie dangereuse, ou peut-être se décidaient à nommer une manière de se droguer, afin de déclencher un effet physiologique artificiel. Après tout, que faisait le grand Balzac en buvant café sur café, de manière à stimuler sa créativité de romancier ? Les drogues, les psychotropes sont une obsession séculaire. C'est à propos de sport que les mots se sont multipliés : *dopage*, *dopant*, *antidopage*... Pour citer un auteur très subtil, Roland Barthes, « doper un coureur est aussi criminel, aussi sacrilège que de vouloir imiter Dieu : c'est voler à Dieu le privilège de l'étincelle ». Autrement dit, c'est le mythe de Prométhée renouvelé.

C'est surtout l'une des formes les plus dangereuses de la dérive constatée de l'idéal sportif. L'énergie, le dépassement de soi, l'entraînement, la loyauté envers les adversaires et avec soi-même exprimaient la nature même du sport. Et voilà que ces valeurs sont trahies par un artifice qui détruit la santé des sportifs, pour obtenir de l'extraordinaire, du spectaculaire et finalement pour doper les profits. De là à considérer les athlètes ou les coureurs comme des tricheurs, il y a une marge. Je parlerais plutôt de victimes et de « trichés », au participe passé. Conformément à son origine, le dopage révèle des profondeurs bien troubles. En franglais, y a du deep dans la dope.

23 janvier 2004

Région

A priori, des élections présidentielles, comme celles qui se préparent, sous forme de « primaires », aux États-Unis, sont plus importantes que des élections régionales.

Un « pré-sident », qu'il se nomme Chirac, Bush ou Hu Jintao, n'est jamais qu'un monsieur – car les présidentes sont rares – qui a le droit de s'asseoir (*sedere*) avant les autres. En revanche, la « région », fidèle continuatrice du latin *regio*, vient du verbe *regere*, qui a donné *régir* et qui exprime le pouvoir suprême, puisqu'il correspond à *rex*, le « roi ».

En latin, la *regio* est à la fois une direction et un territoire. Conduire les régions, tel est l'enjeu de ces élections, dont on dit pourtant qu'il est national. Bien sûr, *région* sert à désigner un territoire plus limité que *nation* qui, par son origine, indique la nature d'une population, car il s'apparente à *naître*. Depuis des siècles, le mot *région* insiste sur l'unité d'un territoire assez important à l'intérieur d'un pays. On parle dès lors de « région naturelle, administrative, économique ». C'est bien dans les régions que la richesse nationale se produit et s'équilibre, parfois assez mal, dans l'inégalité. Sans avoir l'autonomie d'un *Land* allemand, d'un État fédéré, d'une « province » canadienne, la région française partage avec ces entités la nature essentielle d'un contrôle et d'un équilibre sur une réalité plus concrète que celle d'État. Ce qui veut dire que de nombreux problèmes peuvent être mieux abordés dans le cadre de la région que dans l'abstraction législative.

Ces évidences sont inscrites dans l'Histoire. Lorsqu'une région particulière, la *Provincia* romaine, future *Provence*, n'est envisagée que comme le complément d'une capitale, on entre dans la fiction désastreuse de l'opposition hiérarchique *Paris – province*. Oublions donc *la* province au profit *des* régions, sans oublier que l'Île-de-France, avec Paris, n'est qu'une région parmi les autres. Ce qui n'empêche pas de déplorer les noms disgracieux et mal abrégés, du style *Paca*, qui sont loin de valoir les noms traditionnels des provinces et des « pays » de France, et de désapprouver des emplois du genre de « en région », qui tendent à rétablir l'inégalité entre la capitale et le reste de la France. Élections régionales ou pas, on aimerait que l'épaisseur humaine et historique des régions soit prise en compte politiquement, histoire de limiter le pouvoir trop écrasant de l'État installé dans la « capitale » et qu'on puisse vivre sa différence.

27 janvier 2004

Précarité

« La démocratie est précaire » : c'est ce que vient de dire l'abbé Pierre. Comme les réalités, les mots s'opposent : d'un côté, les plaies du monde moderne, pires que celles d'Égypte dans la Bible : pauvreté, misère, insécurité, et donc, précarité ; de l'autre, des principes qui sont censés les combattre : solidarité et « économie solidaire », fraternité, générosité. Les premiers révèlent un monde d'injustice et de cruauté ; les seconds de nobles aspirations, dévorées par l'indifférence ou l'aveuglement. L'abbé Pierre, qui parle de torpeur, ne cesse de crier : réveillez-vous !

Non-assistance à humanité en danger, à démocratie en danger, voilà notre délit collectif. Un mot décrivant ces maux de l'humanité frappe par son histoire : c'est *précarité*. L'adjectif *précaire* apportait naguère l'idée d'une situation fugitive, sans garantie. En droit, pendant deux cents ans, la *détention précaire* est l'autorisation de disposer d'un bien, qui peut être enlevée à tout moment. Aujourd'hui, on parle de *précarité* de l'emploi, toujours menacé, et précarité égale risque. Pis encore, la précarité est devenue la situation de ceux qui n'ont rien et qui ne savent pas s'ils pourront manger demain. *Précarité* tend donc à remplacer des mots plus francs, comme *pauvreté*, *misère* ou *exclusion*, car il ne dit, en fait, que « situation provisoire ». Or, *provisoire* est apparenté à *prévision* : il désigne ce qui est destiné à être remplacé. Dire, comme le Premier ministre de la République[1], qu'un jugement rendu par un tribunal compétent est « provisoire », c'est confondre la procédure d'appel avec le retrait prévu d'un *gouvernement provisoire*. C'est

1. C'était, faut-il le rappeler ? – il le faut –, Jean-Pierre Raffarin.

faire bon marché de l'autorité de la chose jugée. *Précaire* est bien différent, car cet adjectif qualifie, non des institutions et des principes, mais des situations, qui peuvent être particulières, comme celles d'hommes politiques en difficulté, ou bien très générales. Malraux rappelait, dans *L'Homme précaire*, que la condition humaine tout entière est faite de cette fragilité.

Ce mot, devenu dénonciateur de situations tragiques, était pourtant positif, à l'origine. Le latin *precarius*, employé en droit, vient de *precari*, « demander à un pouvoir supérieur », autrement dit *prier*. Or, ce qui doit être demandé peut être refusé : la précarité est non seulement un risque de manquer, mais un refus d'accorder leurs droits à l'homme, à la femme, à l'enfant ; une menace muette. Or, qui menace les précaires, les exclus, les sans-logis les plus pauvres ? Pas seulement les règles de la lutte pour la vie, devenue lutte pour l'argent, et dont ils sont les victimes, mais l'indifférence, la torpeur de la majorité – car il y a de fortes exceptions, la preuve. Mais la majorité, ce ne sont pas les autres, c'est vous, c'est moi. Pince-moi, je rêve !

2 février 2004

Voile

On a trop parlé de voile, d'après un sondage cité ce matin. Je n'en suis pas sûr. Il arrive que les mots cachent les choses, au lieu de les révéler. *A contrario*, le voile, qui est fait pour cacher, révèle. Des voiles, il y en a tant et sous tant de formes qu'on s'y perd : en quelques années, selon l'actualité, on a parlé en français de *tchador* et de *tchadri*, mots persans, de *hijab*, mot arabe, de *burqa*, et j'en passe. J'oubliais un mot bien français, *foulard*.

Le bon vieux *velum* latin, qui a produit le mot français *voile*, n'en reviendrait pas. Car *velum*, c'était surtout une tenture, un tissu servant de rideau. *Le* voile, comme *la* voile des vieux gréements et de la plaisance, descendent, par le latin, d'une racine indo-européenne très ancienne, *weg*, « tisser ». Mais voyez le pouvoir des religions : dès qu'on parle de *voile*, en français, c'était au XIIe siècle, on désigne celui des religieuses. Cacher les cheveux, cacher en partie le visage, cacher non seulement la peau, mais les formes du corps, c'est l'une des fonctions du voile. Comme l'idéologie des civilisations traditionnelles, reflétant les intérêts masculins, est toujours active, le voile de tête et de corps a toujours concerné les femmes. Si le voile est visible, il est fait pour rendre invisible une partie de l'humanité, avec tous les effets que cette inégalité produit.

Cacher, couvrir, dissimuler, masquer le réel, c'est très poétique au figuré, ça l'est moins quand on efface la chevelure, l'expression du visage qu'arbore sans complexe la gent masculine. Il y a bien des voiles pour hommes, mais justement le litham des Touaregs ne pose pas de problème à la laïcité.

Ce principe républicain ne cherche pas à voiler ni à chasser les convictions religieuses, mais à établir une neutralité et un respect réciproques. La querelle du visible, de l'ostensible et de l'ostentatoire n'est pas une querelle religieuse. Faire voir, montrer ou étaler les signes d'une appartenance communautaire, voire politique, c'est vraiment autre chose que de forcer les femmes à se cacher. Cela dit, si elles tiennent à rester voilées, comme d'autres acceptent des mutilations rituelles, le seul remède est la pédagogie et, justement, l'école. Faire passer le voile féminin pour l'affirmation de la fierté d'être musulmane, et non pour un signe antirépublicain et antiféministe, c'est malin, mais c'est une manœuvre politique, dans le style culpabilisant et doucereux du professeur Tarik Ramadan. Le voile cache, c'est son métier, et pas que des cheveux ; il cache les droits de la femme, qui font partie des droits de l'homme et qui les garantissent[1].

5 février 2004

1. Voir aussi *Voilages*, le 3 février.

Riche

Les pays les plus riches du monde sont réunis, apparemment sans complexes, pour montrer au monde que ce sont bien eux qui décident de tout, sur cette pauvre planète. Richesse et pauvreté, c'est une triste histoire, celle de l'inégalité parmi les hommes. C'est aussi, en français comme en d'autres langues, une drôle d'histoire de mots. Figurez-vous que dans l'ancienne langue, on disait *richeté* et *pauvresse*. Pourquoi cet échange de suffixes ? Parce que ces idées contraires s'entrechoquent sans cesse, mais qu'il fallait que les mots continuent de différer.

Autre différence : *pauvre* est latin, *riche* est germanique, avec un arrière-plan gaulois. Le premier transmet l'idée de petitesse, d'insuffisance ; le second, ce n'est pas l'argent, c'est d'abord l'idée de pouvoir, de puissance. Le *rix* de Vercingétorix, d'Astérix (il faudrait dire *Obel-rix*) correspond au *rex* latin, le « roi » ; d'ailleurs, on parle toujours des « rois de la finance » ou « du pétrole ». Au Moyen Âge comme aujourd'hui, les puissants, les détenteurs du pouvoir ont tendance à posséder beaucoup plus que le peuple d'en bas. Autre indice, un certain Crésus, enrichi par l'or que charriait la rivière Pactole, était avant tout un roi.

Les sept Crésus sont réunis dans une localité de Floride au nom étrange, Boca Ratón, « la bouche de souris » en espagnol. Les sept rois lions dans la bouche du rat : l'image est surréaliste ; la réalité aussi. Les riches ne sont pas égaux dans la richesse, et j'en vois un qui trouve normal qu'on s'aligne sur lui ; les autres richards moins hyperpuissants se disputent autour du cours des monnaies et des taux de croissance, rarement autour du sort des pays pauvres, sous-développés, immergés et qu'on appelle pour cela émergents. Sujets de pauvres, sans doute.

Les représentants de la richesse, dans cette affaire, sont les ministres des Finances et les banquiers « centraux » : les argentiers, dit-on. On peut les plaindre, ces ministres des richesses, car ils doivent gérer une prospérité à crédit, des gouffres de déficit. Quant au partage de ces richesses, mieux vaut ne pas en parler : dans les pays les plus riches, beaucoup sont réduits, en fait de richesses, aux riches idées, faute de pétrole. Face aux sept anciens et nouveaux riches : Europe occidentale, Amérique du Nord, Japon, il y a les gros pauvres qui s'enrichissent, du genre Chine ou Inde, et les petits riches, style pays du Golfe, qui leur compliquent la vie.

Mais tiens, au fait, la France en est, de ce club prestige. Pour autant, une bonne partie des Français restent devant la porte : les profileurs ne les laissent pas entrer. Quand les tribus des Francs, dominateurs, envahissant la Gaule romanisée, disaient *riki*, qui signifiait « puissant », ils ne se doutaient pas que *riche*, *rich* en anglais, *ricco* en italien, allaient dominer ce pauvre monde.

6 février 2004

Voilages

« Halte au racisme antivoile de la racaille Chirac ! À bas la République impie ! » Telles sont les fortes paroles, tracées, m'a-t-il semblé, d'une main virile, et que j'ai pu lire ce matin sur quelque mobilier urbain. J'en ai apprécié la condensation et la franchise, mais déploré la confusion.

Nous en a-t-on parlé, de ce voile[1] ! On s'émerveille de ce flot de paroles, dont le principal effet fut de dresser une partie de la France contre l'autre. Que cache la guerre du voile, outre l'extrême perversité des mots ?

La descendance du *velum* latin, rideau, tenture ou vêtement, mot qui semble remonter à une racine indo-européenne signifiant « tisser », a conservé comme seule valeur centrale l'idée d'un objet souple servant à cacher. Un autre *velum*, employé surtout au pluriel (*vela*, *velarum*), a donné cette toile qui permet aux vaisseaux, et aujourd'hui à des planches nautiques, d'avancer sur l'eau. « Maman, les p'tits bateaux, pour avancer, ont-ils des jambes ? » Non, mon cher petit – eût dit Proust –, mais des voiles.

Grave ambiguïté, car les femmes, ce n'est certes pas pour avancer, selon nous, racailles laïques et impies, qu'elles ont des voiles. La langue française, sagement, distingue le voile de la voile ; mais ironiquement, confond les pluriels.

1. Notamment moi, dans ces « Chroniques » (le 5 février de cette année).

En s'en tenant *au* voile, on constate qu'au moins en français et depuis que le mot existe, il est affecté au « sexe », comme on disait à l'époque classique (en tout bien tout honneur), qu'on ne pouvait, dans un monde monothéiste pieux, rendre pur qu'en le voilant. Ainsi, le voile des religieuses catholiques envahit la scène du langage français dès le Moyen Âge et on peut rappeler que les saintes les plus vénérées, à commencer par la Vierge mère – immortel oxymoron – sont représentées voilées.

De quoi permettre aux farouches partisans du voile de dire aux chrétiens : c'est vous qui avez commencé. Aux athées et aux impies, ils ne parlent pas. Donc, quand les religieux prennent « l'habit », les nonnes prennent « le voile », ce qui ne les dispense pas d'un habit fort enveloppant, façon tchador. Mais que les mots sont traîtres ! En matière de vêture, le voile peut ne cacher que le cheveu : le bandana est au voile ce que le string est à la culotte – cette dernière seule ayant un nom franc et obscène. Le voile, cependant, sait aussi cacher et révéler le corps – une certaine Salomé en fait la preuve. En outre, il y a voile et voile, les uns choisis, décoratifs, aguichants (ah ! les voilettes et mantilles d'antan), les autres imposés, symboliques... et d'un lourd ! C'est cela : le voile est relou. Le dilemme cher aux intégristes : femme voilée, sinon femme violée, permet la séparation, l'enfermement, l'apartheid.

Certes, des musulmanes, parfois fort gracieuses, se voilent, pensent-elles, sans qu'on les y contraigne. Et on peut avoir du mal à comprendre qu'une habitude culturelle devienne un délit quand on franchit la porte d'un collège. Vous avez dit ostensible ? Comme c'est visible...

Words, words, words... Pendant ce temps, retour au fanatisme, recul des libertés, contradictions perverses (Molière : « et s'il me plaît, à moi, d'être battue... »), échec de la neutralité religieuse, appelée laïcité. L'« antivoile » est tout sauf un racisme, et des penseurs musulmans, tel le poète Adonis, ont déploré ce signe d'archaïsme culturel sans aucun rapport avec la foi et la piété.

Décidément, le voile dévoile plus qu'il ne cache : les incompréhensions, l'écrasement des femmes, des hypocrisies partagées. Voilons-nous la face.

9 février 2004

Crédit

La fascination de l'argent, le besoin d'argent, depuis que l'échange ne suffit plus, sont universels. C'est sans doute pourquoi le dérivé du verbe latin *credere*, qui a donné *croire*, je veux parler de *creditum*, « ce qui est fondé sur la croyance », a exprimé un emprunt d'argent et la dette qui y correspond. Dans les Temps modernes, c'est le pays où sont nées les banques, l'Italie du XIVe siècle, qui emploie *credito*, passé en français un siècle après. Le crédit, en somme, c'est la confiance sur laquelle repose, dans un sens, le prêt d'argent (on *accorde un crédit*) et dans l'autre l'emprunt (on *vit à crédit*). L'origine du mot, la croyance ou confiance, se rappelle à notre bon souvenir dans *avoir du crédit* auprès de quelqu'un ou bien dans *discréditer*. Le crédit est donc fondé sur la confiance, la « fiance », comme on disait en ancien français, ce qui a produit le mot *fiancé*. À qui se fier ?

Cependant, on constate que les établissements financiers, certaines banques, qui accordent des crédits et l'affichent sur leurs raisons sociales – l'une d'elles est lyonnaise –, n'ont rien à voir avec une agence matrimoniale.

C'est qu'en matière d'argent, le crédit, cette confiance qu'on dit accorder à ceux qui empruntent, se double d'une autre notion, l'intérêt. À moins d'être un appât publicitaire, le « crédit gratuit » n'existe guère, et les instruments de crédit sont fondés au moins autant sur l'appât du gain de la part de celui qui prête que sur une noble confiance.

On remarquera que dans la langue, ceux qui méritent crédit, à qui on fait confiance, ne sont pas les prêteurs, mais les emprunteurs.

Le passage de la confiance à l'intérêt caractérise le crédit. Une autre conception du crédit, qui lui redonne son contenu de confiance, était nécessaire. Quand *crédit* ou *micro-crédit* correspond à la possibilité de produire, de consommer, de développer et de se développer – d'abord de survivre –, on n'est plus dans la logique financière traditionnelle, qu'on peut caricaturer ainsi : « Tu as des sous, je t'en prête, et j'attends les intérêts ; tu n'en as pas, ceinture. » La confiance ne suffisant pas, on prend des garanties. Qui vit le plus à crédit, dans le monde globalisé ? Les États-Unis, qui sont les plus riches et les plus puissants. Qui a le plus besoin de crédit, pour se développer ? Les plus pauvres. Quelque chose ne va pas. Il est urgent de faire mentir le cynique proverbe qui dit : « On ne prête qu'aux riches. »

13 février 2004

Industrie

Dés-indus-tria-lis-ation : on voit que le mot *industrie* ne recule devant aucun développement, ce qui montre sa bonne santé. Pourtant, ce qu'il désigne, les activités industrielles elles-mêmes, est menacé, et pas seulement en France.

Mais il y a industrie et industrie. La « révolution industrielle » partit de l'Angleterre vers la fin du XVIIIe siècle, avec les fabriques, les manufactures, puis les usines, et ce qui va avec, le prolétariat. Révolution économique et sociale, « montée en puissance » du capitalisme, et apparition du socialisme. Le mot *industriel* apparaît chez le socialiste Claude Henri de Saint-Simon. Et tout ça, à cause de quoi ? De l'industrie humaine, au sens premier du mot, parti du latin *industrius*, qui signifiait « actif et habile ». *Industrius* se dévisse en *indu-*, forme ancienne de *in-*, « dedans », et *struere*, le *stru-* de *structure*. Cela dit : « préparer ce qu'il faut pour agir, organiser habilement ». Au Moyen Âge et jusqu'à cette « révolution » industrielle, l'industrie, en français, est du travail efficace et de l'habileté. Un peu trop, parfois : le *chevalier d'industrie* n'est pas un industriel, mais un malin, jusqu'à l'escroquerie. Activité et ingéniosité, ce sont les qualités des gens industrieux, qui ne sont pas tous des industriels.

L'industrialisation, assez sauvage au XIXe et au début du XXe siècle, a tout de même amélioré la vie des pays où elle s'est déployée, mais aujourd'hui, les industries et les industriels n'ayant pas oublié l'astuce et l'ingéniosité originelles, ne s'embarrassent pas de « scrupules » – ces petits cailloux pointus qui gênent un peu la conscience. Ils délocalisent à tour de bras, ce qui fait qu'on désindustrialise les vieux pays. *Industrialiser*, le verbe, fut employé par Balzac en 1830, et *désindustrialiser*, presque un siècle plus tard. Ce qui marque un passage de l'optimisme au pessimisme, bien au-delà des réalités économiques. Depuis, le mouvement négatif s'est accéléré.

Il est vrai que le mot a trahi ses origines : la véritable industrie, habile, inventive, ce serait plutôt l'artisanat, mais, malgré la cruelle réalité, on ne dit pas *désartisanaliser* – un peu nasal... ou même anal ! L'industrie moderne joue plutôt dans le quantitatif. À preuve, on parle de *quantités industrielles*, et on n'aurait pas idée de dire : ah, la qualité industrielle !

19 février 2004

Prolifération

Les mots ont chacun leur personnalité, mais ils ne vivent pas dans une tour d'ivoire : ils se fréquentent et certains ont des liaisons dangereuses. *Proliférer* et *prolifération* transmettent l'idée de multiplication, d'augmentation en nombre, et cette idée peut s'appliquer à bien des choses. Ce matin, on peut penser à la prolifération des candidats aux élections régionales, parfois enrayée par une règle administrative, tous les jours, à la prolifération des problèmes économiques et sociaux... Un point commun entre les proliférations : elles concernent des choses plutôt déplaisantes. On ne dira pas, malgré la crise, que la production laitière a proliféré. D'ailleurs, employer le mot *prolifération* à propos de la multiplication des armes atomiques, et de l'énergie de son noyau – d'où l'adjectif *nucléaire* –, c'était déjà dire que c'était un mal et un danger. Bien entendu, lorsque, après les États-Unis et la ci-devant URSS, de grands pays européens, la Grande-Bretagne, la France, se sont dotés de l'arme terrifiante, on ne parlait pas encore de prolifération : c'étaient des pays honorables, membres permanents du Conseil de sécurité de l'ONU. Mais quand des pays moins établis, voire des États « voyous », veulent accéder à l'arme de destruction massive, là, ça prolifère comme les germes, comme les rats. Il y a un marché nucléaire, et ce marché est noir.

Proliférer, comme *prolifère*, qui ne s'emploie plus, ou *prolifique*, c'est tout simplement de la multiplication naturelle. Au XVIIIe siècle, la *pilule prolifique* était censée favoriser la procréation. *Proles*, en latin, c'est la famille, ce sont les enfants. Comment s'appelle la classe sociale sans pouvoir, dont le rôle est de faire des enfants et de travailler sans discuter ? Les *prolétaires*.

Les prolétaires prolifèrent : du moins, c'était leur rôle dans l'Antiquité. Dans les temps modernes, ce sont les insectes, les microbes, dont on dit qu'ils prolifèrent. On n'oserait plus – espérons-le – dénoncer sous l'étiquette *prolifération* les démographies galopantes. De la botanique, où les proliférations – on commence à en parler au milieu du XIXe siècle – sont innocentes, aux cultures microbiennes, qui, on le sait aujourd'hui, peuvent être des armes atroces, et enfin à l'énergie mortelle des noyaux d'atome, la prolifération inquiète. Cette inquiétude légitime habite les grands pays qui possèdent déjà l'arme fatale. N'en tirons aucune conclusion, sinon morale.

En fait, cette prolifération-là, ce marché très noir, c'est la rencontre de la technique, fille de la science, avec le terrorisme, fils de l'inégalité, de la misère et de la vacherie humaine.

23 février 2004

Russe

Les noms propres font partie de toutes les langues. Les noms de lieux, en particulier, révèlent quantité d'informations historiques. Chaque langue les traite à sa manière : on dit *Munich* en français, *München* en allemand, *Monaco* en italien (ce qui peut troubler les Français). Le nom de Moscou, adaptation française de *Moskva*, avait fourni au XVIIe siècle *Moscovite*, qu'on appliquait non seulement aux habitants de la ville et de la région de Moscou – la

Moscovie – mais aux Russes et aux Ukrainiens. *Moscovitae* existe en latin, au Moyen Âge.

Ce n'est pas parce que le mot *russe*, en français, n'apparaît que vers la fin du XVIIe siècle, d'abord pour désigner la langue, que ce vocable n'est pas ancien. En effet, le nom de la Russie, *Rossja*, vient du vieux slave *Rus* ; on peut lire ce mot au IXe siècle en grec byzantin.

Comme il arrive souvent, son origine se perd dans le passé historique. Une hypothèse fait allusion à l'histoire du grand pays slave de l'Est européen.

Ce sont des Scandinaves, les Varègues, venus du nord de la Suède, qui allèrent chercher fortune à l'est de la Baltique, progressant du nord au sud, par le Dniepr. Ils auraient baptisé leurs expéditions, à la fois commerciales et politiques, d'après le mot scandinave signifiant « ramer, naviguer à la rame », tels leurs cousins les Vikings. Les Varègues, en bonne intelligence avec les Slaves, organisent, par exemple, la région de Novgorod, tout en taxant sérieusement les habitants : la sécurité coûte cher. Ces princes scandinaves se nommèrent *Rouss*. En Finlande, on appelle encore les Suédois les *Ruostis* – ni roussis ni rôtis.

Puis le mot se démocratisa, et le nom de ces princes d'origine suédoise devint celui de leurs sujets slaves. Cela se passait après le Xe siècle, époque où apparaît l'expression *Russkaia zemlja*, puis *Rossja*.

Quand la république de Russie fut englobée dans l'URSS, ce nom effaça toute géographie au profit de l'organisation politique : union, république, socialisme et soviet, c'est-à-dire « assemblée, conseil ». Du coup, en de nombreuses langues, on confondit *russe* et *soviétique*, comme on confond *anglais* et *britannique*, *hollandais* et *néerlandais*. Après la disparition de l'URSS, les mots *Russie* et *russe* ont repris leur importance.

Malgré d'étroites parentés, *russe* se distingue politiquement d'*ukrainien* et de *biélorusse*. De cette Russie blanche ou Biélorussie qu'on veut nous faire avaler en « Belarus ». Mais, pour brouiller cartes et pistes, il inclut *sibérien* : on est russe à Vladivostok, en extrême Asie. Enfin, les relations entre la Russie et la France ont suscité en français des expressions inattendues, comme ces

« montagnes russes » qui ne font pas allusion aux fluctuations de la politique, avec ces brouilles et ces alliances qui ont valu à Paris le pont Alexandre-III, et à ses amateurs la crème franco-russe.

25 février 2004

Agriculture

De nombreux mots définissent l'activité qui, grâce à la maîtrise des plantes, nourrit l'espèce humaine ; ces mêmes mots expriment le milieu humain qui produit notre nourriture. Certains, comme *agriculture*, *agriculteur*, viennent du latin *ager*, « le champ », la campagne exploitée, qui s'opposait à *urbs*, « la ville ». *Rus*, *ruris*, qui a donné *rural*, avait à peu près le même sens. *Ager* vient de loin ; il représente une racine indo-européenne appliquée à tout espace cultivé. Autant dire que l'*ager* latin supposait la culture des plantes : de fait, la langue latine a créé le mot *agricultura*, repris dans les langues modernes, en français il y a sept siècles.

Il faut remonter beaucoup plus haut, à l'aube de l'Histoire, pour saisir l'apparition de l'activité agricole. Quand la cueillette, la pêche et la chasse, qui se bornent à prendre et à consommer, cèdent la place à un système qui choisit, améliore, fait pousser les plantes, à côté de celui qui choisit, sélectionne et élève les animaux – l'élevage –, c'est tout simplement la fin de la préhistoire et le début de l'Histoire. Révolution néolithique.

Désormais, existent deux sortes d'êtres humains, ceux qui produisent et ceux qui se contentent de consommer. Entre producteurs et consommateurs, il y a le commerce. Quelques millénaires plus tard, et malgré la révolution industrielle, la culture et les cultivateurs sont encore majoritaires dans les pays qu'on dit émergents. Bien que minoritaires, on le sait, dans les pays industrialisés, les gens de la terre, les gens « du pays » – *paysans* –, font manger ceux des villes.

L'affrontement actuel entre production agricole ou élevage et grande distribution cache mal une série de mises à mal : celle de l'artisanat par l'industrie, celle du commerce de proximité par les « grandes surfaces », celles de la culture et de l'élevage traditionnels par l'agroalimentaire – où on a du mal à retrouver *ager*, le champ, le milieu rural. Rien à faire, nous dit-on, comme pour la mondialisation économique libérale ; c'est l'Histoire, comme si l'Histoire n'était pas faite de choix, mais de hasard et de nécessité.

À l'origine de l'agriculture, il y eut pourtant des choix : par exemple, parmi les graminées, le choix de celles qui allaient devenir les céréales. Des modifications progressives, respectueuses – par force – de la nature, et non pas des productions massives dans la recherche exclusive du profit, surtout pour les intermédiaires. Ce que dit *agriculture* est toujours à entendre : *culture*, développement mais aussi respect (le mot est apparenté à *culte*) et *ager*, le champ, la campagne, la nature qui tolère ce cher prédateur, l'Homme.

1er mars 2004

Motion (de censure)

Motion rime avec *émotion*. Ce n'est pas un hasard, puisque l'un et l'autre, avec *commotion* et *locomotion*, procèdent de dérivés latins du verbe *movere*, « mouvoir ».

L'idée de « mouvement » est toujours restée présente dans ces mots, mais, si *émotion* est passé dans le vocabulaire des sentiments, *motion*, le mot-centre, était un peu fatigué. Depuis le XIIIe siècle, il exprimait simplement le mouvement, puis, jusqu'au XVIe siècle, un mouvement d'insurrection, quand l'« émotion » devant un pouvoir qu'on ne supporte pas aboutit à une révolte, appelée *émeute*. C'est parce que le mot français, au sens d'« impulsion », a été englobé dans la langue anglaise lorsqu'on parlait encore français outre-Manche. Devenu par la vertu d'une phonétique insulaire « mocheun' », le mot a été employé dans la politique parlementaire, dont on sait que les Anglais furent les inventeurs. La « mocheun' » devint une proposition faite dans une assemblée pour pousser ou bousculer une majorité. Trouvant l'idée excellente, la langue française, peu avant la Révolution qui s'annonçait, reprit cette motion-là. Comme le pouvoir, dans le système parlementaire, appartient à une majorité élue, la motion s'accommodait d'une autre idée régulatrice, celle d'une critique, issue d'un jugement négatif. Or, le magistrat romain chargé d'établir le cens, qui est l'assiette de l'impôt, s'appelait le *censor* et s'était trouvé juge des déclarations mensongères. Le censeur et sa censure sont à l'origine chargés de surveiller, de critiquer, éventuellement de sanctionner. Carton rouge, si l'on veut.

Mais la *censure*, colorée par une rigueur religieuse et morale castratrice, a mal tourné, y compris en psychanalyse où elle est responsable des refoulements. En politique, c'est le contraire : la motion de censure pourrait susciter le retour du refoulé. Le mot *censure* ayant suivi d'autres chemins, on pourrait préférer la « motion critique », la « motion ras-le-bol », la « motion, vous charriez, les mecs » à cette vieillotte motion de censure.

Reste *motion*, mot qui remue, secoue, bouscule, met en cause, proteste, discute, ce qui est le rôle d'une minorité parlementaire, pendant que la « gauche de la rue » dénonce les effets de la boxe sociale, le KO, sinon le chaos. Protégé par son statut majoritaire, le pouvoir, ces temps-ci, n'est pas poussé à la démission, mais à prendre conscience que tout le monde n'est pas d'accord avec lui. Je le suggérais en commençant, on pourrait parler d'une « émotion de censure », forme psychologique de la manif, qui est toujours critique.

2 mars 2004

Adversaire

Dans un univers politique étatsunien apparemment simple, puisque deux tendances politiques, seulement deux, parviennent à s'exprimer, des élections dites primaires (*primary*) servent à sélectionner un candidat. Opération quasi achevée, en ce qui concerne le parti démocrate, puisqu'un J.F.K. bis est désormais désigné par la plupart des États de l'Union, pour s'opposer au tenant légal, sinon légitime, du titre, le George Bush bis, et fils, occupant de la « Blanche Maison ».

On pourrait dire que John Kerry a été *challenger*, en français *adversaire*. Adversaire très probable de George W. et de nul autre, car l'idée d'un candidat républicain différent ne semble effleurer personne. Tel Mac-Mahon, le président américain, lutteur évangéliste de Dieu et du Bien, semble s'en tenir au slogan de la foi en soi, qui accompagne la foi en Dieu de tous les intégristes : j'y suis, j'y reste.

L'adversaire, d'ailleurs, ou plutôt le mot latin *adversarius*, désignait l'ennemi de Dieu et de l'homme, le démon soi-même, chef incontesté de l'axe du Mal. En se relativisant et en s'humanisant, le mot *adversaire* est devenu synonyme d'opposant, qui peut être soit pire, soit meilleur que son adversaire, car pour l'être, adversaire, il en faut un autre, à moins d'être adversaire de soi-même, ce qui arrive. *Adversaire* signifie « tourné – *versus* – contre l'autre » mais aussi « vers » lui. Quand les événements se tournent contre nous, c'est l'*ad-versité*, les circonstances *ad-verses*. Quand deux animaux se tournent l'un vers l'autre pour combattre, front contre front, on dit qu'ils s'*affrontent*, ce qui remédie à l'absence de verbe du côté d'*adverse* et d'*adversaire*, car on ne s'*adverse* point, en bon français. L'esprit de lutte et d'opposition est si répandu que le nom *adversaire* bénéficie d'un bon paquet de presque synonymes : *concurrent*, moins agressif, *antagoniste*, *rival*, et même *ennemi*, bien qu'on puisse être l'adversaire de quelqu'un sans en être l'ennemi. C'est même la nature de l'*adversaire* en sport, et ce devrait l'être en politique. Mais, précisément, le président actuel des États-Unis, malgré un coup de téléphone courtois à John Kerry, semble préférer la notion d'« ennemi » à celle d'« adversaire », et la guerre à la rivalité. Pour lui, il ne semble pas possible de se tourner « vers » ceux qui ne sont pas d'accord – ce que dit *ad-versus*.

Si l'opposition entre G.W.B. (djidœbelyoubi) et J.F.K. (djèefkay) fait remonter le mot *adversaire*, et non *lutte*, *combat* et *guerre*, c'est bon signe pour la démocratie aux États-Unis, dont l'Europe vieillie est parfois l'adversaire, mais non pas l'ennemie. « Dans une discussion, je suis toujours du côté de l'adversaire », disait André Gide. Cet écrivain mémorable n'aurait pas fait un bon politicien.

3 mars 2004

Chantage[1]

Dans les mots règnent autant d'incertitudes et de secrets que dans les activités de la criminalité organisée, autant de mensonges et de dissimulation. Comment *menace*, mot assez clair, est-il devenu la méthode d'un *chantage*, où l'on ne sait pas qui « chante » ni de quelle chanson il s'agit ? Si on ajoute que le seul objectif des menaçants est d'obtenir une *rançon*, mot qui vient du latin *redemptio*, mais au sens concret de « rendre de l'argent » et non pas de « racheter les péchés », on est tout autant dans la purée que les enquêteurs sur cette affaire.

« Chantage », donc, activité pratiquée par des *maîtres chanteurs*, expression aussi absurde que *maître-chien*, puisque celui qui est ou qui se veut le maître ne chante pas, mais fait chanter, de même que *maître-chien* ne désigne pas un chien magistral, mais un vigile ou un policier qui utilise et maîtrise un gros toutou. Donc, le « maître chanteur », originellement merveilleux poète-chanteur, *Meistersinger* en allemand, désigne depuis deux cents ans un salopard qui fait *chanter* ses victimes.

Faire chanter se dit depuis le XVIIe siècle pour « faire parler, tirer des aveux de quelqu'un ». C'est un emploi ironique de *chanter* pour « parler », comme dans « qu'est-ce que tu me chantes là ? ». Les manieurs de menace ne chantent qu'une seule chanson : « du fric,

1. À propos d'une menace d'attentat ferroviaire lancée par un mystérieux groupe AZF, dont les médias, qui aiment les sentiments piquants, et notamment la peur collective, s'étaient fait l'écho.

ou je te tue ». Mais ce n'est pas pour ça qu'on parle de *chantage* : cette activité trop répandue consiste à extorquer un avantage, de l'argent, en menaçant, en terrorisant. On peut imaginer, sur le sens ancien de « faire avouer », que des malfaiteurs aient torturé leurs victimes pour qu'ils révèlent, qu'ils « chantent » où ils avaient caché leur magot. En 1800, ils leur brûlaient les pieds – on appelait les coupables des « chauffeurs » – ; aujourd'hui, ils « saucissonnent ».

L'État français, la police n'ont pas l'air de connaître la chanson. Bien entendu, les responsables désignent soit l'information et les médias, qui ont parlé, pardon, chanté, trop tôt. Les maîtres chanteurs ont pris le nom terrifiant d'AZF, l'usine-bombe qui a déjà tué et désespéré, à Toulouse. Rien d'étonnant, puisque l'attentat aveugle dont ils menacent la France est un crime contre la vie humaine, en général.

La chanson de la peur, que ce soit pour obtenir de l'argent, pour impressionner l'opinion, pour faire une gigantesque farce, se fait malheureusement bien entendre. La preuve, nous en parlons, nous reprenons la chanson pendant que l'examen minutieux de dizaines de milliers de kilomètres de voies ferrées constitue une première rançon bien coûteuse. Premier chantage réussi.

4 mars 2004

Confiance[1]

« Nous sommes de bonne foi », a déclaré le Premier ministre, avant de dire aux chercheurs : « Ayez confiance ! » Tous les mots qui proviennent du latin *fides*, d'où vient *foi*, retiennent l'idée de certitude et de ce qui permet de créer la confiance, la loyauté, la sincérité, la bonne foi. Ces mots remontent à la lointaine Antiquité indo-européenne ; ils impliquent la croyance. D'abord religieux, les

1. À l'occasion du bras de fer entre les chercheurs scientifiques et le gouvernement.

mots *foi* et *croyance* et, du côté des verbes, *se fier* et *croire*, sont devenus très généraux, concernant tous les aspects de la vie humaine.

Alors que *croire* est toujours positif, et souvent excessif, marquant la naïveté, la famille de *fier* traduit l'incertitude sur l'avenir : à *confiance* répondent *défiance* et *méfiance*, à *se fier*, *se mé-fier*. Seules les *fiançailles* n'ont pas de négatif. *Fiançailles* vient de l'ancien mot *fiance*, abandonné pour *confiance*. Avouons qu'on ne pouvait guère parler de *confiançailles*.

Les fiançailles entre les citoyens et leurs élus sont toujours provisoires : les mariages sont rares, les pacs hasardeux et les divorces, de manière illogique, les précèdent. C'est que, pour « y croire » – au père Noël, par exemple –, il faut croire à l'amélioration possible de la situation sociale, aujourd'hui fort médiocre, et aussi à la sincérité et à la compétence des politiques. Or, comme pour *confiance* et *méfiance*, la foi absolue, celle qu'on attribuait arbitrairement au charbonnier, en matière de religion, a fait place à des attitudes humaines, par nature opposées : la *bonne foi*, souvent invoquée, la *mauvaise*, qui se trahit par les actes.

L'un des problèmes de la démocratie, c'est la *crise de confiance*. Si le parti incohérent, mais massif, des abstentionnistes l'emporte, c'est la méfiance qui gagne.

Le déficit de confiance est plus grave encore que le déficit budgétaire. Visiblement, les invocations du genre « ayez confiance » ne suffiront pas à le combler.

En politique, la confiance se borne trop souvent à la confiance en soi, alors que ce sont les autres, les citoyens, qui doivent créer et porter cette confiance. Mais gardons confiance : la France ne s'ennuie plus, elle s'énerve.

11 mars 2004

Peur

Après les États-Unis et plusieurs pays du tiers-monde, l'Europe est en train de vivre un cercle infernal, celui de la menace du sentiment de danger et de la réaction, individuelle et collective, à ce sentiment. C'est là qu'apparaît la peur, ou du moins le mot *peur*, et qu'elle est évoquée. Selon Jean-Pierre Raffarin, c'est la première victoire du terrorisme. Mais évoquer la peur, ne serait-ce pour la dénoncer, est-ce vraiment nécessaire, lorsque la peur n'est pas ressentie ? Le terrorisme désigne clairement une politique de peur ; il mène en fait une politique de mort.

La peur, donc, a mauvaise réputation, et peut-être que ce mot, réduit par rapport à son origine latine, *pavor* – en fait, *pavorem*, l'accusatif –, garde le souvenir d'un sens très fort, plutôt l'épouvante, sentiment qui paralyse. En latin, la peur suscite l'idée de coup : *pavere*, « avoir peur », était apparenté à *pavire*, « battre le sol », d'où vient *paver*.

Peur, ou frayeur ? *Effrayer* est un montage ; il vient du préfixe *ex-*, qui est latin, et du radical germanique d'où procède l'allemand *Friede*, « la paix ». Précisément, le terrorisme pratique la destruction de toute paix.

S'agissant d'une menace réelle et collective, la peur est contagieuse : on peut alors évoquer la peur *panique*. Mais l'évolution du mot *panique*, tiré du grec, est si étrange (Pan n'est pas un bruit, mais un dieu) qu'il mérite une autre chronique.

La peur, comme la panique, est paralysante. Elle interdit les réactions efficaces, elle affaiblit la raison ; le plus souvent, elle oublie sa raison d'être, qui est la crainte d'un mal précis. Une expression ancienne dit : *plus de peur que de mal*, exprimant la disproportion entre la cause – la prise de conscience d'un mal probable ou certain – et l'effet.

Peur, sous sa forme primitive, *pavor* (le *v* est conservé dans *épouvante*, qui dit la même chose en pire), est l'un des mots les plus anciens de la langue française. Nous vivons avec depuis un millénaire et l'idée même de « peur » est évidemment plus ancienne.

On peut avoir peur de la peur : les psychologues et les philosophes ont abondamment commenté ce sentiment et Joseph de

Maistre en a exprimé les contradictions en parlant de « la toute-puissante faiblesse de cette passion qui semble souvent avoir plus d'emprise sur nous à mesure qu'elle a moins de motifs raisonnables ». Les motifs raisonnables d'avoir peur, après les attentats de Madrid et diverses menaces, sont évidents : c'est peut-être pour cela qu'on n'observe guère, me semble-t-il, ce syndrome dans la population française. Les déclarations officielles reviennent à cette affirmation perverse : « il y a lieu d'avoir peur, mais avoir peur, c'est perdre la bataille ; soyez raisonnables, ayez peur, puis surmontez cette peur ». Cela s'appelle parler à la France d'en bas !

17 mars 2004

Espagnol

Puisque cette journée est sous le signe de l'Espagne, sur France Inter, on peut tenter de clarifier l'usage de trois adjectifs qui la concernent : *espagnol*, *hispanique* et *ibérique*, qui ont tendance à se mêler. Une tendance générale conduit à confondre ce qui a trait à un État, à une nation souveraine, et ce qui traduit une réalité géographique, ou bien culturelle, et enfin linguistique, réalités qui diffèrent partiellement. Souvent, la partie majoritaire sert à désigner un tout : on confond souvent la Hollande et les Pays-Bas, l'Angleterre et les îles Britanniques... L'Espagne est un État souverain qui comprend la majorité d'une entité géographique : la péninsule *Ibérique*. Celle-ci englobe un autre pays souverain, le Portugal. L'Espagne, de son côté, contient des îles, les Baléares et, plus loin, les Canaries.

Du côté des mots, deux latinismes : *hispanique* et *espagnol*, de même origine, le latin *Hispania*, et un hellénisme, *ibérique*. Les Ibères étaient installés dans la partie occidentale de l'Europe, depuis le néolithique et avant l'arrivée des Celtes. Un vaste métissage a produit, à l'époque gauloise, une population et une langue appelées *celtibères*. Mots grecs passés en latin, *ibère* et *ibérique* concernent l'histoire antique et la géographie. La *péninsule Ibérique* englobe les réalités espagnole et lusitanienne, c'est-à-dire portugaise.

Quant à *hispanique*, c'est un mot qui renvoie à une culture et à une langue ; il n'y a pas de passeport hispanique. La désignation de cette langue romane, sœur du français, est délicate. L'*espagnol* est l'idiome de l'Espagne, c'est clair (*¡claro, hombre !*), mais ce n'est pas la seule langue maternelle : on parle en Espagne le catalan, le galicien et une langue totalement différente, la plus ancienne d'Europe à être encore parlée, le basque. L'espagnol d'Espagne se nomme aussi le *castillan*, du nom de deux provinces – aujourd'hui communautés autonomes – de l'État espagnol. Cette langue est parlée dans toute l'Amérique centrale et en Amérique du Sud, à côté du portugais du Brésil, ce qui lui donne une importance mondiale ; c'est la troisième langue du monde en nombre de locuteurs. Ce grand ensemble culturel et linguistique est nommé *hispanidad*, l'« hispanité » ; cependant, *hispanique*, en Europe, correspond bien à *espagnol*.

Enfin, comme certaines communautés de l'État espagnol ont une culture et parfois une langue propres, les adjectifs correspondants, *catalan*, *galicien*, *basque* ou encore *andalou*, peuvent se substituer à *espagnol*, comme *écossais* à *britannique* et *breton*, *alsacien* ou *occitan* à *français*. Picasso, Miró sont-ils des grands peintres espagnols ou catalans ? Les deux, Majesté, puisque l'Espagne est une monarchie avec un roi restaurateur de la démocratie.

18 mars 2004

Veste

On entend dire que le président de la République a décidé d'user son Premier ministre jusqu'à la corde. Cette image est peu aimable, mais elle est cohérente pour peu qu'on évoque un vêtement parfois difficile à porter, je veux dire *une veste*.

Ce mot avait une valeur plus étendue au XVIe siècle, lorsque le français l'emprunta à l'italien *veste*, continuateur du latin *vestis*, qui s'appliquait aussi bien à un vêtement souple, à un voile féminin, avant l'islam, à un tapis léger et même à une peau de serpent ! Lorsqu'un serpent mue, il renouvelle son apparence ; on ne peut pas dire que ce soit le cas pour le nouveau gouvernement Raffarin.

Pour en revenir à la *veste*, c'est sous le Second Empire – époque évoquée tout à l'heure par Arnaud Montebourg[1] – qu'un échec électoral fait dire, pour ses victimes, qu'ils ont *pris*, *ramassé* ou *remporté une veste*. La seule explication qu'on ait trouvée pour cette expression, c'est l'emploi de *être capot*, aux cartes, pour « être battu, perdre ». Or, de la capote à la veste, on peut imaginer un transfert. L'explication vaut ce qu'elle vaut, mais on peut remarquer que *tailler un costard* à quelqu'un, locution récente, mobilise la même image. Cela suggère que vêtir, habiller, coiffer – « faire porter le chapeau » –, ce n'est pas seulement protéger du froid ou orner, ce peut être déguiser, et rendre ridicule.

Donc, veste il y a, pour la majorité législative devenue minorité régionale. Selon certains commentateurs irrespectueux, cette veste serait usée, et usable jusqu'à la corde. Pourtant, le nouvel habillement ministériel n'étonne pas par sa nouveauté : des ministres tirent leur révérence, d'autres arrivent, beaucoup changent de place, ce qui évoque les vieilles pratiques de la IIIe République, où les portefeuilles de l'Économie, de l'Intérieur, de l'Agriculture et de l'Éducation – exemples aléatoires, bien sûr – étaient confiés à des candidats récurrents. Imitant le nom d'un jeu de société britannique, *musical chairs*, on a parlé en français de « chaises musicales ». Cette musique, on la connaît, de même qu'on connaît le vêtement très correct des joueurs, en général des messieurs, semble-t-il. Parité dans les déclarations, inégalités dans la pratique... Va-t-on parler, pour autant, de « veste musicale » ? Notre invité voudrait étendre le jeu aux députés, qu'il convie à tomber la veste – je veux dire à dissoudre. Un faux vrai nouveau gouvernement avec une assemblée aux vestes usées, cela peut donner l'idée de tailler de nouveaux costards. Ump ! dirait Arnaud Montebourg.

31 mars 2004

---

1. L'invité du jour, férocement antichiraquien, comme on sait, réclamait, après les résultats des élections régionales, autre chose qu'un discret remaniement.

Génocide

Comment trouver des mots pour exprimer l'horreur ? Et lesquels ? L'horreur de la guerre, du terrorisme, de la violence est aussi ancienne que l'expérience humaine, et toutes les langues ont des mots pour l'exprimer, sans jamais pouvoir la traduire.

Avec la commémoration d'un immense massacre, qui doit nous rappeler les responsabilités, effrayantes, des anciens pays colonisateurs, lamentables, des institutions internationales, on ne peut que revenir sur un mot créé en 1944. Cette date précède la fin du grand conflit. On dut alors chercher à exprimer une horreur que la guerre cachait, celle des camps d'extermination, celle de la Shoah. En 1944, donc, l'Américain d'origine polonaise Lemkin crée le mot *genocide*, à partir du grec *genos*. *Genos* exprime l'origine, la naissance, la transmission héréditaire et, finalement, l'idée de « race ». Celle-ci est passée d'une constatation familiale héréditaire de « lignée » allant des ancêtres aux descendants, à un mythe dangereux, l'existence de races humaines, comme il y a des races de chiens ou de chevaux. Cette idée fut pulvérisée par la science du XXe siècle, mais elle a longtemps traîné dans certaines têtes. À propos du nazisme et du fascisme, on parle de « bête immonde ». Quel mot trouver, alors, pour caractériser le meurtre massif, le massacre programmé d'êtres humains désignés par leur appartenance à un groupe religieux et traditionnel considéré comme ethnique ?

Le mot *génocide* était malheureusement indispensable. Ses inconvénients sont sa neutralité – il n'a pas l'impact de mots plus anciens, comme *atrocités*, *massacre*, *extermination* – et son imprécision. Dans les années 1970, le terme, appliqué avec exactitude à l'ignoble « solution finale » infligée par le nazisme à la communauté juive et aux tziganes, englobe d'autres massacres, visant un groupe humain sans caractère racial, mais national : les guerres d'extermination visant les habitants d'un pays ne relèvent pas ou pas forcément du « génocide ». On passe alors à l'idée d'*ethnocide*, encore plus incertaine.

L'horreur que nous commémorons est donc appelée *génocide*, au singulier ou au pluriel, mais le mot ne suffit pas à rendre compte de la frénésie d'inhumanité qui a saisi, en Afrique, des populations d'agriculteurs. Comment ont-elles été entraînées à tuer leurs prochains et leurs semblables, comme ils travaillaient leur champ (les ex-bourreaux disent : « On travaillait même le dimanche ») ? Derrière la folie meurtrière, on aperçoit aujourd'hui une machine à préparer les meurtres collectifs : cette machine *génocidaire*, adjectif nouveau, à motifs politiques et à moyens matériels précis. Un *génocidaire* est un bourreau. Ce n'est pas seulement le refus d'intervenir, la non-assistance à peuple en danger et plus qu'en danger, mais la préparation de massacres, qui sont en cause : il y avait des machines de guerre ; des machines terroristes, voici donc la machine génocidaire, inventée par les nazis. La vraie commémoration, ce serait, c'est la recherche de la vérité. Du moins sait-on maintenant que le génocide, assassinat d'un peuple, est un « crime contre l'humanité ».

7 avril 2004

Indemne et indemnité

Des mots qui se ressemblent, qui sont apparentés, et dont le sens est très différent, c'est fréquent. En voici un exemple : des otages japonais, en Irak, ont été libérés ; ils sont sortis *indemnes* de cette épreuve. Par ailleurs, des chômeurs qu'on dit « recalculés [1] » – alors que ce sont les sommes qu'on leur doit qui le sont, à la baisse, naturellement – ont vu leurs *indemnités* rétablies, par le jugement d'un tribunal de Marseille.

D'un côté, *indemne*, « sain et sauf » ; de l'autre, *indemnité*, qui n'est pas l'état d'une personne indemne, mais une somme d'argent, une compensation. Il y a tout de même une idée commune dans le latin *in-demnis*, le négatif de *damnum*, qui signifie « dommage, perte » et parfois « dépense ». *Damnum*, on connaît, c'est le mot qui a donné le verbe *damner*, le composé *condamner* et ce mot ancien qu'on n'emploie plus que dans l'expression *au grand dam*, « au détriment », « au grand dommage » – expression qu'on

1. Sur *recalculé*, voir la chronique du 4 mai 2004.

prononce souvent, mais à tort, *au grand dam'* : les dames n'ayant rien à voir dans l'affaire.

Lorsqu'on est indemne, on n'a pas subi de dommage. Or, l'une des manières d'affranchir quelqu'un d'un dommage matériel est de l'indemniser. Manière insuffisante, car la véritable indemnité d'un chômeur, ce serait de lui redonner du travail. N'allons pas jusqu'à opposer l'enfer, la damnation du chômage au paradis du travail ; mais l'indemnité est encore moins paradisiaque. Le dédommagement, la compensation qu'exprime *indemnité* sont toujours partiels. Être indemnisé, contrairement à l'apparence des mots, manifeste qu'on est tout sauf indemne. Damned !

16 avril 2004

Perturbation

Les intermittents du spectacle font parler d'eux par intermittence. Normal. Intervalle, discontinuité, arrêt et reprise, dans le travail et dans la vie, c'est éprouvant, et même perturbant. Les perturbés pouvant se faire perturbateurs, la perturbation peut se retourner et affecter le spectacle même, et ce qui s'y rapporte. Ainsi, une cérémonie consacrée au théâtre, sous le patronage de Molière – lui-même grand perturbateur par sa critique sociale –, est bousculée, ou bien un festival ; on s'inquiète pour le « printemps de Bourges ».

Perturber vient d'un verbe latin qui renforce *turbare*. Si on ne dit pas en français *turber*, mais *troubler*, c'est qu'il y a entre les deux un dérivé populaire, *turbulare*, d'où ce *l* inattendu. *Troubler* et *trouble* ont quantité d'emplois, car aucune activité ne se déroule comme un long fleuve tranquille. Mais le désordre n'est jamais qu'un ordre qu'on ne comprend pas. *Perturber*, théoriquement plus fort, s'est spécialisé : la *perturbation* concerne d'abord la psychologie, et signifie « angoisse, vive inquiétude », puis au XVIIe siècle, gagne le domaine des troubles sociaux. Mais *perturbation* n'est pas *révolution*. On ne parle plus, comme on le faisait au XVe siècle, d'une paix imperturbable.

Selon le domaine perturbé, l'idée de perturbation diffère : en météorologie, elles sont absolument normales et on ne les appelle ainsi que parce qu'elles sont plus difficiles à prévoir que les régularités. Mais quand des perturbations se produisent dans une réunion, un spectacle, ce ne sont pas des accidents imprévisibles – dans ce cas, on parle plutôt d'incident –, mais des réactions humaines : le mot en cache d'autres, qui ressemblent à *protestation*, *contestation*, *manifestation*. Dans le cas des intermittents, c'est une situation mal supportée, parfois insupportable, qui déclenche la perturbation. Rien ni personne n'est imperturbable dans la vie sociale. Les acteurs politiques, qui ont à désamorcer les perturbations, doivent envier les météorologues qui se bornent à les observer, et parfois à les prévoir.

20 avril 2004

Provocation

La polémique déclenchée par M. Sarkozy sur une question brûlante, celle de la répression de l'antisémitisme, relève de la polémique, certains disent de la provocation.

Ces deux mots sont trompeurs : *polémique*, qui vient du grec *polemos*, « la guerre », a perdu de sa violence ; il ne s'emploie plus qu'au figuré à propos d'une opposition exprimée par le langage. L'adjectif *polemikos* évoquait clairement le tumulte guerrier ; il en reste en français l'idée d'agressivité, caractère qu'on ne refusera pas forcément au ministre de l'Économie, mais associé à un certain pouvoir de séduction.

Quant à le juger *provocateur*, ce serait en français actuel une position « polémique », justement, mais pas si on se réfère à l'origine du mot, où il devient adjectif. *Provoquer*, *provocation* viennent en droite ligne du latin, où *pro* signifie « devant, avant » et *vocare*, *vocatio*, « appeler », le résultat étant de « déclencher une réaction », d'« exciter » et de « défier ».

Quand on provoque, ce n'est pas pour calmer ou apaiser : on

provoque la bagarre, un chien (kss, kss...), plus rarement la paix et la concorde. Il arrive aussi que le discours politique provoque le sommeil. Pourtant, une beauté provocante ne provoque pas la guerre mais le désir. Un ministre accusateur du parti adverse n'est pas ou pas forcément provocant, il reste provocateur : subtilité de la formation des mots. La provocation est un défi, et le défi, à l'origine, est un reniement : *défier*, on l'a un peu oublié, est, comme *se méfier*, le contraire de la bonne foi, de la confiance.

La provoc' est une technique : une bonne provocation déclenche une réaction polémique : Nicolas aura dix sur dix. Mais elle doit faire en sorte que cette réaction discrédite l'adversaire et rehausse sa propre image : cela s'appelle aussi la communication. Sur ce plan, la bonne note est moins évidente, car la provocation politicienne a du mal à passer pour sincère et désintéressée. Provoquer pour communiquer : la provocom ?

29 avril 2004

Recalculé

Décidément, la langue française et sa proverbiale logique ont quelques problèmes. On parle ces jours-ci des chômeurs qui, par une décision du pouvoir, étaient privés d'une partie de leurs droits et qui, par une nouvelle décision après un jugement qui leur était favorable, viennent de les retrouver.

On les appelle des *chômeurs recalculés*, et, pour abréger, des *recalculés*. Le mot gêne, Jean-Louis Borloo le disait hier soir, mais il est commode ; de toute façon, un mot passé dans les médias s'impose à la société, pour peu qu'il parle d'une chose importante, ce qui est le cas.

Qu'est-ce que j'ai contre *recalculé* ? *Calculer* est un verbe ancien qui ne vient pas de *calcul*, mais directement du latin ; le préfixe *re-*, exprimant la répétition, il est fréquent et normal. On peut certes recalculer une somme d'argent, un salaire. Mais peut-on recalculer un être humain ?

C'est là que le bât blesse. Le *calcul*, mot qui vient du latin *calculus*, « petit caillou », puis « jeton », fut d'abord un simple compte. Aujourd'hui, c'est un ensemble d'opérations : en calculant, on peut multiplier, diviser, extraire la racine carrée, et faire bien des choses plus compliquées. Mais calculer ou recalculer porte toujours sur des nombres. On peut calculer, compter, recompter, recalculer des effectifs, des populations, des quantités. On peut recalculer des indemnités en les augmentant, par exemple. Mais, comme c'est bizarre, ce « recalcul » était en l'espèce une diminution. Il s'agissait de soustraire et de resoustraire, de diviser et de rediviser, pour faire des économies. Recalculer fait donc partie de la redoutable famille des euphémismes. En quoi il ressemble à *plan social*.

Ce qui était recalculé, ce fut non seulement des sommes d'argent, mais des droits contractuels. Pour ne pas s'arrêter en si bon chemin, on prétend recalculer les chômeurs eux-mêmes. Ce changement de nature du complément normal d'un verbe est toujours une faute contre l'usage ; en l'espèce, cela pourrait révéler une conception comptable de la personne humaine. Attention, nous sommes tous calculés et recalculés ; les employeurs, l'État sont des as de la recalculette.

Ce qui peut choquer, dans cette affaire de mots, c'est qu'on puisse prendre un être humain bien vivant et bien souffrant comme objet de calcul, sans compter que le nouveau calcul était au détriment des chômeurs. On nous dit que les recalculés viennent d'être « réintégrés » : c'est avouer qu'en recalculant des personnes humaines, on les excluait. Emploi absurde d'un verbe nécessaire : le calcul ne méritait pas ça !

4 mai 2004

Sévices

Devant le scandale mondial qu'ont déclenché les images venues des prisons militaires d'Irak, les mots ont du mal à exprimer les sentiments : indignation, horreur, dégoût. Dans les commentaires, on entend parler de *tortures*, mot apparenté à *tordre* et, bien sûr, à *tortionnaire*. La torture, qui fut une méthode pénale admise, est devenue une pratique honteuse qui accompagne souvent la guerre, mais aussi la répression policière. Si on parle de tortures morales, reste que la pression exercée sur les personnes qu'on a en garde est d'abord physique. Or, les mauvais traitements infligés à des prisonniers portent un nom : *sévices*. Ce mot ne fait pas partie du vocabulaire pénal ou militaire : il révèle, au-delà des prétextes – comme la recherche de renseignements, souvent évoquée – une attitude de cruauté. *Sévices* est pris au latin *saevitia*, de *saevus*, « cruel, violent », avec une idée de fureur. À l'origine, ce mot latin a qualifié des bêtes féroces, des animaux effroyables.

Et c'est bien de la bestialité humaine qu'il est question ; cette bestialité violente est appelée, depuis les œuvres atroces et fascinantes d'un marquis français du XVIIIe siècle, *sadisme*. Alors que le verbe *sévir* ne signifie plus « maltraiter sadiquement », mais « punir sévèrement », *sévices* a conservé sa violence immorale. Ses victimes sont tous ceux qui ne peuvent pas se défendre, les enfants maltraités, les prisonniers de guerre, les prisonniers politiques, qui sont tous « à la merci ».

Un élément évident des sévices infligés aux prisonniers d'Irak est l'humiliation, effet d'une brutalité xénophobe et inégalitaire. Quand l'opinion publique occidentale réagit moralement, en condamnant des abus qu'on ne peut même plus qualifier de bavures, celle des Irakiens se sent insultée collectivement. Le mot *sévices* implique souvent l'agression sexuelle, et on revient à l'intention d'abaisser, d'humilier, de contester dans un être sa qualité humaine, son intime liberté. Tout système institutionnel qui tolère et pratique des sévices, en l'occurrence des sévices publics, est malade. Le cinéma et la télévision des États-Unis n'ont pas caché la violence démente de leur système pénitentiaire. L'exportation des sévices, aggravés par la confrontation hostile des cultures, ferait-elle partie de la mondialisation ?

10 mai 2004

Mariage

Lorsqu'on parle aujourd'hui de *mariage*, on s'inscrit, sans toujours le savoir, dans l'état d'esprit d'une époque. Les états d'esprit évoluent ; l'histoire du mot révèle cette évidence. Lorsque le mot *mariage* apparaît en français, au XIIe siècle – avec le verbe *marier* et le nom : le *mari* –, on est dans une société où les institutions civiles dépendent entièrement de l'Église. Le mariage est alors un sacrement religieux. Le *mariage civil* n'existe pas avant le code civil napoléonien. Ce code est à la fois révolutionnaire et conservateur ; conservateur, bien sûr, en ce qui concerne la sexualité et les rapports entre hommes et femmes.

Lorsque le code parle, à propos du mariage, de mari et de femme – argument qu'on brandit deux siècles plus tard –, il définit évidemment le « mariage » comme union hétérosexuelle. La chose paraît alors évidente, et cela depuis des siècles.

Mais les mots et les idées qu'ils transmettent ne tombent pas du ciel. En l'espèce, ils descendent de la langue latine, où *maritare* a donné *marier*. La société antique, si différente de celle du Moyen Âge, puisqu'elle était polythéiste et tolérait l'athéisme, est allée chercher les mots du mariage, non dans celui de la religion ou de la sexualité hétérosexuelle, mais dans celui... de la botanique et de l'agriculture. En effet, *maritare* a d'abord voulu dire « contrôler la reproduction des végétaux, des arbres ou de la vigne ». Par ailleurs, une série de mots en *mari-*, qui pourraient bien être à la base de *maritus*, « le mari », désignent aussi bien des filles (c'est le cas en lituanien, en langue celtique) que des garçons (en sanskrit) et même les deux sexes (le grec ancien *meirax*). L'idée de *mari* et de *mariage* ne vient pas de celle de « mâle », mais réunit végétaux, animaux et humains aptes à être unis, quel que soit leur sexe.

C'est l'influence d'un autre mot latin, *mas*, *maris*, qui a fait du mari un mâle – *mâle* vient du latin *masculus*, dérivé de ce *mas*. De là une masculinisation de *mari*. Au fait, l'anglais *husband*, lui non plus, n'a rien à voir avec l'opposition mâle-femelle ; le mot concerne la vie en commun dans une maison (*hus*, c'est *house*, « maison »). Ces vieilleries culturelles ne suffisent pas pour préconiser les mariages homosexuels et pour résoudre la question de l'adoption d'enfants par des parents du même sexe. Mais elles rappellent que les unions d'êtres humains pour former une famille, un foyer, ne disent pas que l'hétérosexualité est obligatoire. Cette exigence, superposée à l'exigence de la reproduction, est purement culturelle, et les cultures évoluent.

12 mai 2004

Piège

L'assassinat du président de l'exécutif irakien dans un attentat à la voiture « piégée » peut attirer l'attention sur l'idée de piège. Tout semble piégé, dans l'affaire irakienne. Tout et tout le monde, le malheureux Irak, d'abord, mais aussi les armées étatsunienne, britannique, polonaise, et la politique intérieure des États-Unis, celle du Royaume-Uni, et l'ONU, et l'Europe impuissante...

Piège n'est que l'expression française de cette idée ; l'anglais dit *trap*, l'engin piégé étant un *booby trap* et la voiture du même genre *car bomb*, « voiture bombe ». Pour les anglophones, le piège est un trou. En français, le piège englobe tous les moyens pour capturer des animaux ; ce n'est pas le cas pour *trap*, employée par les *trappeurs*.

Le mot français *piège*, traduit en termes familiers, c'est le fil à la patte : c'est la continuation du latin *pedica*, dérivé de *pes*, *pedis*, « le pied ». Le piège retient la proie par le pied : les terribles pièges à loups, qui écrasent une patte, ou encore les lacets, les liens, les chaînes – car les humains rejoignent les animaux chassés, dans cette triste affaire.

Mais la prise de pied – si j'ose dire – est oubliée quand on emploie le mot *piège* au figuré. C'est alors une ruse destinée à tromper, puis toute situation dont on ne peut se dépêtrer.

Ce qu'il y a de remarquable dans le piège irakien, c'est que la ruse ne vient pas de l'Irak, ni du régime criminel qui gouvernait ce pays, mais de ses agresseurs habillés en libérateurs. Si le piège est destiné à tromper, les trompeurs, au départ, furent l'administration de George W. Bush et, probablement, le Pentagone ; les premiers trompés, l'opinion publique et politique des États-Unis. Un éventail de mensonges et de manipulations, c'est ce qu'il faut pour piéger, mais comme dans l'arroseur arrosé, le piégeur s'est piégé lui-même et le piège a changé de place. Le piège actuel, l'Irak, l'Afghanistan et tout ce qu'on nomme le « Proche-Orient », expression qui doit paraître bizarre aux Chinois.

Les voitures piégées, les attentats suicide qui piègent à la fois leurs auteurs et leurs victimes symbolisent un vaste piège où sont prises les valeurs affichées de la démocratie, la pseudo-libération vécue comme une occupation insupportable, les bonnes volontés, la coopération et la solidarité internationales, la politique mondiale des États-Unis, les appétits économiques... Tous piégés, sans oublier ceux qui font preuve de sottise agressive : une expression bien française leur est consacrée : *piège à cons.*

18 mai 2004

Témoignages

Lorsqu'on s'interroge sur la valeur des témoignages d'enfants[1], on pose évidemment la question de la psychologie enfantine, fertile en imaginaire et en reconstruction du réel. Heureusement, c'est aussi une façon de se demander quelle est la nature du *témoignage* humain.

Le témoin, d'abord écrit *tesmoign* – ce qui explique que les dérivés soient *témoigner*, *témoignage*, et non *témoinage* –, a pris son nom du latin *testimonium*, « attestation juridique » et « preuve ». Originellement, le *testis* est un tiers, qui peut départager les deux parties opposées dans un procès. Le témoignage est donc la parole du témoin. Ce mot, entre parenthèses, n'a pas de féminin, ce qui reflète la culture juridique romaine, où seul le mâle adulte a

1. À propos d'un épisode du procès d'Outreau, où, précisément, les témoignages enfantins entraînèrent un drame juridique.

la parole. Faut-il rappeler que la langue latine appelait « petit témoin », *testiculus*, ce qui manifeste la différence entre garçons et filles ?

Le mot *témoignage*, quant à lui, moins anatomique, exprime par le langage une vision de la réalité. Au figuré, on parle depuis le XVIe siècle du *témoignage des sens*. Or, chacun sait que ce que l'on voit, entend, touche, sent, flaire, tout cela peut souvent être une illusion, une fausse apparence. Ainsi, le témoignage n'est jamais sûr, même s'il est sincère : il ne traduit que ce qu'on appelle un point de vue, c'est-à-dire l'endroit où se place chaque conscience pour envisager les choses.

Même quand on ne ment pas, on ne peut qu'exprimer sa façon d'interpréter une vérité supposée objective, celle que pourchasse la science comme la justice, mais la science, notamment la physique, sait que la vérité extérieure absolue n'existe pas. Le témoignage ne peut être que subjectif ; comme le disait Pirandello, *chacun sa vérité*... Il y a donc une psychologie du témoignage, qui doit tenir compte des personnalités de chacun, et aussi de la pression exercée par l'institution judiciaire, des intérêts, des fantasmes, des passions, sans parler de la médiatisation. Recueillir des témoignages est plus facile que les interpréter. Interpréter une preuve matérielle est déjà délicat et, en l'absence de preuves, il faut se contenter d'indices, c'est-à-dire de signes.

Le témoignage est donc un signe et chaque signe peut avoir de multiples significations. Lorsque les témoignages d'enfants sont indispensables, leur richesse s'accompagne d'incertitudes. Il faut les prendre au sérieux, mais cela signifie : il faut prendre au sérieux la sensibilité enfantine, surtout en cas de traumatisme. Déchiffrer un témoignage, même mensonger, c'est déchiffrer un message, des mots, une grammaire : le témoin et sa parole sont des codes où on peut lire, non la vérité, mais une conscience et des intentions.

25 mai 2004

Débarquement

Bien qu'on rattache spontanément le nom *débarquement* et le verbe *débarquer* au mot *barque*, le premier a été transfiguré. Lorsqu'on parle de débarquement, depuis 1944, on sait qu'il s'agit des énormes opérations militaires qui permirent aux armées du Royaume-Uni et des États-Unis de prendre pied sur la forteresse continentale européenne et de tourner une page d'histoire.

Le mot *barque* apparaît après des mots latin, occitan, portugais, espagnol, et parce que le terme grec *baris* a donné un *barica* qui était un bateau du genre galiote. *Barge*, mot réapparu à l'occasion des débarquements de 1944, vient de cette même origine méditerranéenne.

De *barque* sont formés *embarquer* et *débarquer* : *embarquer*, si j'ose dire, déborde la barque. On peut embarquer sur un paquebot ou sur un porte-avions, qui sont difficilement assimilables à un modeste esquif. Quant à *débarquer*, son destin français est bizarre.

On peut « débarquer » d'un navire des passagers ou des marchandises, et une personne peut débarquer en se bornant à quitter le navire pour retrouver le plancher des vaches et des hommes, qui sont parfois les mêmes. Mais *débarquer*, dont on oublie qu'il signifie la même chose qu'*arriver*, « parvenir à la rive », en est arrivé à dire en français : « arriver à l'improviste ». C'était bien l'intention des armées alliées : surprendre la défense allemande sur les rivages européens. Mais le verbe se dit aussi pour « ne pas être au courant », comme si on revenait d'un long voyage. Si le nom *débarquement*, s'agissant de 1944, correspond sans discussion à une prouesse militaire, à la libération des populations françaises occupées et mal traitées, le verbe *débarquer* témoigne avec ironie qu'il ne suffit pas de sortir du bateau pour mettre pied à terre. Dans le contexte militaire de juin 1944, cet acte était terrible, dangereux, héroïque. « Tu débarques, toi ? » signifie chez nous : « Tu n'es pas au courant », « tu n'y comprends rien » ; sur le même ton ironique, au figuré, les « parachutés » sont accusés d'être imposés. Serait-ce une critique du droit d'ingérence ? En attendant, avec les débarquements du 6 juin 1944 et du 15 août, c'était le début de la fin d'une période tragique de l'histoire de l'Europe, une victoire indiscutable de la démocratie. D'autres interventions, maritimes ou pas, n'ont pas eu la même légitimité. Tout dépend de la barque. Celles de 1944 méritent les honneurs de l'Histoire[1].

2 juin 2004

Circulation

On ne peut pas dire que ce nom, *circulation*, s'entende bien avec l'adjectif *urbain*. Plus agréable, la circulation rurale, sans aucun doute, malgré les tracteurs poussifs.

C'est peu après 1820, et donc bien avant l'automobile, que le mot *circulation* s'est appliqué aux véhicules. C'était un mot ancien ; on avait un peu oublié sa signification d'origine, sinon on se serait méfié.

Le latin *circulatio*, qui s'appliquait au parcours d'un astre, venait du mot *circulus*, « cercle ». Pendant longtemps, *circuler* et *circulation* ne se sont dits que de parcours en cercle, ou du moins en courbe fermée, c'est-à-dire de *circuits*, autre mot de la même famille. *Circulation* s'est appliqué à l'astronomie, où il cousine avec *révolution*, qui exprime l'idée de retourner. Une révolution de la circulation s'imposerait. Grâce à William Harvey, qui écrivait en latin, le mot *circulatio* représente le mouvement vital du sang à l'intérieur du corps. *Circulation*, comme dans un célèbre sketch de Raymond Devos, où un malheureux automobiliste est condamné à tourner sans fin autour de l'arc de Triomphe, correspond d'abord et par nature à « tourner en rond ».

C'est bien ce qui lui est arrivé, à ce mot imprudemment employé pour le mouvement des véhicules, surtout dans les villes et autour d'elles. Voyez le nombre impressionnant de boulevards circulaires, périphériques, de *Ring* dans les pays de langue allemande. Comme

1. Après celui de Normandie, le débarquement de Provence, le 15 août 1944, comprenait les 300 000 hommes de la Ire armée française, auxquels se joignirent 200 000 volontaires.

la prétention des automobilistes, aujourd'hui, est d'aller quelque part, de s'évader, de partir, *circulation* leur rappelle un tournoiement peu désiré. C'est peut-être la raison de la vogue de l'anglicisme *trafic*, qui exprime une idée différente : celle de transaction douteuse : trafic d'influence.

L'affaire des quatre-quatre, ces véhicules privés et coûteux à quatre roues motrices – la plupart des voitures étant des deux-quatre et les vélos des « une-deux » à pédales –, illustre les contradictions du mot *circulation*. Prévus pour la liberté des pistes et surtout des hors-pistes, les quatre-quatre urbains sont une mauvaise plaisanterie en ville. Sous couleur de sécurité pour des passagers haut perchés et hautains, les quatre-quatristes polluent luxueusement les rues des grandes villes : décidément, malgré les efforts des édiles, comme on ne dit plus guère, la circulation tourne en rond ; elle attend des libérateurs.

9 juin 2004

Développement durable

En associant un nom qu'on croyait clair, *développement*, avec un adjectif non moins transparent, *durable*, on aboutit à une expression aujourd'hui très employée, mais difficile à interpréter.

La raison en est double. D'une part, *développer*, *se développer*, qui utilise la métaphore du déroulement et de l'ouverture (son contraire est *envelopper*), entraîne l'idée d'une expansion, comme celle d'un organisme vivant dans sa jeunesse et son adolescence. En s'appliquant à la vie économique, l'idée de « développement » entraîne celle de modernisation et d'enrichissement qu'on retrouve dans l'expression *en voie de développement*. En creux, le « sous-développement » est synonyme de pauvreté et de stagnation. Les effets du développement ne sont pas tous positifs ; nul n'ignore que l'industrie qui se développe ne développe certes pas l'équilibre écologique. Si l'action humaine produit des richesses – réparties très inégalement –, elle perturbe l'environnement naturel, jusqu'à le détruire.

Ainsi, le mot *développement* a un revers redoutable, tout comme *industrialisation*, ou même *technique*. On a confusément, puis très clairement, l'impression qu'il mène à des catastrophes, se détruisant lui-même en dégradant les conditions de vie. Les problèmes liés à l'énergie pétrolière, depuis les marées noires jusqu'à la pollution des villes, illustrent l'idée d'un développement destructeur et donc qui ne pourra durer. En matière automobile, on saluera l'apparition de l'« hybridité », avant de répudier essence et fioul. Le développement économique est risqué.

C'est à ce risque, confirmé par l'expérience, que répond l'adjectif *durable*, un peu à la manière d'*équitable*, qui cherche à corriger les aspects discutables et immoraux du commerce. On remarque que ces deux adjectifs sont en *-able*, c'est-à-dire qu'ils expriment une simple possibilité. Ainsi, *durable* signifie simplement « qui est de nature à pouvoir durer » ; cet adjectif exprime une qualité supposée, non pas une durée effective, ce qui serait le cas avec *permanent*, et, bien sûr, *éternel*, qui ne concerne plus les affaires humaines.

Pour qu'un développement soit durable, il faut donc qu'il soit progressif et raisonné, respectueux non seulement de la nature qu'il vient modifier, mais de sa propre survie. Empêcher le suicide du développement, soigner ses maladies, tel est le sens de ce *durable*. Si on renverse les termes de l'expression, on obtient l'idée de « durée développable » ; une durée humaine, c'est-à-dire vivable. Au fait, *développement vivable*, ce serait peut-être plus clair[1] ?

16 juin 2004

1. J'apprends du correcteur de ce texte que l'expression française est la traduction calamiteuse de l'anglais *Sustenable development*. Or, *to sustain*, c'est « soutenir (de manière à faire durer) », non pas « durer ».

Mission

L'un des mots-clés de l'intervention du Premier ministre[1], hier à la télévision, ce fut *mission*. Mot classique, ancien, pris directement au latin *missio*, dérivé d'un verbe très courant. Ce *mittere*, qui a donné notre verbe *mettre*, signifiait surtout « envoyer », mais aussi « payer ». Au Moyen Âge, *missionner* a voulu dire « dépenser ». Aucune allusion à la situation actuelle.

Avant le XVIIe siècle, *mission* fut essentiellement un terme religieux, et désignait une action faite au nom du Christ. Cet emploi correspond à la diffusion systématique de la foi chrétienne : grâce au pape Grégoire XIV, grand organisateur, un mot plein d'avenir apparaît alors : il désigne la « propagation » de la foi, en latin *Propaganda fide*, et c'est, bien sûr, *propagande*. Comme quoi, au XVIIe siècle déjà, une grande mission passe par une propagande. Vu la trajectoire détestable du mot *propagande*, nous préférons parler de pédagogie.

Les missions propagatrices ont conduit à la création du dérivé *missionnaire*, peu employé hors du contexte religieux d'origine. C'est peut-être dommage, car de nombreuses personnalités sociales, politiques sont en fait missionnées, c'est-à-dire envoyées sur le devant de la scène, pour accomplir une tâche définie avant elles – ou faut-il dire derrière leur dos ? *Mission* correspond alors d'assez près à *mandat*, à *délégation*.

Dans ces situations, le mot doit rimer avec *soumission*, où l'on retrouve ce verbe *mittere*, que l'on décèle aussi dans *émission*. Tous ces envoyés, les acteurs politiques comme les images des étranges lucarnes, sont donc perçus directement et on doit se poser la question : de qui, de quoi sont-ils les envoyés ? Les élus, les députés sont envoyés par la volonté populaire qui, d'ailleurs, peut évoluer et se retourner. Les gouvernements peuvent exprimer divers envoyeurs – des missionneurs, des émetteurs ? – pas toujours clairs. Être « en charge » d'une mission, comme on le dit de manière inélégante et fautive, car une mission est une charge, c'est exécuter une volonté qui peut être démocratique – une majorité élue, un président élu,

1. C'était encore Jean-Pierre Raffarin.

les élections étant une « mission » émanant du peuple, mais aussi de volontés et d'idées moins affichées. Certaines missions sont contestées, au point d'être modifiées ou abandonnées. De mauvais esprits font même remarquer que *mission* rime avec *démission.*

17 juin 2004

Eurosceptique

Le mot *eurosceptique* paraît de plus en plus pertinent. En effet, l'europhobie souverainiste est – peut-on penser – marquée par des nostalgies passéistes. Quant aux europhiles sans nuances, ils sont en butte aux critiques de tous ceux qui pensent qu'il y a Europe et Europe – soit qu'ils souhaitent une Europe plus sociale, soit une Europe plus libérale, au sens économique du mot, soit encore une Europe à référence chrétienne, à la polonaise.

Dans cet *eurosceptique*, cependant, résident bien des problèmes. Quelle Europe est-elle visée ? À propos de quoi est-on sceptique ? Sûrement pas des mêmes choses, selon les cas. Le mot est-il si bien choisi ? Pas sûr. Aujourd'hui, en français comme en d'autres langues, on confond scepticisme avec méfiance. De fait, on pourrait parler d'« euroméfiants » à propos des empêcheurs d'avancer non pas en rond, mais vers l'avenir. En effet, *sceptique* n'est pas une affaire de méfiance, surtout pas de frilosité, mais plutôt de critique et d'examen, nécessaires. Si on se réfère à l'origine philosophique du mot *sceptique*, qui envahit les langues vivantes d'Europe (justement) durant la Renaissance, on retrouve l'adjectif grec *skeptikos*. En anglais, on dit *skeptical*, ce qui évite de confondre oralement attitude sceptique et fosse septique. Or, *skeptikos* signifiait « observateur, examinateur », et non pas « critique négatif ». Le mot remonte à la très ancienne expression indo-européenne du regard, qu'on retrouve dans l'élément français *-scope* ou *-scopie*. Et en effet, l'« Euroscopie » est une attitude qu'on pratique spontanément à l'égard de l'Union, en regardant de près les textes (la Convention qui va être soumise à ratification, par exemple), les pratiques, les institutions en place, en évitant de diaboliser ce qu'on appelle Bruxelles pour l'opposer, dans l'esprit de chacun des partenaires européens, à sa merveilleuse capitale – ce qui peut poser aux Belges un léger problème. *Sceptique*, ce n'est ni hostile ni râleur : simplement l'esprit de doute raisonnable, à la manière de Montaigne. Par définition, le scepticisme doit refuser tout systématisme, tout dogmatisme. Dans cet esprit, l'euroscepticisme contemporain est une dérive. Soyons sceptiques, dans l'étymologie, ça veut dire « ouvrons l'œil ». Vu le sens pris par *eurosceptique*, on préférerait « *eurovigilant* ».

23 juin 2004

Rêve (Salut à Claude Villers)

Quel mot offrir à Claude[1], sinon l'un des mots les plus étranges de la langue française, *rêve*. Autant le songe dit clairement sa vérité, son origine latine évoquant clairement le sommeil, autant le rêve, frère nocturne de la rêverie, est mystérieux.

On dispute quant à l'origine du verbe *rêver*, et il est permis de rêver, justement, sur deux hypothèses assez poétiques. Pour les uns, *rêver* serait *re-esver*, remontant au latin *ex-vagare*, de *vagus*, le *vague* de *vagabond*, de *divaguer*, d'*extravagance*, errances et voyages dans la tête. Mon ami regretté Pierre Guiraud, admirable étymologiste, voyait dans *rêver* un *re-exvadere*, *evadere* étant « s'évader ». S'évader, échapper de la réalité par l'imagination, c'est en effet l'esprit du rêve et de la rêverie. En outre, un dérivé de *rabia*, au sens de « délire furieux », aurait joué son rôle. Mais le côté enragé, *arrabiato* en italien, s'il peut s'associer au cauchemar – et à la sauce de la *pasta* – ne colle pas bien avec la *rêverie*. Mystère, là encore.

Quoi qu'il en soit, le mot *rêve*, apparu en français six siècles

1. Claude Villers, grand évocateur de voyages réels et imaginaires, poète du récit, prenait une retraite, celle que l'on dit « bien méritée », au grand dam de ses auditeurs.

après *rêver*, car on se contentait de *songe*, a d'abord signifié « rêve extravagant ». Les gens d'esprit classique et rationnel faisaient du rêve une variante délirante et folle du songe : Voltaire parle du *rêve* d'un homme en délire. Mais Rousseau, le cher Jean-Jacques des *Rêveries d'un promeneur solitaire*, a vengé *rêve* et *rêverie*. Et du coup, le rêveur et la rêveuse, qui étaient des radoteurs extravagants, des flagrants délires[1], sont devenus des champions de l'imaginaire, des voyageurs dans la tête, pour qui les barrières de la raison sont celles d'une course de haies, faites pour être franchies.

L'impertinence du rêve recouvre sa grande pertinence, révélée par un grand explorateur du *Traum* (« rêve » ou « songe » ?), Sigmund Freud.

Les savants qui ont découvert les mécanismes du rêve ont une belle formule (due au professeur Jouvet) avec le *sommeil paradoxal*. *Paradoxal*, parce que le corps et les muscles sont inertes, alors que le cerveau tricote et détricote les idées, les images, les souvenirs pour en faire des histoires imprévisibles. L'imagination prend le pouvoir, profitant du sommeil des muscles. Tous ceux qui savent rêver tout éveillés apportent à l'ennuyeuse vie quotidienne cette part mentale sans laquelle nous deviendrions des automates, semblables aux machines dénuées du pouvoir de rêver qui envahissent notre vie. Claude Villers, lui, a su nous faire rêver. Merci, Claude, car le rêve, disait Gérard de Nerval, est une seconde vie.

25 juin 2004

Cohésion

Cohésion : le mot, marié avec l'adjectif *social*, sans doute pour produire un remède à l'expression chiraquienne de *fracture sociale*, appartient à une famille lexicale elle-même assez « cohérente ».

Son origine n'est plus ressentie, mais elle est claire. *Cohaesio* est

1. Titre d'une émission hilarante de C. Villers : « Le Tribunal des flagrants délires ».

apparu en latin du Moyen Âge, comme substantif du verbe plus ancien *cohaerere*. Il est formé, ce verbe, de *cum*, « avec », et *haerere*, auquel nous devons aussi *adhérer* et *adhésion*. C'est toujours l'idée d'attachement, de fixation, opposée à celle de rupture, de division. Ce qui est « attaché », pour les Romains comme pour nous, peut être fixé, coincé, arrêté : la petite phrase *haeret res* signifiait « la chose n'avance pas, l'affaire est coincée ». C'est de cet emploi que vient *haesitatio*.

Ne pas prendre ce jeu étymologique pour une mise en garde, car *adhésion* et *cohésion* sont ressentis comme souhaitables. Or, les critiques contre le projet concret de « cohésion sociale » ne portent pas sur l'hésitation, mot qui ne va pas avec l'image dynamique de Jean-Louis Borloo, mais plutôt sur l'existence de moyens financiers adaptés.

De l'hésitation, il n'y en a pas beaucoup, non plus, dans l'usage de deux vocables de sens distinct : *cohésion* et *cohérence*. Le second, de même que *cohérent*, date du XVIe siècle, s'est spécialisé en science, puis, à l'époque révolutionnaire, s'est appliqué au caractère logique, équilibré, d'un raisonnement, d'une pensée ou d'un projet. Les contraires, *incohérent* et *incohérence*, sont clairement négatifs. On célèbre la cohérence d'une politique, on en stigmatise les incohérences.

La *cohésion*, c'est autre chose : cela s'applique à un groupe humain qui tient ensemble et ne risque pas d'éclater, par exemple en communautés, ou en classes hostiles, celles dont parlait et que théorisait un certain Karl Marx, ou même en catégories si inégalitaires qu'elles ne peuvent pas voir le monde, la vie, la société de la même manière, et donc qu'elles ne peuvent plus s'entendre.

L'état naturel et observable des sociétés modernes manifeste partout dans le monde une certaine *incohésion*, mot de la Révolution française (observé en 1787). On n'emploie plus *incohésion*, alors que le terme voisin *incohérence* se porte à merveille. C'est sans doute que *cohérence* et *incohérence* expriment un jugement de valeur, servent à la discussion. En revanche, *cohésion* et son contraire visent des états de fait. Le problème est alors de savoir si la cohésion de la société, bel objectif, est, compte tenu des situations réelles et des moyens réels de les corriger, possible ou bien utopique, « sans lieu réel ». Jean-Louis Borloo, qui est réaliste, a souligné que son gros problème, c'était le temps. Alors, uchronie ?

1er juillet 2004

Exclusion

Le gouvernement se préoccupe, par commissions et comités, des exclus ; on ne peut qu'approuver. *Exclu* et *exclusion* font partie de ces euphémismes sociaux qui appliquent des mots abstraits et neutres à des situations terriblement concrètes et violentes. Réunir dans une catégorie unique la misère, l'absence de soins, de logement – à ce propos, le nom même de SDF, « sans domicile fixe », trahit plutôt des préoccupations policières qu'humanitaires – et aussi l'absence d'éducation, de ressources, de reconnaissance, de respect, cela suppose le choix d'un mot le moins compromettant possible. Finis les clochards, les mendiants, les miséreux, dont les noms expriment plus ou moins la situation. On va parler d'*exclusion* et d'*exclu*, ce sera plus propre. Mais moins exact que le titre d'un admirable livre de Patrick Declerck consacré aux clochards parisiens, *Les Naufragés*.

Pourtant, le verbe *exclure* et sa famille ne sont pas doux. Le latin *excludere* cumule l'élimination d'un lieu (*ex*, c'est « dehors ! ») et la fermeture, car *claudere*, qui a donné *clore*, c'est bien « enfermer ». *Claudere* appartient à la famille de *clavis*, « la clé ». L'exclu, au sens étymologique et fort du mot, est à la fois chassé, banni, mis dehors et en butte à un espace interdit, cadenassé, fermé à clé, « forclos », en langage chic et psy. Double violence, en fait, contre ceux qu'on renvoie, qu'on maintient hors de la communauté, qui sont contraints à se tenir dans un non-lieu social. *Marginal*, qui évoque les marges, les à-côtés, dit moins qu'*exclu*. Mais ces mots n'accusent aucun responsable : la société sans visage humain ? Les « inclus », qu'on ne nomme jamais (pour cause : ce sont eux qui parlent), l'égoïsme, l'intérêt personnel ?

On ne sait trop par quel bout prendre l'exclusion. Si on s'en tient à la logique, il n'y a que des exclus *de* quelque chose : certains sont exclus des signes sociaux, les analphabètes, les illettrés, d'autres ou les mêmes le sont des aides sociales, des vacances, des soins, du travail salarié. Déjà, au XVIe siècle, le droit religieux parlait de prononcer, de « jeter l'exclusion » sur quelqu'un ou sur une idée. Mais *exclusive* et *exclusivité* ont tourné autrement. Un droit exclusif exclut les autres ; mais les êtres humains ne sont jamais exclusifs : ils vivent en société. Ce qui, précisément, est refusé aux exclus. Jetés et enfermés dehors, les exclus de la société sont contraints à la solitude ou à la compagnie de leurs semblables. Le pire résultat de l'exclusion est de conduire les exclus à s'exclure eux-mêmes, à intérioriser la violence que la société leur fait. Le vocabulaire actuel est imprécis. Par exemple, le contraire de l'exclusion n'est pas la cohésion, ni l'insertion, c'est surtout l'acceptation, la reconnaissance ; c'est l'ouverture d'une porte blindée qui maintient hors de tout droit social des personnes désarmées. L'exclusion nous accuse, nous les « inclus ». La responsabilité est collective et totale, et donc politique.

6 juillet 2004

Jaune

On observe la forte présence de la couleur jaune dans l'actualité. Les amateurs inconditionnels de sport vélocipédique penseront au maillot jaune, endossé une fois encore par l'obsédant Lance Armstrong. Les passionnés de finance et de Bourse salueront les titres prometteurs de la société *Pages jaunes*, qui nous abreuve de publicités. Plus gravement, nous saluons tous, avec Simone Weil et Jacques Chirac, le bourg de Chambon-sur-Lignon, ou plutôt ses habitants au courage tranquille, qui ont permis à des enfants juifs d'échapper à l'*étoile jaune* de sinistre mémoire et, au-delà, à un sort atroce.

Ce dernier exemple souligne, malgré les géants de la route et les florissantes pages jaunes, l'ambiguïté de cette couleur, solaire et rayonnante d'un côté, dénonciatrice et ignominieuse de l'autre. On disait autrefois d'un mari trompé qu'il était *peint en jaune* et on dit encore que des briseurs de grève sont des jaunes, en exceptant prudemment les actions du pouvoir.

La symbolique des couleurs est un sujet surprenant. Chaque culture construit la sienne ; plus étonnant encore, chacune perçoit différemment le spectre. *Jaune* en est un bon exemple. L'ancien français *jalne* vient du latin *galbinus*, dérivé de *galbus*, non pas « jaune », mais « vert pâle ». Le mot latin traduisait le grec *khloros*, qui s'appliquait plus à la nuance des pousses végétales qu'aux blés dorés : mais la nature passe de l'un à l'autre. Déjà le mot grec, qui a servi à nommer le *chlore*, s'appliquait à la peau d'une personne malade du foie. Résultat en français, la *jaunisse*.

Ces allusions déplaisantes ne compromettent pas le métal jaune, qui est, comme on sait, l'or, ni même les jaunes d'œufs, plus comestibles que les pièces d'or.

Comme pour toute couleur, il y a des jaunes naturels et compréhensibles et des jaunes arbitraires. Le *maillot jaune* est jaune parce que le journal *L'Équipe*, parrain du Tour, était, quand le maillot en question est apparu (en 1919), imprimé sur du papier jaune. Ce qui nous ramène aux pages jaunes : des jaunes valorisants et dorés, donc. En revanche, l'étoile jaune des nazis, qui ne relève pas l'image de cette couleur, a fait renaître l'antisémitisme médiéval, qui employait pour stigmatiser les juifs un cercle jaune, la rouelle. Le jaune y était une allusion au soufre, substance diabolique, et à la trahison de Judas. L'intolérance, la haine et la cruauté arbitraires ont alors – on est navré de le rappeler – une source symbolique religieuse. Si ce n'était pas tragique, cet irrationnel prêterait à rire, jaune, évidemment.

8 juillet 2004

Carnage

Les mots ont peine à évoquer les événements terribles qui manifestent la violence aveugle des hommes. *Terreur* et *terrorisme* ne suffisent plus devant la mort programmée d'êtres humains et, pis encore, d'enfants.

Que dit-on, à propos de la tragique prise d'otages suivie d'un assaut brutal, à Beslan, en Ossétie du Nord (celle du Sud est géorgienne, non pas russe) ? On parle à bon escient de *tuerie*, ce qui est clair, de *massacre*, mot apparenté à *massue* – depuis, on a fait des progrès pour tuer –, et, avec un mot très fort, de *carnage*.

C'est un des dérivés du latin *caro*, *carnis*, dont l'accusatif *carnem* a donné « chair », c'est-à-dire « viande ». Ce mot latin n'est pas neutre ; il vient d'un radical indo-européen signifiant « trancher », et s'appliquait aux sacrifices d'animaux, que l'on découpait. Cette boucherie sacrée est déjà inquiétante : carnage et boucherie sont très proches.

Selon les régions, le mot latin prend la forme en *ch-*, *chair*, *décharner*, et même *charcutier* qui est un cuiseur de viande, de chair. Mais la chair peut être humaine, et l'idée s'exprime, alors, comme en latin, par des mots en *carn-*. Certains vocables de cette famille sont innocents, comme *carnation* ou *incarner*, d'autres terribles, évoquant la destruction du corps : *carnassier*, et, donc, *carnage*. Ce fut dès le XIIIe siècle sous les deux formes, *charnage* - comme *charnier* – et *carnage*, en Normandie et Picardie, une des façons de dire « massacre », probablement pour atténuer l'expression. Mais, après la disparition des autres sens du mot – il a voulu dire « incarnation » et « consommation de viande » –, il ne resta plus à *carnage* que sa valeur la plus sinistre.

Oubliant le sens chrétien de *chair*, siège des passions, le mot *carnage* souligne l'affreuse assimilation de l'être humain, dans son corps, avec un morceau de viande animale. Outre le fait de tuer, *carnage*, comme *boucherie*, témoigne d'un absolu mépris pour l'être humain. La terreur, matière première du terrorisme, réside dans la menace, avec les prises d'otages, menace faite pour créer l'angoisse, ou bien dans la tuerie directe. Dans le cadre de la guerre contre le terrorisme, les pouvoirs, les « forces de l'ordre », comme on dit, peuvent négocier ou bien attaquer, donner l'assaut : résultat, carnage sur carnage, comme on vient de le voir en Ossétie. Ni George Walker Bush ni Vladimir Poutine ne savent ou ne veulent négocier. Ils font la guerre, et la guerre se fait avec la vie des autres. Les premiers responsables de ces carnages sont les terroristes ; mais peut-on lutter contre eux par la violence seule ? Et ne devient-on pas alors les fauteurs d'un quasi-terrorisme d'État qui en remet dans le carnage ? Les mères, les pères, les enfants ossètes, dans la douleur et le deuil, se posent la terrible question.

6 septembre 2004

Autrement

Comme l'indique la finale en *-ment*, qui signifie « de telle manière » et qui vient du latin *mens*, *mentis*, « l'esprit », *autrement* est un adverbe.

L'adverbe, comme l'adjectif, est un mot qui s'ajoute (*ad-*) à un verbe. C'est dire que ce mot s'applique à ce qui exprime l'action. *Faire autrement*, *être autrement*, pour prendre deux verbes essentiels, se dit aussi *changer*.

Les poètes, comme les penseurs politiques et les moralistes, disent : il faut changer la vie, ce qui revient à « vivre autrement ».

À l'autre bout, *autrement* est dérivé de *autre*, du latin *alter*, qu'on retrouve dans *altérité* et dans *altruisme*. Le besoin de changement est universel ; il arrive qu'il s'exprime, remplaçant un autre besoin, malheureusement aussi répandu, celui de détruire. Un exemple récent dans les mots : le monde tel qu'il est, même en dehors des violences, ne satisfait pas « tout le monde » : or, après quelques années d'antimondialisme, mot maladroit, il faut l'avouer, on en est venu à l'altermondialisme[1]. Mondialiser autrement, de même que vivre autrement, constitue un programme immense et sans cesse à revoir, puisque le monde et la vie changent sans arrêt, devenant

1. Voir la chronique du 30 mai 2003.

autres sans qu'on le veuille, parfois sans qu'on s'en aperçoive. Les optimistes appellent cela le progrès.

Alter, autre, peut qualifier notre propre expérience, et notre désir d'améliorer le réel.

Non seulement changer la forme – réformer – mais aussi le fond - refonder. Trop de réformes ne servent qu'à masquer le conservatisme du fond. *Autre* exprime aussi la différence par rapport à notre petite et chère personne. Se tourner vers l'Autre et le reconnaître, admettre les différences, c'est le début de tout changement.

L'idée de tout changer étant utopique, il faut commencer par le début : sortir de soi – l'altérité –, sortir des habitudes et de la reproduction, agir autrement. En particulier, faire de la politique autrement. *Autrement* ne veut pas forcément dire *mieux*. Les mots nous avertissent : le changement par l'*altérité*, parfait, mais il y a aussi l'*altération*.

Faire en sorte qu'*autrement* soit aussi *autrement mieux*, ce serait un sacré bon plan.

13 septembre 2004

Embauche[1]

C'est incontestablement une bonne nouvelle, et elles sont rares : les *embauches*. Dès son apparition, il y a quatre siècles, le verbe *embaucher* est économique et social, mais son dérivé *embauche* n'est usuel que depuis une centaine d'années. *Embaucher* a été fabriqué de toutes pièces pour s'opposer à *débaucher*, qui était ancien.

Embaucher et *débaucher* ne sont qu'à moitié parallèles. On voit bien, théoriquement, le rapport entre détourner de son travail et détourner de ses devoirs, mais le rapport entre *embauche* et *débauche* est aujourd'hui assez cocasse. À tel point qu'on a formé le mot *débauchage*, demeuré assez rare, alors que la perte de travail

1. Au début de 2006, le mot est au centre d'une polémique, avec le « contrat de première embauche » qui rend précaire, non l'embauche, mais le contrat.

qu'il désigne demeure une des plaies de notre temps. Même bizarrerie entre *licencier* et la *licence*, qui a suscité *licenciement*.

L'opposition travail-chômage a privilégié *embaucher* et *embauche* comme remède à la perte de travail. Celle-ci n'a vraiment rien à voir avec la débauche, ce que certains pourront regretter. Reste que dans ce faux couple, on peut reconnaître une origine commune.

Ça commence par *débaucher*, qui, tout comme *ébaucher*, est un mot d'artisan, de charpentier. Sans certitude, on pense que *débaucher*, qui a signifié « disperser », a pu correspondre à « dégrossir du bois pour faire une charpente ». De « disperser des gens » à « renvoyer des travailleurs », il n'y avait qu'un pas. Mais à force de débaucher, c'est le désert économique et social, et il a fallu créer des mots pour la création de travail salarié : la création d'emplois s'est appelée l'*embauche*.

Aujourd'hui, dans l'attirail des mesures prises contre cette catastrophe qu'est le chômage – mot qui a mal tourné, car il désignait le repos volontaire par temps chaud –, l'embauche est le remède le plus naturel. Cependant, être embauché ne suffit pas et l'embauche, qui succède à l'offre d'emploi, n'est qu'une porte ouverte pour l'emploi effectif. De même que *débaucher* a fini par susciter *embaucher*, on aurait besoin d'un certain nombre de *re-* pour corriger certains *dé-* ; relocalisation, par exemple.

15 septembre 2004

Oui

Alors, oui ou non, au projet de Constitution européenne ? On connaît la formule « oui, non, n'a pas compris la question ». Je choisis le mot *oui*, mais c'est pour une raison philologique. Le fait que le monosyllabe *non* est déjà latin renvoie les difficultés de son origine à l'étymologie d'une langue antique[1]. En revanche, dire *oui* est une affaire francophone, et même de la moitié nord de

1. Voir la chronique du 28 du même mois.

l'Hexagone – qui n'est pas pour autant un triangle. La partie latine de *oui*, c'est *o*, qui continue *hoc*, « cela », le démonstratif qui signale la réalité de ce qu'on montre. Les terres du sud de la France, restées plus proches du latin, disent *oc*, d'où vient *Languedoc*, le pays où la langue dit *oc*, et *occitan*. Au nord, on a renforcé le *o* initial par le pronom personnel : ça donnait *o-je*, *o-nos*, *o-vos*, etc., et, à la troisième personne, *o-il*. C'est cette forme, *oui-il*, moins subjective, qui l'a emporté : donc, *oïl*, celui de la « langue d'oïl », et enfin, assez tard – fin du XIVe siècle – ça y est, *oui* ! Au Parti socialiste, en ce moment, on pourrait dire *o-nos*, « oui nous », mais ceux qui suivent le raisonnement de Laurent Fabius disent simplement *non*. Ils auraient dit *nenny*, quand on commençait à dire *oui*, à la fin du Moyen Âge. *Si*, cet autre monosyllabe, correspond à *oui*, lorsque la réponse réagit à une question négative : « Tu n'as pas envie d'un peu plus d'Europe ? – Si ! » ; « Tu as envie d'une Europe plus sociale ? – Oui. » Les Italiens et les Espagnols disent *si* dans tous les cas, là où les anglophones préfèrent *yes* et les Allemands *Ja* ; les Étatsuniens aussi d'ailleurs, ce qui suggère qu'ils ne parlent pas anglais.

Dans les affaires courantes, l'opposition sèche *oui-non* ne plaît guère. Plutôt que *oui*, on va dire *tout à fait*, *d'accord*, *d'ac*, *OK*, au grand désespoir des puristes. Ou bien, mollement, *ouais*, *ptêt ben qu'oui*, *oui mais...*, sans parler de *peut-être*.

Si on veut éviter que les *oui* et les *non* aillent vers l'insignifiance, comme dans l'expression *pour un oui pour un non*, qui signifie « pour des raisons minimes », il est utile de renforcer ces deux vocables. François Hollande, pour écarter le « oui de résignation », revendique un « oui de combat ». Du côté des *non*, les compléments ne sont pas connus, mais le « non de combat » ne devrait pas déplaire à MM. de Villiers ou Chevènement. Je note enfin que, pour obtenir une réponse claire, on dit « oui ou merde ? » mais jamais « non ou merde ? ». Cela révèle quelque chose.

Sans rien dévoiler de mes opinions, qui n'intéressent personne, je note simplement que *non* est en lui-même définitif : *ne unus*, *niet* en russe. Alors que *oui* fut modulable : *o-je*, *o-nos* me plaisent bien, car les opinions sont subjectives : « oui pour moi », « oui pour nous », c'était au fond assez sage, face aux « que nenni » définitifs.

16 septembre 2004

Contrat

En proposant aux Français ce qu'il appelle un *contrat*, le Premier ministre[1] implique qu'il va tenir compte de la réaction du bon peuple. En effet, ce qu'on a entendu, c'est une *déclaration d'intention*, celle de réformes « gratifiantes » – adjectif condescendant. Un engagement unilatéral contredit l'idée même de *contrat*.

Celle-ci, en France, est fondamentale pour qualifier les rapports souhaités entre les gouvernants et les gouvernés, et même entre tous les membres d'une société. C'est le fameux *Contrat social* ainsi dénommé et pensé par Jean-Jacques Rousseau.

Le contrat, *contractus* en latin, suppose une pluralité de volontés, puisque le mot dérive du verbe *contrahere*, formé sur *cum* et *trahere* : « tirer ensemble ». Ce que l'on contracte, on le « tire à soi », et le contrat est une traction réciproque : on ne contracte pas mariage tout seul.

En politique, le *contrat* présuppose une certaine démocratie, en tout cas un renoncement à l'exercice d'un pouvoir absolu. On peut proposer démocratiquement un contrat, mais à condition de discuter, de se mettre d'accord, d'échanger. Or, les déclarations télévisées relèvent de la communication unilatérale, et ne suscitent qu'un contrat de passivité. Le patron de la première chaîne l'a dit avec une franchise désarmante : il s'agit de vider le cerveau des téléspectateurs (avec leur accord, puisqu'ils regardent) pour mieux alimenter la machine publicitaire.

On ne contestera pas l'usage du mot *contrat* dans la communication du gouvernement, mais à condition de donner à ce mot un sens assez particulier. Qualifiées de « contractuelles », les décisions, et même les intentions sont proposées sans discussion. Avec un sourire protecteur, benoîtement, le pouvoir gratifie en paroles tout en agissant à sa guise.

On disait naguère d'un mari infidèle qu'il donnait des *coups de canif dans le contrat*, s'agissant du contrat de mariage. Aujourd'hui, c'est le contrat social qui est, sinon poignardé, du moins aménagé par l'un des contractants, évidemment celui qui tient les

1. Jean-Pierre Raffarin.

commandes. Il arrive que la gouvernance ressemble à la raison du plus fort. Le contrat, alors, pourrait renvoyer à un autre emploi du verbe *contracter*. Nous contractons un gouvernement comme on contracte une maladie, diront les mauvais coucheurs, les mêmes qui voient d'un œil torve et sceptique la seconde mi-temps pour une équipe qui perd.

20 septembre 2004

Non

Ayant rappelé l'origine de l'affirmation *oui*, lorsque France Inter accueillait François Hollande[1], je ne pouvais faire moins que de commenter le monosyllabe *non*, Laurent Fabius étant notre invité.

Si ce n'était « non », ou bien « oui », ce pourrait être « n'a pas compris la question ». Il n'est pas absurde d'évoquer le défaut de comprenette, s'agissant du projet de Constitution européenne.

De même que *oui*, *non* vient du latin ; de même que *oui*, c'est un composé, malgré les apparences de ces monosyllabes qui nous paraissent si simples. La négation de base, en latin, était *ne*. *Non* résulte de la négation de *unum*, « un » ; *ne unum*, ou plutôt *ne oinum*, « pas un », a donné un *non* plus sonore, qui a peu à peu remplacé *ne*. En français, *ne*, combiné avec *pas*, sert à nier un verbe : je *ne* veux *pas* (aujourd'hui *je veux pas*) de cette Europe-là, je dis *non*.

De même que *oui*, *non* peut être modulé de diverses façons : nous sommes devenus sensibles aux nuances, et *non-oui* peut paraître simplet.

Il y a donc des *non mais*, des *non* interrogatifs, des *ah, mais non* indignés. Quand *oui* et *non* sont devenus des noms, l'affirmation et la négation ont perdu de leur énergie : *un oui*, *un non*, quelle importance ? *Peut-être* l'emporte souvent.

Tel n'est pas le cas devant les grandes décisions politiques ;

1. Le 16 septembre, ci-dessus.

les référendums excluent l'hésitation : pas de demi-teintes, de clair-obscur, pas de *peut-être* qui désigne la possibilité, mais pas non plus de renforcement, du genre *non, non et non* ou, menaçant : *non, mais des fois !*

Le grand problème, c'est de savoir à quoi on dit non : en l'espèce, on ne dit pas non à l'Europe, sauf souverainisme aigu, mais à un texte précis qui prépare cette Europe-là, et nulle autre, qu'on pourrait préférer. On a remarqué que l'opposition à la mondialisation libérale et peu sociale, l'*antimondialisme*, était devenu l'*altermondialisme*. Si c'est bien « non à cette Europe, mais pas non à l'Europe », on pourrait parler d'« altereuropéisme ».

Laurent Fabius est plutôt alter- que anti- : l'étymologie suggère : non, c'est *ne unum*, « non à un », mais oui à un autre.

À quand un référendum proposant *oui, non, autre* ? Aujourd'hui, c'est plutôt : « L'Europe, on l'aime tous, nous non plus ! »

28 septembre 2004

Bredouille

Dans le concert de critiques adressées à l'expédition d'un député UMP familier du Proche-Orient, et de ses « acolytes[1] », plusieurs autres mots peu élogieux sont employés. Échec, fiasco, initiative « intempestive », c'est-à-dire « faite au mauvais moment » (en latin, *tempestif* – *tempestivus* – signifiait « à bon escient, au bon moment »), ou encore *pieds nickelés*, trop gentil à mon avis. Plus neutre, l'expression *revenir bredouille*, qui rime avec *embrouille* (nous a rappelé la revue de presse d'Yves Decaen).

Mot intéressant, qui nous fait penser au chasseur incapable de rapporter du gibier. Son origine nous échappe. Le rapport avec *bredouiller*, « bafouiller », est plus que probable. On rejettera l'idée que *bredouiller* fasse allusion au mauvais français des Bretons

1. Le député Didier Julia avait tenté vainement de négocier à titre personnel la libération des otages français en Irak.

bretonnants, qui vient d'une tradition de mépris à l'égard de ceux qui parlent une langue différente.

Ce que l'on sait, c'est que *être en bredouille* a voulu dire « être un peu éméché », ce qui ne prédispose pas au succès, et que *mettre quelqu'un en bredouille*, dans un jeu de cartes, c'était « le battre à plates coutures », comme on dit sans trop savoir pourquoi – on pourra revenir sur ces coutures aplaties. En fait, il y eut un retournement de sens spectaculaire, car la *grande bredouille*, au XVIIe siècle, était l'équivalent du grand chelem d'aujourd'hui. Mais c'était du point de vue du gagnant, qui suppose un perdant : la *bredouille* serait passée de l'un à l'autre.

L'ennui, avec la mission Julia, c'est qu'il ne s'agit pas de cartes et que l'échec de cette action parallèle n'entraîne pas un succès pour les efforts officiels, bien au contraire.

Si *bredouille* et *bredouiller* viennent bien, comme le pensait un linguiste français, de mots régionaux signifiant « patauger, barboter dans la boue » – on dit la *berdouille* dans le nord de la France –, le rapport avec l'idée de « bourbier », souvent évoquée à propos de l'Irak, s'imposerait.

Bredouille, il me semble, ne dénonce pas seulement l'échec, mais la prétention à réussir une entreprise sans en avoir les moyens. Bredouille, la police ne l'a pas été en arrêtant les hauts responsables de l'ETA. Au contraire, car un ministre espagnol a parlé de réussite « historique », emploi discutable de cet adjectif très valorisant.

Les succès, les réussites sont dits « historiques » ; les échecs, les retours bredouilles vite oubliés. Ce qu'il ne faut pas oublier, ce sont les otages, dont on parle bien, mais dont on s'occupe assez mal.

4 octobre 2004

Plutonium

Comme si les dangers réels inhérents à la radioactivité ne suffisaient pas, je remarque que les mots eux-mêmes contribuent à l'impression de crainte et de mystère.

La promenade française de cent quarante kilos d'oxyde de plutonium émeut et inquiète les défenseurs de la nature et de la « paix verte », que nous ne savons désigner qu'en anglais, Green Peace.

Tout contribue à une symbolique négative : d'abord, le composé de plutonium est un déchet de l'industrie militaire étatsunienne. On parle de « plutonium américain », comme si ce plutonium-ci était plus menaçant que le serait un bon gros plutonium européen.

Et ce mot *plutonium* lui-même ? La finale latine des noms des éléments radioactifs, *radium*, *uranium*, *thorium*, n'est pas significative, puisqu'on parle aussi d'*aluminium*, sans trembler. *Aluminium* se rattache à l'*alun* ; *baryum*, lui, est grec et son radical signifie « lourd ». Puis, on ne sait trop pourquoi, après un *radium* qui évoque les radiations, ce qui est très logique, les chimistes se sont rués vers les dieux. *Uranium*, Uranus, du grec *ouranos*, « le ciel », en hommage, dit-on, à l'astronome Herschel, *thorium*, le dieu germanique Thor, *plutonium*, l'inquiétant Pluton, nom latin du dieu des Enfers. En fait, ce nom renvoie à la Terre, source de toutes les richesses, agricoles et minérales. Un chimiste anglais voulait donner le nom de *plutonium* au métal lourd qu'on appelle aujourd'hui *baryum*. Le mot *plutonium* a été repris en 1948 (trois ans après la bombe d'Hiroshima) pour l'élément radioactif artificiel obtenu en bombardant l'uranium par des neutrons.

Contexte effrayant, référence mythologique ambiguë, car le dieu Pluton, en latin comme en grec, évoque la richesse. Fils de Déméter, Ploutos, aveugle, distribue aveuglément les richesses de la Terre et règne sur les forces souterraines.

Or, aujourd'hui, la peur et l'argent sont réunis dans l'industrie militaire et la réutilisation pacifique du plutonium. Son transport inquiète, malgré les conteneurs-gigognes, les convois secrets, dont tous les chemins possibles mènent au centre de recherches nucléaire de Cadarache.

Le dieu Pluton, du fond de la Terre, la petite planète Pluton, la plus lointaine du système solaire, au-delà d'Uranus – revoilà l'uranium – et de Neptune, on se sent entourés, surveillés, menacés. La politique et l'économie, elles aussi, nous entourent et nous menacent. Décidément, ces cent quarante kilos d'oxyde de plutonium trimballent, outre le réel inquiétant, une forte charge de symboles. Dans le miroir sombre de la modernité qu'évoque Dominique de Villepin, figurent les mécanismes redoutables de la technique et des intérêts militaro-industriels.

7 octobre 2004

Les fondamentaux

Faute de pouvoir réformer efficacement ce qui doit l'être – aujourd'hui, il s'agit de l'école, à laquelle on demande beaucoup –, on peut toujours innover dans les mots.

On peut le faire discrètement, en transformant un adjectif en nom substantif, sinon toujours très substantiel : ce que l'on vient d'entendre en quatre syllabes : les *fon-da-men-taux*.

Depuis le XVe siècle, époque où le latin *fondamentalis* passe en français, l'adjectif se portait bien. Il attestait d'une dérivation exemplaire : *fundus*, « le fond, la base, le sol », *fundare*, « fonder, bâtir, établir », *fundamentum*, « fondation, établissement », et donc *fundamentalis*. Il y a ainsi des *sons fondamentaux*, des *couleurs fondamentales*, des *vocabulaires fondamentaux*, des *connaissances fondamentales*, sur lesquels se construisent les autres.

Cependant, ce qui se trouve à la base et au fond n'est pas forcément positif : on parle volontiers d'un *désaccord fondamental*, et Albert Camus de l'*absurdité fondamentale* de la condition humaine. Heureusement, la *recherche fondamentale* est censée améliorer notre connaissance du réel ; mais à creuser les fondements d'une doctrine religieuse, on débouche sur les *fondamentalismes*.

C'est donc le nom que l'adjectif *fondamental* décore qui compte le plus. Les *savoirs* fondamentaux, en effet, sont la base – on dit « socle » aujourd'hui, ce qui fait un peu statue et monument – de toute efficacité scolaire.

Mais, on ne sait trop pourquoi, *élémentaire*, qui évoque les bases de la matière (les *éléments* chimiques, les particules *élémentaires*) et du savoir – *elementaria*, en latin, c'était la connaissance de l'alphabet –, a pris un aspect d'insuffisance un peu méprisée : on dit d'un raisonnement simplet qu'il est *élémentaire*, et non pas *fondamental* : pourtant, rien de plus simplet et dangereux que les *fondamentalismes*.

Donc, on se refuse à dire les *élémentaires*, malgré la nécessité des éléments, en pédagogie, ou les *indispensables*, les *nécessaires*, et on se gargarise des *fondamentaux*. Cependant, selon la légende (car cela ne figure pas chez Conan Doyle), Sherlock Holmes ne dit jamais : « Fondamental, my dear Watson ! » mais : *elementary*. Les admirables *fondamentaux*, qu'aiment les économistes, ce sont à l'école des « traditionnels » : lire, écrire et compter. Nécessaires, indispensables, certes, dans une société à écriture. Mais il existe une base, un socle préalable, qui est : penser, parler, comprendre – avant même de savoir écrire –, et surtout, peut-être, savoir sentir, juger. Maîtriser la langue écrite, manipuler les chiffres aussi bien qu'une calculette, ce ne sont peut-être pas les fondamentaux ultimes. Ce sont des têtes bien faites, que réclamait Montaigne, pas des ordinateurs et des traitements de texte sur pattes. Voilà du fondamental, cher Watson.

12 octobre 2004

Compétitivité

Dénonçons l'association de deux façons de parler, une expression, *plan social*, et un mot particulièrement inélégant, *com-pé-ti-ti-vi-té*.

Du *plan social*, il n'y a qu'une chose à dire : que l'adjectif *social*, fait pour célébrer le lien entre les hommes, l'égalité et la fraternité, par exemple, a été dévoyé jusqu'à signifier la violence des relations mises en place par l'économie capitaliste. Un plan social est en fait un plan de licenciement socialement adouci.

Quant à *compétitivité*, ce mot bégayant et plein de syllabes sales, comme auraient dit les vieux pédagogues, vient d'un latin préalablement digéré par la langue anglaise. Dans celle de l'avocat-écrivain Cicéron, la *competitio* est la candidature de deux hommes politiques, où l'on trouve *cum*, « ensemble », et le verbe *petere*, « chercher à obtenir », qui a donné *pétition*.

Quand on est deux ou plus à vouloir obtenir la même chose, cela donne, sinon une bagarre, du moins une sévère rivalité. Il faut croire que les Britanniques, qui ont inventé la boxe, adoraient ce genre d'affrontement, car ce sont eux qui ont adopté *competition*, passé en français au XVIIIe siècle, et *competitive*, apparu avec le triomphe de l'industrialisation capitaliste, en 1829, et repris par la langue française, moins branchée, quatre-vingts ans plus tard. Quant au dérivé *compétitivité*, il s'impose en France, malgré sa ridicule phonétique, dans les années 1960. On peut noter que *compétition* a gardé un côté ludique en sport. Mais le *titif* et la *titi-vité* de *compét'* sont impitoyablement sérieux : ils disent : « plus efficace que la concurrence », et cela, à tout prix, notamment, en appuyant sur le prix de revient. Le message de ce mot est : ou bien efficacité économique et dureté sociale, ou bien humanisme et inefficacité. Du pur Tony Blair, qui se réclame pourtant du « travaillisme », entendez « doctrine du travail des autres ». Dans les fameuses « ressources humaines », certains entrepreneurs retiennent « ressources » et mettent l'adjectif *humain* sur le même plan que *matériel*.

En principe, *compétition* et *compétitivité* sont apparentés à *compétent* et *compétence* ; la compétence pour maîtriser le marché mondialisé s'embarrasse peu du social. En démocratie, la compétitivité pourrait peut-être s'exercer non seulement à propos de finance, mais aussi d'équilibre humain.

18 octobre 2004

Chrétien

Le problème de l'influence des religions sur la politique n'est pas nouveau. Mais la neutralité des États et des pouvoirs à l'égard des religions est une nouveauté à l'échelle historique : la laïcité demeure, pour beaucoup, une innovation perverse et française, bêtement confondue avec l'anticléricalisme.

Les grands monothéismes posent plusieurs immenses questions historiques, et le débat européen autour des valeurs chrétiennes est là pour le montrer. De l'autre côté de l'Atlantique, on connaît l'influence majeure de l'esprit religieux sur la politique du prêcheur évangéliste qui dirige les États-Unis.

Valeurs chrétiennes, donc. Les mots *chrétien* et *christianisme* viennent du grec et font allusion au titre décerné à Jésus dans le texte des Évangiles. *Khristos* est dérivé du verbe *khriein* et fait référence à un rite, celui qui consiste à frotter le corps de quelqu'un d'une substance, le *khrisma*, « parfum, huile sainte » ; on parle encore de saint *chrème*, sans rapport avec les *crèmes* de beauté.

Un verbe aujourd'hui négligé exprime cela en français : *oindre*, qui donne envie de jouer sur *j'oins*, *j'oignais*, comme le cher Raymond Devos l'a fait avec *ouïr*, souvenez-vous : *j'ois*, *nous oyons*, etc. En *oignant* Jésus, ainsi devenu « Christ », on traduisait en grec l'hébreu *masiah*, « messie ». Déjà, dans la langue de la Bible, on déchiffre le mélange entre pouvoir politique, car on frottait concrètement d'huile sainte le roi, au nom de Yahvé, et au figuré le pouvoir sacré, par une métaphore de nature prophétique. Ensuite, *khristos* donne le latin *christianus*, le grec tardif *kristianismos*, qui apparaît au IIIe siècle, et, deux siècles plus tard, un mot moins religieux, plus historique, *christianitas*, en français *chrétienté*.

On constate que la croyance chrétienne a fourni à la fois des valeurs morales et des institutions très terrestres. La chrétienté est aussi une identité politique, parfois militaire et policière, parfois financière, souvent propagandiste, une institution d'autorité, comme le montre l'histoire de l'Occident. Le poids concret du verbe *christianiser* est évident, surtout quand on constate que *katolikos*, « catholique », veut dire « universel ». Cette prétention a conduit aux pires excès.

Quand *khristos* suscite *antikhristos*, « l'antéchrist », on y est : c'est la guerre, la croisade, l'inquisition, et cela évoque des parallèles avec d'autres religions : *djihâd*, par exemple.

L'onction sacrée du roi terrestre resurgit sans fin derrière la référence chrétienne originelle à ce « royaume qui n'est pas de ce monde », selon l'Évangile. Il arrive que les fameuses valeurs chrétiennes deviennent des armes de répression massives. L'ambiguïté de l'adjectif *chrétien* est multiple ; mais toutes les religions en sont là : j'en connais qui se veulent « zen » sans avoir la moindre idée du bouddhisme.

21 octobre 2004

Rebelote

Bien que cette expression soit bien légère, pour évoquer un événement qualifié d'« historique » par son principal bénéficiaire, bien qu'elle soit aussi peu étatsunienne que possible, elle s'accorde assez bien avec l'expression satisfaite d'un second succès[1].

Tout le monde, en France, connaît la triple exclamation qui conclut une partie de cartes, dans un jeu populaire et bien de chez nous : *belote, rebelote et dix de der. Belote*, mot un peu moins que centenaire, a été rattaché au nom d'un certain *Belot*, sans doute inventé. On n'ira pas jusqu'au jeu de sept familles en proposant comme variante : « bush et rebush », en évitant « double vé et triple vé » (Internet, c'est trois *w*). C'est bien plutôt du nom affectueux de la carte gagnante, la « petite belle », la *belote* ; ainsi disait-on *bello* en provençal, *bêle* en Lorraine et en Wallonie pour « atout », ou « as de l'atout ». Rappelons que celui qui a l'atout, il « a tout », il gagne tout.

Belote, cela peut être le roi d'atout, alias le président de l'hyperpuissance maîtresse du monde ; *rebelote* serait alors la « dame », qui pourrait trahir chez le président Bush les côtés féminins d'un personnage que, par moment, on pourrait croire virtuel, le candidat malheureux John Kerry offrant une image plus humaine, selon ma sensibilité, en tout cas. Sinon demi-dieu, George W. Bush se pose en prophète ou en sibylle.

Reste le fameux *dix de der*. Curieusement, l'expression optimiste la *der des ders*, la « dernière des dernières », sous-entendu

1. La réélection, beaucoup plus aisée que l'élection première, de George Walker Bush à la présidence des États-Unis d'Amérique.

« guerre », expression apparue après 1918, est contemporaine de la *belote*. Nul doute que, pour les républicains néoconservateurs, la guerre contre le terrorisme, menée par distraction en Irak, doit être la der des ders.

Dans le gigantesque jeu de cartes de la politique étatsunienne, où chaque point vaut des millions de dollars, les brèves de comptoir vont bon train : le Bien, c'est mieux que le Mal, *Gott mit Uns* – pardon, *God bless America*. La « vieille Europe » se trouve face aux vieux États-Unis, pionniers contre Indiens, frontière, shérifs et *preachers*. Pas beaucoup de belote, dans tout ça, plutôt la bagarre, pour arriver à cette fameuse *der des ders*, que chaque grande puissance impériale croit pouvoir imposer au monde. Belote et rebelote pour George Doublevé, chez lui, c'est un fait, mais dix de der avec l'aide de Dieu, on n'est pas forcé d'y croire.

4 novembre 2004

Traquenard

Quant à la situation de la France en Côte d'Ivoire, le mot qu'on entend est *traquenard*, bien différent du *bourbier* évoqué à propos de l'Irak. Le bourbier correspond à une situation naturelle qui empêche d'avancer, à un enlisement ; le traquenard est un piège, c'est-à-dire un dispositif volontaire et hostile. *Traquenard* a perdu tout rapport avec la démarche rompue d'un cheval – l'amble, pour être précis. Ce mot sonore, apporté du gascon en français par le génial Rabelais, grand pourvoyeur de nouveautés dans notre langue, est apparenté à *traquer*, qui exprime aussi une démarche rompue, balancée, et sa marque qui est une *trace*. Derrière tout cela, il y a des formes tardives et durcies du latin *trahere*, « tirer » ; du côté occitan *traca*, « se balancer de côté et d'autre ».

Le traquenard, sans doute à cause de l'idée de poursuite hostile, de chasse, qu'il y a dans *traquer*, est devenu proche du piège. Il est entré dans le vocabulaire de la chasse au XVIIe siècle, prenant au figuré la valeur que nous connaissons. On disait aussi *traquet*, qui évoquait le claquement que fait le piège en se refermant.

« Tomber dans le piège » suppose que nous faisons partie des bêtes chassées et traquées, et que des chasseurs acharnés nous ont entraînés dans l'équivalent d'une embuscade. Parler d'un *traquenard* ivoirien, c'est adopter un point de vue, celui des chassés et des piégés, victimes de la malveillance délibérée des chasseurs. Les choses sont bien sûr plus complexes : les pièges et les traquenards des nations ont de multiples causes, et les responsables sont nombreux. Les Ivoiriens eux-mêmes sont pris dans ce traquenard historique dont l'Afrique a été victime, la colonisation-décolonisation.

Traquenards, pièges et bourbiers sont des métaphores, des abstractions trop simples. Les situations concrètes appellent d'autres idées dont l'origine cache aussi des surprises : angoisse, danger, violence, haine, pillage...

Pour la métaphore du *traquenard*, remonter à l'origine n'est pas inutile : cette démarche rompue, irrégulière, du cheval, avec les risques de chute et de traque, représente assez bien la marche cahotante et violente de l'Histoire.

8 novembre 2004

Obsèques

La mort étant un phénomène universel, toutes les civilisations disposent de mots explicites pour l'exprimer. Dans les langues indoeuropéennes, c'est un radical *m-r* qui produit, par exemple, les mots latins d'où viennent *mort* et *mourir*. Comme la mort effraie, de nombreux euphémismes accompagnent ces mots ; et la mort suscite des croyances divergentes, dans toutes religions, qui ont deux aspects communs, l'espoir d'une vie imaginable après la mort et la soumission à une volonté supérieure.

Se soumettre n'est pas se résigner, ni admettre l'inévitable, mais accepter un ordre supérieur, et, dans les monothéismes – comme le dit ce mot –, un Dieu unique. « Se soumettre », c'est en arabe le verbe *aslama*, d'où vient *islam*.

Dans ce contexte religieux, la mort entraîne, outre les réactions affectives pénibles, tout un ensemble de rites. Dans l'expression variée de ces rites, je retiens le mot *obsèques*, pour cette rencontre inattendue de deux vocables, de deux idées, dans le terme latin, mais apparu seulement en latin chrétien, qu'est *obsequiae*. Le mot du latin classique était *exsequiae*, formé de *ex-* et *sequi*, « suivre », à cause du cortège accompagnant les morts lors des funérailles. *Obsequia*, désignant aussi une suite, un cortège, s'est croisé avec *exsequiae* après la christianisation du monde romain, sans doute parce qu'il évoquait la soumission, l'obéissance, le fait de céder à une volonté suprême et d'exprimer collectivement le respect que les vivants portent aux morts – à la mort – en les « suivant ». Le préfixe *ob-*, préféré à *ex-*, correspond en latin à l'idée de proximité et d'échange.

Ce mot *obsèques*, à l'origine, signifie donc à la fois le respect pour l'être humain qui vient de mourir et la soumission à la mort inévitable, interprétée comme effet de la volonté divine. Ce que dit *obsequium*, « soumission, déférence », évoque l'attitude d'obéissance qui a abouti à l'idée devenue péjorative de l'adjectif *obséquieux*.

Ainsi, partant du rituel des cortèges, les obsèques chrétiennes introduisent l'idée de soumission, que la langue arabe va ensuite appliquer à la désignation même de la croyance introduite par le prophète Mohammed : l'islam. Ce qui frappe[1], c'est que l'objet des rites de soumission est un insoumis, insoumis à une situation historique qui refusait d'admettre l'existence d'un peuple.

11 novembre 2004

1. Les obsèques en question, ce jour-là, étaient celles de Yasser Arafat.

Faucons

Le départ du général Colin Powell du poste essentiel qu'il occupait dans le gouvernement des États-Unis, son remplacement par Mme Rice, dont le prénom, Condoleezza, n'est pas commun, fait dire à un grand journal parisien que les *faucons* vont l'emporter à Washington.

On connaît l'opposition, traduite de l'anglais, entre faucons et colombes, *hawks* (« rapaces ») et *doves*, pour désigner les partisans de la guerre et des solutions militaires, opposés à ceux qui préfèrent discuter et négocier. Opposition un peu simple, d'ailleurs.

Le mot *faucon*, qui commence et finit mal, pour les francophones à l'esprit mal tourné, est pris au latin *falco*. En effet, *falconem*, accusatif qui n'était pas accusateur dans la langue des Romains, a produit en ancien français *falcun*, devenu *faucon*, et aussi l'italien *falco*, l'espagnol *halcón* – le *f* latin donnant un *h* en castillan –, l'anglais *falcon*, l'oiseau faisant partie des *hawks*, terme plus général. Ce mot international désigne un oiseau rapace à la réputation indécise : le faucon n'est pas un aigle, ce qui reste souvent exact au figuré – ces temps-ci, on ne parle guère, en France, des aigles de la Maison-Blanche ou du Pentagone –, mais pas non plus un vautour, ce charognard au cou déplumé, dont on pourrait appliquer le nom aux assassins probables de Margaret Hassan-Fitzsimmons et d'autres otages. Le mot germanique qui a fourni l'anglais *hawk* désigne aussi un rapace.

L'origine du latin *falco* semble bien être le mot *falx*, *falcis*, « la faux », qui ferait allusion à la courbe coupante ou écrasante du bec et des serres. Les faucons sont des prédateurs ; quand on les dresse, ils peuvent devenir d'excellents chasseurs d'oiseaux. Cette forme de chasse fut à la mode pendant des siècles : c'était la *fauconnerie*, qui a encore des adeptes. On remarquera que les faucons humains, appelés en français familier des *va-t-en-guerre*, sont plus souvent des politiques que des militaires. On les nommerait plus justement *fauconniers* que *faucons*, alors que les colombes, partisans de la discussion, de la communication, sont à la fois colombes et colombophiles. Aux États-Unis, ces temps-ci, les colombes sont plutôt des pigeons.

On se gardera de qualifier ainsi le modéré Colin Powell, mi-faucon, mi-colombe, et on se retiendra de traiter de *fauconne* – féminin oublié des dictionnaires – dame Condoleezza, qui incarne tout de même, ne l'oublions pas, la féminisation, qui doit aussi s'appliquer aux noms d'oiseaux.

17 novembre 2004

Départager

À propos de la confrontation entre partisans du oui et du non au projet de Constitution européenne, on entend dire au Parti socialiste que le vote des militants va départager non pas Laurent Fabius, mais ses idées, de celles de ses opposants.

Départager dérive très clairement de *partage* et celui-ci, plus étrangement, vient du verbe *partir*, non pas au sens moderne de « s'en aller », mais bien de « diviser, séparer », qui survit seulement dans l'expression *avoir maille à partir*, mystérieuse si on ignore que la *maille* était la plus petite monnaie, donc impartageable, l'impossibilité du partage déclenchant la bagarre.

L'idée de partage étant par intention égalitaire, il arrive que les opinions *confrontées* – ce qui préserve l'unité – ou même *affrontées* – ce qui introduit une idée combative – soient réparties également. Cette répartition moitié-moitié empêche toute décision : pour dégager une majorité, on voit apparaître au XVIIe siècle le verbe *départager*, après *re-partager*, qui n'a pas eu le même succès. On imagine que, sous Louis XIV, ce « départage », comme on ne dit plus guère, et c'est dommage, était autoritaire. Sous la Révolution, c'est normal, *départager* change de nature : ce sont les électeurs qui sont chargés de valider ou d'infirmer une opinion ou une décision qui semble être à égalité avec son opposée.

Ceux qui départagent jouent un rôle d'arbitre. Un grand enjeu politique n'est pas un résultat sportif, mais dans les deux cas, il s'agit de faire cesser une égalité synonyme d'indécision. Ainsi, la photo qui détermine le gagnant d'une course hippique départage les deux concurrents en tête ; quand ils sont nettement séparés, tel Nicolas le galopeur (Galloping Nick) devant des concurrents à peine trotteurs, on dit : « y a pas photo ».

Y a-t-il photo entre les non et les oui à cette Europe encore en pointillés ? On le saura bientôt. Mais, malgré la nouveauté apparente de la situation, qui crée le suspens, la nécessité de départager semble normale en politique. Ainsi, François Mauriac, qui n'était pas socialiste, mais gaulliste, écrivait dans son *Bloc-notes*, il y a plus de quarante ans : « une alternative comme celle qui va faire hésiter tant de Français sera un pari : l'événement seul nous départagera au cours des semaines qui vont venir ». Joliment actuelle, cette phrase, mais applicable à peu près à toutes situations : Europe, Irak, partis politiques, élections : très souvent, il y a encore photo.

22 novembre 2004

Logement

Parmi les problèmes sociaux que les sociétés modernes ont à résoudre, à côté du travail, de l'emploi, l'un des plus graves, les plus urgents aussi, est celui du logement, facteur de cohésion sociale.

Logement, ce mot appartient à une série riche et ancienne, dont les premiers éléments sont *loge* et *loger*. Ce sont les témoins d'une civilisation précise, celle des Francs venus en Gaule du Nord et qui ont donné leur nom magnifique – les « hommes libres » – à la France. *Logement* est donc un vocable germanique, présent en Allemagne, en Scandinavie, qui a fourni l'allemand *Laube*, l'anglais *loft*, bien connu en France, le français *loge* après le latin médiéval *lauba*, passé en plusieurs langues, et j'en passe. Mot européen, donc, qui ne signifiait pas « maison, logement », mais simplement « abri, auvent », ou même « cabane de branchages ». Le verbe *loger*, au XIIe siècle, est militaire, le *logement* étant alors le campement d'une troupe. Cela traduit les civilisations de ces populations nomades et guerrières qui parcoururent un Empire romain délabré avant de fixer politiquement plusieurs pays européens – ce qui est le cas des Francs en Gaule.

Mais on n'en était pas encore à la civilisation urbaine, et c'est justement lorsque les grandes villes se développent, au XVIIe siècle – elles avaient réapparu, très rares, au Moyen Âge, et se multiplient avec la Renaissance –, que *loger* et *logement* changent de sens. La pierre remplace la hutte ; la ville, héritière de l'*urbs* romaine (d'où *urbain* et *urbanisme*) remplace le campement, la maison remplace l'abri : les mots enregistrent cette évolution. À côté de *logement* est apparu *logis*, aujourd'hui un peu vieilli, alors que *sans-logis*, comme *sans-abri* et *SDF*, où il s'agit hypocritement de « domicile fixe », sont malheureusement très actuels.

Logement est un mot double : concret, il rejoint *habitation*, *maison*, *demeure*, *appartement*, *pièce*, à condition qu'elle soit *logeable*, c'est-à-dire « habitable ». Loger une personne, une famille, c'est déjà un problème : trouver un abri acceptable pour ceux qui n'en ont pas. Problème d'argent, on s'en doute. Mais loger une population, c'est une autre paire de manches : pourtant, on ne parle de *politique du logement*, en français, que vers 1945 : il faut reconstruire la France Pour loger, il faut construire ; si on ne construit que pour ceux qui peuvent financer la construction, beaucoup restent sur le carreau. D'où des expressions nécessaires, celles du *logement social*, qui succéda à l'habitation à loyer modéré, la fameuse *HLM*, qui date d'un demi-siècle, ou celle d'*aide au logement*.

Logement humanise la technique ; sans neutraliser les différences financières, car le prix des logements s'envole, on le sait, ce mot cherche à les corriger, à les atténuer, avec l'adjectif *social*. Enfin, *logement* conduit à *logis*, qui a un côté intime et rassurant et n'exclut pas le rêve : on appelle l'imagination la *folle du logis*. De l'imagination, il en faut, pour améliorer une situation lamentable.

1er décembre 2004

Question

Poser des questions, exercice auquel les auditeurs viennent de se livrer, voilà une situation quotidienne, car chaque fait nouveau, chaque réponse à une question, pose de nouvelles questions.

Le référendum du PS posait cette question : « Faut-il ou non soutenir le projet de Constitution européenne ? » Qu'une majorité de militants réponde oui à cette question ne supprime pas les problèmes soulevés, la réponse est une option, un choix, pas une vérité. Le jugement d'appel qui réserve l'avenir de M. Alain Juppé répond à une autre question et en pose... Et on pourrait continuer ainsi.

Question est souvent proche de *problème*, mot qui vient du grec et qui évoque les difficultés à venir et au-devant desquelles on va : *pro-ballein*, « jeter devant ». Quant à *question*, c'est le dérivé latin du verbe *quaerere*, « chercher » – on disait *quérir*. Initialement, la *question* est une recherche, une enquête, une interrogation, et même un interrogatoire, avec ce que cela peut comporter de violence : la *question*, en droit criminel, ce fut pendant quatre siècles la torture.

Question politiquement incorrecte : est-ce qu'on torture encore pour obtenir la réponse à une question, militaire ou policière ? Demandez à Amnesty International, pour voir.

Heureusement, il existe des questions pacifiques et innocentes. La question est même au cœur de la recherche et de tout exercice de la raison. Quand on dit : « il en est, il n'en est pas question », cela signifie simplement « on va en parler ou pas », « envisager ou non le sujet en question ».

La question commence avec ce qui nous concerne tous et toujours. Malgré d'infinies répétitions, celle que pose le jeune Hamlet : « être ou ne pas être », reste inusable et fondamentale. Les réponses sont relatives, provisoires, précaires ; les questions sont éternelles et accompagnent toute vie. Ce qui ne signifie pas que la seule réponse soit la mort : c'est le couple question-réponse qui fait marcher la machine.

On notera que l'autorité, la violence, la tyrannie, la dictature refusent toute question : elles disent toutes : *pas question*, *c'est hors de question*. Dans le langage, évacuer les questions, c'est dire « non ». La démocratie, en revanche, pose les questions, plus ou moins bien, d'ailleurs : élections, scrutins, référendum peuvent y répondre par « oui », par « non », par « j'ai pas compris la question ».

Puisque je suis obsédé par les mots, une dernière question. Pourquoi diable réserver le mot *sacre* à un officier corse mégalomane – pardon, cher Bonaparte, assassiné par un empereur, qui était toi-même – et aujourd'hui à un chef de parti ambitieux[1], alors que ce mot liturgique du XIIe siècle devrait comporter l'idée de *sacré* ? Question à mille euros, dont une réponse est simple : *sacre* n'est ni laïque ni républicain. À bon « UMPereur », salut !

2 décembre 2004

Homophobe

La formation des mots, à peu près logique en français jusqu'au XXe siècle, est aujourd'hui devenue aberrante. Exemple éclatant : les mots *homophobe* et *homophobie*, qui donnent à la loi antidiscrimination une partie de son importance.

L'élément *homo-*, largement international, vient du grec *homos*, qui ne signifie que « semblable, pareil, identique » : ce qui est *homo-gène* contient des éléments « du même genre » ; *homo-logue*, c'est « le même rapport (*logos*), la même proportion ». Quand l'allemand et l'anglais, langues où la psychologie des comportements humains est étudiée à la fin du XIXe siècle (sans trop de tabous), créent le mot *homosexuel*, le terme est clair : il constate que la pulsion sexuelle peut être dirigée vers des personnes du même sexe, à la différence de la situation majoritaire, désignée par le mot *hétérosexuel*, qui apparaît après *homosexuel*, on peut le noter. Comme d'habitude, nos civilisations machistes ont donné plus d'importance aux hommes qu'aux femmes, en matière d'homosexualité aussi. Mais, on le sait, les appellations péjoratives et insultantes ont

1. Le ministre Nicolas Sarkozy venait d'être élu secrétaire général par l'enthousiasme militant de l'UMP, parti naguère chiraco-gaulliste.

déferlé : inutile de les rappeler ; mais certaines existaient bien avant le mot *homosexuel* (on parle des *tantes* dans Balzac). Toutes traduisaient une hostilité bornée. Ce sentiment lamentable de rejet, il fallait bien le désigner, ne serait-ce que pour le combattre.

Les composés de l'adjectif *sexuel* sont nombreux : *homo-*, *hétéro-*, *inter-*, *trans-*, *psycho-sexuel*, et d'autres. Et puis, combiner *homosexuel* de manière claire et logique avec un élément exprimant l'attitude hostile à l'égard de cette réalité était difficile : *homosexuelophile* ou *phobe*, ça le fait pas, comme on dit. Donc, à la manière de la langue anglaise, qui n'y va pas par quatre chemins, on a coupé, tranché, tronçonné – les syllabes, j'entends –, au mépris du sens des éléments hérités, qu'ils soient grecs ou latins. C'est le pragmatisme, l'utilitarisme qui se moquent royalement de la logique, en matière de mots. Alors, allons-y Alonzo, on dira *homophobe*, qui devrait signifier « la peur ou la haine du semblable », alors qu'il correspond tout au contraire à la haine et la peur du différent. Les *homophobes* s'appelleraient mieux *hétérophobes*. Il est vrai qu'on dit aussi *téléthon*, qui n'est pas l'expédition d'un poisson à distance, mais un marathon télévisé, et on dit *handisport*, où *handi* n'est là que pour *handicap*, lui-même peu compréhensible. Vous allez voir que nous aurons droit à la *handiphobie*. Aujourd'hui, on rapproche le *sexisme*, discrimination antifemmes (on ne dit pas *gynécophobie*), et l'*homophobie*. Mais les mots ont moins d'importance que ce qu'ils signifient. Ce qu'il faut combattre, dans ce mot mal foutu, c'est une idée détestable, celle qu'exprime l'élément *-phobie*, et qui s'applique à des groupes humains qu'une majorité sûre d'elle-même condamne. Les humoristes, privés d'un thème trop facile, se gourent : qu'ils apprennent à faire rire plus intelligemment ! On peut rire de tout, disait Desproges, mais pas avec n'importe qui, et plutôt de soi-même que des autres.

8 décembre 2004

Afflux

Refusant de se laisser assombrir par les nouvelles littéralement empoisonnantes de l'actualité internationale, il semblerait que, dans les frimas hivernaux du Nord ou sous le soleil méridional, les Français – et sans doute leurs voisins – affluent vers les achats et les commerces à l'approche des fêtes.

Ce qui devrait être célébration ou réjouissance, en un mot *festif*, est surtout une occasion de stimuler une économie passablement essoufflée, mais sûrement pas de créer de nouvelles façons de réagir. « Imaginaire collectif » mou, décidément. Donc, nous affluons vers les grands et petits magasins, réels ou virtuels, de proximité ou non, pour consommer plus ou mieux et, heureusement aussi, pour offrir. *Afflux* évoque clairement le *flux*, image de l'eau qui coule. Le verbe *fluere*, « couler », nous a légué le *fleuve* et l'*affluence*, les *fluides* et, donc, l'*afflux*.

Il y a dans les afflux de capitaux et, en général, d'argent, comme dans les affluences humaines, une idée de passivité, de mouvement naturel et subi. Mais la vie, nous le savons bien, n'est pas un grand flux tranquille.

Avant que le mot *affluence* n'évoque des flots humains avides de biens matériels, il avait concerné, tout naturellement, l'eau, puis le courant électrique – *courant* lui-même vient de l'idée d'eau courante. Quant à l'image de la marée, elle est passée dans les mots *flux* et *reflux*, qui s'appliquent assez bien au rythme cyclique des courants humains. En décembre, chez nous, c'est l'afflux vers les commerces, vers la neige ou vers les soleils tropicaux, réalités naturelles, contradictoires d'ailleurs ; en janvier, en général, c'est un reflux. Les migrations des humains et de l'argent, comme les marées, montent et descendent, alors que les flux coulent dans un sens : les rivières ne remontent pas vers leur source. Quand l'affluence se transforme en frénésie d'achat, cela fait tourner la machine : serions-nous l'eau des conduites forcées qui alimentent les turbines économiques ? Triste constatation ; on préférera voir dans l'affluence et l'afflux évoqués ici l'effet d'un désir honorable : une fois par an, améliorer un ordinaire insuffisant et aussi faire plaisir aux autres et, pensent les adultes naïfs, aux enfants. Voire...

Où en vient-on, avec ces flux ? À l'idée que la passivité de l'eau qui suit la pente n'est pas de nature à créer des idées : celles-ci n'affluent pas toutes seules.

13 décembre 2004

Récidive

Quand le mot apparaît, la *récidive* est une affaire médicale. Le terme, qu'emploie Ambroise Paré, est calqué sur le latin, langue qui dominait alors la médecine. Hors de ce domaine, *recidivus* qualifiait tout événement répété, et cet événement n'était pas positif, puisque le verbe *recidere* vient de *cadere*, « tomber ». La récidive s'est distinguée de la rechute ; celle-ci est un nouvel accès d'une même maladie, alors que la récidive suppose une nouvelle infection provenant du même germe. Cependant, *récidiver*, puis *récidive* sont rapidement passés de la maladie, subie, à la délinquance, à quoi correspondent des actes volontaires. Ce sont des mots accusateurs, renforcés par le dérivé *récidiviste*, qui n'apparaît qu'au milieu du XIXe siècle et qui a abouti récemment à *multirécidiviste*, mot fort savant pour une réalité lamentable, que l'argot ancien exprimait par l'image du *cheval de retour.*

Le droit pénal se doit d'être précis : c'est pourquoi on ne devrait parler de *récidive* que s'il y a eu auparavant condamnation, et condamnation définitive, sans appel possible. Dans la langue courante, on ne parle guère de *récidive* en matière de contravention : sinon, nous serions tous plus ou moins récidivistes. En fait, seuls les délits graves et surtout les crimes répétés méritent d'être dits *récidives*, sinon par plaisanterie.

La récidive pénale n'est pas une plaisanterie : elle suscite la crainte, et soit la tentation d'aggraver les peines, soit le désir de protection de la société, par précaution. Que faire du criminel qui remet ça après avoir purgé – comme on dit – sa peine ? Or, la récidive ressemble à une rechute de maladie, ce que l'histoire du mot suggère : c'est alors l'idée de danger permanent, quand le crime est le résultat, possible ou probable, d'une pulsion irrésistible. Le criminel est alors un bourreau victime, écartelé entre droit pénal et psychiatrie. « Surveiller et punir », on a rappelé la formule de Michel Foucault ; aujourd'hui, on cherche avec grande difficulté à surveiller et guérir, on appelle cela « réinsertion ». L'idée du bracelet électronique est certainement plus civilisée que celle des chaînes aux poignets – qu'on appelait les *bracelets*, les petits bras, avant les petites mains, *menottes*. Surveiller sans punir au-delà de la peine. Mais aucune répression ne résoudra la tendance à la récidive. Prévenir la récidive devrait être moins difficile que prévenir un premier délit, puisqu'on connaît la nature du mal. C'est tout le système répressif qui est sans doute à revoir, pour redonner à la lutte contre la récidive son aspect médical, et susciter une thérapeutique.

14 décembre 2004

Psychiatrie

Il y a plus d'un siècle, ce qu'on appelle *fait divers* envahit les médias. Le fait divers criminel correspond dans la presse au tristement fameux « du sang à la une ». Mais nous ne sommes pas revenus aux crieurs de journaux d'autrefois. Au XXIe siècle, le fait divers peut être l'occasion d'une réflexion, plus ou moins sérieuse, sur une réalité nouvellement perçue et nommée : le « phénomène de société ».

Ainsi, les deux meurtres horribles de l'hôpital psychiatrique de Pau[1] attirent l'attention sur les difficultés – on dit « la misère » – du secteur psychiatrique, dénoncées depuis longtemps.

Psychiatrie, voilà pour inquiéter ; c'est que le problème de la *folie*, mot aujourd'hui banni de la science, obsède à juste raison. L'étude de la pathologie de l'esprit fut appelée *Psychiatrie* en

1. Deux soignants avaient été agressés et assassinés par un malade violent.

allemand, au début du XIXe siècle. La médecine, depuis l'Antiquité, tentait de comprendre les troubles mentaux, afin de les soigner ; mais la connaissance du corps humain était insuffisante. C'est la rencontre des progrès de la physiologie et d'un certain humanisme, il y a environ deux cents ans, qui a déclenché la prise de conscience des conditions tragiques des malades mentaux, soit abandonnés, soit enfermés dans des asiles-prisons, enchaînés ou neutralisés par la camisole de force. L'apparition du mot *psychiatrie* en Allemagne, en France, en Italie, en Angleterre, correspond à un effort pour moraliser l'action répressive de la société sur ces fous appelés « aliénés », puis, plus objectivement, « malades mentaux ». On sait l'incroyable succès du mot grec *psukhê*, « le souffle », puis « la force vitale » – comme le *spiritus* latin, qui a donné *esprit* – ; plus discret, l'élément final, tiré de *iatros*, « le médecin », qu'on retrouve dans *gériatre*, *pédiatre*...

La médecine du corps et celle de l'esprit, ou, si l'on préfère, de l'âme, ont pris un aspect social. Qui dit social dit économique. Une société civilisée se doit de financer un système de santé appliqué aux maladies de l'esprit – névroses et, justement, psychoses. Une deuxième mutation de la psychiatrie a eu lieu, il y a une quarantaine d'années. Après l'« antipsychiatrie », le domaine s'est humanisé, mais cela impliquait d'autres mesures que l'hospitalisation. La psychiatrie n'est pas tellement malade que la société elle-même l'est. La psychiatrie ne devrait pas avoir besoin de ces signaux de détresse que sont les drames et les crimes.

20 décembre 2004

Raz de marée

Après la catastrophe sismique qui vient de frapper les rivages d'Asie du Sud-Est, on se retient de parler de « raz de marée » électoral en Ukraine, ce qu'on aurait sans doute fait en d'autres circonstances

On emploie en français l'expression *raz de marée* depuis plus de trois siècles. Nous avons tous entendu parler de la *pointe du Raz* et du *raz de Sein*, l'île de Sein et la pointe en question engendrant un fort courant. *Raz*, ce monosyllabe orné d'un *z* final, qui n'a rien à voir avec le surmulot, est d'usage restreint. On ne dit pas : « méfiez-vous de ce raz », mais « du courant » ; pourtant, le raz est tout simplement un courant marin.

Le *raz de marée* est une énorme vague déferlant sur un rivage, et qui s'explique par une secousse tellurique ou volcanique sous-marine. Ce genre de vague s'appelle en japonais *tsunami*, « vague (*nami*) de port (*tsu*) », ce qui souligne qu'on envisage ce phénomène par les ravages qu'il provoque sur le rivage. *Raz de marée* exprime en français le même phénomène meurtrier, mais le mot *raz*, employé seul, ne désigne qu'un courant marin violent dans un passage étroit. *Ras*, alors écrit avec un *s*, se trouve en français dès le XIVe siècle ; le mot est pris à la langue bretonne, qui l'avait emprunté au dialecte normand. Mais *ras* venait de plus loin : les Vikings l'avaient apporté avec eux en envahissant la Normandie et il était resté dans le parler gallo-roman de cette région, après la disparition de leur propre langue. Ce terme scandinave désignait au figuré une course agressive, un assaut, ce qu'on retrouve dans l'anglais *race*, « course », et il est facile de remarquer que *courant*, en français, exprime la même idée. C'est donc la violence dangereuse de l'eau qui est en cause, point commun entre courant et vague.

La catastrophe d'hier souligne la fragilité d'un équilibre : celui de cette surface terrestre que nous devons partager. Deux plaques tectoniques qui bougent, une éruption, événements mineurs à l'échelle de la planète, et ce sont des dizaines de milliers de morts : l'Homme, espèce pourtant exceptionnelle et active, est décidément tout petit.

Les médias parlent d'*apocalypse*, à propos de cette tragique violence naturelle. Mais *apocalypse* veut dire autre chose : une révélation de ce qui était *caché*, en grec *kaluptein*. Le menaçant texte biblique de saint Jean voulait révéler un cataclysme à venir, une fin de monde. La terrible vague sismique révèle, en effet, que nous vivons, nous les humains, sur une poudrière que nous faisons mine d'oublier. Quant aux commentaires qui évoquent les « paradis touristiques », le raz de marée révèle que ces édens pour touristes sont menacés, encore qu'ils sont en toutes circonstances d'assez tristes tropiques pour leurs habitants.

27 décembre 2004

Humanitaire

Par une réaction indispensable à un désastre exceptionnel, les pays épargnés par le tsunami doivent apporter une aide à ceux qui sont frappés. Cette aide est qualifiée d'*humanitaire*, ce qui peut paraître évident, puisque ce sont des êtres humains qui ont été frappés.

Parmi les dérivés latins de *homo*, *humanus*, « humain », est très ancien. *Humaniste* n'apparaît qu'au XVIe siècle ; *humanitaire* avec le romantisme, et on n'est pas étonné de le lire sous la plume du généreux Lamartine. Tous ces mots faisaient référence à une conception abstraite des sociétés humaines.

Ainsi, seuls les sentiments, les idées générales étaient appelés *humanitaires*, ce qui équivalait à *philanthropique*, qui parle d'amitié pour l'être humain. À propos, on peut rappeler que la langue grecque et le latin avaient intelligemment deux mots différents pour « être humain » et pour l'individu du sexe masculin. Un seul mot en français, c'était une façon d'effacer les femmes, par l'ambiguïté du mot *homme*. *Humain*, *humaniste* et, donc, *humanitaire* ont l'avantage d'être bisexués.

L'adjectif *humanitaire* est passé des bons sentiments de la philanthropie à l'action efficace, il y a moins de quarante ans, quand on s'est mis à qualifier ainsi l'aide à des populations frappées par une violence massive, violence naturelle – c'est le cas aujourd'hui – ou, par un triste paradoxe, violence voulue par d'autres êtres humains, en cas de guerre ou de persécutions ethniques : morts, qu'on ne ressuscitera pas, deuils, qu'on ne consolera pas, et aussi misère, désarroi, risques d'épidémies, pour des centaines de milliers de nos semblables. L'action humanitaire a existé, bien sûr, avant d'être nommée ; mais elle restait exceptionnelle, bien qu'au XIXe siècle, les horreurs de la guerre aient suscité la « Croix-Rouge ». Il y eut donc, après la Seconde Guerre mondiale, une aide, des interventions, des actions humanitaires. Puis, on parla de convois, de couloirs, de matériel humanitaires. De plus en plus concret, ce mot : l'humanitaire est devenu un domaine, une organisation, une action collective, internationale, de sauvetage. Toujours insuffisante, certes, et il est facile de critiquer, l'aide humanitaire a le mérite d'amorcer une solidarité concrète entre ces êtres humains qui s'ignorent trop souvent.

28 décembre 2004

2005

3 février, 4 avril : Maladie et mort du pape Jean-Paul II
8, 22 février : Réconciliation entre les États-Unis et la France
28 avril : Essais à Toulouse d'un nouvel Airbus gros porteur
2 mai : Proposition d'un lundi de Pentecôte ouvrable, en France
10 mai : François Pinault renonce à son projet de musée à Billancourt
25 mai, 22 novembre : Vote pour le projet de Constitution européenne (suite)
15 juin : Libération de Florence Aubenas, journaliste otage en Irak
7 juillet : Désignation de Londres comme siège des jeux Olympiques : déception de Paris
7 septembre : Le cyclone Katrina en Louisiane
20 septembre : Élection du chancelier d'Allemagne
3 octobre : Négociations pour l'adhésion de la Turquie à l'Union européenne
27 octobre, 8, 14 novembre : Troubles et violences en banlieue
22 décembre : Campagne contre les théories darwiniennes aux États-Unis

Solidarité

Derrière les secours et les aides, qui sont des actes et de l'argent, derrière les équipes médicales, les hélicoptères et les navires, se tiennent certains principes sociaux et moraux, comme la solidarité, et aussi, ne soyons pas trop « angéliques », des intérêts, politiques et économiques.

La *solidarité*, donc. Le mot français n'a pas commencé sa carrière dans la générosité et l'entraide, tout au contraire. C'est l'idée de « totalité d'une somme d'argent » qu'exprimait le latin juridique par l'expression *in solido*, « pour le tout », avec l'adjectif *solidus*, non seulement « compact, solide », mais aussi « complet, entier ».

En droit français, l'*obligation solidaire* était une pure affaire de sous, entre des héritiers qui assumaient, pour chacun d'entre eux, la totalité des dettes. Être solidaire de quelqu'un correspondait seulement à partager des intérêts et des engagements, le tout évoquant l'esprit d'entreprise moderne.

C'est dans les circonstances terribles de la Révolution française que le mot *solidarité* s'est mis à exprimer une dépendance réciproque, d'abord pour les choses, puis pour des personnes qui décident de s'entraider.

Cette idée fut peu exprimée tout au long du XIXe siècle, mais depuis une centaine d'années, *solidaire* s'applique à la recherche d'une égalité que la société réelle, concrète, se refusait obstinément à pratiquer. D'où l'ambiguïté du mot et de l'idée. Ainsi, un *impôt de solidarité*, par son caractère obligatoire, manifeste surtout l'impuissance du pouvoir à réduire les injustices.

La solidarité internationale, après la manifestation tragique des malheurs à laquelle on assiste en Asie[1], semble avoir fait des progrès. Non seulement par l'importance de la mobilisation, mais par la prise de conscience d'une situation – on se plaît à le répéter – « sans précédent ».

Ce qui a un énorme précédent, c'est l'inégalité des situations dans les différentes parties du monde. Le tourisme, c'est évident, atténue ces inégalités en aidant l'économie des pays démunis. Mais en faire une activité de solidarité est dérisoire ; en constatant l'horreur du sort des plus pauvres – les populations des zones oubliées, sans tourisme – et en tentant, pour le moment de manière insuffisante et trop tardive, d'être solidaires de ces millions d'inconnus, la solidarité mondialisée devient plus tangible. Les raisons profondes de cet « élan » ne sont pas toutes pures, on le sait. Tant pis ; l'essentiel est que le sentiment qu'il existe une solidarité mondiale ait pu monter d'un cran.

4 janvier 2005

Promesse

Si le verbe *promettre* est clairement apparenté à *mettre*, la *promesse* n'a plus de rapport ressenti avec la *messe*.

Tous ces mots, cependant, viennent du latin *mittere*, qui signifiait plutôt « envoyer » que « mettre », plutôt « laisser tomber » ou « lancer » que « poser calmement ». D'où *promittere* et *promissa*, son dérivé, pour l'idée de laisser aller, laisser filer « en avant », *pro-*.

Du concret au psychologique, la promesse est devenue une assurance ou une prédiction, puis un engagement. On voit l'image : comme on envoie en avant un messager, comme on projette vers l'avenir une intention ou des paroles, on assure qu'un acte sera

1. Le tsunami.

accompli, qu'un événement va se produire. Aujourd'hui, ce sont les mots *prédiction*, côté conviction, et *prévision*, côté raison, qui assument ce dernier rôle, mais la *promesse* en garde le souvenir.

On pouvait prévoir que le mot *promesse* allait avoir un énorme succès dans les relations politiques, comme il en a eu très vite dans la vie juridique et économique.

Les promesses, les assurances, les garanties fleurissent et sont généralement suivies d'effet, faute de quoi le système s'effondrerait. Ce qui n'est pas toujours le cas du côté politique où il s'agit avant tout de convaincre. La parole de promesse fait normalement usage du futur, alors que le conditionnel conviendrait. Mais on passe subrepticement du futur au présent ; de « demain on rasera gratis » à « demain on rase gratis ». Cela n'a l'air de rien, mais n'est pas sans effet.

Un État soucieux de passer pour généreux ne dit pas : « demain ou dans trois mois, je *donnerai* un milliard d'euros », mais « voilà, un milliard ! », ce qui implique le présent. L'avenir, c'est le possible ; un futur que la promesse rend présent. Tout est affaire de temps et le temps n'est ni neutre ni vide. Une intention, une prévision, une promesse ne sont pas des faits. Les faits, on est bien obligé d'y croire, car on les éprouve ; les promesses, on n'y croit que dans la mesure où on a confiance. Une phrase plaisante mais sinistre dit que les promesses n'engagent que ceux qui y croient. Heureusement, c'est une absurdité : l'engagement ne peut être que celui du prometteur (*prometteur* s'écrit depuis le XIIe siècle). Bizarrement, même les promesses auxquelles on ne croit guère ont de véritables effets : elles font en tout cas gagner du temps aux puissants, et le temps, en politique, c'est du concret.

5 janvier 2005

Socle

Parmi les métaphores de l'équilibre, destinées à conjurer la chute et l'échec, le ministère de l'Éducation nationale a choisi le mot *socle*, plutôt que *base*, *soubassement*, *assise*, *soutien*, *support*...

Le mot *socle* est passé au XVIIe siècle en français, venant de l'italien, où *socolo* désignait la base d'une statue ou d'une colonne. Cette origine artistique, dira-t-on, est de bon augure dans la pédagogie ; sauf que ni la statue ni l'ornement architectural ne suggèrent le mouvement. Ce soupçon d'immobilisme s'atténue si l'on considère l'étymologie latine du mot italien. *Socculus* est un petit *soccus*, c'est-à-dire une socque, une chaussure de comique, distincte du cothurne surélevé des tragédiens.

Le socle est beaucoup moins drôle que la socque ; il a perdu le souvenir des comédies de l'Antiquité, parfois hilarantes. À propos, c'est bien dommage que les pièces d'Aristophane soient si difficiles à traduire. Mais bon, Aristophane n'est pas dans le socle des savoirs, qui n'est pas tourné vers la rigolade.

Les socles, au demeurant, ne garantissent pas la stabilité : on vient de constater que le *socle continental* de notre planète – expression proposée il y a cent ans par Vidal de La Blache – était sujet à des convulsions catastrophiques.

Qui ne cherche son socle ? Les partis politiques, un socle d'idées, parfois deux, d'ailleurs ; les ministères, un socle d'approbation, qui leur fait souvent défaut ; les syndicats, un socle d'adhérents, qu'ils préfèrent appeler la *base* – mot plus classique ; George Doublevé Bush, un socle mondial d'estime, en ce moment un peu fêlé. Quant au socle de savoirs que l'école sera chargée de cimenter, il se veut à la fois classique et moderne : classique : langue française, parole et lecture-écriture, calcul sans calculette ; moderne : informatique et Internet. Là, ce n'est plus la socque ni la socquette, mais la planche de surf sur le Web – deux anglicismes sur trois mots.

Tant il est difficile d'établir un socle stable dans un monde qui bouge à toute allure. Les socleurs, mot que je n'invente pas car il existe des socleurs d'art, artisanat délicat, n'ont pas la partie facile : stabiliser ce qui bouge, assurer une marche sans chute – et permettre à nos statues favorites, celles de la Liberté, de la République, de l'Égalité de se dresser fièrement sans tomber dans le pompiérisme décoratif.

12 janvier 2005

Honte

Mot désagréable, mot employé avec courage lorsqu'un chef d'État – en l'occurrence Gerhardt Schröder – en fait l'expression d'une responsabilité collective. C'est le monde entier, pas seulement l'Allemagne, ni même l'Europe, qui doit avoir honte du massacre monstrueux et froidement administratif des Juifs, des Tziganes, des résistants à l'immonde régime nazi. C'est le monde qui doit avoir honte de la Shoah, et aussi, mais autrement – Primo Levi l'a dit avec force –, des goulags staliniens, des bombardements tueurs de civils, des armes de destruction massive engendrées par une science privée de sa conscience.

Un mot de la langue des Francs, qui devait se prononcer *h'aumtha*, désignait l'expression du mépris, puis était passé à l'idée d'agression et d'affront, et enfin à celle d'un déshonneur. Il reste des anciennes significations de l'affront une expression étrange, *avoir toute honte bue*, qui signifie « avoir subi tant de reproches et d'humiliations qu'on n'en n'éprouve plus rien ». Lorsqu'une attitude raciste, une remarque déshonorante, après tant d'indignations exprimées, vient à la bouche d'un personnage qui pense en tirer profit politiquement, on peut dire qu'il a toute honte bue.

Cette honte-là est une accusation. C'est la honte qu'on doit réserver aux tueurs, aux tortionnaires, aux profiteurs de la haine qu'ils entretiennent ou qu'ils suscitent, à tous ceux qui s'attaquent en fait à l'humanité même. À ceux-là, on disait noblement : « honte à vous ! », ce qui ne sert pas à grand-chose, faute de sanction.

La honte s'est intériorisée ; elle est devenue un sentiment pénible d'avoir mal agi, sans attendre les reproches. On ne doit plus la honte qui vient des autres, on éprouve celle qu'on s'adresse à soi-même : on *a* la honte, comme d'autres ont la haine. Cette honte-là s'appelle « remords », « repentance », et finalement « conscience morale ». Enfin, si l'on a honte d'une attitude collective, on accepte de prendre part à une mémoire de la responsabilité, même sans culpabilité personnelle.

J'admire la reconnaissance des Allemands d'aujourd'hui à l'insulte que le nazisme a adressée à l'humanité et à leur pays. Tous les Français doivent avoir honte de la Milice et de Vichy. Les anciens nazis, les antisémites n'ayant pas souvent cette honte, on ne peut que leur faire honte. D'autres, pour mieux évacuer la honte, en viennent à nier les évidences honteuses. Le négationnisme est une honte retournée. Ce sont les antinazis, les antiracistes, les justes qui acceptent d'avoir honte, de se sentir responsables.

26 janvier 2005

Camp

Par l'effet d'une histoire atroce, celle du XXe siècle et surtout du XXe siècle européen, un mot innocent est devenu en un demi-siècle l'un des symboles de l'horreur.

Ce mot, *camp*, semble n'être que la forme picarde de *champ*, comme la *campagne* n'est qu'une variante du mot *champagne*, devenu nom de région. À la fin du Moyen Âge, un camp est un terrain militaire ; *lever le camp*, un peu plus tard, correspond au départ d'une armée.

C'est pendant la guerre entre l'Empire britannique et les colons néerlandais d'Afrique du Sud, les Boers, qu'apparaît une expression anglaise qui va devenir épouvantable : *concentration camp*, *camp de concentration*. En Angleterre, en France dès 1916, on regroupe dans de tels camps des étrangers présumés hostiles. Ces prisons collectives et préventives, c'était déjà une anomalie juridique, analogue à celle de Guantanamo aujourd'hui. Après l'attaque japonaise de Pearl Harbor, les États-Unis avaient déjà enfermé et « concentré » des citoyens d'origine japonaise dans des camps.

Mais rien à voir avec l'évolution du mot allemand *Lager*, qui correspond à « camp ». Là, un régime dictatorial, ouvertement raciste et antisémite, persécute ses minorités, vise à les massacrer en refusant leur humanité, au nom de théories stupides nées en Angleterre et en France. N'oublions jamais la nature française du système de haine exprimé par Drumont, avant Céline, ni la pseudoscience inepte de Vacher de Lapouge, inspirateur des théoriciens nazis. Le système des camps est donc devenu, en Allemagne nazie, en Russie soviétique, un moyen pour regrouper, isoler, maltraiter, exploiter de manière inhumaine, non plus des prisonniers de guerre, mais des communautés entières. Le système *concentrationnaire*, mot créé en 1945 par David Rousset, est devenu un cancer dans certaines dictatures. En outre, on s'aperçoit avec horreur que le mot *les camps* recouvre une réalité épouvantable : apparaissent alors les expressions *camp d'extermination*, *camp de la mort*, qui disent la vérité inimaginable de ce que cachaient les expressions *camps de travail* ou *de concentration*. Le travail, dans ce système, est une mise à mort programmée, sous le célèbre slogan, comble d'infamie et de mensonge cynique : *Arbeit macht frei*, « le travail rend libre ». Le pauvre mot *camp*, *Lager*, qui n'y peut rien, est devenu l'accusateur de cette bureaucratie du massacre et de l'inhumanité absolue : par les camps, les responsables nazis ont minutieusement organisé la négation de la nature humaine.

Souvenir personnel : à la Libération – c'était à Clermont-Ferrand –, j'ai vu la photo d'un homme nu, dans une niche à chien. Cet homme était juif, la photo venait d'un camp nazi. J'avais seize ans. Je n'oublierai jamais.

27 janvier 2005

Grippe

L'état de santé du pape Jean-Paul II étant présenté comme un peu meilleur par le Vatican, que nous ferons semblant de croire, on peut évoquer le mot très courant par lequel on désigne son mal : la grippe. C'est si banal, la grippe en hiver, qu'on s'inquiète peu quand on entend le mot.

Certes, aggravée par l'âge et par les maladies qui affectent les fonctions respiratoires, la grippe peut être grave, et tuer. Mais enfin, on est relativement rassuré : en français, la grippe, le rhume ne font pas peur.

Pour la première nommée, c'est assez paradoxal : depuis qu'on connaît la cause du mal, de nombreux virus changent volontiers de nature et résistent aux traitements. Lorsqu'on donne au nom *grippe* des adjectifs d'origine : grippe espagnole, asiatique, sans parler des virus transmis par des animaux : grippe aviaire, on voit bien que *grippe* peut être synonyme d'épidémie terrible[1].

Et puis, le mot lui-même n'est pas si innocent. *Grippe* est en rapport avec *gripper*, verbe qui nous vient des Francs, d'abord sous la forme *agripper.* La racine *grip-* semble une modification de *grif-*, dont le sens est resté clair pour nous : griffe.

Ce mot *grippe* a une histoire assez riche : une « grippe » fut d'abord une griffe, une dent pointue, au figuré une dispute ou un incident qui arrive brusquement, tout ce qui saisit, y compris une lubie soudaine. On aurait pu entendre dire, au XVIIe siècle, dans un débat animé : « Mais quelle grippe vous prend ? » Aujourd'hui, c'est une « mouche » (fausse mouche : abeille, taon) qui pique. Il reste, de ces emplois disparus, l'expression *prendre quelqu'un en grippe*, « avoir envers lui ou elle une soudaine antipathie ». Ignorant tout des causes d'un mal qui vous agrippe, vous prend en grippe, vous accroche et vous met à plat sans prévenir, on le décora du nom de *grippe.* Au XXe siècle, les moteurs aussi sont grippés.

On avouera que, pour la précision scientifique, nécessaire au

1. L'année 2006 allait donner à *grippe aviaire* une actualité effrayante, au point que, le terme paraissant trop bénin, on allait parler de *peste aviaire*, comme le faisaient les vétérinaires.

vocabulaire médical, on peut faire mieux. La médecine a rattrapé le coup en décrivant les virus responsables, qui mériteraient d'être griffus et agrippants, et en les combattant. Quand apparaît l'adjectif *grippal*, on en sait déjà plus, avec *antigrippe*, peu après 1920, on commence à guérir.

Mais on aurait tort d'oublier d'où vient le vocable. L'organisme humain est soumis à des attaques aussi brusques que variées. Nous sommes agrippés, attrapés, coincés par quantité de maux. Selon les convictions, on parlera de volonté divine, de destin, de hasard ou de nécessité. Le pape, que le monde admire pour sa volonté indomptable, n'échappe pas au sort commun. On lui souhaite de se dégripper au plus vite, ce qui n'empêche pas de préparer la succession. Quel cardinal va être agrippé par le pontificat suprême ?

3 février 2005

Réconciliation, 2

Dans les relations un peu houleuses entre les États-Unis et la France, symbole de la « vieille Europe », l'atmosphère est au réchauffement, c'est-à-dire à la réconciliation. *Réconcilier*, *réconciliation* sont des mots religieux, pris directement à des composés latins et non pas fabriqués en français. Pendant longtemps, la réconciliation fut réservée aux rapports entre l'être humain et Dieu, rendus harmonieux par la foi religieuse. Aujourd'hui, cependant, il ne s'agit pas de suivre les « évangéliques » des États-Unis et le pieux George W. Bush pour les rejoindre dans une prière commune.

La laïcisation des réconciliations ne provient pas de ces mécréants de Français. Car, en latin déjà, *conciliare* signifiait « assembler, réunir », pour discuter, et surtout pour faire des affaires, conclure des marchés, ce qui suppose qu'on aplanisse les différends et les oppositions. Le mot est apparenté à *concilium* – lui aussi accaparé par l'Église, avec *concile*, mais qui était en latin une convocation à une assemblée – et à *conciliabulum*, d'abord « lieu de réunion », puis « conciliabule ».

Mots de la discussion politique ou économique, et dont l'histoire souligne le caractère pragmatique, ce qui peut être de bon augure en politique.

Mais *réconcilier*, *reconciliare*, d'abord « réparer, remettre en état », autrement dit *recréer*, renforce *concilier* et va plus loin. Concilier des positions, c'est les rendre compatibles ; concilier des personnes, les rendre capables de s'entendre sur une question précise. En France, on n'en est pas à concilier la majorité et la gauche sur les trente-cinq heures : le concile du Palais-Bourbon et ses conciliabules ne fonctionnent pas. De toute façon, même conciliés, les opposants politiques ne sont pas pour autant réconciliés.

En effet, la réconciliation est psychologique et morale, alors que la conciliation est fonctionnelle. On peut se demander où on en est, entre le gouvernement des États-Unis et la France : conciliation, autrement dit diplomatie, ou bien réconciliation, c'est-à-dire amitié retrouvée, et *French fries* récupérées[1]. En fait, la conciliation concerne les gouvernements, avec leurs politiques difficilement conciliables, alors que la réconciliation doit concerner les peuples. Fini, l'« antiaméricanisme primaire » comme l'hostilité étatsunienne à l'égard des mangeurs de grenouilles et de frites ? La Fayette, nous revoici !

8 février 2005

1. On se souvient que, la France étant accusée de vouloir empêcher les États-Unis de sauver la liberté du monde en envahissant l'Irak, les pommes de terre frites, appelées en bon anglais *French fries*, avaient été rebaptisées médiatiquement *Liberty fries*. Voir la chronique du 22 février : *Divergences*. Sur *réconcilier*, dans un autre contexte, voir la chronique du 14 décembre 2000.

Mammouth

La complexité des problèmes que posent les intentions de réforme de l'Éducation nationale, en France, n'incite pas à s'en tenir aux pauvres mots.

Mais il en est un, à côté d'*éducation*, d'*enseignement*, d'*école*, un mot qui n'a rien à voir avec l'apprentissage de la lecture. C'est la métaphore d'un ministre qui partait allègrement en guerre contre un énorme système et ses pesanteurs : le fameux mammouth, qu'il s'agissait de dégraisser.

L'auteur de cette métaphore agressive étant un scientifique éminent[1], elle était cohérente : le mammouth est un animal gigantesque, d'aspect impressionnant. Cependant, ce n'est pas le représentant d'une espèce en péril, mais d'une espèce disparue, conservée par le froid sibérien. Le mammouth nouveau, ou plutôt révélé, impressionna au XVIIIe siècle la communauté scientifique, lorsqu'on découvrit ce super-éléphant velu, muni de magnifiques défenses recourbées.

En effet, on constate fréquemment que le mammouth éducatif national, en France, a de la défense. L'ancien ministre, en prétendant le dégraisser, semblait compter sur son immobilité définitive de fossile, ce qui était présomptueux. Depuis lors, on éprouve que chatouiller et risquer de réveiller ledit mammouth est une opération dangereuse.

Mammouth, le mot, avec son *th* final hérité de l'anglais – combien d'élèves de 6e savent aujourd'hui l'écrire ? –, est passé d'une langue sibérienne au russe et, de là, aux idiomes d'Europe occidentale et du monde. La langue anglaise, pionnière en paléontologie, le diffusa, non sans l'employer au figuré pour exprimer l'énormité, avec d'autres mots éléphantesques. La langue française fit de même, mais il fallut l'irritation du réformateur devant certaines pesanteurs pour rapprocher cet animal fossile de l'école nationale, pourtant porteuse de l'avenir et dont il serait dramatique qu'elle en restât à l'ère quaternaire. Les métaphores ont leur limite : les enseignants, même militants socialistes, ne sont absolument pas

1. Claude Allègre, géologue et ministre socialiste.

des « éléphants » ; les écoliers et étudiants, encore moins. Ils et elles contestent, c'est un fait ; mais ce n'est pas une raison pour les traiter de fossiles, même superbes.

Si je cédais à une mode que je trouve ridicule, je dirais qu'il faut se méfier de la « mammouth attitude », qui consiste à fossiliser ce qu'on veut faire bouger. On a le droit de déplorer certaines difficultés à se mouvoir, mais il faut voir, derrière le mammouth, des enfants, des ados et des enseignants, avec des convictions et un idéal bien vivants.

15 février 2005

Divergences

Finies, les bisbilles apparentes, les nervosités réciproques, les vengeances mesquines, du style « frites de la liberté[1] ».

Mais pas finies, les divergences sensibles lors des retrouvailles de M. le Président Bush le jeune avec Mme Vieille Europe et ses représentants. Divergences, nous dit-on, sur l'Iran, sur la Syrie ; quant à l'Irak, quant au rôle de l'Otan, restons discret, cela pourrait fissurer la réconciliation. Mais « convergences » par exemple sur le Liban, sur la Palestine.

Les disputes, les brouilles, les discordes sont affectives, subjectives ; les divergences objectives : on peut les constater sans s'énerver. On sent bien ce qui sépare la divergence du différend. Le mot *divergence* est une création scientifique, que nous devons au grand astronome Johannes Kepler, qui créa en latin le terme *divergentia*, d'après le participe présent du verbe *divergere*. *Diverger* et *converger* disent l'écartement (*dis*) ou au contraire le rassemblement (*cum*) par rapport à *vergere*, qui exprimait la direction. Si on y va ensemble, on converge ; si on s'écarte, on diverge.

Les divergences, d'abord purement scientifiques – on les trouve en physique, en botanique – deviennent humaines et intellectuelles

1. Voir la chronique du 5 février : *Réconciliation*.

au début du XIXe siècle. Le mot a gardé de son origine un côté calme : la divergence des opinions, comme celles des rayons lumineux, ça se mesure, c'est un désaccord constaté. En l'appelant *divergence*, on suggère qu'on peut contrôler et atténuer cette différence d'appréciation.

Le gouvernement de George Bush II, sans rien changer sur l'essentiel, désire visiblement calmer le jeu : légère convergence, donc. Sur le plan anecdotique de la frite, la langue anglaise revient aux *French fries*. Mais il faudrait évoquer la frite belge, frite admirable, frite originelle et résistance légitime aux frites mondialisées de MM. McDonald's, que les petits Européens avides d'obésité aiment bien, d'ailleurs. On voit par là combien la convergence est délicate, lorsque les divergences sont sérieuses : entre convergence et divergence, il ne reste qu'une position, c'est le parallélisme. On n'en est pas là.

22 février 2005

Prescrire

Ce qui m'a conduit ce matin vers le verbe *prescrire*, c'est l'adjectif *imprescriptible*, employé par Jean-Pierre Raffarin à propos de la dette morale de la France à l'égard des Juifs. Pas facile de faire le lien entre *prescrire* et *imprescriptible*, qui signifie « immuable, impossible à modifier ». Ainsi, les droits de la personne, de l'homme et de la femme, sont imprescriptibles.

On s'y retrouve un peu lorsqu'on évoque le mot *prescription*, qui signifie à la fois le fait d'ordonner – une ordonnance médicale, par exemple – et le fait de lever, de supprimer une obligation : quand il y a prescription, une faute passée n'est plus punissable. Rien de très logique dans les emplois de *prescrire* et *prescription*. Ajoutez que *prescrire*, c'est obliger, ordonner, alors que *proscrire*, c'est interdire.

Pourtant, l'origine des deux verbes est très voisine : *scrire*, c'est *escrire*, du latin *scribere*, *pré-*, c'est « devant », et *pro*, c'est « en avant ». Subtil, non ?

En latin, *praescribere*, comme *proscribere*, c'était « écrire devant, en tête, en premier », « donner un titre à un écrit », ou bien « afficher, mettre en avant ». Pour les contenus, tout dépend de la suite : on peut afficher un ordre ou au contraire une interdiction, on peut *pro-poser*, chercher à *im-poser* ou au contraire à interdire. Écrire, c'est poser.

En ce sens, la *prescription-proscription*, c'est la politique même. Le pouvoir, la règle, le droit, les principes s'inscrivent aux frontons, font les titres de lois : ce qui est inscrit dans le marbre est à la fois *prescrit* et *imprescriptible*. Logiquement surprenant. Mais l'usage de notre belle langue (et celui des autres, en général) se fiche totalement de la logique. Ainsi, en droit, la prescription permet d'acquérir un bien ou au contraire de faire disparaître une obligation , dans l'usage courant, c'est un ordre, une recommandation ou au contraire la fin d'une situation.

Les réformistes rêvent de prescrire ; les conservateurs de proscrire ; les pessimistes, devant les difficultés, pensent que « c'est écrit dans le ciel » – prescription suprême –, les optimistes, qui ont cessé d'être révolutionnaires, aimeraient que les acquis sociaux soient imprescriptibles, ce que contestent les réalistes, qui comptent les sous. S'il y a une chose imprescriptible dans ce monde, c'est bien l'argent. Les débats durent depuis si longtemps qu'on a envie de dire : « Arrêtez, il y a prescription. » On dirait que la prescription elle-même est imprescriptible.

16 mars 2005

Dumping social

La fascination du français pour la langue anglaise, on le sait bien, a des zones privilégiées : le sport, l'informatique et, bien entendu, l'économie dite mondialisée, c'est-à-dire prise au « modèle » étatsunien. *Dumping*, le mot – la chose était ancienne – apparaît en anglais à la fin du XIXe siècle. Les économistes français sautent dessus et la thèse d'un spécialiste importe le mot. Le dumping est un diable surgi dans l'économie mondiale, avant la guerre de 1914. Le mot est créé pour dénoncer l'exportation à prix cassés : on y voyait une arme de guerre économique, puis, après 1945, une forme de guerre froide. L'idée, pas toujours exprimée, était que les prix normaux étaient ceux que fixaient les puissances économiques établies. En les cassant, les prix, les autres brouillaient le bel équilibre. Du coup, l'antidumping apparaît aux États-Unis, peu après 1920.

Il y a une quinzaine d'années, on a parlé en France de *dumping social.* C'était à propos des rémunérations illégales, scandaleusement basses, qui, malheureusement, n'ont pas disparu. Le spectre d'un tel effondrement des salaires hante la trop fameuse directive dont le nom – néerlandais, non pas allemand – nous pose un problème phonétique : disons donc Bolkestin, pour faire simple, et pas « -chtaïnn », pour faire allemand.

Dumping, à propos, qu'est-ce ? Un mot anglais, d'accord, mais d'origine scandinave, signifiant « tomber », et « faire tomber ». *To dump*, « déverser, jeter » : le *dump* est une décharge publique, un dépotoir. En outre, dans la langue populaire, on s'en excuse, *to dump* correspond à notre *chier.* Ainsi, appeler *dumping* une pratique économique, ce n'était pas neutre, c'était même insultant. En français, *dumping* a perdu cet aspect répugnant, et c'est dommage, car le *dumping social*, dont il est question pour l'Europe, est une vraie saloperie. En effet, ce qu'on met à la poubelle, à la décharge, ce ne sont plus des marchandises ou des prix, ce sont les fameuses « ressources humaines », de vraies gens, comme vous et moi. À la poubelle, le *dumping social*, c'est écrit dans le mot. C'était la petite leçon d'anglais du matin.

23 mars 2005

Hagiographie

Au-delà du respect, et souvent de l'admiration à l'égard d'un homme exceptionnel, une cataracte médiatique a, hier et avant-hier, pratiquement interrompu toute autre nouvelle[1].

Les médias exprimaient, cependant, au bénéfice d'une communauté de croyances et d'une institution ancienne et mondiale, l'Église catholique et romaine, un espoir, un rêve partagé par l'humanité entière. Une série de mots incarnent ce rêve : on pense à *saint*, à *sacré*, venus du latin, et au modèle grec de *sanctus*, *hagios*, qui a donné *hagiographie*.

C'est à une gigantesque hagiographie qu'a donné lieu, après une agonie qui méritait ce nom (*agôn* signifie « lutte »), la mort du *Pontifex Maximus* de l'Église romaine. Le grec biblique *hagios* utilise un mot existant pour traduire l'hébreu *qadosh* et il est rendu en latin par *sanctus*, lui-même dérivé d'un verbe signifiant « rendre inviolable, reconnaître pour sacré ». *Sanctus*, apparenté à *sacer*, « sacré », *hagios* et son modèle hébreu traduisent l'idée d'un domaine surhumain, réservé, à la fois dangereux et protecteur.

Est « sacré » ce qui est ainsi par nature, ou, pour le sceptique, ce qui est cru tel ; est « saint » ce qui rejoint ce domaine par des rites. Le cardinal polonais Wojtywa (je sais, ça s'écrit Wojty-ła, avec un *l* barré) est ainsi devenu *saint*, *hagios*, en étant élu par un conclave chef de l'Église romaine, qui se veut *catholique*, en grec « universelle ». Sur ce plan, qui est celui du religieux et du sacré, il relève bien de l'hagiographie. Or, il se trouve que, sur le plan humain, que l'on croit ou non au dogme, Jean-Paul était proche de l'idée qu'on se fait laïquement d'un saint : humain, généreux, courageux, sincère, à l'écoute de l'autre, des jeunes et même des croyants d'autres religions (les athées, ça passait moins bien). Étant l'expression du sacré dans l'homme, la sainteté ne tolère ni la contradiction ni la nuance ; elle cherche à représenter l'absolu là où il ne peut se trouver : dans l'être humain. *Hagios*, *sanctus*, *qadosh*, c'est la fonction rituelle. Dans le catholicisme, c'est encore un rite, la

1. À l'occasion de la mort du pape Jean-Paul II.

canonisation, qui confère ce caractère à un être humain. Cependant, dans une canonisation, on entend les arguments qui peuvent s'opposer à cette accession : cela s'appelle l'« avocat du diable ». Il faut admettre que dans nos médias, la voix de l'avocat du diable était hier des plus fluettes. Il me semble que, ce matin sur France Inter, la chanson médiatique était plus riche et plus contrastée. Et notre invité Régis Debray dit des choses si intelligentes que je me demande s'il n'est pas, plus que son avocat, le diable lui-même...

4 avril 2005

Décollage

Donc, le gros bébé volant d'Airbus a décollé, hier, à Blagnac, puis il a volé avant d'atterrir, ce qui semble normal et évident pour cet objet fabriqué que nous appelons *avion*, mais ce qui est techniquement admirable.

Vous avez remarqué la variété de ce vocabulaire aérien (du latin *aer*, « l'air ») : *décoller*, composé de *colle*, *voler*, « se déplacer dans les airs », un mot d'oiseau, *avis* en latin, d'où *avion*, et enfin non pas *recoller*, qui serait logique, mais *atterrir*, « rejoindre la terre ». On ne dit pas *déterrir*, ni *dessoler*, pour « quitter le sol », mais *s'envoler*, où l'on retrouve le *vol* des oiseaux. Tiens, *voler*, autre curiosité du langage : la chasse aux faucons, la fauconnerie, disait « le faucon vole sa proie », d'où, pour le verbe *voler*, le sens de *dérober*, qui ne veut pas dire seulement « piquer une robe »...

Je pourrais continuer longtemps : presque tout, dans notre parler, est incongru, illogique, inattendu. *Décoller* était, très normalement, un verbe technique, correspondant à *coller*, *recoller*, *encoller*, tous évoquant la *colle*, mot venu du grec *kolla*, terme indo-européen désignant une gomme, une colle végétale. Peut-être parce que les premiers aéroplanes étaient faits de bois et de toile assemblés à grands coups de colle et de clous, le verbe *décoller*, qui exprimait depuis plus de six cents ans la séparation de deux parties collées ensemble, fut employé par les courageux et obstinés aviateurs du début du XXe siècle à propos d'un *aéroplane* qui parvenait à quitter durablement le sol. Expression familière et imagée d'aviateur, qui incite à d'autres métaphores : « Comme un aviateur qui a jusque-là péniblement roulé à terre, "décollant" brusquement, je m'élevais lentement vers les hauteurs silencieuses du souvenir. » Voilà ce qu'écrivait superbement Marcel Proust. Aujourd'hui, personne ne rapproche le *décollage*, qui correspond au figuré au *démarrage* – ce sont les bateaux qu'on amarre et qu'on démarre –, du *décollement* (déplaisant comportement pour une rétine).

Décoller et *décollage*, d'abord plaisanteries, ont pris du galon : en « s'envoyant en l'air », comme l'écrivent nos spirituels titreurs de journaux, l'avion d'Airbus évoque un décollage économique européen, c'est-à-dire un bon départ. Cependant, le lundi de Pentecôte travaillé[1], de même que le oui au référendum européen, ont du mal à décoller. Nous vivons dans la métaphore, et la colle, substance adhésive fort utile, avait donné l'exemple. Ne dit-on pas d'une personne ou d'une chose qui nous obsède que c'est un vrai *pot de colle* ? Le *décollage* exprime l'espoir face à ce qui est englué.

28 avril 2005

Lundi de Pentecôte

On se souvient peut-être d'une phrase mémorable prononcée par Jean-Pierre Raffarin pour qualifier les difficultés de l'action gouvernementale – déjà – : « la route est droite, mais la pente est forte ». On comprenait que cette *pente* était une montée, ce qui s'appelle aussi une *côte*.

Par un calembour inconscient et virtuel, la *pente* et la *côte* sont aujourd'hui, pour le gouvernement, la récupération d'heures de travail le lendemain de la « Pentecôte », par définition un lundi, en

1. Voir la chronique du 2 mai : *Lundi de Pentecôte*.

latin « jour de la Lune », *Lunae dies.* Le nom *Pentecôte*, cependant, n'est pas latin, mais grec. Il ne suggère aucun contenu, ni sacré, ni profane, ni férié, ni travaillé, mais bien un compte : *pentê-kostê hêmera* : « le cinquantième jour ». *Pentê*, c'est « cinq », comme dans *pentathlon*, « cinq sports », ou *pentateuque*, les « cinq livres » de la Bible, et même *pentagone*, innocente figure géométrique à « cinq côtés », devenue le centre militaire le plus puissant du monde.

Le mot grec, « cinquantième », donc, désigne le 50e jour après la fête de Pâques ; il est fait par imitation de l'hébreu, qui disait *abu'at*, « fête des semaines », fait sur *šeba'*, « sept » – d'où *shabat'*. La Pentecôte chrétienne correspond, pour la date, à la fête juive des semaines, cette Pentecôte – toujours le dimanche – arrivant avec la septième semaine après Pâques.

Le nom de cette fête est simplement un chiffre. Mais les mots n'aiment pas trop ces abstractions : la Pentecôte est devenue dans les têtes la célébration de la descente du Saint Esprit sur celles des Apôtres éberlués, sous forme de « langues de feu ». Pas de polémique autour de la Pentecôte, en Grande-Bretagne, où le nom courant de cette fête, *whit*, le lundi étant *whit monday*, désigne explicitement l'Esprit. Le « don des langues », pour enseigner toutes les nations, c'était le moyen de la propagande, *propaganda fide*. On dirait que cette aptitude s'est affaiblie, car la communication pour un lendemain de fête travaillé n'est pas très réussie. Cela permet de rappeler que, dans *jour ouvrable*, il ne s'agit pas d'*ouvrir*, mais de l'ancien français *ouvrer*, *operare*, « travailler ». Ainsi, l'idée d'un lundi de Pentecôte laborieux, « ça va comme un lundi », c'est-à-dire assez mal[1].

2 mai 2005

1. Longue affaire, que cette tentative avortée : voir les chroniques des 28 août et 29 octobre 2003.

Mécène

Beaucoup plus noble que le *sponsor*, mot pris à l'anglo-américain il y a cinquante ans, le *mécène* évoque encore pour nous son origine latine, faite de générosité et de munificence – à distinguer de la magnificence.

Et il est vrai que le personnage qui a fourni ce nom n'était pas n'importe qui. Caius Cilnius Maecenas, né dans une grande famille étrusque vers l'an 69 avant l'ère chrétienne, était noble, très riche, poète, admirateur de plus grands que lui, ce qui est remarquable, et ouvrait ses résidences de Rome et de Tibur (Tivoli) à Virgile, à Properce, à Horace, le gratin de la littérature latine. Cela, avec la bénédiction de Caius Julius Caesar Octavianus Augustus, neveu de notre César, et empereur de son état. C'est sur ce modèle que les grandes familles princières d'Italie, les Médicis, les Strozzi, ont inauguré le mécénat d'État. Jaloux de leurs époustouflantes réussites artistiques – on ne disait pas encore « culturelles » –, François, non pas Pinault[1], mais Ier, prit cette voie : financer les artistes. C'est sous son règne que le mot *mécène* apparaît en français, mais on devine que le système qui tente d'organiser la production artistique en fonction d'une véritable politique est plus tardif. Sous Louis XIV, le peintre Charles Le Brun fait figure de sponsor en chef, ce qui n'est pas incongru, car *sponsor* est bien un mot latin, dérivé de *spondere*, « s'engager ». La conception un peu spéciale du mécénat d'État par un général corse devenu empereur remplit les musées français de chefs-d'œuvre de l'art italien et égyptien, ce qui retient mon nationalisme culturel – et bien naturel – de protester contre le déménagement à Venise des collections d'un mécène d'aujourd'hui. Nous qui pensions qu'il ne fallait pas désespérer Billancourt ! Consolons-nous ; l'île Séguin ne s'enfonce pas dans une lagune.

On voit par ces raccourcis historiques que le mot *mécène* a bien changé. Il cachait ou affichait une volonté politique monarchiste ;

1. On venait d'apprendre que cet industriel amateur d'art avait renoncé à installer dans l'île Séguin, à Billancourt, une grande fondation d'art contemporain et envisageait pour elle un palais vénitien.

aujourd'hui, il témoigne d'un pouvoir économique et financier. Le mécène d'aujourd'hui, apparu – bien sûr – aux États-Unis, ne détient pas le pouvoir politique, et doit s'accommoder de celui des administrations. La bureaucratie, les tracasseries, la lenteur et la lourdeur administratives sont-elles antiartistiques et anticulturelles, alors que l'entreprise capitaliste serait devenue le moteur de la création et de la communication culturelles ? On s'interroge.

Dernière remarque : le mécénat, comme l'art, doit-il rester national ? J'entends les lamentations de tous ceux qui voient cette fondation d'art contemporain – où l'art français figure, heureusement – s'envoler pour Venise, qui n'a pas besoin de plus de lustre. Moi qui croyais qu'on voulait faire l'Europe...

10 mai 2005

Indécis

Un mot négatif a pris, depuis quelques jours, de l'importance en France : c'est *indécis*, appliqué à une situation particulière : la requête d'avoir à exprimer une opinion binaire, oui ou non, vis-à-vis du projet constitutionnel pour l'Union européenne. L'indécis est souvent présenté comme un pauvre irresponsable.

L'inverse d'*indécis*, dans notre langue, belle mais peu régulière, n'est pas *décis*, mais *décidé*. Le verbe latin *decidere* a pour participe passé *decisus*, d'où *indecisus*, repris en français, peu après l'apparition du verbe *décider*.

Decidere, c'est une image, celle de « trancher », car le verbe renforce *caedere*, « couper », conservé discrètement par le mot *ciseau*, et par *excision*, assez sinistre.

Ce qui est *indécis* n'est pas tranché, n'a pas fait l'objet d'une décision, et aussi n'est pas clair, pas net. Est-ce le cas du texte soumis à notre sagacité, collective et individuelle ? Ce texte est-il clair ou confus, précis, défini ou indéfini et imprécis, distinct ou flou, lumineux ou nébuleux ? C'est déjà une question, mais préalable, car ce n'est pas celle du référendum. Demander si le projet de texte doit être accepté ou rejeté suppose qu'on peut répondre *oui* ou *non* et, donc, qu'on peut déchiffrer le texte, ses intentions, ses enjeux, et prévoir ses résultats pour notre vie future. Hypothèse que les décidés, les résolus admettent sans hésiter : ils savent, ils prévoient, ils jugent, ils sont sûrs.

L'adjectif est donc passé de l'imprécision, dans les choses (on ne dit guère, mais on le pourrait : « ce projet de Constitution est indécis ») à la difficulté de se déterminer, pour les personnes. Ce sont des millions de citoyennes et de citoyens qui sont indécis, hésitants, perplexes, embarrassés, pour ne pas dire bien emmerdés. Le moraliste Vauvenargues, qui usait d'un plus joli français, a écrit : « la conscience est inquiète dans les indécis ». *Indécis* ne veut pas dire « indifférent » : l'indécision peut fort bien procéder d'une sagesse et de quelques craintes : celles d'être conduits par la passion et non par la raison, d'être manipulés par ceux et celles qui ont la parole publique. Les raisons d'hésiter ne manquent pas.

Cependant, la décision et le volontarisme sont nécessaires pour l'action. Le scepticisme, qui peut être une philosophie, favorise l'indécision. Mais la règle du jeu démocratique exige que les citoyens s'expriment, et celle du référendum ne connaît que deux positions : oui et non. C'est très découpé, c'est binaire, c'est digital, et pas du tout analogique. On n'est pas forcé de pratiquer la règle qui dit : « découpez selon le pointillé », quand on n'a pas compris le pointillé. L'indécision irresponsable, indifférente, n'est pas compatible avec la démocratie, mais l'indécision par modestie et prudence, je la trouve plutôt respectable.

25 mai 2005

Tandem

Pour désigner deux personnes chargées d'accomplir une même tâche, le français dispose de mots comme *duo*, qui n'est pas forcément comique, comme *attelage* ou *tandem*, ou bien du nom de certains objets doubles. Le titre de *Libération* fait de Dominique de Villepin et de Nicolas Sarkozy les *béquilles* de Jacques Chirac. Comparaison sévère, et pour les soutiens, car *béquille* est dérivé de *bec*, et pour le béquillard. Plus neutre, l'expression aujourd'hui vélocipédique qu'est *tandem*. Au sens figuré d'« association de deux personnes », *tandem* est un mot plus que centenaire ; il doit son emploi usuel, au début du XXe siècle, au succès de la petite reine, et fait irrésistiblement penser à cette bicyclette à deux, où les pédaleurs ne sont pas côte à côte, mais l'un derrière l'autre. On nous parle bien d'un numéro un et d'un numéro deux. Un autre élément est la solidarité fonctionnelle ; si les tandémistes s'entendent mal et ne pédalent pas au même rythme, rien ne va plus, et c'est la chute. Le tandem, désignation anglaise, apparaît en 1880 sous la forme *bicycle tandem* : les Français s'en emparent vite, mais le mot était plus ancien au sens d'« attelage de deux chevaux, placés l'un derrière l'autre » et, comme on dit, en flèche. Le tandem du XIXe siècle était un cabriolet très distingué : si vous lisez ou relisez *Nana*, le roman de Zola, vous y trouverez un banquier accompagné de son laquais conduisant un tandem, et qui – je cite – « allongeait un fouet immense, lançait les deux chevaux attelés en flèche ». On imagine un dessin politique avec Jacques Chirac juché sur son « tandem », fouettant ses allègres pur-sang. Changement de décor quand le tandem devient bicycliste : plus de banquier, mais deux prolos, en copains ou en couple d'amoureux, pédalant vers le bonheur grâce aux lois sociales du Front populaire. Devinez laquelle des deux images évoque le tandem Villepin-Sarko ?

Un des paradoxes du tandem est qu'il n'a que deux roues, avec deux selles, deux pédaliers et deux guidons, dont l'un sans autonomie ; aussi les Anglais, gens prudents, avaient prévu un tandem tricycle, pour plus de stabilité.

On peut jouer avec ce mot, puisque son origine même est digne du *non sense*. *Tandem*, c'est du latin ; ça veut dire « enfin, en fin de compte ». Les étudiants anglais, traduisant *tandem*, l'adverbe latin, par l'expression *at lenght*, « à la fin », mot à mot « en longueur », l'appliquèrent à l'attelage en long, et voilà le *tandem* devenu cabriolet à deux chevaux « en long ». Imprévisible et saugrenu. Malgré cette origine ironique, le tandem est devenu un objet technique sympathique, mais source de métaphores ambiguës.

1er juin 2005

Litige

C'est l'un des mots clés du droit, qui s'entend fort bien avec *procès* et avec *contentieux*. Tous trois d'origine latine, de même que *contestation* – ce qui nous rappelle que notre justice a hérité du droit romain –, ces mots sont inégalement courants. Le plus connu est aussi le plus hypocrite : *procès* ne signifie que la progression d'une affaire, comme dans *procédé* ou *processus*, histoire de rappeler qu'un procès, c'est long, progressif, interminable. En revanche, le *contentieux* est agressif, car *cum tendere* signifie « tendre avec force vers un objectif, qui s'oppose à un autre », c'est-à-dire se bagarrer. Avec le *litige*, mot pourtant harmonieux par le son, on est franchement dans la dispute, la querelle, le débat méchant. Le mot latin *lis*, *litis*, sans rapport avec *lilium*, la fleur de lis, est juridique : deux positions adverses, des témoins, un juge, ce que nous appelons un procès. Le dérivé *litigium* appartenait à la langue courante ; nous dirions bagarre, bisbille, chicaya...

Aujourd'hui, *litige* et *litigieux* sont des mots sérieux ; ils évoquent la complexité des intérêts opposés, les difficultés d'appréciation, et des affaires embrouillées. Et quand le litige porte sur des sommes énormes, comme il arrive avec les banques, il devient quasiment affaire d'État.

Le côté juridique du mot n'est pas exclusif : on ne parle plus des *litigants*, qui étaient des plaideurs, du verbe *litigare*, « plaider ». Nous avons parfois besoin de « litiger », cependant, et le verbe serait commode. Certains litiges se règlent à l'amiable, à coups de transactions, de médiations, de marchandages ; mais un litige ainsi arbitré, réglé, tranché, n'en est plus un.

Un vrai litige est une bataille en cours, avec accusations et récusations, et parfois révélations. À propos du différend entre le litigant Bernard Tapie, qui accuse, et la banque à laquelle il ne fait plus aucun crédit, lyonnais ou pas, on entend parler de « déballage », ce qui n'est pas très juridique. Marchandage et déballage ne sont pas les mamelles du litige. Ce mot gracieux et redoutable a des contenus plus sérieux, comme cette question : y a-t-il une morale des affaires ? Les grands litiges disent plutôt : « tous les coups sont permis », mais au moins, la justice permet de les rendre. On pense à un match de boxe, ce qui ne doit pas déplaire aux tempéraments combatifs. D'ailleurs, on disait des procéduriers qu'ils étaient litigieux, alors que cet adjectif ne s'applique plus qu'aux affaires. Certes, économiques ou politiques, elles le sont, litigieuses.

8 juin 2005

Captivité

Comment évoquer, par un mot, la situation qu'a vécue notre invitée, et ses enjeux ? Situation d'autant plus difficile à évoquer de l'extérieur, quand on a la chance de ne l'avoir jamais vécue, que Florence Aubenas en parle avec humour et sourire. Les mots sont insuffisants, mais il faut bien faire avec, surtout à la radio. Je suis sûr qu'un vocable affectif faisant penser à une épreuve terrible, atroce, comme *calvaire*, qu'on entend souvent à ce propos, lui paraît un peu risible.

Les mots révèlent, mais ils cachent aussi ; comme Florence, ils évitent souvent de dramatiser. Ainsi, *calvaire* ne veut dire que « crâne », forme de la colline où, selon l'Évangile, eut lieu la passion du Christ, et traduction de l'hébreu *golgotha*. *Otage*, ce ne fut au départ qu'un hôte, un invité. *Détention* ne dit rien d'autre que « action de détenir, de garder pour soi, de refuser de rendre ». *Prison*, qui évoque en outre la légalité d'une peine et un minimum d'humanité, et pas le cachot, la cave obscure, c'est aussi un terme qui cache son jeu : il vient du latin *prehensio*, l'action de prendre.

Reste *captivité*, qui est assez neutre, mais moins que *détention*, parce qu'il n'est plus analysable. *Captif* représente le mot latin qui vient de *capere*, « attraper, prendre ». Il est apparenté à *chasser* et il est vrai que la prise d'otages peut évoquer cette poursuite impitoyable qu'est la chasse, la vraie, diront les nobles amateurs de vénerie, la chasse à courre, et qui aboutit à la *capture* – mot de même origine. Prise, prison, capture, c'est le début de la captivité.

En outre, on est frappé quand on constate que le latin *captivus* a donné d'un côté *captif*, mais de l'autre, un mot populaire, *chétif*, qui évoque aujourd'hui la faiblesse physique, mais qui a signifié « malheureux, misérable ». Rappel discret du sort plus que pénible du captif.

Captif et *captivité* ont fourni à un autre mot de la même famille, *captiver*, l'occasion d'une étonnante pirouette. Le latin *captivare*, au départ, c'est « capturer, réduire en esclavage », et aussi « ravager, détruire » – une suite de violences faites à la liberté. Comme pour oublier ou pour masquer ces réalités, le verbe *captiver* s'est mis à exprimer une chose nettement moins pénible. Au lieu de retenir, coincer, comprimer, écraser des êtres humains, *captiver*, et même *capter* et *capturer* se sont appliqués à l'attention, à ce qui « retient » l'intérêt.

Qu'une situation aussi pénible que la captivité recoure à un mot qui captive, cela peut choquer. C'est la libération de Florence Aubenas et de tout otage qui est captivante, pas leur détention, toujours cruelle. Ce genre de retournement qu'on peut trouver dans les mots fait penser au mécanisme de l'humour : une défense contre l'insupportable, et aussi une pudeur, un respect, celui qui se nomme à juste raison « respect humain ».

Merci à Florence, qui n'a pas été épargnée, de nous épargner par son humour et son sourire... Oui, le journalisme, que certains cherchent à capturer, nous captive. Florence Aubenas, après d'autres, vient de le montrer.

15 juin 2005

Récidiviste

Paradoxe : le ministre qui se manifeste le plus a l'extérieur, le plus extériorisé, est celui de l'Intérieur. Soucieux de sécurité, il promet aux récidivistes, à condition qu'ils soient *multi*, des « peines planchers », par une métaphore familière aux économistes, qui jonglent avec planchers et « plafonds », mot bien étrange, passé du « fond plat » au plan supérieur.

La récidive est aussi latine que la maladie et le délit. *Recidivus* vient du verbe *re-cidere*, qui signifie « re-tomber », car *cidere* modifie *cadere*, « choir ». Récidive, c'est rechute. Qu'est-ce donc qui retombe, dans la récidive ? D'abord, au XVIe siècle, la maladie : on la croyait guérie ; le mal réapparaît, il était dit *récidiviste*. Puis, c'est le délinquant reconnu, et sanctionné, qui est ainsi appelé quand il remet ça, après avoir purgé sa peine.

On remarque que, dans les deux cas, il ne s'agit pas simplement d'une répétition, mais d'une seconde chute ; or, pour re-tomber, il faut s'être relevé. La récidive médicale suppose une guérison, la récidive pénale signifie que le coupable a purgé sa peine. Un tueur en série qui échappe aux recherches ne peut être appelé *récidiviste*. Aussi bien, le droit pénal distingue la récidive du cumul d'infractions.

Le récidiviste cumule donc les condamnations et les peines ; s'il le fait plus de deux ou trois fois, il devient multirécidiviste, façon élégante de parler des repris de justice à répétition, qu'on appelait familièrement des chevaux de retour.

Au figuré, cependant, on ne demande pas aux récidivistes d'avoir été sanctionnés ; il leur suffit de recommencer. Ainsi, d'un homme politique qui revient sans cesse au devant de la scène, fait des déclarations fracassantes, multiplie les paroles définitives et les promesses hasardeuses, on peut dire qu'il récidive sans suggérer qu'il a déjà été condamné et puni. La raison en est claire : les pratiques de la politique, qu'elle soit ou non spectacle, ne sont ni délictueuses ni criminelles, même lorsqu'elles sont excessives et trompeuses. Il y a donc, en ce domaine, des multirécidivistes impunis, malgré la fréquence des retours, reprises et recommencements. Et donc, pas d'autre peine plancher que le ras-le-bol des électeurs-spectateurs que nous sommes et qui ont parfois envie de sauter au plafond.

30 juin 2005

Déception

Indépendamment des interprétations divergentes, et des affects excessifs, ce n'est pas un seul mot, mais une série de termes qu'il faudrait évoquer[1]. Tous ceux qui accompagnent un fait indiscutable : la mauvaise surprise, la fin d'un espoir et le sentiment d'une injustice. Il y aurait *déconvenue*, *désillusion* et, plus sévère, *dépit* ; pas mal de mots en *dé-*, à côté de la *frustration*, avec un zeste d'*humiliation*. Un point commun à ces mots, que révèle leur origine. *Frustrare*, en latin, signifie « tromper » ; *décevoir* et *déception* aussi, qui viennent de *decipere*, de *de-*, « qui détruit, écarte », et *capere*, « prendre, attraper ». Le *-cevoir* de *décevoir*, le *-ception* de *déception*, ce sont les mêmes que dans *re-cevoir* et *ré-ception*, mais renversés.

Dans le français d'époque Louis XIV, *décevoir*, d'ailleurs, signifiait « tromper habilement ». Et, comme l'affaire olympique est surtout franco-britannique, on peut noter que le verbe anglais *deceive*, pris à l'ancien français *deceivre*, signifie « tromper ».

Mais qui trompe, dans la déception, qui crée l'illusion et les fausses certitudes ? Pas forcément ceux qui causent la désillusion et la mauvaise surprise ; plutôt l'illusion même, qui est un espoir erroné. Pour expliquer la déception, on passe facilement de « nous nous sommes trompés » à « on nous a trompés », qui a l'avantage de rejeter la responsabilité sur autrui. La *déception* est un sentiment normal devant un échec jugé injuste ; il vaut mieux qu'elle ne verse pas dans le *dépit*, du latin *despectus*, « regard méprisant, de haut en bas ». Évacuer l'impression d'avoir été méprisé, humilié ; admettre qu'on a donné trop d'importance à l'enjeu, qu'on l'a trop commenté, mis en scène, qu'on lui a conféré une valeur symbolique. On méritait de gagner, c'est une opinion ; on a perdu, c'est un fait. On peut trouver mille explications ; on peut aussi trouver mille consolations, et plaindre Londres pour la charge énorme qui lui incombe. L'essentiel est de savoir perdre sportivement, puisqu'il s'agit, dit-on, de sport.

1. Après la désignation de Londres, et non de Paris, comme siège des prochains jeux Olympiques.

Et s'il s'agit d'autre chose, de politique et d'économie, par exemple, qu'on en tire quelques leçons. La déception peut conduire à plus de lucidité. Cela suppose le fair-play, qui se dit en français « franc-jeu ».

6 juillet 2005

Défaillance

À propos des conséquences lamentables du cyclone Katrina[1], pour éviter les jugements faciles, et ne pas se contenter de dire *pagaille*, *cafouillis*, on peut user d'un mot objectif, mais dénonciateur, *défaillance*.

Mot très ancien, dérivé du verbe *défaillir*, mais qui s'en est éloigné, sinon que la défaillance, qui est une insuffisance extrême, ressemble à l'évanouissement qu'évoque *défaillir*. Ce sont des expressions du défaut, de l'absence, de l'inaction, qui, en ce moment, stigmatisent l'administration et les services de sécurité du pays le plus puissant, le plus sécuritaire du monde.

Défaillance, dans le contexte actuel, correspond à d'autres mots de la même famille, comme *faille*, des failles dramatiques dans l'organisation sociale des États-Unis. Ce qui incite à remonter à un verbe assez trompeur, le verbe *faillir*, ainsi qu'à un mot pris à l'italien, mais de même origine, *faillite*. Les défaillances conduisent à des faillites.

Aujourd'hui, le verbe *faillir* est surtout connu par un emploi mal perçu : « j'ai *failli* réussir » signifie « j'ai échoué, j'ai manqué de peu ». C'est devenu le mot du « presque, mais pas tout à fait », alors que, pendant des siècles, *faillir* correspondait à « échouer, manquer, faire défaut » : faillir à tous ses devoirs.

Le latin *fallere* voulait dire « tromper, échapper » et on est surpris de sa parenté possible avec l'anglais *to fall*, « tomber ». Le système

1. La destruction d'une partie de La Nouvelle-Orléans et de villes voisines, l'abandon des populations les plus pauvres, laissées à peu près sans aide ni ressources durant plusieurs jours...

administratif des États-Unis est apparemment « tombé », s'est évanoui, a défailli. Toute organisation humaine se caractérise par des manques, des défauts ; dans la catastrophe Katrina, la défaillance a conduit au chaos.

7 septembre 2005

Coalition pour un chancelier

Pas de chancelier ni de chancelière sans coalition. C'est de l'Allemagne, bien sûr, qu'il s'agit, mais on peut en parler avec des mots français, sans risquer des erreurs de traduction.

Kanzler, *chancellor* en anglais, *cancelliere* en italien, *chancelier* et *chancelière* en français viennent tous du même mot latin. Le chancelier primitif, *cancellarium*, est le « gardien des grilles », *cancelli*. Une sorte d'huissier qui a pris de l'importance, un peu comme notre *ministre*, qui fut d'abord un petit serviteur, assez mineur, *minus*. En France, la chancellerie fut le lieu où on rédigeait et scellait (avec un sceau, pas une selle) des actes officiels ; en Angleterre, le chancelier garde un échiquier – les Anglais ne font jamais rien comme les autres – et en Allemagne, donc, c'est le Premier ministre.

Revenant à l'étymologie, les Allemands attendent devant les grilles fermées et se demandent où est passé le chancelier. Cette disparition est pourtant claire : l'opinion coupée en deux a produit deux demi-chanceliers virtuels, dont une chancelière, mot qui désignait en français, depuis le XVIIe siècle, un sac fourré pour se chauffer les pieds. Ce qui suggère que les chanceliers et peut-être tous les gouvernements aiment le confort douillet. Après tout, il y a bien deux sortes de cuisinières, et certains secrétaires sont des meubles.

Le remède à la situation allemande s'appelle pour le moment *coalition*. Ce mot n'évoque pas l'unité, comme le fait *union*, ni l'accord, qui vient du cœur, ni un groupe soudé, comme *association*. Dans *coalition*, on soupçonne que le *co-* signale la réunion, puisqu'il représente *cum*, « avec ». Le reste du mot est secret : il vient d'un verbe latin signifiant « nourrir ». *Se coaliser*, ce serait « être nourri ensemble », ce qui fait grandir les enfants : *adolescent* et *aliment* ont la même origine, le verbe *alescere*.

Ainsi, la coalition était censée, par la réunion, faire croître et embellir. Comme si la raison disait à quelques partis allemands : mangez votre soupe ensemble, grandissez et reformez une majorité pour faire réapparaître votre chancelier perdu, le même ou *une* autre.

Coalition est peut-être une leçon pour l'Europe : grandir ensemble, sans oublier le féminin.

20 septembre 2005

Adhésion et partenariat

Face à ce problème, l'entrée contestée de la Turquie dans l'Union européenne, deux mots sont affrontés : *adhésion* et *partenariat*, ce dernier orné de l'adjectif *privilégié*, sans doute pour atténuer l'opposition[1].

En effet, on peut imaginer qu'une adhésion molle, partielle, soit peu distincte d'un « partenariat privilégié », qui implique une loi (*lège*) privée (*privi-*), autrement dit particulière et avantageuse.

L'adhésion est finalement un collage, comme le montrent les mots *adhésif* et *adhérence*. C'est la faute, non aux partisans absolus de telle adhésion, mais à la langue latine, où le verbe *haerere* (d'où vient *-hésion*) voulait dire « attacher, fixer » et par extension « arrêter ». Image peu dynamique, corrigée par l'histoire des mots : l'adhésion est devenue un consentement, un accord, écartant l'allusion déplaisante au pot de colle.

Ce qui s'oppose à l'adhésion n'est pas le partenariat, mais la séparation, la rupture.

---

1. Aux partisans de négociations pour l'adhésion de la Turquie à l'Union européenne, certains de ses adversaires opposèrent la formule hypocrite du « partenariat privilégié ».

En fait, on oppose fortement deux symboles : ceux de la Turquie amarrée à l'Europe, ou bien gravitant dans un partenariat. Dans les faits, qui sont économiques et politiques, l'adhésion et le partenariat ne sont pas des contraires. En outre, l'insistance sur le côté privilégié du partenaire pourrait inquiéter l'adhérent qui, lui, ne serait pas « privilégié ».

Le mot *partenaire* est pris à l'anglais, et *partner* venait de l'ancien français *parcenier*, « l'associé », dérivé pas très moral de *parçon*, qui n'était autre que le partage du butin.

Manière discrète de rappeler que ce sont les intérêts matériels qui pourraient bien l'emporter sur les symboles. Rien n'est simple, car l'islam est déjà européen, car l'Europe, depuis les XVIIe et XVIIIe siècles, n'est plus un « club chrétien ». Formule polémique, car, si la langue turque vient d'Asie centrale, les langues européennes appartiennent à l'ensemble « indo-européen », et l'Inde, c'est aussi l'Asie. L'Europe, petit cap de l'Asie, disait Paul Valéry. Alors, la Turquie asiatique, appendice de l'Europe ?

3 octobre 2005

« Le conflit des mots[1] »

Choisir un mot, ce matin, ce serait choisir son camp. Le vocabulaire de la situation sociale évolue. Au centre, le mot *grève*, dont l'histoire est étrange, depuis les grèves de la Seine où l'on cherchait un emploi jusqu'à l'arrêt de travail démonstratif. Mais surtout, les mots qui l'accompagnent. Ils sont de deux sortes : d'un côté *perturbation*, du latin *turbare*, « agiter, troubler », *galère*, mardi *noir*, on vient d'entendre un auditeur dire *nuisance*, façons de dire qui expriment le point de vue des usagers et qui satisfont le pouvoir ; de l'autre, *mobilisation*, *manifestation*, *revendication*, selon les salariés. Reste le point de vue de la police, du genre lénifiant. On

1. Grève et conflit social du jour...

connaît ses évaluations contrastées : deux cent mille selon la police, un million selon les organisateurs.

Les métaphores suivent : *raz de marée*, *tsunami*, *déferlante* du côté des grévistes et des syndicats ; *désordre*, *pagaille* et *chaos* de l'autre. Quant aux économistes et aux sceptiques, ils ont tendance à soupirer ou à ricaner sur ces grèves qui sont le sport favori des Français. Conflit, là encore, entre le tout économique et le minimum social.

Ces affrontements de mots ne font que traduire ceux de la société. Mais ils expriment aussi un progrès. Il fut un temps, pendant des siècles, où les mots étaient tous du côté du pouvoir : *ordre*, *désordre*, *révolte*, *émeute*, et même *rogne* et *grogne*.

Aujourd'hui, les intérêts des travailleurs, des pauvres, des maltraités se disent et s'expriment dans un vocabulaire. Voyez *mobilisation*, qui concernait l'armée, le départ forcé pour la guerre, et qui traduit une action sociale ; ou bien *revendication*, qui n'était qu'un terme de droit. Devinez qui emploie le premier ce mot à propos d'une demande, d'une « revendication » sociale : c'est un socialiste, Proudhon – celui de « la propriété, c'est le vol » –, vers 1860.

Car l'évolution des manières de dire, l'apparition du vocabulaire d'en bas, celui de la rue, dont le futur sénateur Raffarin disait qu'elle ne devait pas gouverner, a une histoire précise. Tout a basculé certes en 1789, mais surtout vers 1848, époque de révolutions en chaîne. C'est alors que *socialisme*, *syndicat*, *prolétariat*, ce dernier aujourd'hui un peu délaissé, prennent leur valeur actuelle. La lutte des mots a-t-elle relayé feu la lutte des classes ?

4 octobre 2005

Écouter – Entendre

Je vous ai écouté, Stéphane, ce matin à 7 heures, mais vous ai-je entendu ? J'ai entendu le Premier ministre dire qu'il écoutait le message social, mais on ne sait pas ce qu'il a entendu, ni comment.

Ces deux verbes sont bien différents, mais leurs significations se sont emmêlées. *Écouter*, *escolter* dans l'ancienne langue, c'est *auscultare*, plus tard repris par *ausculter*. Ce verbe latin est apparenté par sa racine à *auris*, « l'oreille », ce qui ne nous avance guère : on savait qu'on n'écoutait pas avec son nez ni ses yeux. Pour le sens, *écouter* implique l'attention, et parfois l'indiscrétion. Ainsi, on écoutait aux portes avant de pratiquer les écoutes téléphoniques. Il n'y a pas besoin d'être à l'affût et indiscret pour écouter les protestations du monde du travail. En revanche, les évaluer est moins facile. Ainsi, la police a perçu moins de la moitié de la rumeur entendue par les syndicats. On peut donc écouter et mal entendre. Souvent, dans la vie politique, les écoutants sont malentendants.

Le verbe *entendre* concerne bien l'ouïe, dès son apparition, mais ce n'était pas le cas du latin *intendere*, qui contient *tendere*, « tendre ». *Entendre*, c'est d'abord « porter son attention de manière à comprendre ». Et justement, le sens dominant d'*entendre* fut longtemps « comprendre ». En effet, percevoir par l'ouïe, c'était *ouïr*, verbe qui a reculé, puis quasiment disparu, par accidents de conjugaison, probablement. « Nous *oyons*, qu'*ois*-je ? », disait Devos ; qu'a donc *ouï* M. de Villepin ? Cela se laisse avantageusement remplacer par : « nous *entendons*, qu'*entends*-je ? » (déjà embarrassé). Qu'a donc *entendu* M. de Villepin, en écoutant ?

Entendre n'est donc pas seulement « percevoir des sons, des bruits, des paroles, de la musique », mais y comprendre quelque chose, c'est-à-dire donner du sens à ce qu'on a perçu ou en recevoir.

L'attention que suppose *écouter* ne suffit pas ; encore faut-il *entendre*. La preuve, c'est que bien écouté ou pas, un message mal entendu est un « malentendu », et c'est la grande maladie du dialogue social

5 octobre 2005

Le trou

Dans l'expression triviale mais expressive que nous employons tous : le *trou de la Sécu*, l'élément *Sécu*, un peu malsonnant quand même, représente l'expression très officielle *Sécurité sociale*, calquée sur l'anglais, mais où *sécurité*, comme *social*, sont de claire origine latine.

Mais *trou*, ce mot banalissime ? *Trou* est troublant. Les formes latines d'où vient ce vocable ne sont pas sûres ; l'ancien provençal *trau* correspond à l'ancien français ; on s'est dit que ça pouvait bien être du gaulois, mais rien d'analogue en gaélique, en vieil irlandais, en breton, toutes langues celtes. En fait, ce mot semble avoir toujours été là, sans doute avant ces bons vieux Gaulois.

Il est vrai que l'idée de trou, souvent exprimée par *pertuis* au Moyen Âge, est bien utile dans le concret ou l'abstrait. Le trou de la Sécu est un manque, une insuffisance d'argent : on disait en latin *deficit*. Depuis des siècles, le trou est l'occasion d'une activité sans relâche : quand on ne fait pas de trous, on les bouche et c'est même le symbole du travail inepte : « les p'tits trous » du poinçonneur des Lilas. Le trou est à la fois négatif et positif. *Faire son trou*, c'est réussir ; *tomber dans le trou*, c'est le contraire.

Le *trou normand*, on le sait, n'est pas seulement un intervalle, une interruption, mais la façon socialement agréable, diététiquement déplorable, de combler l'interruption du repas au moyen du liquide sublime que peut être le calvados. Les trous des comptabilités, des budgets, des services publics et sociaux sont dénoncés, mais on semble oublier que le trou s'est creusé par des dépenses qui peuvent rendre la vie plus supportable.

Il est des trous accidentels et des trous naturels ; ce sont parfois les mêmes expressions qui les désignent. Une locution redoutable exprimait la blessure par l'arme à feu, qui traverse le corps humain : c'était *trou de balle*. L'humour militaire, qui sait se moquer du pire, en a fait le nom d'un trou extrêmement naturel et qui, on ne sait pourquoi, fait rire.

Les trous financiers, celui de la Sécu, celui de la SNCM[1] sont-ils

1. Entreprise de transports maritimes entre le continent et la Corse, qui avait beaucoup fait parler d'elle.

naturels ou résultent-ils de malveillance, de maladresse ? Les trous, blessures ou orifices nécessaires ? Questions incongrues, mais pas tellement absurdes.

12 octobre 2005

Pauvreté et misère

Pour nous, pour tous les francophones, la misère est un degré aggravé de la pauvreté. L'histoire des mots, cependant, montre une vraie différence de nature : alors que la pauvreté est au départ une insuffisance, la misère est un malheur, une peine, une douleur.

C'est du moins ce que dit la langue latine, qui a fourni ces deux mots. *Miseria*, surtout au pluriel, *miseriae*, désignait les soucis, l'adversité, ou même un traitement désagréable, comme dans *faire des misères* à quelqu'un. C'est le dérivé *misérable* qui a commencé à désigner l'absence de biens matériels et d'argent, au XVe siècle, et *misère* a suivi. Quand Victor Hugo écrivait son célèbre roman de protestation contre l'inégalité sociale, il pensait l'appeler *Les Misères* ; le titre est devenu, on le sait, *Les Misérables*.

La misère est tellement fondée sur le malheur, le mauvais sort, le mal, que le mot *misérable* a pu devenir péjoratif. *Un misérable*, naguère, pouvait être un criminel, un vrai salaud. À propos, il est commode, pour les riches, de confondre le mal, le crime, avec l'indigence ; on se souvient de la célèbre et terrible apostrophe : « Salauds de pauvres ! »

Pauvre, justement, vient du latin *pauper*, et ce mot, on a pu l'analyser comme « qui produit peu » ; en effet, il est apparenté à *paucus*, « peu », et au grec *pauros*, « en petit nombre ». La terre, lorsqu'elle est « pauvre », produit peu ; les humains pauvres manquent de tout. Mais alors que l'adjectif est général, le nom s'applique à l'absence de moyens et d'argent. Ainsi, on connaît des *pauvres types* (ça, c'est l'adjectif) qui ont beaucoup de sous, mais les pauvres, les nouveaux pauvres et les autres – ou, avec l'adjectif, les travailleurs *pauvres* – sont toujours démunis et souvent humiliés.

La pauvreté est pénible, mais elle a pu être préférée à la richesse, sur le plan moral. La misère, elle, est un désastre, non seulement parce qu'elle aggrave le manque et le besoin, mais parce qu'elle ajoute au constat objectif un contenu moral : un destin mauvais.

Aujourd'hui, il s'agit de dénoncer cette idée de destin. Ce n'est pas la fatalité, c'est bien l'injustice sociale, le mal de l'inégalité, celui de l'égoïsme et de la loi du profit, qui entretiennent la misère. Combler la pauvreté, sortir de la misère, de la fatalité, ce sont deux objectifs différents, l'un économique, l'autre moral.

17 octobre 2005

« Mots musclés »

Je m'interroge quand j'entends dire que les propos du ministre de l'Intérieur sont « musclés ». Muscler son discours, si cela signifie quelque chose, c'est le rendre fort ; mais là, ce serait plutôt afficher une force peu exercée, ce qui s'appelle aussi « rouler les mécaniques ».

Dans ce vocabulaire présumé fort, nous avons eu le « nettoyage au Kärcher », publicité gratuite pour une firme allemande de jets d'eau sous pression, et quelques gentillesses à l'égard de ceux que Chevènement appelait les « sauvageons ». Le ministre, dont on comprend qu'il ne supporte ni d'être caillassé ni d'être invectivé, emploie des mots en effet assez forts, comme *voyou* ou *racaille*. On les prononce sans s'attarder sur la nature du mépris qu'ils expriment ; leur origine, cependant, n'implique ni violence ni délinquance.

Le *voyou*, dont on n'a parlé qu'au début du XIXe siècle, n'est jamais qu'un dérivé de *voie*, un vagabond, puis un gamin des « rues », qui sont en effet des voies de circulation. Alors que *routard* est favorable, *voyou* est négatif et méprisant.

C'est un mot de bourgeois bien à l'abri, adressé à ceux qui

traînent dans la rue, accusés sans nuance d'être nuisibles ou même criminels. Quand on parle d'*État* ou de *patron voyou*, il ne s'agit plus du tout de « voie » ni de « rue », mais d'illégalité nuisible.

Un cran plus dur que *voyou*, un autre mot peu raffiné, frappant dans la bouche d'un ministre, *racaille*. Ce collectif est proche de *canaille*, qui signifie « bande de chiens », et s'applique aujourd'hui à un voyou, précisément. Une *racaille*, en verlan *caillera*, est un sale type. Comme avec *voyou*, on est dans un monde masculin. *Racaille* s'est dit et écrit *rascaille* au Moyen Âge, ce qui a donné en anglais *rascal*, que Serge Gainsbourg traduisait par « vieille canaille ». Que signifie donc ce *racaille*, qui entraîne la menace de nettoyage sous pression ? Exactement, « raclure ». *Racler*, c'était *rascar* en ancien occitan ; les autres langues romanes connaissent ce verbe. Racler la racaille, c'est donc boucler la boucle, ou plutôt rogner la rognure. D'où peut-être, le fantasme du nettoyage au jet, qui assimile certains êtres humains, certes répréhensibles, à une souillure, à des « ordures ». Le répertoire des injures est familier de cette image, mais améliorer la société et combattre la délinquance, ça ne se résout pas par des images de saleté à éliminer. Étrange modèle social, tout de même. Le pauvre préfet Poubelle doit se retourner dans sa tombe.

27 octobre 2005

Couvre-feu

Le feu, l'incendie, les verbes *brûler*, *flamber*, *cramer* – qui n'en a pas l'air, mais qui remonte au latin classique *cremare*, d'où viennent *crémation* et *crématoire* –, tout le vocabulaire de l'embrasement est mobilisé pour évoquer la situation actuelle. Des voitures, des commissariats, et aussi des écoles et des gymnases brûlent, en effet. Les esprits s'enflamment. Les images de brasiers envahissent les écrans, les journaux. Et parfois, éclatent ce que nous appelons des « coups de feu ».

Au feu, que peut-on opposer ? Des contre-feux, des coupe-feux et, naturellement, des pompiers, soldats du feu, et à ce titre traités en ennemis par les incendiaires.

À ne considérer que l'apparence des mots, un remède contre le feu destructeur pourrait être ce *couvre-feu* que le gouvernement annonce, en ressortant une loi datant d'une autre situation d'urgence, puisque état d'urgence il y a.

Mais, s'il s'agit de mots, le « couvre-feu » ne concerne nullement l'incendie. Cela reflète l'ambiguïté du monosyllabe *feu*. Le feu, en tant que puissance de destruction, c'était en latin *ignis*, qui apparaît dans *ignition*. *Focus*, d'où vient le mot français *feu*, c'était le foyer, où brûle le feu domestique, celui qui chauffe, c'était aussi le réchaud, et encore la flamme de la lampe.

Le couvre-feu, au Moyen Âge (ce mot composé apparaît au XIIIe siècle), est simplement l'extinction des lumières. Ceux qui se souviennent de la guerre, des alertes, y pensent encore. En tant que mesure collective et imposée, le « couvre-feu » d'origine s'accompagna d'une interdiction : éteindre ou cacher la lumière, ne plus sortir de chez soi. Mesure de police, et non de sauvetage contre l'incendie. Mesure de contrainte, mesure de précaution contre les pouvoirs supposés dangereux de la nuit. Dans l'urgence actuelle, ce n'est pourtant pas la lumière, le feu du foyer, qu'il faut « couvrir », mais le feu de la colère, le feu aux poudres. Il nous manque un mot, du genre « calme-feu ». Pour calmer ce feu social, qui couvait depuis longtemps et qui vient d'éclater, les mesures de police ne suffiront pas. Cette fois, il y a le feu, non pas au lac, mais à la république, non pas aux banlieues seulement, mais à la société. Urgence sociale, avant tout, même si la France n'est pas, comme les médias anglo-saxons le prétendent, « à feu et à sang ».

8 novembre 2005

Ascenseur social

Au-delà des images outrancières, qui parlent de guerre, de France « à feu et à sang », et j'en passe, une métaphore moins dramatique se présente à l'esprit, celle de l'« ascenseur social », décidément en panne, comme le sont trop souvent les ascenseurs réels dans les tours des cités.

La réparation ou même la construction d'ascenseurs sociaux s'imposent, car le maintien d'une partie de la population française dans les sous-sols de la société – pour ne pas dire les « bas-fonds » – engendre soit le désespoir, soit des réactions violentes. Ces réactions, nous et le monde entier en sommes témoins en ce moment.

L'inventeur d'un appareil « élévateur » capable de monter des personnes, en 1867, alors qu'existaient depuis quelques années des monte-charges, avait eu l'idée de recourir au latin *ascensum*, forme du verbe *ascendere*, familier aux francophones par les mots *ascendant*, *ascendance* et *ascension*. *Ascenseur* avait meilleure allure qu'*élévateur*, aujourd'hui réservé aux chariots de manutention, et était plus clair que *monteur* ou *remonteur*. *Ascenseur* a eu du succès, *descenseur*, pourtant nécessaire, est resté plus discret.

On note pourtant que, pour renvoyer l'ascenseur, il faut bien le faire descendre : d'où la nécessité d'un ascenseur-descenseur. On n'a pas eu la cruauté de parler de « descenseur social », à propos des causes d'échec et de recul dans une société *impitoyable*, ce qui n'est pas l'exclusivité de Dallas, au Texas.

L'idée d'« ascenseur social » s'applique assez bien à l'évolution de la France au début du XXe siècle, quand des fils de paysans ou d'ouvriers, grâce à l'école de Jules Ferry et aux études, accédaient à de nouvelles fonctions. La panne spectaculaire d'ascenseur pourrait bien avoir deux causes majeures : panne d'éducation, d'enseignement, arrêt de la fourniture des savoirs, et surtout des repères ; panne du travail et du salaire, qui s'appelle « chômage » et « exclusion ». Panne de moteur, par insuffisance du milieu familial, et ensuite, de l'école ; échec de l'intégration ; syndrome d'abandon. À vrai dire, l'image de l'ascenseur est bien insuffisante, car, quelle que soit la taille de la cabine, elle conduit à penser : « il n'y aura pas de place pour tout le monde ». À propos du fait de monter, on pense à d'autres mots moins pacifiques qu'*ascenseur*, moins religieux qu'*ascension* : *soulèvement* ou *insurrection*, par exemple. Aspiration à s'en sortir.

14 novembre 2005

Toile et liberté

La liberté n'est garantie dans aucun espace, pas plus sur la « Toile » qu'ailleurs.

Cette Toile, cependant, ce Web, américanisme inutile, nous avait été présenté comme un lieu librement ouvert. Il l'est parfois, mais on s'aperçoit que cette ouverture est relative et sous surveillance. Dans le nom *Internet*, il y a *inter*, qui marque l'échange, mais aussi *net*, qui n'est pas l'adjectif français de la netteté, de la clarté, mais bien le substantif anglais correspondant à « filet », et dans *network*, à « réseau ».

Ces images, comme celle de la toile, qu'elle soit tissée par la main humaine ou construite par l'araignée, ne sont pourtant pas celles de l'ouverture et de la libre navigation. L'expression « surfer sur la Toile », ou « sur le Net », est donc étrange et plutôt contradictoire.

Le mot *toile* vient du latin *tela*, dérivé qui cache la forme *texta*, du verbe *textere*, « tisser ». Cette opération technique, une des plus anciennes, consiste à entrelacer des fils pour produire une surface souple. Qui dit toile dit tisser, ce qui entraîne les idées de chaîne et de trame. Aucun de ces mots et de ces idées, *trame* et *tramer*, surtout *chaîne* et *enchaîner*, n'est vraiment compatible avec l'idée de « liberté ».

La toile, version araignée, sert à prendre des proies ; version artisanat humain, à emprisonner les fils qui la forment. On sait que « tisser », métaphoriquement, produit une toile, un tissu de mots et d'idées, qui s'appelle *texte*. Avec Internet, on a même droit à l'hypertexte. Bien sûr, entrelacer n'est pas emprisonner. Mais, tout de même, les mots et leurs métaphores nous mettent en garde. Web, Net, Toile, réseau ne s'organisent pas librement : d'abord, le tissu est signé « Made in the United States » ; ensuite, ce qui s'y promène, et qui est mondial, peut être contrôlé, surveillé et ses auteurs repérés et sanctionnés – style Chine ou Cuba...

La liberté plus ou moins grande de la Toile pourrait bien être un critère de la démocratie. Comme la liberté de la presse, la liberté de la Toile suppose qu'on écarte les chaînes et les trames.

16 novembre 2005

Conservateur

Les attitudes politiques se répartissent, tout le monde en convient, selon plusieurs tendances. En France, c'est la Révolution qui a mis en place deux types d'opposition. D'une part, il y a une répartition des partis en droite et gauche, qui n'est pas spatiale, mais symbolique. D'autre part, on désigne trois positions possibles face à l'évolution de la société : mouvement, par les réformes ou par la révolution, immobilité, appelée « conservation », et enfin réaction.

En accusant la gauche de conservation, voire de conservatisme, on fait un retournement rhétorique. Assez malin, d'ailleurs, car si personne n'a songé à dénoncer dans la droite un progressisme révolutionnaire, cette droite se proclame volontiers réformiste, ce qui exclut la conservation. On remarquera enfin que personne ne se dit « réactionnaire ». Ainsi, les défenseurs du colonialisme, qui ne sont pas tous à droite, estiment un système disparu, mais ne réclament pas un retour à ce passé.

Du passé, on ne veut plus faire table rase, et l'idée d'en conserver des éléments porte un nom plutôt valorisé : celui de *tradition*, mot qui signifie « transmission ».

De fait, en matière d'art, les conservateurs, comme les restaurateurs, sont des transmetteurs de patrimoine, et combattent la destruction du passé. En politique, mais dans l'Antiquité, le *conservator* romain conservait, sauvait et respectait des contenus précieux : on parlait de *conservator rei publicae*, *conservator libertatis*. Or, conserver la république, la liberté, n'est pas l'apanage de la droite.

Conserver, du latin *cum servare*, renforce *servare*, qui ne signifiait pas « servir », mais « sauver, garder », et se retrouve dans *ré-server*, *ob-server*, *pré-server*, tous programmes dont le caractère de droite ou de gauche n'est pas évident, et dépend des compléments donnés à ces verbes. Bien sûr, la gauche n'est hostile ni aux conserves, ni aux conservatoires de musique, ni aux conservateurs de musée ; ce n'est pas une raison pour lui prêter l'*esprit conservateur* ainsi désigné en 1794 et qui s'oppose alors à *révolutionnaire*. Nous sommes tous conservateurs des choses qui nous sont chères, ce qui n'empêche aucunement de vouloir changer la vie. Selon ce qu'on veut conserver ou changer, on sera de gauche ou de droite, sans traiter l'autre, si l'on est honnête, de réac ou de vieille conserve.

20 décembre 2005

Évolution

Les évolutionnistes ne sont pas plus évolués que les autres humains, mais ce sont des scientifiques, qui ont donc des convictions évolutives. Grâce au débat, apparemment intellectuel, et réellement politique, qui se développe aux États-Unis, de nouveaux mots en *-isme* apparaissent. Ainsi, les antiévolutionnistes contribuent à l'« évolution » du langage, en suscitant, par exemple, le *néocréationnisme*, qui succède au *créationnisme*, mot fabriqué vers 1890 par réaction, déjà, contre l'*évolutionnisme*, désigné en 1873 à côté de *transformisme*. Ces termes signaient non seulement une évolution, mais une véritable révolution scientifique. Encore deux mots en *-isme*, *darwinisme* (1867 en français, Charles Darwin était mort cinq ans avant), et, négligé par les États-uniens, *lamarckisme*, du nom d'un immense savant, Lamarck, l'un des responsables du mot *biologie* et l'inventeur de l'opposition invertébrés-vertébrés.

Le mot *évolution*, aujourd'hui, grâce à Lamarck et à Darwin, est le seul cadre possible de pensée scientifique pour l'histoire de la vie sur notre planète et notamment pour celle d'espèces animales, celles de ces mammifères appelés *primates* – ce qui veut dire « premier » et non pas « crétin » –, et aboutissant à ce qui intéresse le plus les égoïstes humains : leur propre espèce, la nôtre. Ainsi, avec l'évolution, nous, qui aimons nous appeler *sapiens sapiens*, deux fois sages, car une seule sagesse ne nous suffisait pas, échappons au façonnage par la main divine. Quant à la femme, elle en a marre de s'appeler *Homo* – même si les mecs lui concèdent *sapiens sapiens* – et plus encore d'être considérée comme une création quasi chirurgicale à partir de la côtelette du père Adam. Nos ancêtres ne s'appellent plus, ici en France, les Gaulois, mais, ici sur Terre, *erectus*, *habilis*, *ergaster*, *sapiens*, série très évolutive de latinismes.

Nostalgiques des mythes, certains, qui lisent littéralement la Bible comme d'autres fondamentalistes lisent le Coran, partent en guerre contre l'évolution. Entre Anglo-Saxons nord-américains, l'ennemi est le darwinisme, mais les francophones, face à ce qu'un ministre québécois facétieux appelait les « anglosaxophones », ajouteront le lamarckisme, qui se réfère plus à l'idée d'adaptation que de sélection, débat fructueux.

J'oubliais de dire que le mot très général *évolution* venait du latin *volvere* et signifiait « déployer, dérouler », belle métaphore pour l'histoire des espèces vivantes. Ce mot a été affecté à la science d'abord en Angleterre, par le géologue Lyell, et aussi par le biologiste suisse Charles Bonnet, avant Darwin.

Cela, avec le transformisme de Lamarck, faisait partie de l'« évolution », pour ne pas dire le progrès, de la connaissance scientifique. L'antidarwinisme des tenants du « dessein intelligent », autrement dit la création par un Grand Esprit, ne peut satisfaire les croyants eux-mêmes ; en revanche, il séduit les ennemis de la science. L'antiévolutionnisme ne correspond qu'à une évolution politique et sociale négative. L'antiévolutionnisme pourrait être tout simplement un régressionnisme.

22 décembre 2005

Index général

établi par Chantal Girardin

Remerciements

Je remercie, parmi tous ceux qui m'ont guidé ou soutenu au fil des années : Patricia Martin, Jean-Luc Hess, Claude Villers, Pierre Bouteiller et le président Jean-Marie Cavada, ainsi que Danièle Morvan dont les conseils et critiques m'ont été précieux.

Table

2000

2001

2002

2003

2004

2005

Cet ouvrage a été imprimé par

FIRMIN DIDOT

GROUPE CPI

Mesnil-sur-l'Estrée

pour le compte des Éditions Robert Laffont
24, avenue Marceau, 75008 Paris
en octobre 2006

Cet ouvrage a été composé et mis en pages
par Étianne Composition
à Montrouge

Dépôt légal : septembre 2006
N° d'édition : 47517/03 – N° d'impression : 81599

Imprimé en France